本书得到

浙江省高校人文社会科学重点研究基地学科（浙江工商大学工商管理学）

和浙江工商大学重点学科和重点研究基地（技术经济及管理）的资助

世界制造服务化译丛

# 制造服务化手册

## Servitization in Industry

甘特·莱（Gunter Lay）主编

李靖华　等译

ZHEJIANG UNIVERSITY PRESS
浙江大学出版社

**图书在版编目（CIP）数据**

制造服务化手册／（德）甘特·莱主编；李靖华等译.
—杭州：浙江大学出版社，2017.1
书名原文：Servitization in Industry
ISBN 978-7-308-16320-0

Ⅰ.①制… Ⅱ.①甘… ②李… Ⅲ.①制造工业－工
业发展－手册 Ⅳ.①F407.4-62

中国版本图书馆 CIP 数据核字（2016）第 246329 号

Translation from English language edition：Servitization in Industry by
Gunter Lay Copyright © Springer International Publishing Switzerland
2014 Springer International Publishing is a part of Springer Science＋
Business Media All Rights Reserved
浙江省版权局著作权合同登记图字：11－2016－183 号

**制造服务化手册**

［德］甘特·莱（Gunter Lay） 主编
李靖华 等译

| | | |
|---|---|---|
| 责任编辑 | 杨　茜 | |
| 责任校对 | 曲　静 | |
| 封面设计 | 续设计 | |
| 出版发行 | 浙江大学出版社 | |
| | （杭州市天目山路 148 号　邮政编码 310007） | |
| | （网址：http://www.zjupress.com） | |
| 排　　版 | 杭州中大图文设计有限公司 | |
| 印　　刷 | 浙江新华印刷技术有限公司 | |
| 开　　本 | 710mm×1000mm　1/16 | |
| 印　　张 | 21.25 | |
| 字　　数 | 381 千 | |
| 版 印 次 | 2017 年 1 月第 1 版　2017 年 1 月第 1 次印刷 | |
| 书　　号 | ISBN 978-7-308-16320-0 | |
| 定　　价 | 58.00 元 | |

版权所有　翻印必究　　印装差错　负责调换
浙江大学出版社发行中心联系方式：0571－88925591；http://zjdxcbs.tmall.com

# "世界制造服务化译丛"丛书总序

近年来,我国制造业发展遇到了重大瓶颈:世界经济形势持续低迷,国内成本居高不下,产能过剩,东南亚等地制造工厂迅速崛起,西方国家"再制造"方兴未艾,产业发展的环境极不平稳。我国制造业发展面临深层次的双重挑战:一方面,自主研发能力和技术水平与发达国家相比仍有差距,未能掌握产品的核心技术;另一方面,我国 GDP 中服务业增加值已经超过一半,很多人主张不再优先发展制造业。事实上,我国经济发展历程不同于西方,虽然处于工业化发展的中后期阶段,但制造业因质量不高,仍需继续发展,其比重将不会快速下降。制造业高端化和服务化趋势并存。制造服务化是中国产业结构升级的内在要求。

装备制造业是制造业的核心组成部分,是国民经济发展特别是工业发展的基础,可谓"立国之本、国之重器"。2009 年世界金融危机后,中国在《装备制造业调整和振兴规划》中提出:"围绕产业转型升级,支持装备制造骨干企业在工程承包、系统集成、设备租赁、提供解决方案、再制造等方面开展增值服务,逐步实现由生产型制造向服务型制造的转变。"2015 年 5 月 8 日国务院印发的《中国制造 2025》也明确指出,要"坚持把结构调整作为建设制造强国的关键环节,大力发展先进制造业,改造提升传统产业,推动生产型制造向服务型制造转变"。《发展服务型制造专项行动指南》也已发布。

我们注意到,"互联网+"时代信息技术革命对全社会的思维方式、生产方式及生活方式都产生了深远的影响,如产业边界日趋模糊、竞争对手不断跨界、线上线下逐渐打通、物联网和大数据改变竞争规则等。特别是,信息技术和互联网将很多产品装备连接在一起,这在为客户带来便利性的同时,也增加了产品的重要性和复杂度。装备制造企业通过提供产品及整个复杂系统(包括硬件、软件和网络)的管理和支持服务,可以很好地化解这一问题。因此,制造企业应积极管理资源和能力向服务化延伸拓展,实现向装备生产者和服务提供者复合角色的转型。

另一方面,表面上看制造业服务化的难度要远远低于制造业高端化,这往往成为我国制造企业服务化的动因之一。但是,随着制造企业服务化程度的加深,往往会出现所谓的"服务化困境",企业绩效不升反降。特别是,基于我国的制造业和服务业的实际发展情况,制造企业转型面临的是"制造能力—服务环境双弱"的情境。一方面,我国制造企业自主研发能力和技术水平,与发达国家相比仍有差距,未能掌握产品的核心技术,多数制造企业停留在制造生产环节;另一方面,我国服务业的发展水平也不强,无法有效地支撑制造企业的服务活动。在这样的情境下,决定了我国制造企业服务化转型仍然需要长期的探索过渡阶段。

事实上,我国制造企业已经大量开展制造服务化业务。以我们跟踪研究的杭州企业为例,杭州制氧机集团有限公司(以下简称杭氧)提出了"成为世界一流的空分设备和气体运营专家"的企业愿景,以及"向气体提供商转型"的企业战略。杭氧依托原有的技术优势和创新模式,实现了向产业链后端的延伸。杭氧成立于 2002 年,于 2010 年在深交所上市,注册资本为 83177.6 万元,是国内最大的空分制造企业,属于国内空分行业一线品牌,并且逐渐向国外市场发展。杭氧的主要经营业务有空分设备制造业务、工业气体销售业务、石化设备产品的制造业务。其第一家气体公司成立于 2003 年,目前已经设立了 26 家气体子公司,总投资额达到 62.5 亿元,合同总制氧能力达到 95 万立方米/小时,工业气体业务规模快速提升。由于气体业务的提供商必须具备设备制造能力、运营维护能力以及客户关系资源等条件,杭氧为此培养了一批专业的气体业务管理人员。目前,设有气体投资部、气体工程部、气体运行管理部等业务管理部门,公司已经成为国内工业气体市场的主要竞争者之一。

与发展中国家一样,发达国家制造企业的服务化也同样是一个新鲜事物,它们逐渐遇到新兴国家制造企业的挑战,后者正在技术上实现追赶,因此制造服务化也已经成为国际制造企业获取竞争优势的一个途径。国外研究表明,实体产品有重大创新的企业,客户市场具有寡占特点的企业以及在产品应用推广方面有更多丰富知识的企业,更容易朝服务业务方向改造自己的商业模式。虽然我国企业的制造服务化环境与国外有一定区别,如制造业和服务业的成熟程度不够高,将制造服务化作为实现产业结构升级的重要途径等,但上述国外企业的实践同样对我们具有一定的借鉴意义。这也正是"世界制造服务化译丛"设计的初衷。

具体地说,本丛书的构想源起于近年来浙江工商大学创新管理研究团队对制造服务化的研究。按照我们的研究传统,研究过程中发现并有效使用的英文专著,总是争取学科、基地经费的支持在国内翻译出版,以期为相关实业界和学术界的读者提供帮助。翻译的过程虽然辛苦,但也是个更为深入的学习过程,乐在其中。2010年以来,团队已经在知识产权出版社和浙江大学出版社翻译出版了《服务创新:对技术机会和市场需求的组织响应》《日本零售业的创新和动态:从技术到业态,再到系统》《金融新服务开发:荷兰银行和保险公司实证研究》《利益相关者理论:现状与展望》共四部译著,在国内获得一定反响。

"世界制造服务化译丛"选取了在国际上具有较大影响的三部专著,分别是德国 Lay 主编的 *Servitization in Industry*(Springer,2014)、英国 Caldwell 和 Howald 主编的 *Procuring Complex Performance*(Routledge,2011),以及英国 Baines 和 Lightfoot 所著的 *Made to Serve*(Wiley,2013)。我们分别这些书名翻译为《制造服务化手册》《复杂绩效采购》《为服务而制造》。译丛旨在为实业界和学术界提供一个全方位和通俗易懂的世界制造服务化实践和研究的图景。

《制造服务化手册》是2014年以德国系统和创新研究所为主撰写出版的一本主题文集。除第一章和第二十章,共分两篇。第一篇从产业现状层面提供了对欧洲制造部门实施服务化的选项和障碍的详尽分析,涉及复印机、飞机、汽车、空分、机床、医疗设备、设备工程、化学品、纸浆和造纸等诸多产品和行业,全面覆盖了装配制造业和流程制造业。产业层面的分析有利于读者对制造商与客户关系获得深入的理解。第二篇从企业运作层面分析了制造商所采取的主要和支持性的服务化活动,涉及客户导向、市场分析、采购和供应商关系、流程和界面、管理会计、产品调适、人力资源等各个方面,这些活动符合重塑服务化商业模式的需要,也丰富了制造服务化的方法。这部分研究涉及战略管理、创新管理、市场营销、财务会计等学科。

《复杂绩效采购》展示了大型项目管理中的复杂绩效管理,即在新的动态环境(客户需求快速变化)下,需要长达几十年的保养、升级等服务的组合,无论从供方还是需方来说,这都是一个全新的话题,需要关系治理与契约治理的协调,这就是该书主要关注的内容。该书共分为三部分12章:概念篇(4章)、案例篇

（5 章）、总结篇（3 章）。其中案例篇涉及航空、高速公路、海军国防、医院和机场，都是世界级的企业的案例，代表了国际企业实践的最前沿。

《为服务而制造》对制造服务化的理念和发展趋势——特别是对其中的高级服务——进行了综合性和实践性的介绍。全书共分 4 部分：商业背景、通过服务进行竞争、服务提供系统、为服务化做好准备。其中第三部分是重点，共 7 章。该书的主要特点：展示如何挖掘公司的制造能力去构建很强的服务化能力，提供了很多制造服务化的企业案例，特别对罗尔斯-罗伊斯、卡特皮勒、阿尔斯通、曼、施乐公司提供了深入的案例材料，有助于制造企业走上服务化之路。

从上面的介绍可以看出，三本书的定位各不相同：《制造服务化手册》为中阶读物，重在介绍国际上特别是欧洲多个行业制造服务化的现状，有助于身处这些行业的我国制造企业开阔视野；《复杂绩效采购》为高阶读物，重在介绍全生命周期的服务合同中关系治理与契约治理的协调之道，对服务提供方和服务采购方实施制造服务化都有实践性的帮助；《为服务而制造》为初阶读物，重在介绍制造服务化特别是高级服务的基本理念和发展趋势，有助于制造企业管理人员实现对制造服务化的初步了解。整套三本书都将在 2017 年陆续推出。

丛书的出版所费资金较多，我们有幸得到浙江省高校人文社会科学重点研究基地学科——浙江工商大学工商管理学、浙江工商大学校级重点学科和校级重点研究基地——技术经济及管理的资助，相关制造服务化课题研究也得到浙江省哲学社会科学重点研究基地——浙江工商大学浙商研究中心、浙江省自然科学基金，以及教育部省属高校哲学社会科学重点研究基地——浙江工商大学商贸研究中心的资助，在此一并表示感谢！

丛书的出版得到浙江大学出版社的大力支持，特别是朱玲编辑和杨茜编辑，在此深表感谢！

李靖华

于浙江工商大学技术与服务管理研究中心

2016 年 9 月 1 日

# 中文版序

　　"制造服务化"的概念可以追溯到 20 世纪 90 年代晚期，当时 Vandermerwe 和 Rada 创造了 servitization 这一新词，Wise 和 Baumgartner 也关注到制造企业走向下游的趋势。尽管在此之前传统的制造企业也一直在提供客户服务，如应急维修服务和员工培训服务，但这些服务活动的战略意义微乎其微——只是必须提供的"必要的累赘"(a necessary evil)。制造服务化概念则打破了这一魔咒，呼唤人们关注服务，极大地提升了服务的战略地位。

　　制造服务化概念诞生后，相关研究像雨后春笋般极速增加，其中就包括了大量的案例研究，特别是罗尔斯-罗伊斯、IBM 和施乐的案例。这表明确实有不少制造企业成功地将商业模式的重心从产品转向了服务，即转向提供和销售产品和服务的组合。这符合 Vandermerwe 和 Rada 对制造服务化概念的界定，服务在供应组合中起到了引领性的作用，客户作为需求方现在为解决方案而不是为产品付费。但同时也有一些案例研究显示出，还有不少企业正处于面向服务化转型的初级阶段，任重而道远。

　　这些研究和文献大多基于欧洲和美国的案例展开。这些传统工业区的企业正面临着来自新兴经济体企业的竞争压力，制造服务化被认为是迎接这一挑战的合适对策之一。事实上，也已经出现了不少亚太地区的制造服务化案例研究①，这表明，制造服务化的范式已在全球范围内产生了影响。

　　本书英文版出版于 2014 年，有着双重的目标：第一，通过多产业案例研究来描述欧洲制造服务化扩散的现状，并突出了产业特征对制造服务化的正向或负向的影响。这些章节涉及对德国、意大利、英国、芬兰和瑞典的研究，涉及汽车、化工、机床、飞机、医疗等产业，作为主编，我对各章作者们表示诚挚的感谢。

---

　　① Wang, Kosaka & Xing（Eds）. Manufacturing Servitization in the Asia-Pacific, Springer Singapore, Heidelberg, New York, Dordrecht, London, 2016.

在这些研究中,服务化不仅指制造企业提供附加的服务,还特别指它们采用了面向客户问题解决的新商业模式。第二,本书旨在发现企业实践与学术文献之间对制造服务化认识的差异。我们识别并仔细讨论了制造服务化转型所需要的管理变革的方方面面。

本书中文版的出版证实了,制造服务化已经吸引了世界上传统工业区之外的地区的广泛兴趣。中文版严格忠于英文版,虽然中国的文化和经济环境可能与欧洲有较大不同,我仍然希望该书有助于丰富中国读者对制造服务化的科学理解和理论发展。

英文版主编:甘特·莱

(Gunter Lay)

2016 年 11 月

# 目　录

1　绪论 ……………………………………………………………… 1

　1.1　制造服务化:缘起和定义 …………………………………… 1

　1.2　制造服务化研究现状 ………………………………………… 3

　1.3　产业界的制造服务化现状 …………………………………… 7

　1.4　本书框架 …………………………………………………… 13

　1.5　作者介绍 …………………………………………………… 16

## 第一篇　产业现状篇

2　复印机行业:服务化的先驱 ……………………………………… 29

　2.1　引言 ………………………………………………………… 29

　2.2　复印机行业服务化:60 年的历程 ………………………… 30

　2.3　当前影响复印机行业服务化进程的供需因素 ……………… 35

　2.4　复印机行业的集成解决方案:打印管理服务 ……………… 36

　2.5　集成解决方案的竞争图景 …………………………………… 40

　2.6　案例:施乐公司 ……………………………………………… 41

　2.7　结论和管理启示 …………………………………………… 43

3　航空制造业:先进服务及其影响 ………………………………… 49

　3.1　引言 ………………………………………………………… 49

　3.2　航空制造业服务化的演变 …………………………………… 50

　3.3　先进服务的过程模型 ……………………………………… 51

3.4　提供先进服务的挑战 ·······························54

3.5　总结和展望 ···········································56

**4　汽车工业:动荡时代的制造服务化之路** ············59

4.1　汽车工业的坎坷之路 ·······························59

4.2　服务化和汽车工业概述 ·····························60

4.3　汽车行业的服务组合分析 ··························62

4.4　下游服务链:卡车行业经销商和客户的视角 ········68

4.5　结论 ·················································72

**5　设备工程:不断增长的工厂运营服务** ··············75

5.1　引言 ·················································75

5.2　设备工程公司提供的工厂运营服务类型 ············79

5.3　总结和展望 ···········································87

**6　空气压缩机和压缩空气行业:开始获利** ············91

6.1　引言 ·················································91

6.2　方法论和数据库 ·····································93

6.3　新商业模式的特点 ···································94

6.4　经验和教训 ···········································96

6.5　结论:空压新商业模式的机会和风险 ···············101

**7　机床行业:何日突破传统?** ·······················105

7.1　机床行业及其面临的战略挑战 ·····················105

7.2　方法论 ··············································108

7.3　定量研究结果 ·······································110

7.4　案例研究结果 ·······································115

7.5　结论和管理启示 ·····································119

**8　化工行业:利基市场中的制造服务化** ··············125

8.1　引言 ·················································125

8.2　各类化学品管理服务的普及 ························128

8.3　化学品管理服务的提供商和客户 ···················136

8.4　化工行业化学品管理服务的整体相关性及展望 ·····139

**9 纸浆和造纸装备业:信息技术冲击下的服务化** ················ 147

　9.1 引言 ················ 147

　9.2 纸浆和造纸行业服务化的分析框架 ················ 148

　9.3 纸浆和造纸行业的服务化:已经走了多远 ················ 155

**10 医疗技术制造商:监管市场下的服务化** ················ 159

　10.1 引言 ················ 159

　10.2 Buschak 等对 12 家医疗技术制造商的服务化调研 ················ 161

　10.3 Köbler 等对 7 家医疗技术制造商的产品—服务系统调查 ····· 163

　10.4 Schröter 和 Ostertag 对 4 家医疗技术制造商的先进服务调查

　　　　 ················ 164

　10.5 总结和展望 ················ 167

## 第二篇　企业运作篇

**11 服务化作为一个创新过程:识别变革的需要** ················ 171

　11.1 引言 ················ 171

　11.2 制造企业的服务创新:迈向服务的自主创新管理 ················ 172

　11.3 制造企业实现服务创新的 8 个挑战 ················ 174

　11.4 制造企业服务创新的过程模型 ················ 176

　11.5 结论和展望 ················ 178

**12 获取客户知识以增强工业企业服务化能力** ················ 183

　12.1 引言 ················ 183

　12.2 服务化的客户导向 ················ 184

　12.3 研究方法 ················ 187

　12.4 影响工业服务采购的客户因素 ················ 189

　12.5 客户知识管理有助于增强服务化 ················ 195

**13 制造服务化市场研究:以中国广东省为例** ················ 201

　13.1 引言 ················ 201

　13.2 市场研究的挑战:关于新兴市场和服务化 ················ 202

13.3 市场研究:佛山调查的范例 ·················· 205

13.4 从市场研究到管理意义 ·················· 211

13.5 结论和展望 ·················· 213

## 14 制造企业服务化战略 ·················· 215

14.1 引言 ·················· 215

14.2 环境因素 ·················· 217

14.3 制造企业的服务战略 ·················· 219

14.4 管理意义 ·················· 225

## 15 服务化制造商的采购和供应商关系 ·················· 229

15.1 引言 ·················· 229

15.2 服务化制造商对开发和交付服务进行生产或购买 ·················· 230

15.3 为服务化制造商提供服务塑造供应商关系 ·················· 236

15.4 管理启示 ·················· 239

## 16 服务化和流程界面 ·················· 243

16.1 引言 ·················· 243

16.2 运营管理流程 ·················· 244

16.3 模块化和界面 ·················· 245

16.4 服务界面 ·················· 246

16.5 界面的一些关键特征 ·················· 248

16.6 服务化和界面 ·················· 248

16.7 服务化中的管理界面 ·················· 251

16.8 最后的评论:界面和知识 ·················· 252

## 17 避免经常性成本陷阱:服务化企业的高级管理会计方法 ····· 255

17.1 服务化企业的管理会计挑战 ·················· 255

17.2 生命周期成本法:成本会计和定价 ·················· 257

17.3 高级会计方法:超越成本和收益的指标 ·················· 261

17.4 结论和展望 ·················· 267

## 18 适应服务化的产品调整 ·················· 271

18.1 引言和研究问题 ·················· 271

18.2 理论视角:为服务化调整实体产品的需要 ················ 272

18.3 数据库和方法论 ·································· 276

18.4 实证发现和管理启示 ······························ 281

18.5 总结 ············································ 285

**19 机械制造行业核心能力和人员资质的服务化影响** ········· 289

19.1 引言 ············································ 289

19.2 服务化机械制造行业特殊资质人员的来源 ············ 290

19.3 服务化企业的人力资源:最新的实证研究 ············ 293

19.4 服务化机械制造行业中所选部门的人员资质 ·········· 296

19.5 讨论 ············································ 300

**20 总结** ·············································· 305

20.1 引言 ············································ 305

20.2 制造产业服务化 ·································· 306

20.3 制造运作部门的服务化 ···························· 311

20.4 结语 ············································ 315

**索 引** ················································ 319

**译后记** ················································ 322

# 图目录

图 1.1　制造服务化动因的分层解读 ················································· 4

图 2.1　首台现代复印机——Xerox 914(1959) ······························· 31

图 2.2　首台个人打印机——佳能 PC-10(可更换墨盒,1982) ··········· 33

图 2.3　世界上 3 种创新性的打印机/复印机 ·································· 34

图 2.4　施乐公司的收入来源(Xerox,2012) ································· 42

图 2.5　施乐 2012 年业务部门收入(Xerox,2012) ························ 42

图 3.1　提供先进服务的产品服务系统 ········································ 51

图 3.2　一个先进服务交付中关键作用的过程模型 ························ 52

图 4.1　汽车行业服务化的图解说明 ··········································· 63

图 4.2　轿车行业:每个分类中样本所提供服务的平均数 ··············· 67

图 4.3　轿车行业:服务扩散和差异指数 ······································ 67

图 4.4　重型卡车行业:每个分类中样本所提供服务的平均数 ········· 68

图 4.5　重型卡车行业:服务扩散和差异指数 ······························ 68

图 7.1　机床制造服务商集群的一、二次判别函数聚类 ················· 111

图 9.1　纸浆和造纸行业公司服务化的重要领域 ·························· 149

图 9.2　纸浆行业装备供应商服务化程度 ···································· 156

图 11.1　产品—服务系统开发的通用模型 ·································· 177

图 13.1　佛山调查企业分布情况 ·············································· 205

图 13.2　佛山调查企业结构(规模及年营业额) ···························· 206

图 13.3　佛山地区的服务分布情况 ··········································· 207

图 13.4　客户及产品导向的服务来源(本地、区域、全球) ·············· 209

图 13.5　服务需求的动因 ······················································ 209

图 13.6　服务需求与公司规模的关系 ········································ 210

图 13.7　服务满意度 ···························································· 211

图 14.1　产品—服务一体化 ················································· 216

图 14.2　战略匹配 ························································· 217

图 14.3　外部环境结构 ····················································· 218

图 15.1　生产或购买的分类和服务聚焦的组合 ··························· 233

图 15.2　服务化情境下买方—供应方关系联系类型 ······················ 233

图 17.1　生命周期成本法软件的输入界面 ······························· 259

图 17.2　钢铁铸造厂观测机器人的生命周期成本 ······················· 260

图 17.3　服务包生命周期成本的驱动因素 ······························· 261

图 17.4　服务绩效与服务灵活性之间权衡的示例 ······················· 263

图 17.5　通过目标功能点与实际功能点比较得到的服务有效性示例 ······ 264

图 17.6　服务导向的平衡计分卡战略目标间的因果关系 ················· 266

图 19.1　服务相关的关键能力概况 ······································· 292

图 19.2　服务化和非服务化制造企业的人员资质 ······················· 294

图 19.3　服务化和非服务化制造企业的员工活动 ······················· 295

图 19.4　服务化和非服务化制造企业中具体的人力资源概念的使用 ······ 295

图 19.5　制造服务化中的人力资源概况 ··································· 296

图 19.6　销售人员的关键能力概况 ······································· 298

图 19.7　售后服务人员的关键能力概况 ··································· 300

图 20.1　服务化商业模式下制造商运作活动决策的互赖关系 ············· 313

# 表目录

表 1.1 制造业中的服务销售份额 ·················· 7

表 1.2 提供服务的制造企业比例 ·················· 8

表 1.3 制造企业服务销售的份额(按行业统计) ·········· 9

表 1.4 制造服务化厂商份额(按行业统计) ············ 10

表 2.1 复印机解决方案特点 ····················· 39

表 2.2 施乐在 2010—2012 年的相关收购 ············ 42

表 4.1 轿车和重型卡车行业的所提供的服务项目 ········ 63

表 4.2 重型卡车服务网络对服务的态度 ············· 69

表 4.3 重型卡车市场中的服务扩散 ················ 70

表 4.4 重型卡车客户对服务的态度 ················ 71

表 5.1 主要设备工程公司的产品、规模和所在国家 ······· 77

表 5.2 水厂提供商 WABAG 的运营服务概念 ·········· 84

表 5.3 设备工程公司提供的运营服务 ··············· 87

表 6.1 空气压缩机/压缩空气案例的新商业模式 ········· 93

表 6.2 在运作计划范围内自行提供空气压缩相关服务的情形 ··· 100

表 7.1 机床行业案例研究公司样本 ················ 109

表 7.2 集群间的统计差异 ····················· 113

表 7.3 统计显著的变量的集群均值 ················ 114

表 8.1 在文献或互联网上报道过的化学品管理服务案例 ···· 128

表 10.1 德国医疗技术制造商的销售额、出口和雇员 ······ 160

表 10.2 德国医疗技术公司公司规模(员工数)分布情况 ···· 160

表 10.3 Buschak 等(2010)所列的采访名单 ·········· 161

表 10.4 Köbler 等(2009)的样本公司分布 ··········· 163

表 10.5 Schröter 和 Ostertag(2007)的样本特征 ········ 164

表 11.1　识别服务创新项目挑战的实证背景 …………………… 174

表 12.1　研究二联体及其业务领域 ……………………………… 187

表 12.2　受访者与采集数据概要 ………………………………… 189

表 12.3　影响服务采购的客户因素概括 ………………………… 194

表 14.1　基于外部环境和组织响应的服务战略 ………………… 224

表 15.1　生产、购买、混合选项的各自优点 …………………… 231

表 15.2　生产或购买选项和服务提供 …………………………… 232

表 15.3　买方—供应商关系描述维度 …………………………… 237

表 15.4　服务化情境下买方—供应方关系分析 ………………… 238

表 18.1　构念操作化和分析数据集的描述 ……………………… 277

表 18.2　有形产品对提供服务的适应性 ………………………… 280

表 18.3　构念检验 ………………………………………………… 281

表 20.1　制造服务化的先进服务特征 …………………………… 307

# 1 绪 论

摘要：传统的制造业开发和生产有形产品。在产品发生故障时，他们为客户提供维护和修理等附加服务，以及为其员工提供如何正确使用产品的培训服务。在过去，这些服务并非制造企业战略的核心。然而近年来，越来越多的研究者和咨询者建议企业重新评估这些服务的价值。"制造服务化"（servitization）一词就是将制造商成为服务提供商这一事实进行概念化。本章旨在结合学术界对制造服务化研究的成果、实业界对制造服务化模式扩散的事实，进行概括性的介绍。显然，实业界应用的步伐跟不上学术界研究文献的激增。本书就此设定了两大目标：(1)从产业层面提供了对制造部门实施服务化的选项和障碍的详尽分析，通过解释制造服务化过程中的超前和滞后现象，有利于我们对制造商与客户关系进行具体和深入的探究；(2)分析了制造商所采取的主要和支持性的服务化活动，这些活动符合重塑服务化商业模式的需要，因此本书也丰富了制造服务化的方法。本章根据以上两大目标分为两个部分。在本章的最后，我们引介了本书的各章及其作者。

## 1.1 制造服务化：缘起和定义

制造服务化的概念可追溯到莱维特（Levitt,1969）。他引述了一位工具销售人员的话："去年获得的一百万个 1/4 英寸钻头的销售业绩，并不是因为人们需要这些钻头，而是因为他们需要 1/4 英寸的孔。"这个例子显示出，客户需要的是制造商产品的功能去解决问题,而不是产品本身。为满足客户的这一需要,我们需要从提供产品向提供功能(通过产品)和客户解决方案转型。

基于这一基本思路,制造服务化(Vandermerwe,Rada,1988)这一术语在 20 世纪 80 年代末诞生了。Vandermerwe 和 Rada 用它来描述一揽子地提供产品、服务、支持、自服务和知识,并以服务为统领的制造企业行为。他们将制造服务化视为已经被那些最优秀的制造企业所采用的有效的企业战略选择。

20 世纪 90 年代末,Wise 和 Baumgartner(1999)对制造企业战略进行了重新思考,并提出了对制造服务化新的理解。他们认为,"到下游去"和为产品的安装基础(installed base)①服务已成为制造企业新的盈利动机。

自那时起,学术界和实业界对制造服务化概念的讨论方兴未艾。发达国家制造企业逐渐遇到新兴国家制造企业的挑战,后者正在技术上实现追赶,因此制造服务化已经成为制造企业获取竞争优势的一个途径(Vandermerwe,Rada,1988)。尽管制造企业很早就已经在为客户提供一些传统的服务——如机器修理、操作员工培训等,但这些传统的服务并不具有战略上的重要性。服务业务被看作是必须提供的累赘(evil),而非战略性的资产。随着制造服务化概念的推进,现在服务则成了服务主导逻辑的核心(Vargo,Lusch,2004)。

经过 20 多年的发展,制造服务化的研究已趋于成熟(Baines et al.,2009)。最初阶段的研究进展有限,近年来文献则呈指数级增长。这些学术出版物的研究视角主要呈现为以下几个方面(Lay et al.,2009):

• 营销学文献研究制造服务化的趋势。制造商的 B2B 营销模式已经从销售产品转向提供客户导向的解决方案(Gronroos,2000;Stremersch et al.,2001;Davies et al.,2007)。

• 可持续发展研究关注节约资源型新兴商业模式,如产品相关的高级服务(Rothenberg,2007;Tukker,2004;Mont,2002;Goedkoop et al.,1999)。

• 聚焦特定行业演变的文献证实,在化学行业(Mont et al.,2006;Eder,Delgado,2006)和能源行业(Helle,1997;Sorell,2007),制造企业已经成为服务提供者和综合解决方案商。

基于研究观点和研究学科的多样性,制造服务化相关术语并不统一,如集成解决方案(integrated solutions)、功能化产品(functional products)、产品—服

---

① 安装基础,指网络效应产业中已有用户的数量,它会对潜在用户决定是否加入该网络(即购买该系统)产生影响,因为更大安装基础往往意味着更便利的供应和服务、更多的辅助产品、甚至更广泛的用户连接(如通信网络标准竞争)等。网络效应的竞争很多时候会出现"赢家通吃/马太效应"的结果。——译者注

务 系 统（product-service system）、服 务 灌 输（service infusion）、工 业 服 务
（industrial service）等。

在本章后面的篇幅里,我们将对学术研究的不同观点(1.2节)和实业界制
造服务化模型的扩散情况(1.3节)分别加以叙述。将学术和实业进行对比,显
示出实业界应用的步伐跟不上学术界研究文献的激增。本书就此设定了两大
目标:(1)从产业层面提供制造部门实施服务化的选项和障碍的详尽分析,产业
层面的分析有利于我们对制造商与客户关系进行具体和深入的探究;(2)分析
制造商所采取的主要和支持性的服务化活动,这些活动符合重塑服务化商业模
式的需要,这样本书也丰富了制造服务化的方法。在本章的最后,我们引介了
本书的各章及其作者(1.4节)。

## 1.2　制造服务化研究现状

我们对制造服务化现象了解多少呢? 鉴于传统的制造业也提供服务,最初
的制造服务化研究致力于对制造服务化进行分类,旨在区别传统服务和制造服
务化带来的新型服务。这样的分类有很多种:Frambach 等(1997)按产品的售
前、售中和售后对服务进行了分类,产品售前服务旨在辅助客户做出购买决策
和激发客户对工业产品的采纳(如产品演示和试用);产品售中服务旨在帮助客
户使用产品(如安装和培训);产品售后服务旨在让客户对购买感到满意(如处
理产品故障和实施常规性检测保养)。

Boyt 和 Harvey(1997)提出有助于服务分类的六大服务特性:更换率、重要
性、风险水平、复杂性、个人传递性和可信性。以这六大特征为指标,可将制造
服务化分为基本服务、中级服务和复杂服务三个大类。

Mathieu(2001)则采用了两分法——支持供应商产品的服务和支持客户
(利用供应商产品)的服务。第一类服务包括传统的产品相关的供应商服务,如
备件供应;第二类服务包括更多高一级的服务,如保证产品发挥作用,或以租赁
而非销售的方式提供产品使用。

Tukker(2004)则定义了三种产品—服务系统:一是产品导向的服务,包括
咨询、保养和易耗品供应,这是旨在销售产品的传统制造企业的服务活动;二是
使用导向的服务,即制造商拥有产品的所有权,对客户提供租赁、共用、储备等
服务,在这一分类情况下,客户按实际使用来付费;三是结果导向的服务,是最
高级的服务形式,客户不按使用过程,而是按使用结果来付费。装备制造商因
此成了客户的外包合作伙伴,它需要保证产出的数量和质量。

尽管(或由于)上述分类多种多样,Nordin 和 Kowalkowski(2010)指出制造服务化的分类缺乏理论基础,因而也缺乏更高的抽象水平。他们也认为制造服务化的多样性和随之而来的类别差异,是研究中最困难的部分。因此,要在基础、传统的服务和更高级的解决方案之间,发现更清晰的逻辑线索。

制造服务化的第二大类研究集中在制造服务化的驱动因素。很多学者试图解读制造企业开展服务化业务的动因(如 Vandermerwe,Rada,1988;Frambach et al.,1997;Wise,Baumgartner,1999;Mathieu,2001;Oliva,Kallenberg,2003;Gebauer et al.,2005)。Baines 等(2009)首先对这些解读进行了总结和归类。基于他们的归类,再结合其他相关文献的观点(Brax,Jonsson,2009;Goh,McMahon,2009),我们总结出制造服务化战略的三大动因:成长、收益和创新(见图 1.1)。

| 第四级解读 | 第三级解读 | 第二级解读 | 第一级解读 |
| --- | --- | --- | --- |

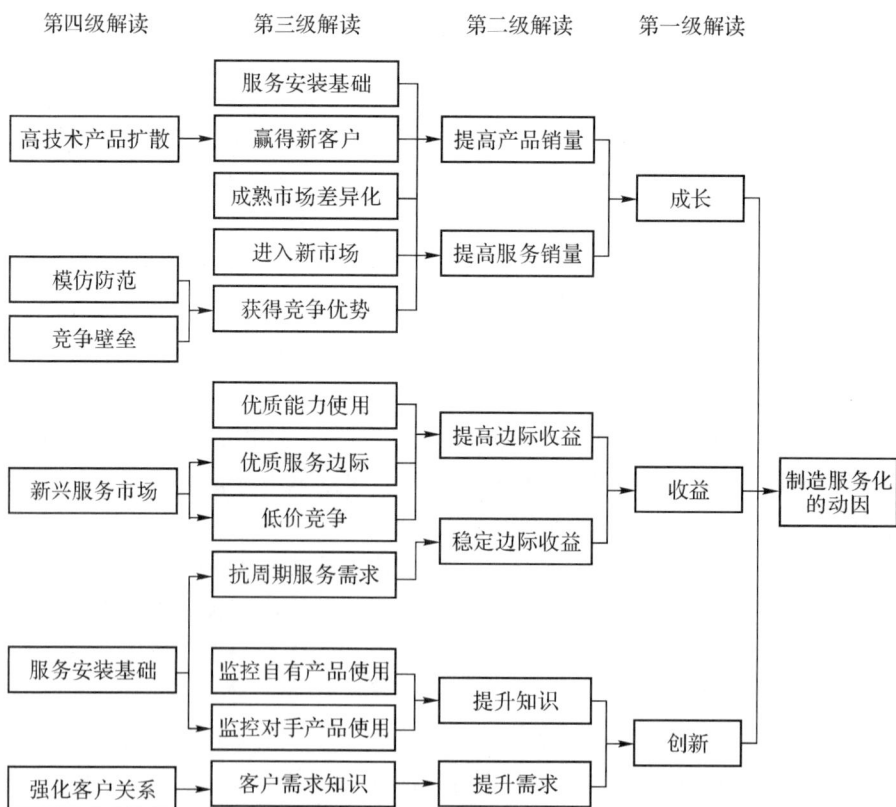

图 1.1　制造服务化动因的分层解读

用提供与产品相关的服务来实现成长(Mathieu,2001),常被描述为一种战略动因(Gebauer et al.,2005),它能够通过激发产品销售和销售附加服务来实现。而产品销售的激发和附加服务的销售,则是通过获得服务相关的竞争优势,以及在成熟市场上实现产品差异化来实现(Vandermerwe,Rada,1988;Frambach et al.,1997;Oliva,Kallenberg,2003)。制造企业获得竞争优势和通过服务差异化其产品的实现路径,则是为潜在竞争者设置进入壁垒、防范模仿和扩散创新产品。

服务化背后的收益动因常被作为一种财务金融因素来讨论(Baines et al.,2009)。一方面,服务收益来自增长的边际收益(Frambach et al.,1997)。服务业务有助于:(1)提升能力利用率,进而增加整体边际收益;(2)用较传统产品市场更高的边际收益打开服务市场;(3)避免成熟产品市场的价格竞争。另一方面,服务业务也有助于稳定收益流。客户对产品和服务的需求具有周期性。因此,安装基础服务(Wise,Baumgartner,1999;Oliva,Kallenberg,2003),能在产品销售下降的时候作为一种战略,来平滑企业的产能利用,从而降低经济周期对制造商的影响(Mathieu,2001)。

直到现在,针对创新动因的研究文献仍然不多。扩展服务提供被视为强化客户关系的举措(Frambach et al.,1997;Mathieu,2001),与客户接触的增加也提供了学习客户需求的机会。因此,可以认为制造服务化有助于培育创新的技术拉动维。Brax 和 Jonsson(2009)、Goh 和 McMahon(2009)认为产品相关的服务是一个重要的信息来源,服务为制造企业的产品开发提供反馈信息。

制造服务化的第三个研究领域是对成功因素的分析。早期文献主要看到制造服务化对业界和社会带来的益处,随后学者们指出制造服务化也存在诸多挑战。Oliva 和 Kallenberg(2003)就指出,制造商必须学习从产品制造商向服务提供商的转型。最重要的研究发现是,制造服务化企业必须具有与产品商业环境不同的、特有的组织文化,新的组织架构,充分的流程和合格的人员。如果缺乏组织方面的转变,以及管理人员不愿意扩展服务业务,容易导致所谓的"服务困境"(service paradox)问题。Gebauer 等(2005)首先研究了这一现象,描述了这样一种情况:扩展服务业务的投资增加了服务供应,提高了成本,但并没有为服务化企业带来更高的相应回报。

Fang 等(2008)指出,企业中已经存在的组织结构,会对制造服务化的成败产生重要影响。他们在展现服务业务转型为企业价值带来正效应的同时,也指出转型存在的两大制约:第一,只有当服务业务达到一定的规模时,正向价值效应才能体现出来。第二,正向价值效应的大小,与服务业务与企业核心业务的关联度正相关。不相关的服务没有溢出效应,这种溢出效应是承载服务成本的关键,也使提供竞争性服务价格成为可能。Neely(2007,2008)和 Lay 等(2007)都指出,服务开发并不适用于所有制造企业,并表明制造服务化成功与否及其差异，与产业特点、产品生命周期、市场力量和公司规模都有关系。

Brax(2005)也证实，投身服务业务也会为制造企业带来风险。尽管服务业务被视为收益的安全来源，但向服务提供商的转型却带来了相当大的挑战，给企业生存造成了巨大威胁，对那些视服务为非主导业务的制造企业而言，更是如此。

相关文献对这些挑战进行了详细的讨论。Auramo 和 Ala-Risku(2005)识别了供需管理领域进入下游的具体挑战。Galbraith(2002)表明，制造企业如果要提供解决方案，就必须重新组织其业务体系。Gebauer 等(2010)建议建立制造服务化的"环境—战略配置"匹配。Baines 等(2009)指出对制造服务化企业来说，建立服务文化是一个巨大的挑战。更进一步，Biege 等(2012)识别出定制仪器制造企业需要开发的服务化相关流程。基于最佳实践企业的研究，给出了一系列制造服务化成功的管理启示。

制造服务化研究的第四个特性与方法论有关。基于案例的研究是已有文献中最常用的方法（如 Auramo，Ala-Risku，2005；Brax，Jonsson，2009；Davies et al.，2007；De Toni，Tonchia，2004；Johnson，Mena，2008；Kindstrom，Kowalkowski，2009；Matthyssens，Vandenbempt，2010；Neu，Brown，2005；Oliva，Kallenberg，2003；Sundin et al.，2009）。这一方法适宜于对制造服务化机理的深度探究，也对建立自变量和因变量间因果关系假设大有裨益。然而，为了获得更具代表性的研究结果，并基于大样本数据来验证这些假设，方法论上还需要采用互补性的定量分析方法（Gebauer，Kowalkowski，2012；Neu，Brown，2005）。

目前定量的分析还比较少，且存在一定的缺陷。一方面，它们的数据往往基于区域调查的特定目的。如，Leo 和 Philippe(2001)基于 8480 家法国企业的回答，分析了产品服务系统的出口问题；Panesar 等(2008)基于 62 家挪威油气企业的回答，分析了制造服务化的壁垒；Antioco 等(2008)基于 137 家比利时、丹麦和荷兰企业的回答，分析了制造服务化的组织启示；Davidsson 等(2009)基于 364 家瑞典企业的回答，比较了纸浆和造纸产业与其他产业在服务导向上的差异。另一方面，不少文献透过二手数据来寻求制造服务化的定量发现。例如，Fang 等(2008)使用了 COMPUSTAT 数据库，Neely(2007，2008)使用了 OSIRIS 数据库。上述两个数据库中与服务相关的数据主要来自公司概貌部分，当然也需要寻找其他方法作为补充，如基于调查的研究（Fang et al.，2008）。

近期，很多定量研究开始运用欧洲制造业调查（European Manufacturing Survey）数据库（Lay et al.，2010；Bikfalvi et al.，2013；Dachs et al.，2013）。

这是一个大型、跨国的数据库,既涉及制造业本身,也包括制造服务化情况。本章下一节对产业界制造服务化的现状描述,即是基于这一数据库得到的。

## 1.3　产业界的制造服务化现状

与学术界对制造服务化的研究相比,产业界的制造服务化实践更值得关注。基于"欧洲制造业调查 2009"数据,本节给出相应的现状描述。该调查针对欧盟产业分类体系(NACE, Nomenclature Statistique des Activités économiques dans la Communauté Européenne,)rev 1.1 中编号为 15～37 的产业展开,所调查的均为员工数在 20 人以上的企业。来自奥地利、克罗地亚、丹麦、法国、芬兰、德国、荷兰、斯洛文尼亚、西班牙和瑞士的企业回答了问卷,其中有效问卷分别为 3634 个(服务化现状)和 2416 个(服务业务份额)。

表 1.1 给出了制造业中的服务销售的份额,该指标衡量了欧洲制造企业间的服务相关性。表中数据显示,对直接给客户开具发票中服务,其销售份额的平均值为 6%,而将直接和间接给客户开具的发票的服务相加,其销售份额的平均值则为 13%。

表 1.1　制造业中的服务销售份额

| 序号 | 项目 | 中位数(%) | 均值(%) | 标准差 |
|---|---|---|---|---|
| 1 | 给客户开具的发票中服务销售的份额 | 3.0 | 6.0 | 9.6 |
| 2 | 包含在产品发票中的服务销售的份额 | 5.0 | 7.1 | 9.2 |
| 3 | 直接和间接给客户开具的发票中服务销售的份额 | 10.0 | 13.0 | 14.5 |

资料来源:EMS,2009,样本数为 2416。

这些数据表明,在欧洲制造业产值中,服务部分占有相当的份额,每 8 欧元的收入中就有 1 欧元来自服务而非制造。服务业务已成为制造业收入的支柱。但是,调查数据也印证了先前案例研究的结果,即欧洲的服务战略尚未达到制造服务化领跑者所表现出的程度。

此外,有很大一部分服务并未直接以发票的形式体现出来,这表明服务业务尚未被看作企业价值主张的来源,而价值主张可以表现为一种分离的资产价值。这也是欧洲制造企业追求的服务化战略成熟程度的衡量指标(Malleret,2006)。企业为服务业务单独收费意味着服务已经进入其核心业务,而企业将服务捆绑在产品定价中则意味着服务是产品的附加,是为了促进产品销售而存在的,其本身并非商业产品。

进一步的数据表明,目前市场上主要的制造商大都成为服务提供商(见表 1.2)。在 EMS 样本企业中,85％的企业声称他们至少提供了服务业务清单中的一种服务。这也验证了关于制造业与服务业的边界正在模糊的学术观点(Coombs,Miles,2000)。

表 1.2　提供服务的制造企业比例

| 序号 | 服务类型 | 提供服务的制造企业比例(％) |
|---|---|---|
| 1 | 设计、咨询和项目规划服务 | 69.0 |
| 2 | 技术文件服务 | 56.8 |
| 3 | 人事培训服务 | 48.5 |
| 4 | 创业辅导服务 | 44.9 |
| 5 | 保养维修服务 | 39.8 |
| 6 | 软件开发服务 | 17.4 |
| 7 | 设备运营服务 | 15.0 |
| 8 | 租赁和金融服务 | 12.1 |
| 9 | 上述服务中至少提供一种 | 84.8 |

资料来源:EMS,2009,样本数为 3634。

表 1.2 同时表明,工程服务业是最广泛的制造业服务类型,包括个性化定制的产品设计、咨询服务以及项目规划。超过 2/3 的被访企业说它们提供了此类服务。技术文件服务业务的提供比重紧随工程服务业务。大约一半的制造企业帮助客户安装产品,其中包括培训客户、保养维修。样本中接近 1/6 的制造商会为客户开发定制软件。在客户的车间中帮助客户操作产品/设备以充分利用其潜能,以及租赁和金融服务,则出现得并不多,在调查中分别有 1/7 和 1/8 的企业在提供。

调查数据表明,目前的制造服务化业务主要是与产品紧密相关的服务,如产品设计、咨询和项目规划、软件开发、技术文件服务以及保养维修服务。而那些在产品的使用阶段需要供应商参与的服务(如在客户的车间中帮助客户操作产品或设备)或偏离企业传统核心业务的服务(如金融服务和软件开发服务),仍然较少。

调查结果与案例研究结果是一致的,即制造服务化主要涉及传统的产品相关服务,以及最先进的服务业务还没有定期或经常提供。后者需要与客户建立更为紧密的伙伴关系、对组织变革的新态度,以及增加超越传统价值边界的客户价值承诺(Mathieu,2001；Oliva,Kallenberg,2003；Lewis et al.,2004)。这些最先进的服务业务被认为能确保更高的竞争优势,进而带来更高的财务收益(Mathieu,2001)。

就服务销售份额而言,产业间的差异是明显的(见表1.3)。其中,以机械制造商(NACE 29到32)和医疗设备、精密仪器和光学器械制造商(NACE 33)最为领先,它们大约15%的收益来自服务业务。食品和烟草制造业(NACE 15和16)和化学品制造业(NACE 24)则在倒数位置,其服务业务收入比重分别只占5%和8%,表明在这些部门中服务的相关性更低。

表 1.3　制造企业服务销售的份额(按行业统计)

| 序号 | 行业 | 样本数 | 直接开具发票的服务销售份额 | | 直接和间接开具发票的服务销售份额 | |
|---|---|---|---|---|---|---|
| | | | 均值(%) | 标准差 | 均值(%) | 标准差 |
| 1 | 食品和烟草制造业(NACE 15,16) | 116 | 1.5 | 3.4 | 4.8 | 7.8 |
| 2 | 纺织、服装和皮革制造业(NACE 17,18,19) | 71 | 3.6 | 9.4 | 10.2 | 16.1 |
| 3 | 木制品和家具制造业(NACE 20,36) | 188 | 4.9 | 8.5 | 12.2 | 14.6 |
| 4 | 纸浆、造纸和印刷业(NACE 21,22) | 118 | 4.4 | 5.7 | 11.6 | 13.8 |
| 5 | 化学品制造业(NACE 24) | 120 | 2.9 | 6.4 | 8.2 | 11.3 |
| 6 | 橡胶及塑料制品制造业(NACE 25) | 188 | 5.9 | 11.2 | 12.7 | 14.5 |
| 7 | 玻璃、陶瓷和矿产品制造业(NACE 26) | 124 | 3.6 | 5.7 | 10.3 | 11.0 |
| 8 | 碱性金属制造业(NACE 27) | 66 | 3.6 | 6.9 | 12.2 | 16.6 |
| 9 | 金属加工制品制造业(NACE 28) | 446 | 6.3 | 11.1 | 13.2 | 15.4 |
| 10 | 机械制造业(NACE 29) | 509 | 8.9 | 10.4 | 17.1 | 15.0 |
| 11 | 办公机械和通信设备制造业(NACE 30,32) | 88 | 9.3 | 14.9 | 15.8 | 16.1 |
| 12 | 电子机械等制造业(NACE 31) | 119 | 6.1 | 7.7 | 14.3 | 12.7 |
| 13 | 医疗设备、精密仪器和光学器件制造业(NACE 33) | 183 | 5.9 | 6.6 | 13.8 | 12.5 |

续表

| 序号 | 行业 | 样本数 | 直接开具发票的服务销售份额 | | 直接和间接开具发票的服务销售份额 | |
|---|---|---|---|---|---|---|
| | | | 均值(%) | 标准差 | 均值(%) | 标准差 |
| 14 | 汽车和其他运输设备制造业(NACE 34,35) | 77 | 5.8 | 10.7 | 11.6 | 15.4 |
| 15 | 总体 | 2413 | 6.0 | 9.6 | 13.0 | 14.5 |

资料来源：EMS,2009。

从表1.3可以看出,在对待客户态度或产业文化以及是否将服务视为必须收费的商品的态度上,不同产业表现出很大不同。机械制造业(NACE 29)及办公机械和通信设备制造业(NACE 30,32)——都具有高服务销售份额——有比其他产业更高的直接账单结算服务的销售额。以上结果表明:与其他投资品相比,机器和计算机产品能带来更多的相关服务业务。

表1.4进一步展示了服务化业务分布的产业差异,以下专门列出我们的一些发现。

表1.4 制造服务化厂商份额(按行业统计)

| 序号 | 行业 | 厂商份额 | | | | | |
|---|---|---|---|---|---|---|---|
| | | 设计和咨询 | 技术文件 | 软件开发 | 租赁和融资 | 保养和维修 | 设备运营 |
| 1 | 食品和烟草制造业(NACE 15,16) | 33.3 | 21.3 | 0.7 | 7.8 | 6.4 | 6.7 |
| 2 | 纺织、服装和皮革制造业(NACE 17,18,19) | 61.4 | 34.2 | 1.8 | 8.8 | 22.7 | 11.0 |
| 3 | 木制品和家具制造业(NACE 20,36) | 66.4 | 49.3 | 4.6 | 11.6 | 40.8 | 13.7 |
| 4 | 纸浆、造纸和印刷业(NACE 21,22) | 63.8 | 25.2 | 13.3 | 3.8 | 6.8 | 5.3 |
| 5 | 化学品制造业(NACE 24) | 56.1 | 49.7 | 4.3 | 9.9 | 13.1 | 12.0 |
| 6 | 橡胶及塑料制品制造业(NACE 25) | 76.6 | 52.4 | 4.9 | 8.7 | 23.1 | 12.5 |
| 7 | 玻璃、陶瓷和矿产产品制造业(NACE 26) | 64.4 | 48.9 | 1.1 | 4.0 | 17.3 | 8.9 |

| 序号 | 行业 | 厂商份额 | | | | | |
|---|---|---|---|---|---|---|---|
| | | 设计和咨询 | 技术文件 | 软件开发 | 租赁和融资 | 保养和维修 | 设备运营 |
| 8 | 碱性金属制造业（NACE 27） | 69.1 | 41.8 | 3.6 | 1.8 | 10.5 | 8.6 |
| 9 | 金属加工制品制造业（NACE 28） | 70.0 | 50.8 | 7.8 | 6.9 | 38.0 | 13.3 |
| 10 | 机械制造业（NACE 29） | 84.6 | 88.0 | 42.7 | 27.2 | 76.9 | 26.3 |
| 11 | 办公机械和通信设备制造业（NACE 30,32） | 81.0 | 73.5 | 50.4 | 13.7 | 51.7 | 20.9 |
| 12 | 电子机械制造业（NACE 31） | 80.2 | 76.6 | 29.1 | 5.5 | 48.5 | 18.2 |
| 13 | 医疗设备、精密仪器和光学器件制造业（NACE 33） | 70.3 | 78.5 | 44.9 | 17.9 | 71.3 | 14.5 |
| 14 | 汽车和其他运输设备制造业（NACE 34,35） | 69.0 | 68.1 | 16.5 | 19.0 | 53.6 | 23.4 |
| 15 | 总体 | 69.0 | 56.8 | 17.4 | 12.1 | 39.8 | 15.0 |

资料来源：EMS,2009,样本数为3634。

工程服务,如个性化定制产品、咨询服务或项目规划,在橡胶及塑料制品制造业（NACE 25）和各类机械制造业（NACE 29,30,31,32）,更容易被当作独立的商品;这些产业中大约有80%的企业提供工程服务业务。工程服务在几乎所有其他产业中也很重要,有60%～70%的企业提供这类服务。只有食品和烟草制造业（NACE 15,16）是个例外,其比例只有1/3。

技术文件服务对各类机械制造业（NACE 29,30,31,32）、医疗设备、精密仪器和光学器械制造业（NACE 33）和汽车和其他运输设备制造业（NACE 34,35）都很重要。这些产品都需要附带的技术文件,因此这类服务的提供是企业在相应市场上获得成功的前提条件。在这些产业部门中,有68%到近90%的企业提供这些服务。在所调查的案例中,大约一半的木制品和家具制造业（NACE 20,36）、化学品、橡胶及塑料制品制造业（NACE 24,25）、各类矿产品制造业（NACE 26,27,28）的企业,都提供技术文件服务。在纺织、服装和皮革制造业（NACE 17,18,19）、纸浆、造纸和印刷业（NACE 21,22）,以及食品和烟草制造业（NACE 15,16）,技术文件服务显得不那么重要,其份额在21%～34%。这些数字表明,技术文件服务在这些行业的普及度不如机械制造等行业,客户需求和法律规定对制造商的要求都不高。

保养和维修服务的重要性并非来自产业规制或行业传统,而是制造品的价格以及投资制品与消费品的差异。在产品的生命周期内,消费品和不太贵的投资品一般不会引起制造商的关注,而昂贵的投资制品则需要有规律的保养和维修。这一区别造成了产业间保养和维修服务份额的差异。大约78%的机械制造业(NACE 29)企业提供保养和维修服务。办公机械和通信设备制造业(NACE 30,32)、木制品和家具制造业(NACE 20,36)、金属加工制品制造业(NACE 28)、电子机械制造业(NACE 31)、汽车和其他运输设备制造业(NACE 34,35)中,保养和维修服务的提供没那么频繁,其份额在38%～54%。在食品和烟草制造业(NACE 15,16)、纸浆、造纸和印刷业(NACE 21,22)中,则基本没有服务业务。

软件开发服务通过为客户提供附加的计算机程序,有助于制造商挖掘计算机化产品的全部潜能。如果产品没有可编程的控制单元,或者其生产过程不需要客户数据的强化,则软件开发服务就无用武之地。因此,在机械制造业(NACE 29)、医疗设备、精密仪器和光学器械制造业(NACE 33)、办公机械和通信设备制造业(NACE 30,32)中,软件开发服务的份额很高。这些产品的控制需要信息技术和软件。不过令人惊奇的是,在这些行业中,软件开发服务企业的份额也只占大约50%。这表明,很多客户实际上依赖于自有的资源或依赖于纯服务业的服务提供商,来获得运行产品的相关软件。

当客户难以直接支付购买产品设备的费用时,金融服务就成为一种重要的产品相关服务。当机械或设备投资特别昂贵时,这一问题尤其突出。事实上,在机械制造业(NACE 29)、医疗设备、精密仪器和光学器械制造业(NACE 33)、汽车和其他运输设备制造业(NACE 34,35)中,金融服务的使用量最大。大约1/5～1/4的上述企业会在其产品组合中包含融资服务。这些金融服务虽然主要是由银行和金融公司提供给客户的,但如果没有制造商的支持或参与,客户将无法单独提出这一服务申请。

最后,设备运营服务尚未引起所有部门的重视。只在机械制造业(NACE 29)、汽车和其他运输设备制造业(NACE 34,35)、办公机械和通信设备制造业(NACE 30,32)、电子机械制造业(NACE 31)里有一定的份额,但也只是分别有26%(机械)、23%(交通设备)、21%(办公机械)和18%(电子机械),表明这些服务的相关性还很低。

# 1.4　本书框架

人们逐渐认识到制造服务化面临的挑战,以及服务化商业模式在工业实践中的应用,系统深入地研究制造服务化这一现象变得越来越迫切。这就是本书研究的目的。

本书的研究基于以下前提假设:制造产业和服务提供商能力的异质性,是制造服务化研究不可回避的前因变量。

本书共分为两大部分。第一部分基于不同制造行业的特性,提出欧洲制造产业核心部门成功实施制造服务化的一个框架。具体包括以下章节:

在第 2 章中,意大利佛罗伦萨大学的 Filippo Visintin 用复印机制造商施乐的案例,分析了信息技术产业的制造服务化进程。尽管在今天复印机 OEM 生产商已经高度地服务化了,回顾其自 20 世纪 60 年代晚期开始的服务化进程,仍无放之四海而皆准的发展模式。Visintin 详细描述了技术开发、商业模式创新、产业规制变迁和客户需求演化对复印机制造服务化进程的影响。

在第 3 章中,英国阿斯顿大学制造服务化研究与实践中心的 Tim Baines 和 Howard Lightfoot,回顾了飞行器产业的制造服务化历程,从 20 世纪 60 年代 Bristol Sidley 法案到 90 年代罗尔斯-罗伊斯"Total Care"服务包。他们描述了这些活动是如何影响其他发动机制造商(如通用电器、普拉特·惠特尼集团公司)的战略的,并提供了一个高级服务提供的过程模型。Baines 和 Lightfoot 认为,尽管飞机制造商的服务化程度更高,但在现实中很多企业仍停留在服务化的早期阶段。

在第 4 章中,意大利贝尔加莫大学的 Paolo Gaiardelli、博科尼大学的 Lucrezia Songini 和布雷西亚大学的 Nicola Saccani,剖析了汽车产业制造服务化的现状。对轿车厂商和卡车厂商的服务组合分析,演示了产品导向、使用导向和结果导向服务提供的渗透程度。尽管 Gaiardelli、Songini 和 Saccani 描绘了汽车厂商服务组合的多样性和扩展性,但他们也指出汽车产业的制造服务化仍处于传统的产品导向阶段。

在第 5 章中,德国系统和创新研究所(ISI)的 Gunter Lay 展示了设备工程的制造服务化。设备工程制造商一直以来都有提供成套服务(售前服务、售后服务等)的传统,即使是像工厂运作服务这样的高级服务,设备工程制造商也会经常提供。Lay 介绍了多种工厂运作服务并讨论了其价值追加的来源。

在第 6 章中,作者 Peter Radgen 是德国一家主要的能源和煤气企业 E. ON

的员工,他为我们展现了空气压缩机制造业的制造服务化情况。这种直接提供压缩空气而不是销售空气压缩机的商业模式,几年前才建立起来,其目的是提高压缩空气生产的利用率。尽管具有重要的生态和经济优势,Radgen 估计这种服务只覆盖了德国不到 1% 的行内厂商。这项服务对前期投资和工程技术人员的要求都很高,因此空气压缩机生产商还在犹豫是否要更密集地提供该项业务。但是,电力公司已逐渐开始进入这一市场。

在第 7 章中,意大利工业技术与自动化研究所的 Giacomo Copani 分析了机床产业的服务化。基于欧洲层面的定量和定性研究,Copani 区分了几种制造服务化的机床产业集群。尽管几乎所有的机床企业都提供传统的产品导向的服务,但并未发现高级服务在该产业显著扩散的证据。该研究发现,传统文化是该产业实现制造服务化的一大障碍。

在第 8 章中,德国系统和创新研究所(ISI)的 Daniela Buschak 和 Gunter Lay 分析了化学品管理服务(CMS)在化工行业不同产品群的扩散过程。他们发现,CMS 更适合于一些特定的化学品,这些化学品只占全部化学品销量的 1/4。而即使在这一产品群中,CMS 也不是主导商业模式,因此只有不高于 0.1% 的化学销售来自 CMS。尽管这一份额很小,但在特定利基市场领域,仍受到这一商业模式的较大影响,如汽车喷漆材料。

在第 9 章中,瑞典卡尔斯塔德大学服务研究中心的 Lars Witell、Per Myhrén、Bo Edvardsson、Anders Gustafsson 和 Nina Löfberg,描述了纸浆和造纸行业的变化以及由此产生的该行业设备供应商对服务化的要求。尽管这些条件似乎有利于制造服务化的进展,但产业界的实际进步并不大。许多企业正在尝试建立新的商业模式。然而,时至今日,资本设备提供商与纸浆和造纸商的商业关系,仍未摆脱传统的模式。

在第 10 章中,德国波鸿应用科技大学的 Marcus Schröter 和德国系统和创新研究所(ISI)的 Gunter Lay,给出了医疗设备产业的制造服务化情况。医院是医疗设备制造商的主要客户,但其在财务投资能力上的缺陷阻碍了创新性医疗设备的扩散。为此,医疗设备制造商经常主动免费将设备放到医院,按使用次数收取费用。虽然这一商业模式要求医疗设备制造商自行投入大笔资金(这削弱了企业的盈利),但与市场萎缩相比,总是"两害相权取其轻"的。

第二部分聚焦于企业能力,这是成功的制造服务化的必要条件。将成功的企业与不太成功的企业相分离,这一部分的论文讨论了企业不同部门该如何适应制造服务化需要的问题。相关主题涉及战略管理、营销、组织、创新、工程、人力资源、控制和网络。具体包括以下章节:

在第 11 章中,德国系统和创新研究所(ISI)的 Christian Lerch 描述了一个产品服务系统开发的过程模型,所含要素包括市场分析、价值定位、价值链创建、收益模式、技术和组织环境、管理审计。该模型集成了设计产品服务系统所必需的市场驱动和资源驱动活动。

在第 12 章中,芬兰 VTT 技术研究中心的 Taru Hakanen、Minna Kansola 和 Katri Valkokari,测试了关键账户管理和客户知识管理的适用性,这些管理在制造服务化需要掌握客户知识时特别重要。基于定性的探索性研究,他们建立了制造服务化、关键账户管理和客户知识管理之间的理论联系,并针对 B2B 客户为什么和怎样购买工业服务,创建了一种新的解读。

在第 13 章中,德国系统和创新研究所(ISI)的 Christian Lerch 和 Matthias Gotsch,提出了从国外市场搜集制造服务化所需客户需求信息的营销方法。根据对中国市场的一项案例研究,他们发展出一种判断服务化产品进入外国市场的可行性的现实观点。他们还讨论了根据服务化的需要调整制造商会计系统的新方法。为避免增加间接成本,在引入服务化业务的同时引入适当的管理会计方法,显然是十分必要的。

在第 14 章中,瑞士圣加伦大学技术管理研究所的 Jakob Ebeling、Thomas Friedli 和 Elgar Fleisch 以及瑞士联邦水科技研究所环境社会科学部的 Heiko Gebauer,讨论了制造企业开发服务业务的战略选项。他们引入了四种服务战略,每种服务战略都为产品导向的企业提供了重新思考并重新定位其在产品—服务谱系中位置的机会。为开发这样的战略机会,服务化制造商们有必要在外部环境、服务战略和组织设计三者间建立一个适当的组合。

在第 15 章中,意大利布雷西亚大学的 Niccola Saccani 和 Marco Perona 讨论了制造服务化中"自供或购买"的决策问题。其准则是有利于建立制造企业开发和传递服务业务的能力,其他则请供应商加以支持。此外,他们还推荐了几种按制造服务化的需要塑造外包和供应商关系的模型。

在第 16 章中,英国兰卡斯特大学管理学院的 Martin Spring 和 Juliana Santos 聚焦于制造服务化情境下企业内和企业间恰当的界面连接问题。他们将界面管理概念应用于制造服务化。结论是:密切关注企业内和企业间的过程界面是化解制造服务化问题复杂性的重要方法。

在第 17 章中,德国系统和创新研究所(ISI)的 Christian Lerch 和 Matthias Gotsch 聚焦于经常性成本陷阱,即服务传递成本以间接而非直接的方式计入产品价格,进而导致过高的产品价格和较差的服务质量。他们提出几个适合服务化的管理会计方法,以帮助企业避免经常性成本陷阱,塑造制造企业服务业务的竞争力。

在第 18 章中,受雇于德国一家处于行业领先地位的汽车制造商的 Sabine

Biege 讨论了如何调整企业的实体产品来适应服务化商业模式的问题。她发现,在同时提供实体产品和服务的企业中,只有 1/3 的企业在尝试这样做。如果产品使用期间的产权属于制造商,那么制造商根据服务化商业模式调整其实体产品的可能就会增加。此外,实体产品的专用性和创新性越高,制造上调整实体产品以适应服务化商业模式的可能性也越高。

在第 19 章中,德国系统和创新研究所(ISI)的 Matthias Gotsch、Petra Jung Erceg 和 Nadezda Weidner,以及德国布兰登堡考特布斯技术大学的 Christiane Hipp,讨论了制造服务化对员工能力和资质要求的影响。他们分析了服务化制造企业和非服务化制造企业中的员工资质结构差异,并提出一组人力资源战略以使销售和售后服务人员的配置满足服务化商业模式的需要。

第一、二部分的章节描绘了各行业和企业制造服务化的情景,以及实现制造服务化对制造商能力、流程及其行业的要求,并给出了企业管理实践建议。因此,根据企业活动的类型和所在的行业,企业就可以从本书中寻找各具差异化的借鉴。

由于本书材料多样且丰富,全书的结论章并未对全书的发现逐项进行总结,而是讨论了两个问题:(1)行业差异能够解释本书第一章中统计数据呈现的特点吗? 如果可以,能够影响服务化战略的行业特征又是什么? (2)在调整企业的能力、过程和组织的决策间存在什么内在的联系? 其中一项的调整会怎样影响其他项的调整? 因此,本书第三部分提供了一个制造服务化的轮廓,并给出未来的发展和挑战。

# 1.5　作者介绍[①]

本书作者均为研究制造服务化的欧洲学者中的杰出代表,均在该领域发表过有重要影响的学术论文。本节以下按作者姓氏的首字母顺序做简要介绍。

Tim Baines(第 3 章作者)是英国阿斯顿大学制造服务化研究与实践中心(Aston Centre for Servitization Research and Practice)的主任。他是国际制造服务化研究的权威学者和该中心的学术领袖。Baines 对工业工程、技术管理、制造管理等领域都有广泛涉猎,并且与罗尔斯-罗伊斯(Rolls-Royce)、卡特彼勒(Caterpillar)、阿尔斯通(Alstom)、德国曼(MAN)集团和施乐等领先公司开展

---

[①] "作者介绍"在英文版中为正文之前单独的一个部分,为便于读者阅读,中译本将其作为第一章的最后一节。——译者注

合作。他还是机械工程师协会(Institution of Mechanical Engineers)和工程师和技术专家协会(Institution of Engineers and Technologists)的荣誉工程师和资深会员。他的 e-mail 是:t. baines@aston. ac. uk。

Sabine Biege(第 18 章作者)曾在德国埃朗根-纽伦堡大学(University of Erlangen-Nuernberg)工业工程和管理专业学习,她于 2011 年在卡塞尔大学(University of Kassel)获得博士学位,博士论文研究的是服务化商业模式对制造商实体产品设计的影响。Biege 博士已经在 *European Management Journal*、*Journal of Service Management* 和 *Journal of Applied Management and Entrepreneurship* 等刊物发表论文多篇。她现在为一家国际化运营的德国卡车制造商工作,她的 e-mail 是:sabine. biege@gmail. com。

Daniela Buschak(第 8 章作者)是德国系统和创新研究所(ISI)工业和服务业创新竞争力研究中心的研究助理。她在埃朗根-纽伦堡大学从事企业创业管理研究。Buschak 的研究兴趣是可持续商业模式的设计和评价,本书英文版出版时,她正在进行博士论文《制造服务化的商业模式》的写作。她的 e-mail 是:daniela. buschak@isi. fraunhofer. de。

Giacomo Copani(第 7 章作者)是工程学博士。他是意大利国立工业技术与自动化研究所(Institute of Industrial Technologies and Automation,ITIA)"制造业商业模式"项目的负责人、米兰理工大学的产业营销研究助理。他的研究兴趣是工业品行业的制造商业模式、制造服务化、可持续制造、技术路线图等。Copani 参与了欧洲和意大利的相关研究项目和企业项目,并为欧洲和意大利的创新政策制定出谋划策。他的e-mail是:giacomo. copani@itia. cnr. it。

Jakob Ebeling(第 14 章作者)是瑞士圣加伦大学技术管理研究所(Institute for Technology Management at the University of St. Gallen)的副研究员。在2011—2013 年他还是制造服务化研究项目的团队协调人。Ebeling 的研究兴趣是制造企业服务战略开发,本书英文版出版时正处于博士论文写作阶段。他的e-mail 是 jakob. ebeling@unisg. ch。

Bo Edvardsson(第 9 章作者)是瑞典卡尔斯塔德大学服务研究中心(CTF-Service Research Center of Karlstad University,http://www. ctf. kau. se)的教授和创始主任,以及卑尔根挪威经济与工商管理学院(NHH)的教授。他的研究包括服务系统和服务逻辑、服务质量、新服务开发和服务创新、顾客体验以及服务化转型。在 2008 年,Edvardsson 获得欧洲服务研究协会颁发的RESER 终身学术成就奖,2004 年获得美国管理协会(AMA)服务科学终身贡献奖。他写了 12 本书和 76 篇学术期刊论文。他的e-mail是:bo. edvardsson@kau. se。

Elgar Fleisch(第 14 章作者)是瑞士圣加伦大学技术管理研究所主任和技术管理教授,苏黎世瑞士联邦理工学院(Swiss Federal Institute of Technology Zurich)的信息管理教授。Fleisch 的研究兴趣是普遍计算(ubiquitous computing)基础设施的经济影响。他还是全球自动识别实验室网络(global Auto-ID Labs network)的联席主席和好几家大学衍生企业的合伙创始人以及多家董事会和学术委员会的成员。他的 e-mail 是:elgar. fleisch@unisg. ch。

Thomas Friedli(第 14 章作者)是瑞士圣加伦大学技术管理研究所的副主任和生产管理教授。他的研究兴趣是工业企业管理中的战略运作管理、制造服务化以及生产运营。他的 e-mail 是:thomas. friedli@unisg. ch。

Paolo Gaiardelli(第 4 章作者)是意大利贝尔加莫大学工程系的助理教授。他的研究兴趣是制造服务化(产品—服务系统),并特别关注于轿车和卡车企业,研究其新客户价值主张的开发和承载产品—服务系统商业模式的价值链。Gaiardelli 还是 ASAP 服务管理论坛(Service Management Forum,http://www. asapsmf. org)的研究员,该论坛汇集意大利产业界与学术界精英,通过研究项目、管理实践、教育培训、技术转移等活动培育服务管理的文化。他的 e-mail是:paolo. gaiardelli@unibg. it。

Heiko Gebauer(第 14 章作者)是瑞士联邦水科技研究所环境社会科学部(Environmental Social Science Department at the Swiss Federal Institute of Aquatic Science and Technology)企业创新小组的负责人和服务管理副教授。他也是瑞典卡尔斯塔德大学服务研究中心的兼职教授。Gebauer 在制造服务化领域的研究超过 15 年,其学术论文、专著、学术报告和咨询服务无数。他的 e-mail 是:heiko. gebauer@eawag. ch。

Matthias Gotsch(第 13 章作者)是德国系统和创新研究所(ISI)工业和服务业创新竞争力研究中心的资深研究员。他在德国布兰登堡考特布斯技术大学(Brandenburg Technical University of Cottbus)获得博士学位,其博士论文是关于知识密集型服务业的创新测度。Gotsch 还在德国埃朗根-纽伦堡大学获得工业工程方面的学位。他的研究兴趣是服务创新、制造服务化、创新性服务商业模式设计以及服务科学。他的 e-mail 是:matthias. gotsch@isi. fraunhofer. de。

Anders Gustafsson(第 9 章作者)是瑞典卡尔斯塔德大学服务研究中心的企业管理教授,以及 BI 挪威商学院的营销学兼职教授。他的研究兴趣是客户满意和忠诚度、服务创新和制造服务化。Gustafsson 出版了 9 部著作,并在 *Journal of Marketing*、*Journal of Product Innovation Management*、*Journal of Business Research* 和 *Journal of Service Research* 等期刊发表多篇论文。他的 e-mail 是:anders. gustafsson@kau. se。

Taru Hakanen(第 12 章作者)是芬兰 VTT 技术研究中心（VTT Technical Research Centre)商业和技术管理竞争力中心的资深科学家。她的研究兴趣是商业网络、知识密集型服务业发展。本书英文版出版时，Hakanen 正在就商业网络下的集成解决方案开发主题准备其博士学位论文。她在 *Journal of Service Management* 和 *Industrial Marketing Management* 上发表过论文，她的 e-mail 是：taru. hakanen@vtt. fi。

Christiane Hipp(第 19 章作者)是德国布兰登堡考特布斯技术大学的学部主任和组织、人力资源管理和管理学教授。她于 1995—1999 年在德国系统和创新研究所(ISI)从事研究，1999 年获得经济学博士学位，2005 年完成博士后研究。她的研究兴趣是人口改变、服务创新、创新战略、知识产权，以及创新过程。她的 e-mail 是 hipp@tu-cottbus. de。

Petra Jung Erceg(第 19 章作者)在德国系统和创新研究所(ISI)工作了十多年。她的研究兴趣是制造企业增值服务方面的管理，包括从战略到运作，控制和人力资源管理。Erceg 在卡尔斯鲁厄理工学院（Karlsruhe Institute of Technology)经济学与管理学系获得经济学博士学位。她的 e-mail 是：petra. jung-erceg@isi. fraunhofer. de。

Minna Kansola(第 12 章作者)是芬兰 VTT 技术研究中心商业和技术管理竞争力中心的科学家。她的研究兴趣是商业网络和服务开发，特别是 B2B 关系和中小企业网络中的组织合作。她的 e-mail 是：minna. kansola@vtt. fi。

Gunter Lay(第 1、5、8、10、20 章作者)是德国系统和创新研究所(ISI)的资深科学家。他在曼海姆大学（University of Mannheim)时开始学习企业管理，并在卡塞尔大学获得博士学位。Lay 近期的研究兴趣是制造服务化，并在 *Journal of Service Management*、*Service Industries Journal*、*Service Business*、*International Journal of Operations and Production Management* 和 *European Management Journal* 上发表论文多篇。他撰写和编辑了 20 多本图书。Lay 还是格勒诺布尔大学（University of Grenoble)的访问教授、斯特拉斯堡大学（Universities of Strasbourg)的讲师。他的 e-mail 是：gunter. lay @ outlook. de。

Christian Lerch(第 17 章作者)曾在德国卡尔斯鲁厄理工学院学习工程经济学，现在是系统和创新研究所(ISI)工业和服务业创新竞争力研究中心的资深科学家。他在制造服务化方面主持过多个研究项目，涉及制造服务化的动因和影响及其对产业变革的贡献。在本书英文版出版时，Lerch 正在就制造企业中产品创新与服务创新互动的主题进行博士研究。他的 e-mail 是：christian. lerch@isi. fraunhofer. de。

Howard Lightfoot（第 3 章作者）是英国阿斯顿大学制造服务化研究与实践中心的研究员。他的工作经历丰富，曾在克兰菲尔德大学、拉夫堡大学和剑桥大学工作过，也曾在产业界担任资深管理人员（如 Marconi 公司、Volex 公司等）。Lightfoot 是 EPSRC 资助项目 Gamification for Servitization 的参与人，他的 e-mail 是：h. lightfoot@aston. ac. uk。

Nina Löfberg（第 9 章作者）是瑞典卡尔斯塔德大学服务研究中心的博士候选人，也是瑞士管理和信息技术研究学院（Swedish Research School of Management and Information Technology）的成员。她的研究兴趣是制造服务化，e-mail 是：nina. lofberg@kau. se。

Per Myhren（第 9 章作者）是瑞典卡尔斯塔德大学服务研究中心的博士候选人，以及该校 VIPP 产业研究院（VIPP Industrial Research College）的成员。他的研究兴趣是产业网络中的服务创新，他的 e-mail 是：per. myhren@kau. se。

Marco Perona（第 15 章作者）是意大利布雷西亚大学供应链和服务管理研究中心（Research Centre in Supply Chain and Service Management at the University of Brescia）主任和工业物流教授。他的研究兴趣是运作管理、供应链管理和服务管理，并拥有 100 篇（部）以上的学术出版物，并主持了 50 多项意大利企业和跨国公司的大中型相关课题，既涉及制造部门，又涉及服务部门。他是 Seggiovie Danterceppies SpA 和 IQ Consulting SrL 的董事会主席，Advansys SrL 和 Vega SpA 的董事会成员，Astelav SpA 的监事会成员。他的 e-mail 是：marco. perona@ing. unibs. it。

Peter Radgen（第 6 章作者）曾在德国卡尔斯鲁厄理工学院和法国里昂国立应用科学学院（INSA Lyon）学习机械工程。1996 年，他从德国杜伊斯堡大学（University of Duisburg）热动力学专业获得博士学位。2000—2007 年，Radgen 领导了德国和瑞士的 Druckluft effizient 空气压缩机竞赛，这是一项政府与产业界合作（PPP 模式）的赛事。2001—2007 年，他在苏黎世瑞士联邦理工学院担任能源效率高级讲师，发表了大量能源效率与能源服务方面的论文。目前，Radgen 在世界最大的私营能源和煤气企业之一 E. ON 工作，他是公司化石燃料低碳电力技术研究部门的负责人，他的 e-mail 是：peter. radgen@eon. com。

Nicola Saccani（第 4 章作者）是意大利布雷西亚大学（University of Brescia）工业和机械工程系的助理教授，ASAP 服务管理论坛的主持人之一。他的研究兴趣是备件管理、服务供应链管理、制造服务化，他的 e-mail 是：nicola. saccani@ing. unibs. it。

Juliana Bonomi Santos（第 16 章作者）是英国兰卡斯特大学管理学院的荣誉研究员，也是巴西 GVCelog 物流与供应链管理研究中心的研究员。她曾在联合利华、伊塔乌联合银行等企业从事供应链管理、流程管理和新服务开发工作。她的研究兴趣是专家服务和集成解决方案,特别是其中的传递过程管理、组织间和组织内关系及关键生产性资源管理。她的 e-mail 是:j. bonomisantos @lancaster. ac. uk。

Marcus Schröter(第 10 章作者)是德国波鸿应用科技大学(Bochum University of Applied Sciences)的企业管理和物流教授。他曾在不莱梅大学(University of Bremen)学习企业管理和经济学,并从布伦瑞克工业大学(Technical University of Braunschweig)获得博士学位,博士论文主题是供应链战略管理。他的研究兴趣是产品—服务系统的设计和评估、可持续商业模式,在 *European Management Journal*、*OR Spectrum* 和 *Interfaces* 等学术期刊发表过论文,他的 e-mail 是:marcus. schroeter@hs-bochum. de。

Lucrezia Songini(第 4 章作者)是意大利博科尼大学(Bocconi University)绩效与会计学教授,同时也是东皮埃蒙特大学(Eastern Piedmont University)家族企业管理副教授。1990 年以来,她在博科尼大学管理学院负责经理人培训课程,还是欧洲管理学会(EURAM,European Academy of Management)创业兴趣小组的召集人。Songini 的研究兴趣是家族企业、可持续发展、战略成本管理、绩效测量、售后服务,以及制造服务化。她的 e-mail 是:lucrezia. songini@ eco. unipmn. it。

Martin Spring(第 16 章作者)是英国兰卡斯特大学管理学院运作管理教授。他的研究兴趣是 B2B 服务、商业模式创新、运作战略,在 *International Journal of Operations and Production Management* 和 *Industrial Marketing Management* 等学术期刊发表论文多篇。Spring 还为英国政府承担了未来制造业商业模式的预测项目,并在 2008—2011 年担任 AIM Services Fellowship。他的 e-mail 是:m. spring@lancaster. ac. uk。

Katri Valkokari(第 12 章作者)是芬兰 VTT 技术研究中心的资深科学家、虚拟网络研究团队的负责人。2001—2010 年间,她承担了多个商业网络开发项目。2009 年,Valkokari 完成了商业网络开发的博士论文。她的研究兴趣是服务商业网络、合作、组织知识、创新管理,e-mail 是:katri. valkokari@vtt. fi。

Filippo Visintin(第 2 章作者)是意大利佛罗伦萨大学服务管理助理教授,以及基于信息技术的工业服务实验室(Information-Based Industrial Services Laboratory,IBIS Lab,http://www. ibis. unifi. it)研究员。他还是 ASAP 服务管理论坛数字系统版的版主。他的研究兴趣是产品—服务系统、健康运作管理。他的 e-mail 是:Filippo. visintin@unifi. it 和 Filippo. visintin@gmail. com。

Nadezda Weidner(第 19 章作者)是德国系统和创新研究所(ISI)工业和服

务业创新竞争力研究中心的研究员。她曾在莫斯科国立大学经济研究所（National Research University—Higher School of Economics in Moscow）学习社会学和企业信息学，后在德国曼海姆大学获得社会学硕士学位。她的研究兴趣是社会经济领域的定性研究方法、创新研究领域数据分析方法。她的 e-mail 是：Nadezda. Weidner@isi. fraunhofer. de。

Lars Witell（第 9 章作者）是瑞典卡尔斯塔德大学服务研究中心教授、林雪平大学（Linköping University）营销学教授。他的研究兴趣是服务创新、客户共创、制造服务化，他在 *Journal of Service Research*、*Journal of Service Management*、*Journal of Business Research* 和 *Industrial Marketing Management* 等杂志上都发表过学术论文，此外还在 *Wall Street Journal* 等通俗报刊上发表文章。本书英文版出版时，Witell 正在主持一项 8 年期的可持续商务服务创新的课题研究。他的 e-mail 是：lars. witell@kau. se。

## 本章参考文献

Auramo，J. & Ala-Risku，T. （2005）. Challenges for going downstream. International Journal of Logistics：Research and Applications，8(4)，333-345.

Antioco，M.，Moenaert，R. K.，Lindgreen，A. & Wetzels，M. G. M. （2008）. Organisational antecedents to and consequences of service business orientations in manufacturing companies. Journal of the Academy of Marketing Science，36 (3)，337-358.

Baines，T. S.，Lightfoot，H. W.，Benedettini，O. & Kay，J. M. （2009）. The servitisation of manufacturing：A review of literature and reflection on future challenges. Journal of Manufacturing Technology Management，20(5)，547-567.

Biege，S.，Lay，G. & Buschak，D. （2012）. Mapping service processes in manufacturing companies：Industrial service blueprinting. International Journal of Operation and Production Management，32(8)，932-957.

Bikfalvi，A.，Lay，G.，Maloca，S. & Waser，B. （2013）. Servitization and networking：Large-scale survey findings on product-related services. Service Business，7(1)，61-82.

Boyt，T. & Harvey，M. （1997）. Classification of industrial services—a model with strategic implications. Industrial Marketing Management，26，291-300.

Brax，S. （2005）. A manufacturer becoming service provider—Challenges and a paradox. Managing Service Quality，15(2)，142-155.

Brax，S. & Jonsson，K. （2009）. Developing integrated solution offerings for remote diagnostics. International Journal of Operations & Production Management，29 (5)，539-560.

Coombs，R. & Miles，I. （2000）. Innovation，measurement and services：The new problematique. In J. S. Metcalfe & I. Miles （Eds.），Innovation systems in the services economy: Measurement and case study analysis (pp. 85-103). Boston: Kluwer Academic Publishers.

Dachs, B. , Biege, S. , Borowiecki, M. , Lay, G. , Jäger, A. & Schartinger, D. (2013). Servitisation in European manufacturing industries: Empirical evidence from a large-scale database. The Service Industries Journal (Published online: 14 Mar 2013).

Davidsson, N. , Edvardsson, B. , Gustafsson, A. & Witell, L. (2009). Degree of service-orientation in the pulp and paper industry. International Journal of Services, Technology and Management, 11(1), 24-41.

Davies, A. , Brady, T. & Hobday, M. (2007). Organizing for solutions: Systems seller vs. systems integrator. Industrial Marketing Management, 36(2), 183-193.

De Toni, A. & Tonchia, S. (2004). Measuring and managing after-sales service: Aprilia's experience. International Journal of Services, Technology and Management, 5 (4), 385-393.

Eder, P. & Delgado, L. (2006). Chemical product services in the European Union. Technical Report Series, IPTS, EUR 22213 EN, Sevilla.

Fang, E. , Palmatier, R. W. & Steenkamp, J. B. (2008). Effect of service transition—Strategies on firm value. Journal of Marketing, 72, 1-14.

Frambach, R. T. , Wels-Lips, I. & Gündlach, A. (1997). Proactive product service strategies—An application in the European health market. Industrial Market Management, 26(4), 341-352.

Galbraith, J. R. (2002). Organizing to deliver solutions. Organisational Dynamics, 31(2), 194-207.

Gebauer, H. & Kowalkowski, C. (2012). Customer-focused and service-focused orientation in organisational structures. Journal of Business & Industrial Marketing, 27 (7), 527-537.

Gebauer, H. , Edvardsen, B. , Gustafsson, A. & Witel, L. (2010). Match or mismatch: Strategy structure configurations in the service business of manufacturing companies. Journal of Service Research, 13(2), 198-215.

Gebauer, H. , Fleisch, E. & Friedli, T. (2005). Overcoming the service paradox in manufacturing companies. European Management Journal, 23(1), 14-26.

Goh, Y. M. & McMahon, C. (2009). Improving reuse of in-service information capture and feedback. Journal of Manufacturing Technology Management, 20(5), 626-639.

Goedkoop, M. J. , Van Halen, C. J. G. , Te Riele, H. R. M. & Rommens, P. J. M. (1999). Product service systems, ecological and economic basics. Report (36) submitted to Ministerie van Volkshuisvesting, Ruimtelijke Ordening en Milieubeheer, Den Haag.

Grönroos, C. (2000). Service management and marketing—A customer relationship management approach. Chichester: Wiley.

Helle, C. (1997). On energy-efficiency related product strategies. Utilities Policy, 6(1), 75-85.

Johnson, M. & Mena, C. (2008). Supply chain management for servitized products: A multiindustry case study. International Journal of Production Economics, 114(1), 27-39.

Kindström, D. & Kowalkowski, C. (2009). Development of industrial service offerings: A process framework. Journal of Service Management, 20(2), 156-172.

Lay, G. (Ed.). (2007). Betreibermodelle für Investitionsgüter: Verbreitung, Chancen und Risiken, Erfolgsfaktoren. Stuttgart, Germany: IRB Verlag.

Lay, G., Schroeter, M. & Biege, S. (2009). Service-based business concepts—A typology for business-to-business markets. European Management Journal, 27(6), 442-455.

Lay, G., Copani, G., Jäger, A. & Biege, S. (2010). The relevance of service in European manufacturing industries. Journal of Service Management, 21(5), 715-726.

Leo, P.-Y. & Philippe, J. (2001). Offer of services by goods exporters: Strategic and marketing dimensions. The Service Industries Journal, 21(2), 91-116.

Levitt, Theodore. (1969). The marketing mode—Pathways to corporate growth. New York: McGraw-Hill Books.

Lewis, M., Staudacher, A. & Slack, N. (2004). Beyond products and services: Opportunities and threats in servitization, Proceedings of the IMS International Forum (pp. 162-170). May 2004, Italy.

Malleret, V. (2006). Value creation through service offers. European Management Journal, 24(1), 106-116.

Mathieu, V. (2001). Service strategies within the manufacturing sector: Benefits, costs and partnership. International Journal of Service Industry Management, 12(5), 451-475.

Matthyssens, P. & Vandenbempt, K. (2010). Service addition as business market strategy: Identification of transition trajectories. Journal of Service Management, 21(5), 693-714.

Mont, O., Singal, P. & Fadeeva, Z. (2006). Chemical management services in Sweden and Europe: Lessons for the future. Journal of Industrial Ecology, 10(1-2), 279-292.

Mont, O. (2002). Clarifying the concept of product-service system. Journal of Cleaner Production, 10(3), 237-245.

Neely, A. (2007). The servitisation of manufacturing: An analysis of global trends. Paper presented at the 14th European Operations Management Association Conference, Ankara, Turkey.

Neely, A. (2008). Exploring the financial consequences of the servitisation of manufacturing. Operations Management Research, 1(2), 103-118.

Neu, W. A. & Brown, S. W. (2005). Forming successful business-to-business services in goodsdominant firms. Journal of Service Research, 8(1), 3-17.

Nordin, F. & Kowalkowski, C. (2010). Solutions offerings: A critical review and reconceptualisation. Journal of Service Management, 21(4), 441-459.

Oliva, R. & Kallenberg, R. (2003). Managing the transition from products to services. International Journal of Service Industry Management, 14(2), 160-172.

Panesar, S. S., Markeset, T. & Kumar, R. (2008). Industrial service innovation growth and barriers. International Journal of Services, Technology and Management, 9(2), 174-193.

Rothenberg, S. (2007). Sustainability through servicizing. MIT Sloan Management Review, 48(2), 82-91.

Sorell, S. (2007). The economics of energy service contracts. Energy Policy, 35(1), 507-521.

Stremersch, S., Wuyts, S., & Frambach, R. T. (2001). The purchasing of full-service contracts: An exploratory study within the industrial maintenance market. Industrial Marketing Management, 30, 1-12.

Sundin, E., Lindahl, M. & Ijomah, W. (2009). Product design for product/service systems: Design experiences from Swedish industry. Journal of Manufacturing Technology Management, 20(5), 723-753.

Tukker, A. (2004). Eight types of product-service system: Eight ways to sustainability? Experiences from Suspronet. Business Strategy and the Environment, 13(4), 246-260.

Vandermerwe, S. & Rada, J. (1988). Servitisation of business: Adding value by adding services. European Management Journal, 6(4), 314-324.

Vargo, S. L. & Lusch, R. F. (2004). Evolving to a new dominant logic for marketing. Journal of Marketing, 68, 1-17.

Wise, R. & Baumgartner, P. (1999). Go downstream—The new profit imperative in manufacturing. Harvard Business Review, 77(5), 133-141.

第一篇 <<<

产业现状篇

# 2　复印机行业：服务化的先驱

**Filippo Visintin**

摘要：复印机行业无疑是制造服务化的先驱之一。复印机的原始设备制造商如施乐公司，率先实现了服务化商业模式，随后开发出大量的集成系统、应用开发及咨询服务的能力。如今，这些公司将打印需要融入信息技术解决方案中，并与系统集成商、咨询公司、软件供应商在一个巨大、多样化并不断增长的"文档管理"市场中进行竞争。本章回顾了复印机行业的发展历程，对业内服务化现象进行分析，并讨论其实际管理意义。

## 2.1　引　言

复印机行业是制造服务化的先驱行业之一（Finne et al.，2013；Matsumoto，Kamigaki，2013）。复印机的原始设备制造商从提供消耗品和相关服务中获利，率先实现了服务化商业模式，服务化如今在许多其他行业中已经非常常见。比如，复印机厂商早就面临过以下一些挑战：出售的是产品的使用而不是产品本身，采用按页付费（pay-per-page）的定价模式，以及提供系统解决方案和外包服务（Finne et al.，2013；Visintin，2012）。

如今，从前的模拟技术复印机厂商开始生产数字化多功能设备，不仅提供打印管理服务，还提供综合的解决方案，以优化客户文件打印的相关流程及基础设施，他们与打印机厂商在一个整合的全球多功能产品市场上进行竞争。此外，他们还与系统集成商、咨询公司和软件供应商，在一个巨大、多样化、不断增长的文档管理市场中竞争，该市场2012年的容量超过1300亿美元

(Xerox，2012)。

复印机行业无疑代表了制造服务化的典型环境。施乐公司——复印机行业的领导者之一——被认为是服务化企业的缩影，在大量的科学出版物中引为案例（Baines et al.，2007；Baines et al.，2009a，b；Geum et al.，2011；Park et al.，2012；Lightfoot et al.，2011；Martinez et al.，2010；Gebauer et al.，2010；Santamaria et al.，2012；Vandermerwe，Rada，1988；Mont，2004；Rapaccini et al.，2013）。

本章回顾了复印机行业过去 60 年的发展历程，对业内服务化现象进行分析，具体安排如下：第 2 节介绍形成复印机行业特征的重要发展阶段，以及对公司服务战略带来的影响，第 3 节探讨驱动复印机行业服务化转变的供给与需求方面的因素，第 4 节介绍该行业产品和服务的特征，第 5 节展现一个产业生态系统，第 6 节简要介绍施乐公司的案例，最后第 7 节得出结论。

## 2.2 复印机行业服务化:60 年的历程

如今的复印机厂商无疑是高度服务化的，近年来，他们已经开发出大量的集成系统，具备应用开发和咨询服务能力。此外，他们通过整合服务和解决方案，利用信息技术满足客户需求，已经度过了硬件市场上的危机（Visintin，2012）。然而，复印机行业的服务化过程并没有遵循"单向提供"（forward-unidirectional）的模式（Finne et al.，2013）。实际上在过去的 60 年里，科技的发展、商业模式的创新、监管制度的改革以及客户需求的发展，都对这一过程起到推动或抑制的作用，这一过程将在以下小节中进行简要描述。

### 2.2.1 现代复印机行业的诞生和首个"服务化"商业模式

复印机厂商一直将提供服务作为低风险业务及长期的收入来源（Sampson，2001）。复印机由大量的机械部件组成，这或多或少会导致某种形式的机械故障，反过来创造了稳定的机械维护服务的需求。此外，设备使用也自然增加了对消耗品（油墨和纸张）的需求。

早在 1950 年，大部分的复印机厂商已经采用了"剃刀加刀片"的商业模式（Finne et al.，2013）。他们先按成本价格出售产品，扩大安装基础；顾客购买产品之后，复印机厂商再通过高价销售纸张以及提供售后服务来获取丰厚和稳定的收益流（Chesbrough，Rosenbloom，2002）。

然而，即使基于产品关联服务（Tukker，2004），而率先采用"剃刀加刀片"

商业模式，复印机行业也受到了创新方面的挑战以及租赁模式的竞争压力（Finne et al.，2013）。租赁商业模式是 20 世纪 50 年代末由哈洛伊德公司（即后来的施乐公司）开发出来，当时它将首台现代复印机——Xerox 914 投入了市场（见图 2.1）。

图 2.1　首台现代复印机——Xerox 914(1959)

　　20 世纪 50 年代末，哈洛伊德公司想将 Chester Carlsond 的专利"电子图像复制技术"（后更名为静电复印术，字面含义是干法复印）商业化（Owen，2004）。它与油印不同，静电复印的副本是干的，可以采用更廉价的普通纸代替昂贵的经化学处理的纸张。第一台实施电子图像复制技术的设备是 Xerox 914，除了能使用普通纸外，它还有一些其他的优势，如操作简便、复印效率高、复印质量高、不会破坏原始文档（Owen，2004）。但是这样的技术优势是要付出代价的，Xerox 914 的生产成本约为 2000 美元，而普通复印机的售价只要 300 美元左右（Chesbrough，Rosenbloom，2002），将其投入市场面临非常大的挑战。当时柯达、通用电气和 IBM 都拒绝和哈洛伊德合作，这些有经验的竞争对手认为 Xerox 914 虽然性能优越，但价格是传统复印机的 10 倍，风险也太大了（Chesbrough，Rosenbloom，2002）。为了克服销售价格这一障碍，哈洛伊德最终决定放弃当时占主导地位的"剃刀加刀片"商业模式，而是以每月 95 美元的价格出租 Xerox 914（Chesbrough，Rosenbloom，2002），并额外提供 2000 张纸，超过部分则每张收取 4 美分的费用。这样的定价模式的确很有吸引力，那时候每台机器的复印量大约是每月 3000～4000 张，而化学处理纸的成本是每张 15 美分（Chesbrough，Rosenbloom，2002）。

这样的定价是大部分客户能负担得起的,从此一个高速成长且有利可图的售后市场诞生了,在这个市场中竞争者完全出局了。1959—1961 年,哈洛伊德公司的收入几乎翻了一番(Chesbrough, Rosenbloom, 2002),公司也于 1961 年更名为施乐。在 Xerox 914 的生命周期内,共生产了 20 多万台,年收入从 1959 年的 3000 万美元增长到 1972 年的 25 亿美元(Chesbrough, Rosenbloom, 2002)。1972 年,该公司的市场占有率高达 60%,控制了市场上 95% 的普通纸复印业务(Kearns, Nadler, 1992)。然而,这样的主导地位于 1972 年招致了美国联邦贸易委员会的反垄断诉讼(Tom, 2001)。施乐在 1975 年被迫采取以下行动:(1)以较低的授权费向其他公司开放整个专利组合;(2)把 Xerox 914 列为可出售的单独产品;(3)允许竞争对手为 Xerox 914 提供服务和墨粉(Tom, 2001; Chesbrough, Rosenbloom, 2002)。这些变化意味着又回到了 1959 年的"剃刀加刀片"的商业模式,一个集成解决方案被分拆,产品和服务在同一个市场中各自实现商业化,施乐不再是一个垄断者(Finne et al., 2013)。

首先进入这个新创建市场的是 IBM 和柯达(Markides, 1999)。这两家美国公司在高端复印市场上挑战施乐公司,而施乐无疑是更强的。由于复印机市场的特征是重要(critical)、高速、产品维修复杂,这也给客户带来了很大的麻烦,因此客户对维修服务的价格不太敏感,而这个定价的确过高。IBM 和柯达采用的战略包括:以更低的价格提供更好的产品和/或提供更好的维护服务,以争夺市场份额(Ortt, 2007),但是它们失败了,主要是因为施乐公司的客户具有非常高的忠诚度(Markides, 1997)。然而好景不长,从 1976 年到 1982 年,美国复印机行业的全球市场份额从 82% 下滑至 41%,如此巨大的降低在很大程度上是因为日本公司的竞争(Rogowsky, 2009)和它们"免费服务"模式的成功(Boulton, 1996; Johnstone, 2004)。

### 2.2.2 日本竞争对手的成长和"免费服务"的办公复印机

大批的日本竞争者于 20 世纪 70 年代至 80 年代成长起来,如佳能、理光、夏普、美能达、松下、东芝和柯尼卡。与 IMB 和柯达不同的是,它们并没有在高端市场上与施乐竞争,而是首先占领施乐较为薄弱的低端市场,然后再进一步提升。施乐的复印机体积大、操作复杂并且经常出现故障(Johnstone, 2004),日本厂商意识到,要想挑战施乐公司,它们就必须生产体积更小、更便宜以及"服务免费"的复印机。

佳能是实施这一战略最成功的公司,佳能革命性的改变是复印机的关键部件可以更换,如硒鼓、充电架、墨粉、清洁轮。这样,即使是对复印机使用不熟练的人,也能够通过更换备件进行简单的维修(Ortt, 2007)。

简化的设计,再加上创新的生产技术应用(如精益生产、单元制造、准时制零库存生产),使佳能生产出便宜、可靠的产品(Boulton,1996;Rogowsky,2009)。佳能及其他日本厂商降低了库存成本、缩短了产品交货期、组装出更少瑕疵的产品,并且能比美国的对手更迅速地建立生产线(Boulton,1996)。此外,为了削弱施乐的顾客忠诚度,佳能也开发出一个新颖的分销与服务策略。不同于建立直接的销售和供应渠道,佳能通过构建小型办公室用品的零售商、经销商网络,在各个国家分销其产品(Markides,1999)。因为产品设计简化了,可以由当地的经销商负责提供服务和支持(Boulton,1996)。

因此,当施乐强调高效率、直销能力和优质服务时,佳能却专注于低成本、可靠、操作简便和易维修(Markides,1999)。随着产品安装基础的增长,日本竞争者逐渐进入中端市场领域,到 1985 年佳能已经成为世界领先的复印机公司。施乐也尝试过进入大众市场,但没有成功,于是在 2001 年决定还是专注于高端细分市场(Ortt,2007)。

办公复印机的成功,使服务战略的重要性普遍降低了。日本公司采用的仍然是"剃刀加刀片"的商业模式,但主要的利润来自墨盒的销售(Ortt,2007)。事实上,服务仍然是一个重要的利润来源,服务市场仍然是能够实现差异化的高端市场,对于打印机、宽格式设备等复杂、关键的产品,客户仍然需要高度熟练的技术支持,并且他们愿意为这种服务支付费用(Visintin,2012)。

图 2.2　首台个人打印机——佳能 PC-10(可更换墨盒,1982)

### 2.2.3　文档工作流的数字化以及向解决方案业务的转变

20 世纪 90 年代,数字技术产品取代了模拟技术产品,这项产品创新带来了商业模式向服务化的转变(Visintin,2012)。模拟技术是通过光学系统直接将文档或图片投射到感光鼓,不经过数字化;而数字技术中,由文档反射的光通过镜头传到耦合装置传感器(CCD),CCD 传感器将照片信号转换成电信号(数字化),一旦图像扫描完成,电信号就被转换回图像信号打印出来。此外,数字技术还具有提高产品的可靠性等其他优点。数字技术将复印过程数字化,保存、存储图像/文档扫描,从而创建了一个数字工作流。随着文档工作流的数字化和网络技术的扩散,复印机制造商也开始为复印机配备控制器,该控制器可以连接网络,通过网络,就可以控制不同终端的复印机(Visintin,2012),从前的模拟技术复印机因此变成打印机、扫描仪和传真机等功能为一体的多功能数字化设备(Matsumoto,Kamigaki,2013)(见图 2.3)。

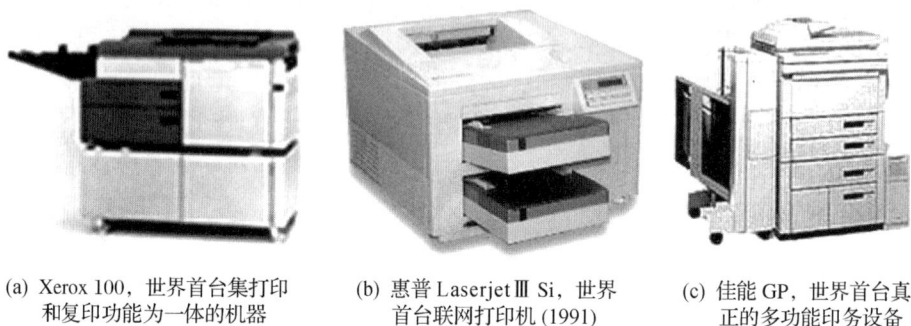

(a) Xerox 100,世界首台集打印和复印功能为一体的机器　(b) 惠普 Laserjet Ⅲ Si,世界首台联网打印机 (1991)　(c) 佳能 GP,世界首台真正的多功能印务设备

图 2.3　世界上 3 种创新性的打印机/复印机

复印机数字化带来了两大影响。首先,它增加了市场上竞争对手的数量。像惠普、三星、利盟等生产更小、更便宜传统打印机的企业也开始生产多功能设备(Matsumoto,Kamigaki,2013;Rogowsky,2009)。其次,这些多功能设备成为客户信息技术基础设施的一部分,加速了打印、扫描、归档、邮递、传真等流程。这两种发展势头加速了整个行业的服务化进程。一方面,硬件市场对价格更加敏感;另一方面,公司意识到要给客户带来更多的价值、建立长期关系、增加利润,就必须扩大产品销售量、维护硬件、提供解决方案,以及优化产品使用过程(Visintin,2012)。

施乐公司是 20 世纪 90 年代后期美国市场上第一家提供这类解决方案的公司(Matsumoto,Kamigaki,2013),从那时起,内外部的因素使几乎所有主要复印机厂商都介入了解决方案业务。然而,交付解决方案却并不简单,它需要实现一个新的、顾客导向的、以关系为基础的商业模式(Spring,Araujo,2009;Baines et al.,2009c),还需要制造商开发新的能力(Oliva,Kallenberg,2003;Davies et al.,2007;Storbacka,2011;Paiola et al.,2013),一部分厂商已经成功转型了,而其他厂商还处于过渡阶段甚至已经落后了(Weilerstein,Drew,2012;Le Clair,2012;Fernandes,Longbottom,2012b;Muscolino,2011)。下一节将分析推动这种持续转型的力量。

## 2.3 当前影响复印机行业服务化进程的供需因素

复印机厂商的商业模式越来越服务化，其影响因素有以下几点：新的以及潜在的客户需要、扁平化的硬件市场、打印量的下降。

### 2.3.1 新的以及潜在的客户需要

如今，许多组织都使用大量的复印机、打印机、传真机和扫描仪。通常，这些设备来自不同的供应商，配置在不同办公地点，以满足不同部门或个人的工作需要。这在组织尤其是大型组织中，会带来设备的冗余或过时，未得到有效管理的文档工作流，处理不同种类设备及服务的负担等诸多问题，进而导致日益增长的间接管理成本、物流成本、纸张和能源的浪费以及安全和环境问题。印刷过程逐渐成为非核心关键流程，由于这个过程要消耗大量的资源，对其他核心及非核心流程都有巨大的影响。然而，企业通常缺乏有效管理打印过程的资源和能力，他们宁愿将有限的资源用于核心活动。因此，企业乐于求助外部供应商以满足他们的如下需求：

首先是降低印刷环境成本。企业意识到复印设备带来的直接和间接成本很高，因此，他们有量化及降低这些成本的需求。

其次是加强控制。出于会计和控制的目的，公司需要打印产出记录。一方面，它需要在各部门或成本中心准确地分配成本；另一方面，需要控制印刷数量和强化打印限制。控制问题对采用"自备设备"（bring your own device，BYOD）政策的公司来说更为复杂，这些政策允许员工在工作场所携带个人移动设备（笔记本电脑、平板电脑和智能手机），员工可以用这些设备访问公司信息及应用程序，这就将工作环境变得更加移动化，从而促进了对解决方案的需要——既允许用户从移动设备中打印，又便于公司对此加以控制。

再次是增加安全性。客户需要增加印刷过程的安全性，一旦文档被打印出来，它们几乎不可能被追踪。因此，文档离开无人值守的打印输出装置就是一个主要的安全风险。数据暂时存储在多功能设备的硬盘中也增加了安全问题。在某些情况下，如健康保险流通与责任法案（Health Insurance Portability and Accountability Act，HIPAA）、欧盟金融工具市场法规（Markets in Financial Instruments Directive，MIFID）和萨班斯-奥克斯利法案（Sarbanes-Oxley Act）等法规促进了安全印刷的需要，所有这些法规都包含了与文档输出活动相关联的安全需要。

最后是提高环境可持续性。客户需要提升其业务的可持续性,因此有确定和实施印刷政策及评估其利弊的相关需要。

### 2.3.2　扁平化的硬件市场

打印硬件市场上,呈现销售量降低、价格下跌、利润萎缩之态(Brewer,2009),尤其是欧洲和美国(IDC,2013;Shah et al.,2013)。2012 年,欧洲市场上多功能产品销量下降了 12%(Shah et al.,2013),美国则下降了 9.8%(Kim et al.,2012)。2008 年的全球经济衰退导致了设备饱和及消费需求的减少,这使得全球的硬件支出都下降了(Rogowsky,2009),需要很长一段时间才能恢复到经济危机前的水平(Rogowsky,2009;Brewer,2009)。此外,硬件的同质化造成了前所未有的价格压力和产品生命周期不断缩短,这就呼唤价格具有吸引力的新商业模式的出现。

对规模效益的追求以及将新产品快速引入市场的产品平台,都证明了需要进行迅速的产业整合(如,在过去 20 年,理光并购了 Savin、Gestetner、Lanier、Rex-Rotary、Monroe、Nashuatec 及 IKON Office Solutions;2010 年,佳能并购了欧洲最大的打印机制造商 Océ)。

### 2.3.3　打印量的下降

在过去,由于销售耗材和维修服务能产生可观的利润,硬件销售的低利润是可容忍的。但现在支撑耗材销售和维修服务的打印量也在萎缩,根据 IDC 数据,2011 年的打印页面总量(A4 纸 3.09 万亿张)比 2010 年减少了 1%(IDC,2012);高德纳公司估计,复印和传真页量在过去 6~7 年大约减少了 50%(Weilerstein,Drew,2012)。文档工作流的数字化当然是其中一个原因,然而还存在着其他的因素,包括:更大尺寸显示器的推广,个人、企业及政府的环保措施,人口代际更替(伴随 PC 和 Internet 这样的无打印环境成长起来的劳动人口不断增多)以及平板电脑及智能手机的推广(Weilerstein,Drew,2012)。

## 2.4　复印机行业的集成解决方案:打印管理服务

所有上一节提到的主要复印机厂商都在整合服务和解决方案(Visintin,2012)。打印管理服务(Managed print services,MPS)是行业术语,描述的是建立在多功能设备上的集成解决方案。这种解决方案异质性很强,涵盖范围从简单的多功能设备与维修合同的组合,到复杂的企业级解决方案,后者包括各种硬件、软件组件和全套服务。预计到 2013 年，MPS 将占全球多功能产品行业总收入的 35%（Kidambi，2013）。

一般情况下，MPS 可以定义为：旨在优化和管理客户文档输出环境的解决方案。客户文档输出环境包括复印机、扫描仪、打印机和传真机以及它们的耗材和输出、工作流程（邮寄、扫描、复印、传真、存档、分发、共享等），还有参与这些流程的人员。文档输出环境可以局限于办公室环境，也可以扩展到邮件/打印室、公司复印技术部门、数据中心，以及员工家里和移动工作环境。通过 MPS，供应商不仅提供硬件设备（可更换或添加硬件），还提供所需的软件和有效运行所需的服务。

MPS 通常是多年期合同，一些合同用于保证确定的产出，以及客户需按供应商提出的规则来行动。根据合同的类型，客户可以购买、长期租用或短期租赁（rent or lease）硬件设备①。客户缴付的基本费用涵盖了供应、服务和设备的成本，某些合同还要求了每台设备每月最低印量，未使用完的页数将会作废。其他一些合同不设置每月最低印量，而是按页收取费用，打印量增加时单价会降低。然而，当不设置限制时，客户仍然要缴纳固定费用（如按设备数或座位数付费）。有时，服务是单独计费的，按月计或按季计费。以前 MPS 客户一般是大型的企业，现在 MPS 供应商正在开发中小企业客户（Fernandes，Longbottom，2012a）。

MPS 解决方案包括硬件、软件和服务三个组成部分，以下分别进行简要描述。

--------

① lease 是租赁的意思，rent 就是简单意义的出租。宽泛点讲，lease 是长期的、更正规的，rent 是短期的。这两个概念会在本书反复出现。

举个例子，很多美国人并不选择购买汽车而是租赁汽车。一般租赁期限是 5 年，租赁来的车都是新车，每年支付两三千美元的租赁费用，因为车子的所有权还是属于租赁公司，所以 5 年后到期再把车子还给公司。这种方式比按揭贷款买车流行，因为同样可以开到新车，每年同样支付与按揭车款差不多的费用，车子用了五年之后还给公司，规避了之后的维修费用（汽车用久了一般都会出现这样那样的问题，需要不断维修）。这种方式也比直接买二手车好，因为二手车买来有很多不确定因素，可能开不久就要维修了。汽车还给租赁公司之后，租赁公司把这些用了五年的汽车进行再利用，比如租给出租车公司或租给需要二手车的公司、学校等。这样其实是更有效率地合理利用了资源和资金。

一般在租赁期间正常使用造成的保养费用（比如汽车保养、定期更换零部件），由租赁公司承担；如果是事故造成的，由汽车保险公司承担。如果是人为原因造成维修的，就由租户承担。如果有纠纷，就诉诸法律解决。

而租车（rent a car）一般发生在短期，比如从纽约飞到西雅图，下了飞机，可以到机场的汽车出租公司，按天短租一辆汽车。普通的车型一天的租金可能只要 50 美元甚至更便宜，再按天数支付一些保险费。把车租走的时候一般车子里的油是满的，还车的时候再把油加满还回去就可以了。——译者注

### 2.4.1　硬件

硬件通常包括办公打印机和扫描设备（通常是多功能的设备），有时还包括生产打印设备（用于邮件/打印室和公司复印技术部门）和宽格式（比 A3 还大）设备。

### 2.4.2　软件

软件包括主程序（machineware）、工具软件和应用程序（Visintin，2012）。主程序提供符合市场惯例的最基本的硬件操作功能；工具软件使终端用户能够使用机器（如感知定位驱动程序）；应用程序为客户增加价值或提供额外的功能，并增加用户使用选项。额外的功能包括：（1）安全印刷，即在服务器上保存打印作业的功能，在用户使用 pin 码、智能卡或指纹通过身份验证后才能打开，任何打印设备都支持这个特性，打印作业也可以在发送之前进行加密。（2）移动印刷，指平板电脑和智能手机上的移动应用程序或通过电子邮件打印的功能。（3）使用跟踪，即追踪每台设备的利用率以及印刷数量和个人、部门、工作组行为的功能。（4）规则控制，即控制各账户的文件属性（类型、纸张大小、媒体类型、色彩、定义和双工）的功能，以及自动删除、自动保存、自动选择合适的远程打印机（例如，大容量黑白文本打印机适合大量文本文档，打印室批量打印机适合更复杂的打印任务）。

### 2.4.3　服务

服务可以分为以下几类：评估、设计、实施、培训、优化、支持、环境、金融以及业务流程管理。

**评估服务**：目的是识别当前的用户设备安装量以及估计打印量，在最简单的情况下，这些数据来源于客户的自我报告。更全面的评估则需要供应商描绘出设备在每层楼/每栋建筑的安装数量，还要调查终端用户以了解印刷需求，以及谁在使用怎样的媒介。此外，供应商还要分析文档工作流和文档基础设施环境，其中还包括环境和安全风险评估。深入的评估可能需要 3 个月时间，并需要利用专用软件。

**设计服务**：在评估的基础上，供应商定义实现既定绩效的硬件、软件和服务。根据情况，可以加以适度优化，如再造文档相关流程。解决方案设计通常包含一个全新的布局，可能有新的打印和成像设备、新的软件和新的印刷政策。

**实施服务**：这项服务部署涉及的解决方案，安装新设备和软件，删除或替换现有的设备。整个部署过程按计划执行，与客户就精确交付、里程碑等达成共识。

　　**培训服务**：包括确保培训最终用户（以及所有利益相关者），使其具有从解决方案中获益的必要技能和知识。训练他们如何使用新设备和软件应用程序，如何提高生产力、减少浪费以及如何寻求支持。培训项目也与环境问题相关。

　　**优化服务**：包括动态地控制和调整文档输出环境，以满足约定的服务水平协议或关键性能指标。还包括安装、移动、添加、更换和处理（IMAC/D服务）设备，以更新或适应客户的信息技术基础设施和环境政策。

　　**支持服务**：通常包括一个集中的咨询台、现场支持和物资补给，复杂一点的解决方案还包括远程监控服务。通过这些服务，供应商能监控碳粉不足和设备故障问题，及时提供固件更新。通过配置网络设备和提供一个基于网络的门户，客户可以通过该门户了解监控机群的性能。这些服务通常是服务商主动提供的。

　　**环境服务**：供应商不仅能帮助客户减少纸张和动力的消耗，还能支持客户的环境可持续性倡议，即提出各种替代能源解决方案，包括太阳能电池板安装、重设或购买碳信用额，并为客户提供碳补偿证书。

　　**金融服务**：包括融资、租赁服务。

　　**业务流程管理服务**：供应商管理一个或多个客户的业务流程，管理流程通常是非核心、耗时和基于交易的过程，包括工资发放、应付账款、抵押贷款处理，以及其他行业相关活动（如年度学生注册、患者病情跟踪等）。

## 2.4.4　解决方案

　　为了满足不同类型客户的异质性需要，复印机厂商设计了可缩减和扩充的服务方案和开发交付框架①，以设计、部署和支持他们的解决方案。所有这些解决方案都统称为 MPS。事实上，他们只包括一小部分组件并且是针对不同类型客户群的。虽然几乎所有的行业参与者都能提供基本的 MPS，但只有少数领先的企业才能提供高级的 MPS。不同类型解决方案的特点如表 2.1 所示。

表 2.1　复印机解决方案特点

| 项目 | 基本解决方案 | 中级解决方案 | 高级解决方案 |
| --- | --- | --- | --- |
| 客户需要 | 对单个或多个设备的便利使用 | 优化文档输出环境 | 为客户提出更好的价值主张 |
| 价值主张 | 从分散的单独购买到单一打包合同；从资本支出到可预见的运作支出 | 管理及优化合同范围内的所有设备 | 管理及优化整个文档输出环境及在合同范围内改善业务流程 |

---

①　如 Visintin（2012）就仔细描述了 Océ 公司的方法。

续表

| 项目 | 基本解决方案 | 中级解决方案 | 高级解决方案 |
|---|---|---|---|
| 服务提供 | 供应、基本输出服务、基本支持服务、金融服务 | 输出、设计、实施、培训、优化、支持、环境及金融服务 | 所有前面的服务再加上业务流程管理服务 |
| 范围 | 一台或少数几台设备 | 文档输出环境 | 文档输出环境及业务流程 |
| 定制化程度 | 低 | 中 | 高 |
| 合同期限 | 短 | 中 | 长 |
| 客户—供应商关系 | 外购 | 外包 | 合作伙伴 |

值得注意的是,尽管 MPS 为打印机和复印机厂商创造了新的商机,它也引入了一些新的竞争对手。正如前面提到的,交付 MPS 需要系统集成、应用程序开发和咨询能力,这就为系统集成商、软件供应商、咨询公司等行业外的厂商创造了机会,下一节将描述它们与这些厂商的竞争。

## 2.5 集成解决方案的竞争图景

复印行业综合解决方案的竞争者包括:复印机制造商、系统集成商、咨询公司、技术专家以及增值分销商/经销商和办公用品零售商。

**复印机制造商**。虽然复印机制造商也为很多厂商提供支持,但通常是围绕自己的产品来提供解决方案。这类供应商包括佳能、惠普、京瓷、柯尼卡-美能达、利盟、理光、东芝、施乐/富士施乐。其他的参与者,如戴尔、夏普、三星、兄弟、Oki Data 和爱普生也在开发自己的 MPS(Weilerstein，Drew，2012；Le Clair，2012；Fernandes，Longbottom，2012b；Muscolino，2011)。

**系统集成商**。也在某些市场/行业与制造商合作提供 MPS 解决方案,或在内容更宽泛的管理服务合同中独立提供 MPS 解决方案(如 IBM,Accenture,Capgemini 等)。

**咨询公司**。和系统集成商一样,也能开发 MPS 解决方案,但通常专注于特定地区或细分市场(如医疗、建筑、工程建设、法律等行业)。

**技术专家**。提供高级功能的特定解决方案,如安全印刷和移动印刷。这些解决方案包括硬件和软件元素,但不包括实际的复印/打印设备。因此,专家经常合作提供多样化 MPS,凭借这些额外的功能来增加他们的产品价值。

**增值分销商/经销商**。通常为中小型企业提供 MPS 解决方案,因此他们成为制造商与中小企业客户接触的通道。本地的增值分销商/经销商不仅在地理位置上更加接近客户，也更加熟悉受雇企业的技术和 IT 环境。增值分销商/经销商通常必须由制造商认证，需要进行特定的 MPS 培训（Fernandes，Longbottom，2012a）。

**办公用品零售商。**尤其是在美国，它们已经开发出自己的 MPS 产品。

值得注意的是，虽然来自不同领域的竞争对手都在扩展 MPS 业务，领先的制造商正在开拓业务流程管理、业务流程外包（BPO）和/或 IT 外包业务。这并不奇怪，事实上提供 MPS 能很好地了解客户的 IT 基础设施和非核心业务流程，如会计和工资。因此，领先的 MPS 提供者能够利用他们的经验和声誉，在业务流程管理服务领域提升竞争力。相当数量和规模的制造商表现出这一明确的战略意图，如惠普于 2008 年收购 EDS（现为 HP Services，拥有 220 亿美元跨国系统集成和 IT 外包服务的业务收入），施乐于 2010 年收购 ACS（Affiliated Computer Services，一家有 64 亿美元服务收入的多元化业务流程外包和信息技术解决方案的提供商）；利盟于 2010 年收购感知软件（Perceptive Software），并于 2011 年收购帕拉斯雅典娜（Pallas Athena）（分别经营企业内容管理服务和业务流程管理解决方案）。

## 2.6　案例：施乐公司

施乐公司被认为是服务化最成功的例子之一。事实上，施乐不再是一家复印机制造商，而是一家"提供业务流程和管理"的企业（Xerox，2012）。一些关键数据已经清晰地表明，施乐已投身于这样的服务业务，并在不久的将来还会继续加大投入。

2012 年，施乐公司的总收入是 223.9 亿美元，其中约 84％来自合同服务、设备保养、消耗品供应和融资服务（Xerox，2012），余下的 16％来自设备销售（租赁、现金销售）。在会计上租赁属于设备销售。近年来其服务收入的增长几乎将设备销售收入夷为平地（见图 2.4）。

施乐公司运作的最重要业务是文档管理业务流程外包和信息技术外包（见图 2.5）。

业务流程外包部分达 65.7 亿美元（占 29.3％），包括客户代管服务、医疗保险赔付服务、会计服务和人力资源服务等。

IT 外包部分达 13.8 亿美元（占 6.2％），包括主机和服务器外包、网络外包和云服务。

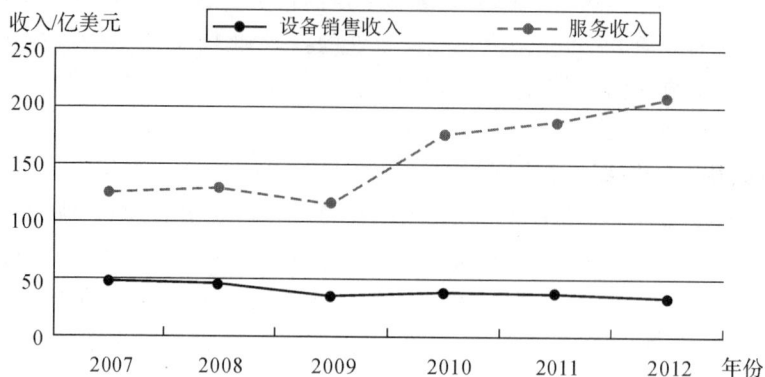

图 2.4　施乐公司的收入来源(Xerox，2012)

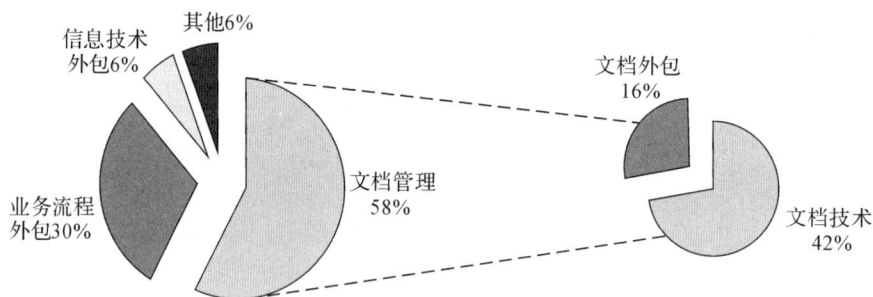

图 2.5　施乐 2012 年业务部门收入(Xerox，2012)

文档管理部分约 130.4 亿美元(占 58.3%)，这个市场由文档系统、软件、解决方案和服务组成，分为文档外包和文档技术两个部分。前者有 35.74 亿美元(占 16%)，大多数是 MPS，施乐的这项业务无疑是市场领导者之一；后者占 94.6 亿美元(占 42.3%，包括没有外包的产品销售和相关的技术及融资服务)。

2012 年，外包服务(业务流程外包、IT 外包和文档外包)占施乐公司总收入的 52%。近年来，通过大量收购世界各地的服务和解决方案提供商，施乐公司的服务业务持续增长(见表 2.2)。

表 2.2　施乐在 2010—2012 年的相关收购

| 时间 | 被购企业 | 服务/解决方案提供 |
|---|---|---|
| 2010.2 | ACS | 多元化业务流程外包和信息技术服务 |
| 2010.7 | Excellerate HRO, LLP ("EHRO") | 福利管理和安置服务 |
| 2010.10 | TMS Health, LLC ("TMS") | 制药、生物技术和医疗行业的客户代管服务 |

| 时间 | 被购企业 | 服务/解决方案提供 |
|------|---------|------------------|
| 2010.11 | Spur Information Solutions("Spur") | 停车管理计算机软件 |
| 2011.4 | Unamic/HCN | 比荷卢区域的客户代管服务 |
| 2011.5 | NewField IT | 印刷咨询和软件解决方案（英国） |
| 2011.7 | Education and Sales Marketing, LLC(ESM) | 外包招生管理和违约学生贷款的解决方案 |
| 2011.11 | The Breakaway Group | 简化电子医疗记录的云服务 |
| 2012.7 | Wireless Data Services(WDS) | 电信技术支持和咨询服务（英国） |
| 2012.7 | Lateral Data | 电子搜索技术（美国） |
| 2012.1 | LaserNetworks Inc. | MPS 解决方案 |
| 2012.1 | XL World | 多语种客户代管服务（意大利） |

数据来源：Xerox，2011，2012。

通过这几项收购，施乐公司计划到 2017 年将其服务扩大到年营业额的2/3（Xerox，2012）。然而，到目前为止，尽管外包服务非常重要，产品销售和相关的技术服务和备品供应，仍占施乐公司总收入的 42%。

## 2.7 结论和管理启示

复印机行业的历史以及领导厂商的商业模式，有助于我们得出一些重要的结论：

第一，通过创新提高产品的可靠性和易用性，会使利润丰厚的服务化市场丧失吸引力。1980 年在复印机市场上，更小、更便宜和更可靠的产品取代了更大、更复杂和服务需求的产品，这在其他行业也可能发生，IT 消费品行业就是一个例子（Moschella et al.，2004）。当前的 IT 消费倾向首先出现在消费市场，然后传播到 B2B 市场。消费化的后果之一就是，人们在获得 IT 需要的时候变得越来越自我满足。如今，一些产品已变得更容易使用，云软件和服务产品解决了越来越多的业务需要，如视频会议、数字成像、业务合作、销售队伍的支持和系统备份。对在这些业务领域提供集成解决方案的公司来说，这些产品显然是一个威胁。

第二，服务机会出现于那些客户很难使用和保养的重要产品。20 世纪 80

年代,日本以"服务免费"的产品入侵低端复印机市场,几乎不需要服务,而没有涉及具有优越服务性能的高端市场。产品简单,容易使用,第三方服务供应商成本又低,因此,服务数量和盈利能力必然下降。增加产品重要性和复杂度的一种方法是连接它们,当低端办公室复印机成为连接多功能设备,它们就成为复杂且关键的系统(公司信息技术基础设施)的一部分,客户不再能够有效地管理它们,这对 MPS 供应商来说是一个巨大的商机。类似的趋势在许多其他行业都出现了,事实上,越来越多的产品被连接到一起,IT 技术和新软件正在扩展这些商品的功能和性能(Neely,2009;Penttinen,Palmer,2007;Shepherd,Ahmed,2000)。供应商可以通过提供对产品及整个复杂系统(包括硬件、软件和网络)的管理和支持,来扩展他们的服务业务(Davies et al. ,2007)。

第三,产品服务也可以商品化(Sampson,2013)。例如,在办公室复印机市场,修理服务已经商品化了,基础 MPS 服务也已经商品化了,提供中级和高级 MPS 解决方案的公司数量也在不断增加。领先的复印机厂商对这一趋势的反应是,扩大与其产品相连的服务提供(如业务流程外包服务),这种类型的扩展也可以成功运用到其他类型的业务中。事实上,通过在业务流程上支持客户,从而获得经验和声誉,这是服务企业宝贵的资产。尽管如此,非产品相关业务需要大量的投资来发展所需的知识和能力(Fischer et al. ,2010;Matthyssens,Vandenbempt,2010)。获得这些能力的一个明智的方法是并购,这也是许多复印机厂商采用的方法。重新部署有丰富产品和流程相关知识但没有新业务经验的人力资源,事实上是非常危险的(Sampson,2013)。

最后,复印机行业的例子表明,成为一家成功的解决方案提供商并不一定需要沿着下面的路径:从单纯地提供产品及产品相关的服务,转变到提供高度集成和定制的解决方案(Visintin,2012);相反,需要开发提供模块化的能力和可扩展的解决方案,以尽可能节约成本并且有效率的方法满足客户提出的不同类型需求(Visintin,2012)。施乐公司的案例说明,即使公司高度服务化了,传统的产品销售、备件供应以及保养服务,仍然是销售额和利润的重要来源。

**致谢**:感谢意大利研究与传播机构——ASAP 服务管理论坛(www.asapsmf.org),特别感谢 ASAP 的"业务流程外包小组"经理们提供的意见。

## 本章参考文献

Baines, T. , Lightfoot, H. , Peppard, J. , Johnson, M. , Tiwari, A. , Shehab, E. , et al. (2009a). Towards an operations strategy for product-centric servitization. International Journal of Operations & Production Management, 29(5), 494-519.

Baines, T. S. , Lightfoot, H. W. , Benedettini, O. , & Kay, J. M. (2009b). The servitization of manufacturing: A review of literature and reflection on future challenges. Journal of Manufacturing Technology Management, 20(5), 547-567.

Baines, T. S., Lightfoot, H. W., & Kay, J. M. (2009c). Servitized manufacture: Practical challenges of delivering integrated products and services. Proceedings of the Institution of Mechanical Engineers, Part B: Journal of Engineering Manufacture, 223 (9), 1207-1215.

Baines, T. S., Wilson, H., Walton, I. M., Tranfield, D., Michele, P., Martinez, V., et al. (2007). State-of-the-art in product-service systems. Proceedings of the Institution of Mechanical Engineers, Part B: Journal of Engineering Manufacture, 221 (10), 1543-1552.

Boulton, W. (1996). Xerox corporation surviving the competitive crisis1. Auburn, USA: The Thomas Walter Center for Technology Management, Auburn University. http://www.auburn.edu/ * boultwr/xeroxsur.pdf.

Brewer, C. (2009). Printers vs. Copiers: The Saga Continues. ENX Magazine.

Chesbrough, H., & Rosenbloom, R. S. (2002). The role of the business model in capturing value from innovation: evidence from Xerox Corporation's technology spin-off companies. Industrial and Corporate Change, 11(3), 529-555.

Davies, A., Brady, T., & Hobday, M. (2007). Organizing for solutions: Systems seller vs. systems integrator. Industrial Marketing Management, 36(2), 183-193.

Fernandes, L., & Longbottom, C. (2012a). Channel Managed Print Services. Quocirca Ltd.

Fernandes, L., & Longbottom, C. (2012b). Vendor Landscape: Managed Print Services. Quocirca Ltd.

Finne, M., Brax, S., & Holmström, J. (2013). Reversed servitization paths: A case analysis of two manufacturers. Service Business, 7, 513-537.

Fischer, T., Gebauer, H., Gregory, M., Ren, G., & Fleisch, E. (2010). Exploitation or exploration in service business development? Insights from a dynamic capabilities perspective. Journal of Service Management, 21(5), 591-624.

Gebauer, H., Paiola, M., & Edvardsson, B. (2010). Service business development in small and medium capital goods manufacturing companies. Managing Service Quality, 20 (2), 123-139.

Geum, Y., Lee, S., Kang, D., & Park, Y. (2011). The customisation framework for roadmapping product-service integration. Service Business, 5(3), 213-236.

IDC (2012). Worldwide Page Volume Declined Slightly in 2011, But Developing Regions, Color, and MFP Segments Remain Growth Drivers, According to IDC. Retrieved May 27, 2013, from http://www.idc.com/getdoc.jsp? containerId=prUS23743012.

IDC (2013). Worldwide Quarterly Hardcopy Peripherals Tracker. IDC.

Johnstone, B. (2004). Canon, lone wolf. WIRED, 2(10).

Kearns, D. , & Nadler, D. (1992). Prophets in the dark: How Xerox reinvented itself and beat back the Japanese. New York: Harper Business.

Kidambi, N. (2013). Race to the future: Multi-functional printing market. In HCL Technologies (https://copy. com/pI1zSEvWVQAbgTyr). Retrieved May 27, 2013, from www. hcltech. com/sites/default/files/race_to_the_future. pdf.

Kim, E. , Lam, L. -L. , Mitani, T. , Li, Y. , Choudhury, A. , & Shah, Z. (2012). Market share: printers, copiers and MFPs. United States Printing Hardware Worldwide: Gartner Inc.

Le Clair, C. (2012). The forrester wave TM: Managed print services, Q2 2012. In Forrester Research, Inc (https://copy. com/Ak04kkL4drvMoztw). Retrieved May 27, 2013, from http://www. forrester. com/The＋Forrester＋Wave＋Managed＋Print＋Services＋Q2＋2012/fulltext/-/E-RES60769.

Lightfoot, H. W. , Baines, T. , & Smart, P. (2011). Examining the information and communication technologies enabling servitized manufacture. Proceedings of the Institution of Mechanical Engineers, Part B: Journal of Engineering Manufacture, 225 (10), 1964-1968.

Markides, C. (1997). Strategic innovation. Sloan Management Review, 38, 9-23 (Spring).

Markides, C. (1999). Six principles of breakthrough strategy. Business Strategy Review, 10 (2), 1-10.

Martinez, V. , Bastl, M. , Kingston, J. , & Evans, S. (2010). Challenges in transforming manufacturing organisations into product-service providers. Journal of Manufacturing Technology Management, 21(4), 449-469.

Matsumoto, M. , & Kamigaki, K. (2013). Development and changes in the industrial product service systems—A case study of the photocopier PSS (The Philosopher's Stone for Sustainability, pp. 167-172). Berlin: Springer.

Matthyssens, P. , & Vandenbempt, K. (2010). Service addition as business market strategy: Identification of transition trajectories. Journal of Service Management, 21 (5), 693-714.

Mont, O. (2004). Product-service systems: Panacea or Myth? Ph. D dissertation, The international institute for industrial environmental economics, Lund University, Sweden.

Moschella, D. , Neal, D. , Opperman, P. , & Taylor, J. (2004). The "consumerization" of information technology. In CSC's Research & Advisory Services, Leading Edge Forum (https://copy. com/kRnnNYDjPFDYGeQ7). Retrieved May 27, 2013, http://lef. csc. com/publications/281.

Muscolino, H. (2011). IDC Market Scape: Worldwide Managed Print Services 2011 Hardcopy Vendor Analysis. IDC.

Neely, A. (2009). Exploring the financial consequences of the servitization of manufacturing. Operations Management Research, 1 (2), 103-118. doi: 10. 1007/

s12063-009-0015-5.

Oliva, R. , & Kallenberg, R. (2003). Managing the transition from products to services. International Journal of Service Industry Management, 14(2), 160-172.

Ortt, R. (2007). Strategies to commercialise breakthrough technologies. International Association for Management of Technology Proceedings, pp. 2029-2048.

Owen, D. (2004). How a lone inventor and an unknown company created the biggest communication breakthrough since Gutenberg: Chester Carlson and the birth of the Xerox machine. New York: Simon & Schuster.

Paiola, M. , Saccani, N. , Perona, M. , & Gebauer, H. (2013). Moving from products to solutions: Strategic approaches for developing capabilities. European Management Journal, 31(4), 390-409.

Park, Y. , Geum, Y. , & Lee, H. (2012). Toward integration of products and services: Taxonomy and typology. Journal of Engineering and Technology Management, 29(4), 528-545.

Penttinen, E. , & Palmer, J. (2007). Improving firm positioning through enhanced offerings and buyer-seller relationships. Industrial Marketing Management, 36(5), 552-564.

Rapaccini, M. , Saccani, N. , Pezzotta, G. , Burger, T. , & Ganz, W. (2013). Service development in product-service system a maturity model. The Service Industries Journal, 33(3-4), 300-319.

Rogowsky, R. A. (2009). Multifunction products. United States International Trade Commission: Industry & Trade Summary.

Sampson, S. (2001). Understanding Service Business (2nd ed.). US: John Wiley & Sons.

Sampson, S. (2013). Essentials of Service Design: Developing high-value service businesses with PCN Analysis: Create Space.

Santamaría, L. , Jesús Nieto, M. , & Miles, I. (2012). Service innovation in manufacturing firms: Evidence from Spain. Technovation, 32(2), 144-155. doi:10.1016/j.technovation. 2011.08.006.

Shah, Z. , Lam, L.-L. , Mitani, T. , Li, Y. , Choudhury, A. , & Kim, E. (2013). Market Share: printers, copiers and MFPs, EMEA, 2012 update. Printing Hardware Worldwide: Gartner Inc.

Shepherd, C. , & Ahmed, P. (2000). From product innovation to solutions innovation a new paradigm for competitive advantage. European Journal of Innovation Management, 3(2), 6.

Spring, M. , & Araujo, L. (2009). Service, services and products: Rethinking operations strategy. International Journal of Operations & Production Management, 29(5), 444-467.

Storbacka, K. (2011). A solution business model: Capabilities and management practices for integrated solutions. Industrial Marketing Management, 40(5), 699-711.

Tom, W. (2001). The 1975 Xerox consent decree: Ancient artifacts and current tensions. Antitrust Law J, 68(3), 967-990.

Tukker, A. (2004). Eight types of product-service system: Eight ways to sustainability? Experiences from SusProNet. Business Strategy and the Environment, 13(4), 246-260.

Vandermerwe, S., & Rada, J. (1988). Servitization of business: Adding value by adding services. European Management Journal, 6(4), 314-324.

Visintin, F. (2012). Providing integrated solutions in the professional printing industry: The case of Océ. Computers in Industry, 63(4), 379-388.

Weilerstein, K., & Drew, C. (2012). Magic quadrant for managed print services, Worldwide. USA: Gartner Inc.

Xerox (2011). Annual Report.

Xerox (2012). Annual Report.

# 3　航空制造业：先进服务及其影响①

## Tim Bains，Howard Lightfoot

**摘要**：航空制造业是制造服务化相对领先的一个行业，其服务化的历史可以追溯到 20 世纪 60 年代 Bristol Sidley 的按小时保养合同。本章有助于深入了解服务化是如何影响制造商的组织结构、组织政策和组织流程的，特别是制造商及其供应商提供的先进服务，如按小时保养。本章旨在描述航空制造业典型的先进服务以及这种服务模式给传统制造企业带来的挑战。

## 3.1　引　言

所有的制造商都在提供服务，但其中一些是将服务作为其竞争策略的基础。制造服务化被广泛理解为组织能力及流程的一种创新，即从销售产品到销售产品—服务系统，以创造共同价值（Baines et al.，2007a，b；Aurich，Fuchs，2007）。

先进服务在服务化中是一个特例（Baines，Lightfoot，2013），为客户提供"使用"制造商产品的"能力"，这要求制造商本身具有超越设计及生产能力之外的能力。在许多情况下，制造商进入的是客户原本可以自行活动的领域，因此，交付能力是客户核心业务流程的一个重要组成部分。

先进服务通常还结合追加的功能，合同生命周期往往很长（通常是 5～15 年）。这时由制造商承担责任和风险，收费通常与使用相关。性能承包、可用性合同、风险和收入共享合同等，通常

---

① 本章内容的更详尽展开，请参见本译丛中即将出版的图书《为服务而制造》（Baines，T. & Lightfoot，H. 著）。

是描述先进服务的条款。

为了成功地提供先进服务,制造商可能需要一些不同于传统产品生产的新组织原则、结构和流程(Oliva,Kallenberg,2003),如,尝试复制丰田的精益原则。适合服务化制造商的组织结构不同于传统产品制造或纯粹的服务提供者,它是一个微妙的混合组织结构(如 Chase,Garvin,1989)。然而,它给制造商带来的挑战却没有引起广泛的重视,这引发了本章的研究。成熟的航空制造业为我们洞察制造业服务化的高级服务提供了一个绝佳的机会。

## 3.2 航空制造业服务化的演变

航空制造业的服务化始于 20 世纪 90 年代末飞机发动机制造商罗尔斯-罗伊斯为其客户美国航空公司构建的"总代管"(Total Care)服务包,客户只需按小时支付飞机发动机费用,就可获得良好的飞行保障。这种类型的合同最初是存在亏损风险的,然而,随着飞机发动机健康管理(Engine Health Management,EHM)系统和数据分析软件的发展、在客户运营中心(得克萨斯州、新加坡、中国香港地区)建立合资保养维修企业以及在英国德比建立运营控制中心,罗尔斯-罗伊斯终于降低了相关的风险。这些技术和设施成为高效率和高效益服务的主要推动因素。如今,罗尔斯-罗伊斯超过 50% 的收入都是来自高级和中级服务。

先进服务如"总代管"服务,使航空制造商维持了稳定的收益流。由于有航空公司这一庞大的安装基础,年度飞机服务业务的收益为飞机销售收入的 150 倍。其他飞机发动机制造商,如通用电气和 Pratt & Whitney 公司,也有类似的商业模式,新飞机发动机的销售收入主要来自合同服务这一部分。同时,传统基于时间和材料成本(time and materials,T&M)的维修合同仍在提供。

机身制造商也在采用服务化的商业模式。如,波音公司的"金代管"(Gold Care)服务包,是一种全面的机队保养和工程管理服务,为材料管理、工程和保养的执行提供灵活的解决方案。它通过一个更加有效的商业模式为飞机拥有者降低了成本、提高了可预见性,并使用 e-Enabling 技术提供 24/7 的全天候运作控制,将飞机数据转化为可用的信息。

服务也是制造商与客户保持密切联系的"前向战略"的重要组成部分。更高级的服务,如条件和趋势监测,有时也是抵抗失败风险的手段,并且以其自有的"产品"形式提供。公司准备与客户分担技术和金融风险。例如,刹车和车轮以"每次着陆的固定价格"收费。然而,这种基于使用的商业模式也可能导致问题,例如地区通勤飞机每天飞行 14 次,宽体喷气式飞机每天飞行 1～2 次,商业喷气式飞机使用次数的变化范围很大,因此这种模式很难定价。

对所有这些飞机制造商而言,为上述服务选择合适的合作伙伴以扩大其供应网络,显得至关重要。许多潜在的供应商继续生活在传统 T&M 的世界里,供应链的激励仍相当初步。对制造商来说,扩大供应网络的动机包括长期客户关系的开发(如 10 年以上的业务)以及提升对客户运作的理解程度。因此,未来的需求可以帮助推进服务化。对航空公司这样的客户来说,参与服务化的动机包括重回基本核心能力(飞机的飞行能力),并以最低的总成本获得集成的解决方案。

## 3.3 先进服务的过程模型

制造服务化是描述转型的一个术语,特指制造商越来越多地将服务提供融入产品中。其中,一些制造商选择提供包括便利服务在内的一个更广泛的组合;另一些制造商几乎完全进入纯服务领域,这时在很大程度上它们已经与产品无关,如提供通用咨询等服务;还有一些则走向提供先进服务的道路。

先进服务是制造服务化的一个特例,有时被称为"能力"或"可用性"合同。制造商提供对客户核心业务流程来说至关重要的服务(以合适的合同机制)。这类合同通常是多年期合同,制造商承担更大的风险,因为它们要为产品的绩效负责,但同时也能获得持续和利润更丰厚的回报。罗尔斯-罗伊斯提供的"按小时提供动力"就是一个标志性的例子。

在先进服务下,资产所有权并不一定属于客户。如复印机生产商提供文档管理解决方案(见图 3.1),是由生产商而非客户来选择并提供设备和耗材,监控

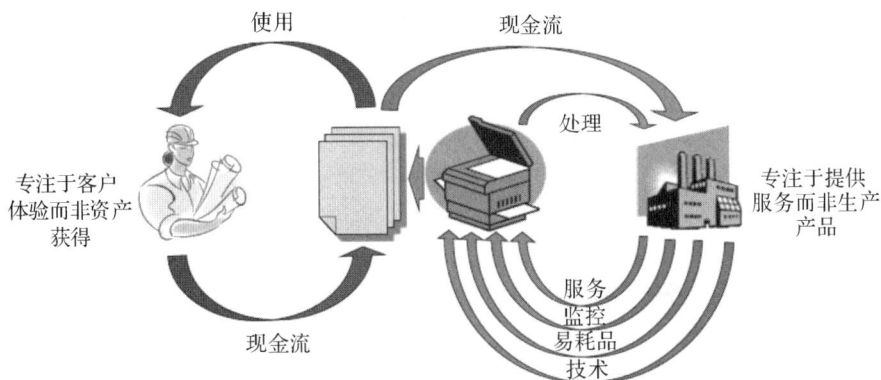

图 3.1 提供先进服务的产品服务系统(Baines et al., 2007a, b)

51

设备性能,提供服务和进行废弃处理,客户为使用其提供的打印能力付费。在飞行器领域,罗尔斯-罗伊斯的"按小时提供动力"合同也与此类似,虽然发动机已经销售给了客户,但其服务和支持合同则是基于"飞行小时"来商定的。

该模型的操作形式见图 3.2。在描述实践中如何运用这个模型之前,要强调的是这是一个稳态系统,不能体现创建总体业务模型的必要交互过程(如合同谈判、产品生产和交付)。主要的参与者有客户、原始设备制造商(OEM)以及 OEM 的合作伙伴,每一方彼此终身发生交互作用,这些交互作用在图中体现出来。交互过程在图中用直线箭头表示,这些箭头的方向代表了参与者的"关系",箭头由责任方指向收益方。例如,OEM 对资产的保养和更新负责。这些箭头也表示系统中的"触点",每个"触点"在网络中形成"客户体验"和"需求信号"。需求信号在图 3.2 中以粗箭头表示,箭头方向代表了系统中主要的反馈机制。

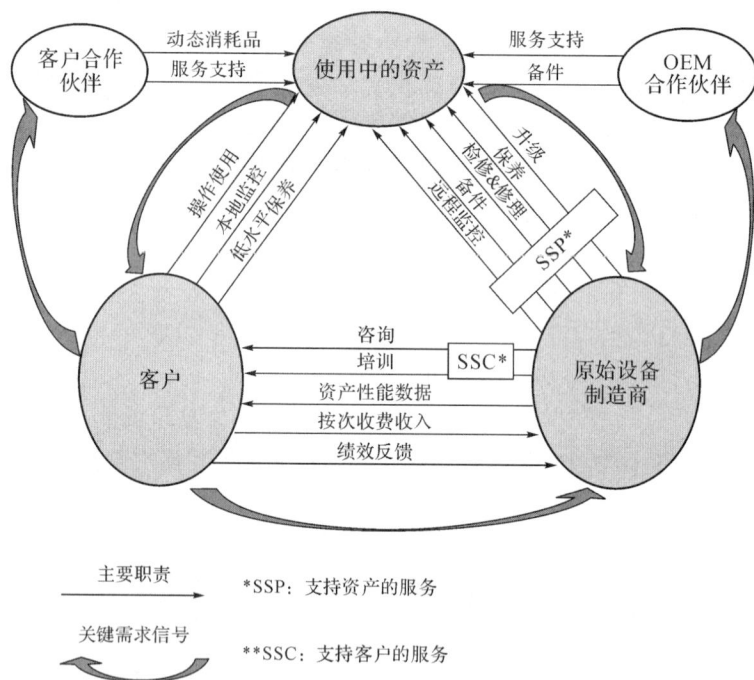

图 3.2　一个先进服务交付中关键作用的过程模型

### 3.3.1　理解服务提供

解释过程模型的起点是描述系统最终输出的产品。在传统的生产系统中,输出的是有形的产品或资产(如汽车、船舶、火车),而先进服务的产品或资产是一个集成的服务组合。在关于产品或资产所有权的文献中,有时还会出现一些歧义，一般的观点是 OEM 应保留产品和资产的所有权，而不是出售产品或资产，这有些误导了。虽然用户可能不需要直接拥有产品或资产，但在许多情况下，先进服务中资产的所有权仍然从 OEM 转移给了客户或第三方（如金融合作伙伴）。因此，OEM 会同时出售资产和相关的服务组合。

提供先进服务制造商的价值主张，首先是基于对资产的出售（如，火车、农业设备、挖掘机、飞机、机床、印刷机械），然后在对资产的使用中提供服务和支持。更复杂的服务和支持是基于"按使用付费"的合同来提供的，这样的合同通常伴随着 OEM 对资产性能承担的更大风险，因为设备可能得不到充分的利用。在这样的情况下，为了降低相关的风险，在资产或产品的设计上，要使其能由本地的用户和 OEM"访问"或由更远的 OEM 控制。这些信息用传感模块来收集，用于感知（如压力、温度、震动等）和通信（如数据总线、网络连接、无线遥测）（见 Benedettini et al. , 2009）。这样，资产就变得"智能"了，OEM 就可以从客户对资产的使用中收集数据并监控性能。OEM 的信息集中程度和信息分析能力，是传递价值主张及降低先进服务有关风险的一个关键因素。

### 3.3.2　OEM 的角色及其运营合作商

本质上，OEM 提供服务以支持产品以及客户对产品的使用。

在我们的过程模型中（见图 3.2），产品支持型服务（Services Supporting Product，SSP）在图中位于 OEM 和资产之间，由 OEM 提供并承担责任。例如，许多服务最初来自对资产使用的远程控制。数据的获取及后续的分析（通常在一个定制的运营中心进行），使资产得到有效率的保养，有效益的修理和备件供应（使用新的或再制造的部件）。获得的相关数据也常引发产品的升级换代，以提供更好的功能。SSP 服务的直接接受者是资产本身，最初形成对 OEM 需要的信号，直接来自资产运营的数据。因此，对有效率和有效益地提供这些服务，其客户关系和定制化水平的要求通常都很低。这些需求信号将引发客户对 OEM 合作商的需求。

客户支持型服务（Services Supporting Customer，SSC），在图中标示在 OEM 和客户之间的一个方框内。资产绩效数据是客户了解资产使用状态的关键要素，OEM 通过对资产的维修和保养，确保其可用性和高性能。为使客户能最有效地使用资产，OEM 也会提供客户培训或资产使用建议。SSC 服务的直接接受者是客户，最初形成需求的信号来源于人（可以是客户，也可以是 OEM 人员）。因此，对有效率和有效益地提供这些服务，其客户关系和定制化水平的要求通常都很高。这些服务又会再次创造出从客户到 OEM 和运营合作商的需求。

### 3.3.3 客户的角色及其运营合作商

在客户使用资产的过程中,收入流向 OEM。关于资产使用的运营范围,客户与 OEM 要达成一致,使用资产的绩效也会影响到 OEM 的收入。我们的模型显示,客户对资产的运营及其使用效果负责,并提供"低水平保养"。这些活动将对客户及其运营合作商形成需求信号。客户的运营合作商与客户合作,共同支持资产的使用。例如,提供动态的能源(如燃料、润滑油等)及其他服务(如劳动力、定期监测和低水平保养),客户还应以绩效监控数据的形式给 OEM 提供反馈,这也能对 OEM 及其网络合作商形成需求信号。

## 3.4 提供先进服务的挑战

支持一项先进服务,如按小时提供动力,对制造商来说有特殊的压力,因为这超越了其生产运营的传统(如成本目标、质量目标、生产供应目标等)。简单地说,一项先进服务要求制造商在一个扩展的生命周期内与客户保持密切的联系,因此会产生许多的需求信号。这一节我们将描述航空制造领域的领导者(如罗尔斯-罗伊斯)提供先进服务必须克服的挑战。

### 3.4.1 服务的语言

服务化的一个最明显的困难就是组织内员工每天使用的术语和词汇的变化。在传统的制造企业中,人们使用产品、零部件等术语,通常是能被充分理解的,而他们对服务用语的使用则不严谨。而在先进服务中,很多词汇和短语有特殊的和特定的含义。这个区别对组织中与服务提供过程密切相关的人员来说尤为明显。就像一位航空公司的服务经理所说:"……为了融入我们的客户,我们必须像他们一样'交谈'"。很多实业界中的领导者,如罗尔斯-罗伊斯,已经意识到在围绕产品和服务交付的基础上,发展合适的语言是一个巨大的挑战,包括描述、表达以及与客户交流上的种种困难。

### 3.4.2 产品—服务集成包的价值维度

先进服务意味着供应商与客户的关系从一次交易转变为长期关系,关系的实质发生了变化。生产运营倾向于支持一次性交易,而服务运营更倾向于发展客户关系。传统的制造商更倾向于线性地生产产品,然后(一次性)销售给客户,供其使用(耗费)。

先进服务在产品供应者和客户之间有一系列的"接触点"，如最初的合同谈判要持续较长时间；对资产使用情况的监控由供应商来进行，这引入了产品支持型的服务 SSP，以及资产使用寿命结束后供应商可能会回收产品。由于产品本身可能也会出售给客户，所以相关服务更加依赖供应商与客户的长期关系。

收入、利润和现金流的主要来源，从"降低成本"的模式变成为客户"改善使用价值"的模式。飞机制造业的领导者必须表现出，他们在理解客户价值方面做得更好。事实上，他们认为对"价值"进行描述和沟通也是一个挑战，尤其是在面对"服务价值"时。一个普遍接受的观点是："……如果客户没有'看到'他们得到了什么，就会认为他们什么也没得到。"

### 3.4.3　设计产品和服务

先进服务的设计过程不同于传统的产品设计。传统的产品设计要经过概念阶段、原型阶段、测试阶段，最后投入实践。而服务没有原型阶段，其应用本身就是原型。因此，挑战来自工程师试图将传统产品设计过程运用到服务上来。

先进服务更加强调产品设计方面，因为这影响到产品的可维护性和可修复性，这与有效率和有效益地交付整个产品—服务系统密切相关。实业界领导者通常会说："你要做的是尽可能设计好它（产品），因为你将服务于它。"支持保养和维修的资产可用性，是许多产品的典型特性。

### 3.4.4　集成的交付系统

说到设计过程，支持先进服务有效率和有效益地完成交付的组织设计也很重要。原材料流入工厂、生产成产品、再供客户使用的传统已经不再有效。虽然还是会有一小部分非直接原材料流入，但服务交付系统比产品生产系统要复杂得多，它得监控并支持正在使用的产品，超越了传统的生产业务。

这个系统超越了传统主要业务的内在/外在障碍。有效地交付集成的产品—服务系统，需要与制造系统、保养系统、零部件供应系统和物流系统协作，以实现内部组织的融合。

交付系统直接受到该商业模式相关部分和相关绩效的影响，对交付系统的要求是如此特别，以至于一些航空企业的领导者经常将服务交付机制从传统的生产系统中分离出来。然而，商业压力不断增强，使他们意识到资源和知识在系统中的共享也非常重要。另外，在支持服务交付的供应网络中，紧密的耦合也是必不可少的。

一些服务和支持要素须由供应网络中的成员提供，因此网络成员之间有效的合作和融合也是至关重要的。这通常会导致关键客户和供应商建立合资的服务交付企业。

### 3.4.5　组织转型

转型问题是精细且全面的。像罗尔斯-罗伊斯这样的组织,在采用服务化战略时,必须在语言、价值及产品/组织设计上做出改变。这样的转型对组织及其供应链来说,都是一个巨大的挑战,就像一位 HR 经理告诉我们的:"……我认为在企业和客户间的界面,我们看到了更多反应敏捷的以服务为中心的行为。"

## 3.5　总结和展望

制造服务化现在被广泛认为是制造业从销售产品到销售产品—服务系统以提供使用价值的能力及过程的创新。服务化战略是西方制造商面对低成本经济竞争挑战的一种方法,而传统制造商进行服务化有一些特定的问题:

- 语言:服务化制造商使用的语言是精细而全面的,需要在整个组织范围内建立和采用。
- 价值维度:价值维度和资产销售、资产使用有关,因此包括交易和关系两个维度,这两个维度需要在绩效测量层面进行充分的定义和沟通。
- 产品和设计过程:设计过程需要同时考虑产品和服务的特点,包括全生命周期性能的交付,这与传统的产品设计过程是不一样的。
- 集成的服务—产品交付:同时交付产品和服务在 OEM 的运营系统和供应链中产生紧张的局势。如何融合这些系统,有效率和有效益地使用组织资源和知识,是一个重大的挑战。
- 转型:从传统的制造商转变为服务化制造商需要在语言、价值、过程设计和组织设计等方面做出重大改变,这些改变又会引起制造服务化特定的转型议题。

虽然航空制造企业在服务化方面比较领先,但还是有很多方面仍处于初级阶段。以上强调的挑战对那些想要实施服务化战略的企业来说是有所帮助的。通过组织和描述这些障碍,我们的目的在于帮助制造商认识这些问题,并促进各行各业制造服务化的实现。

**本章参考文献**

Aurich, J. & Fuchs, C. (2007). Advances in lifecycle engineering for sustainable manufacturing businesses. Proceedings of the 14th CIRP Conference on Lifecycle Engineering, Tokyo, Japan.

Baines, T., Lightfoot, H., Evans, S., Neely, A., Greenough, R., Peppard, J. et al. (2007a). State-ofthe-art in product service-systems. Proceedings of the IMechE-Part B. Journal of Engineering Manufacture, 221, 1543-1552.

Baines, T. S., Lightfoot, H. W. & Kay, J. M. (2007b). Servitized manufacture: Practical challenges of delivering integrated products and services. Proceedings of the IMechE-Part B. Journal of Engineering Manufacture, 223, 1207-1215.

Baines, T. S. & Lightfoot, H. (2013). Made to serve: Understanding what it takes for a manufacturer to compete through servitization and Product-Service Systems. Hoboken: Wiley.

Benedettini, O., Baines, T., Lightfoot, H. & Greenough, R. (2009). State-of-the-art in integrated vehicle health management. Proceedings of the IMechE Part G, Forthcoming.

Chase, R. & Garvin, D. (1989). The service factory. Harvard Business Review, 67(4), 61-69.

Oliva, R. & Kallenberg, R. (2003). Managing the transition from products to services. International Journal of Service Industry Management, 14(2), 160-172.

# 4 汽车工业：动荡时代的制造服务化之路

**Paolo Gaiardelli，Lucrezia Songini，
Nicola Saccani**

摘要：欧洲汽车工业受到近期经济衰退的强烈影响，生产工厂的结构性产能过剩更加突出，新车销售的价格竞争也愈发激烈。基于存量车辆的庞大基数和较长的车辆使用年限，服务项目成为原始设备制造商、授权经销商、维修店以及独立参与商求生存、获盈利的主要手段。虽然服务化是汽车制造商及其网络所奉行的一个策略，但它们仍以提供事务型、产品导向型服务为主。此外，服务的相关性仍未得到服务网络的完全认可，即尚未充分意识到服务化对盈利能力和客户忠诚度的影响。更进一步，终端客户通常没有意识到可用的全方位服务，以及网络和最终客户所感知服务的重要性可能有所不同。目前处于最前沿的服务化是对可持续移动解决方案的实验，以改善环境影响和生活质量。可喜的是，目前已出现了结果导向型服务所支配的新商业模式先行者，这时客户可以按需要而不是直接拥有来获得车辆的使用权。

## 4.1 汽车工业的坎坷之路

汽车工业是欧盟经济的支柱，其年销售额为 5510 亿欧元，占欧洲 GDP 的 6.5％左右（ACCA，2012）。约 1160 万人直接或间接受雇于汽车产业，占欧盟就业人口的 5.3％。此外，还有 340 万个工作岗位与销售汽车及零部件、汽车在用服务有关，如维修保养、短期出租和长期租赁。

全球汽车市场得益于中国、亚洲其他国家和南美市场的增

长。而西欧市场却正在萎缩,结构性产能过剩进一步凸显。2012 年产量数据回落到 2003 年的水平,欧洲产量为 1730 万辆,其中 1130 万辆由欧盟 15 国生产。欧盟拥有 177 家汽车制造或组装工厂,据估计,其中 58% 的工厂在收支平衡点下运营(Alix Partners,2013)。这种趋势既涉及客车,也涉及货车。货车主要涉及企业之间的业务,尤其从 2007 年经济衰退以来就遭受影响,经销商也看到他们的财务业绩近年来不断恶化,不得不设法努力生存。

经济衰退削减了轿车、专业车辆和货车的销售。此外,它还导致高失业率,尤其是年轻人,这抑制了人们在西欧购车消费的倾向。其他趋势特征体现在欧盟市场的社会层面,老龄化人口也可能降低对新车的需求。此外,年轻一代正在失去对汽车的兴趣:一旦需要进行选择,汽车的重要性比不上智能手机和网络化设备(Alix Partners,2013)。在日益城市化的趋势下,可持续移动性不断上升,加上西欧市场上汽车的高渗透率,这些都促使对轿车的需求稳定下来甚至减少。此外,旨在维护消费者权益、保护环境和设置进入壁垒的法律法规,强制企业重新定义它们的产品、生产流程和组织,如改善车辆耐用性,以及努力满足排放和安全要求等。

面对全球市场上巨大的研发与创新成本以及高生产固定成本,OEMs(原始设备制造商,汽车品牌商)不断借助合并、收购或联盟来求生存。

## 4.2　服务化和汽车工业概述

### 4.2.1　为什么要开展汽车工业的服务业务

在全球竞争及汽车销售利润下降的背景下,长期来看,服务项目对汽车产业所有参与者的生存及业绩提高,都显得至关重要。特别是汽车工业呈现出服务化推进的几个因素,这与管理和科学文献所倡导的是一致的(Baines et al.,2009)。

在经济层面,服务产生高额利润,这是基本原则。因为对原始设备制造商和经销商网络来说,轿车的平均销售利润率在 0~2%。CLEPA(欧洲汽车零部件供应商联合会)测算,2006 年德国汽车工业零部件市场占汽车工业总收入的 23%,利润达到总利润的 50%(Supplier Business,2009)。仅对经销商而言,售后服务占利润总额的 30%~70%(来源:ICDP 和 ASAPSMF)。此外据估计,汽车售后服务带来至少 3 倍于最初销售的营业额。2010 年欧盟 27 国生产了 2.737亿辆汽车,其中轿车 2.4 亿辆,平均车龄 8.3 年。当年所售新车与社会车辆保有量比率为 1∶18，随着时间的推移，对存量车辆的服务项目就可保证稳定的收益。

在战略和营销层面（Vandermerwe，Rada，1988），服务可将客户锁入授权的 OEMs 网络，通过长期保修、服务合同或强制保养来维护保修权利。经欧盟集体豁免法规（Block Exemption Regulation）立法者的努力，专有技术和远程信息交换可使 OEMs 厂商锁出（排除）那些没有技能和设备的竞争对手，这些对手不能去维修其他品牌的汽车。此外，服务使得 OEM 有别于那些竞争对手，因而其销售的车辆更多。服务代表了客户和品牌之间的固定联系，推动客户的经销权、品牌忠诚度及再购意愿。一个典型的例子是，丰田公司首批推出免费的长期常规保修，从而增强了其高可靠性的品牌形象。此外，随着 DuoTec 搭扣技术的创新，丰田推出"快速普通保养"服务，以优质便捷服务的提供，使其有别于其他竞争者。

此外，通过来自现场的反馈信息，支持产品的服务使产品设计和质量能够持续改进。

最后，需要考虑环境和生活方式的因素。一辆汽车运行所产生的年碳排放量，仅约为生产一辆新车所产生的年碳排放量的一半（Supplier Business，2009）。减少环境影响对产品开发和可持续移动商业模式的界定，都会产生影响，这意味着车辆成为一个旨在提供移动性功能的工具。长期租赁、汽车共享和拼车替代了对汽车的拥有，也提高了对车辆可靠性的控制和车的利用率、安全性和人的生活质量。一个例子是戴姆勒在多个城市发起的 Car2go 移动性概念。戴姆勒在城市内每天 24 小时按现收现付方式进行汽车租赁。这些解决方案走在汽车工业服务化的前沿——它们需要全新的商业模式和参与者（市政、公用事业的供应商等）。Car2go 作为"实验"推出，其对 OEMs 市场和收益的影响很小；但从长远来看，它们将改变欧盟内的移动性概念。据估计，这些新解决方案的推广可以减少约 40% 的汽车数量和 60% 的行驶里程（Whitelegg，Britton，1999）。而且，这些新解决方案将用于未来的"智能城市"。

### 4.2.2 汽车市场的服务概况

基于来自 ICDP（国际汽车分销研究机构）、BCG（波士顿咨询集团）和 Supplier Business 的不同研究，欧盟的汽车服务业估值约为 2000 亿欧元。稳定的服务数量及其盈利能力，让大多数汽车服务业经营者在经济危机期间得以幸存。例如，在 2008—2010 年期间，如果没有售后服务，美国经销商的盈利状况基本上是亏损的（NADA，2012），欧洲也是类似的情况。

汽车服务供应链不是垂直整合的，而是复杂且分散的（Gaiardelli et al.，

2007)。OEMs 一般不直接拥有产品和服务渠道,而是依靠授权经销商和维修店网络展示 OEMs 的品牌并建立"官方"渠道。然而,尽管汽车购买者在保修期间一定会采取授权网络,独立渠道却占据了最高的市场份额:波兰为 70%,英国为 66%,西班牙和意大利约为 62%,法国和德国为 50%(数源来自:BCG 和 ICDP)。独立公司可以是较小厂商或大型连锁店,有时它们是高度专业化的(如在玻璃或轮胎更换方面)。独立渠道显现出与授权渠道非常类似的客户满意度水平(BCG,2012)。在过去几年里,服务市场较为稳定:较少的行车里程数和较高的零部件质量,意味着延长了保养间隔,并减少对传统服务的需求。例如,与 2009 年相比,预期意大利售后服务受理数量萎缩 19%,营业额下降 8%。此外,竞争的加剧也限制了价格,并增加了透明度。在此背景下,随着传统的服务成为商品,未来先进的服务有望推动盈利的增加。尽管不断推进服务化,汽车工业的服务业务仍主要与零部件和传统维护相关,金融服务和保修延期的市场渗透率仍较低。例如,相比于美国市场的 40%,在西欧市场保修延期占有份额在 20%～35%。这种新服务的扩散也引入了新的竞争者:因为汽车修理是他们的主要成本动因之一。保险公司、车辆运营商和租赁公司都与选定的维修店或网络签订特殊的合同,以此将客户锁定为他们处理维修的这些参与者。

## 4.3  汽车行业的服务组合分析

### 4.3.1  服务组合分类

科学文献和有关证据指出,公司的服务化进程是渐次经历不同服务成熟度阶段的一个过程(Oliva,Kallenberg,2003;Davies,2004;Davies et al.,2006)。

基于意大利于 2010—2012 年所开展的研究,本节从服务组合视角对汽车工业的服务化水平进行分析。分析样本包括占市场 95% 的 36 个品牌:29 个品牌属于轿车产业(阿尔法罗密欧、奥迪、宝马、克莱斯勒、雪铁龙、大发、菲亚特、福特、本田、现代、英菲尼迪、捷豹、蓝旗亚、雷克萨斯、玛莎拉蒂、马自达、奔驰、尼桑、欧宝、标致、保时捷、雷诺、斯柯达、斯巴鲁、铃木、西雅特、丰田、大众和沃尔沃),7 个品牌生产重型卡车(达夫、依维柯、曼、奔驰、雷诺卡车、斯堪尼亚和沃尔沃卡车)。

这项研究基于从公司网站和宣传册收集到的公开可得信息。服务项目列在表中,然后映射成一个图解(见图 4.1),此图批判性地结合了三个分类维度,即:

• 服务焦点。从关注确保车辆可用性和功能，转向关注支持最终用户的流程和活动（Mathieu，2001；Windhal，Lakemond，2010）。从关注产品（汽车）转向关注过程（驾驶）及关注人（如司机），关注关系强度（客户和供应商的参与和承诺）以及关注服务定制。

• 客户和服务提供者间的互动特征（Oliva，Kallenberg，2003；Penttinen，Palmer，2007），基于事务型或基于关系型。互动特征需要以不同方式对服务定价：从对人工和零部件成本加价（基于事务型的定价方法），到一定期间内涵盖所有服务的固定价格（基于关系型的定价方法），服务供应商所承担的风险显著增加。

• 服务导向维度。可将服务分为三类：产品导向型、使用导向性、结果导向型。

图 4.1　汽车行业服务化的图解说明

轿车和重型卡车行业所推荐的服务项目如表 4.1 所示。大部分服务旨在提高车辆的性能或支持车辆的可用性和可靠性。其他服务项目展示了汽车企业服务的多样化，以帮助客户在车辆的整个生命周期内对其进行管理。例如，车辆升级和装备、车辆清洗、翻新零部件供应以及报废车辆管理。

表 4.1　轿车和重型卡车行业的所提供的服务项目

| 大类 | 服务描述 | 轿车 | 重型卡车 |
|---|---|---|---|
| 支持产品的事务型服务 | 24/7 修理和保养服务 | √ | √ |
| | 车身、玻璃、轮胎的保养和修理 | √ | √ |
| | 快捷保养/修理（fast-fit） | √ | √ |
| | 菲亚特的 fly & fit 快速维修 | √ | |
| | 现场诊断、保养和修理 | √ | √ |
| | 产品拆解管理 | √ | √ |
| | 产品升级和装备 | √ | √ |

**续表**

| 大类 | 服务描述 | 轿车 | 重型卡车 |
|---|---|---|---|
| 支持产品的事务型服务 | 翻新零部件 | ✓ | ✓ |
| | 保修期间的修理和保养 | ✓ | ✓ |
| | 道路援助 | ✓ | ✓ |
| | 警报系统服务 | ✓ | ✓ |
| | 夏季/冬季检查 | ✓ | ✓ |
| | 召回 | ✓ | ✓ |
| | 车辆清洗 | ✓ | ✓ |
| | 车辆预检 | ✓ | ✓ |
| 支持产品的关系型服务 | 保修延保 | ✓ | ✓ |
| | 远程监测与诊断 | ✓ | ✓ |
| | 长期修理和保养合同 | ✓ | ✓ |
| | 备件供应和保养包(全包式) | ✓ | ✓ |
| | 备件供应和保养包(对旧车) | ✓ | ✓ |
| | 远程信息技术援助 | ✓ | ✓ |
| 为客户活动(驾驶员/驾驶)提供的事务型服务 | 迎宾车 | ✓ | ✓ |
| | 司机住宿和事故情况下的车辆遣返 | ✓ | ✓ |
| | 修理期间的司机住宿 | | |
| | 财务支持(事故、紧急情况下) | ✓ | ✓ |
| | 事故下的医疗援助 | ✓ | ✓ |
| | 服务台(信息服务/紧急服务) | ✓ | ✓ |
| | 保险包 | ✓ | |
| | 事故情况下的法律支持 | | ✓ |
| | 购物(商品) | ✓ | ✓ |
| | 在线文档处理(产品、附属件、商品、零件) | ✓ | ✓ |
| | 修理活动的在线监测(跟踪) | ✓ | ✓ |
| | 为残疾人出行提供服务 | ✓ | |
| | 运动和环保驾驶课程 | ✓ | ✓ |
| | 工作车间活动的可见性 | ✓ | ✓ |

| 大类 | 服务描述 | 轿车 | 重型卡车 |
|---|---|---|---|
| 为客户活动（驾驶员／驾驶）提供的关系型服务 | 信用卡/借记卡 | ✓ | ✓ |
| | 忠诚卡 | ✓ | ✓ |
| | 产品修理服务的财务规划 | ✓ | ✓ |
| | 产品销售财务规划 | ✓ | ✓ |
| | 车辆管理服务（外包） | ✓ | ✓ |
| | 车辆管理培训和咨询 | | ✓ |
| | 为客户提供工作车间支持其维修活动和备件管理（咨询） | | ✓ |
| | 为客户提供工作车间支持其维修活动和备件管理（培训） | | ✓ |
| | 网络社区服务（App、社交网络等） | ✓ | ✓ |
| 使用导向的服务 | 租赁（leasing） | ✓ | ✓ |
| | 短期出租（rental，short term） | ✓ | ✓ |
| | 长期出租（rental，long term） | ✓ | ✓ |

大多数服务的特点是：客户在期限、保证性能、付款条件等方面可以选择不同选项（或特性），这进一步显示了轿车和重型卡车 OEMs 为识别不同客户群体的解决方案需求所付出的努力。例如，各种各样的保修形式能促进修理和保养业务，从提供传统的支持到快递服务的交付。这些服务业务涉及 24 小时不间断全天候车间，也包括紧急情况下的道路援助。

提供的服务不仅能改善车辆性能，同时也能提高客户的操作技能，提高服务业务的效率或效果，以及提升服务技能水平。轿车和重型卡车制造商提供大范围的建议、培训与咨询等服务，包括运动驾驶及环保驾驶课程、残疾人出行解决方案、车辆保养和管理的培训与咨询，以及备件管理优化等。

服务以打包的形式提供。厂商开发服务包以支持实体产品，如为旧车提供夏季/冬季检查或专门的服务；或提供缓解客户流动性的管理，如"全面保养"项目包括对事故情况下的服务（移动车间援助、拖曳等），迎宾车、旅行和酒店费用、回程或继续旅程、接车维修、车辆遣返和所有必要的信息支持。提供服务包也可对客户汽车进行保值。在这种情况下，服务包通常由长期租约和短期出租方案组成，如在车辆所有权不转移给客户的情形下，为保持客户营运资本，减少资产报废和保持灵活性所开发的先进服务项目，这些租约及出租方案可能与保养、融资、培训，以及商业咨询合同相匹配。

此外，对轿车行业提供的以使用为导向的服务有汽车共享和拼车两类。一般情况下,这些服务由第三方公司或参与 OEMs 及其经销网络的合资企业提供,这些企业往往涉及车身、备件、维修保养等业务。鉴于此,本节的定量分析中不考虑这些服务项目。

值得注意的是,在表 4.1 中并无以结果为导向的服务项目。这证明尽管经过不懈地努力,该行业仍强烈依赖于传统服务。然而,从使用导向到结果导向型服务的转变正在发生。基于上述服务包的演变,租约或"出租+维修"的服务包演化为按使用次数付费的方案(如奔驰 Charter Way 服务)。

并不是所有表 4.1 中的服务项目都是 OEMs 或网络收益的直接来源。在某些情况下,推出它们仅仅是为了满足客户的需求,以此促进长远业务。例如,一些互补服务的使用是免费的,只是为了增加客户满意度和忠诚度,或吸引潜在的新客户。在其他情况下,提供这些服务被认为对整体网络可持续发展具有战略性作用,因为它们能促进附加服务的销售。例如,合同如不涉及维修和保养服务,会影响服务网络的收入,但前者并非汽车制造商的直接现金来源。不过,它们却有助于备件销售业务的提升:网络提供越多的保养服务,OEMs 就会获得越高的来自自身品牌的新备件和翻新件的销售收入。

### 4.3.2 轿车和重型卡车行业的分析结果

我们的分析基于以下指标:

- 所提供的服务数量
- 服务组合市场份额(属于每个区域的平均服务数量相对于所提供服务的总数量)
- 服务扩散指数(每个服务分类中提供一种通用服务的公司的百分比)
- 品牌间的平均差异化水平(以 低(L)、中(M)、高(H)表示)

图 4.2 为轿车行业的情形。数据表示在不同分类情况下所提供服务的平均数(括号内数据为每个分类中的服务总数)。加总所有分类数据,所提供服务比重的平均值是 62%(27.3/44)。较多数量的服务支持司机及其活动(基于事务型为 9.4,基于关系型为 4.3),这表明,汽车制造商通过对服务组合的无形化来寻求差异化。然而,强调有形服务仍然是主流。此外,也有个别服务(如信用卡/借记卡和 Web 社区服务)纯粹是顾客导向和与车辆利用率无关的。

图 4.3 所示的是轿车行业内的扩散指数,即平均而言每个分类中提供一种通用服务的公司百分比。括号内所示为同一指数,只是其分母改为每个分类中最常见服务的采用。在每个分类中比较这两个指标,组合出现了极化(使用导向型服务除外),一组服务是由接近 100% 的公司提供,另一组服务扩散率很低

|  | 服务导向 | 服务焦点 |  |
|---|---|---|---|
| 结果导向 |  |  |  |
| 使用导向 | 2.1（3） |  |  |
| 产品导向 | 9.4（13） | 4.3（7） | 司机/驾驶 |
|  | 8.6（15） | 2.9（6） | 产品 |
|  | 基于事务 | 基于关系 |  |

互动特征

图 4.2　轿车行业：每个分类中样本所提供服务的平均数

（括号中所示为每个分类中的服务总数）

（通常伴随着更大程度的新奇性和差异性）。事实上，45％（20/44）的服务是由90％以上的公司提供；相反地，6 项服务仅由一或两家品牌商提供，它们既属于事务型也属于关系型范畴。这些服务项目旨在减少等待时间，增加维修保养服务的灵活性（例如，菲亚特的 fly&fit 或丰田的 Duo-Tech 快速维修），或通过创造新体验以支持品牌识别（例如，保时捷俱乐部和玛莎拉蒂体验），或回应社会日益关注自然资源枯竭和环境恶化问题的生态保养服务项目，翻新零部件的交付，以及支持绿色交通出行的集成服务包（如，标致"Mu"，戴姆勒"Car2go"）。

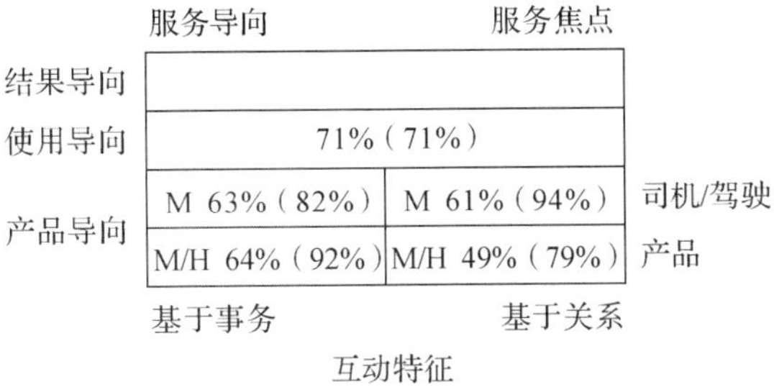

|  | 服务导向 | 服务焦点 |  |
|---|---|---|---|
| 结果导向 |  |  |  |
| 使用导向 | 71%（71%） |  |  |
| 产品导向 | M 63%（82%） | M 61%（94%） | 司机/驾驶 |
|  | M/H 64%（92%） | M/H 49%（79%） | 产品 |
|  | 基于事务 | 基于关系 |  |

互动特征

图 4.3　轿车行业：服务扩散和差异指数

图 4.4 所示的是重型卡车行业的情况，数据表示的是在不同分类情况下所提供服务的平均数。加总所有分类数据，所提供服务比重的平均值是 75％（31.2/42）。因而其服务组合份额高于轿车行业（27.3 或 62％）。

服务组合主要由产品导向型服务构成（事务型服务为 11.0，关系型服务为4.9）。这一发现不同于轿车行业，反映了市场结构主要由客户（同时包括同一车辆的车主和司机）组成。这些客户选择特定卡车品牌的驱动因素是可靠性、舒适性和高性能。因此，他们的兴趣点主要在技术和有形服务方面。

卡车制造商也在开发新的服务项目和组合，来支持他们客户的流程和业务。这个转变反映了客户对那些能提高他们运营水平和业务绩效的创新解决方案变得越来越感兴趣。例如，由于专门的借记卡或基于卡车使用和里程定价

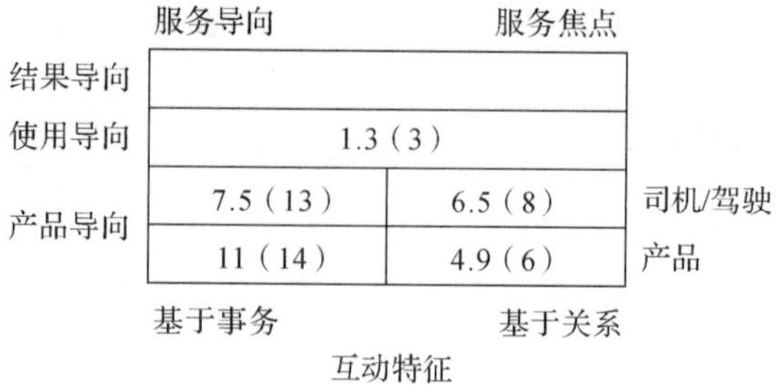

|  | 服务导向 | 服务焦点 |  |
|---|---|---|---|
| 结果导向 |  |  |  |
| 使用导向 | 1.3（3） |  |  |
| 产品导向 | 7.5（13） | 6.5（8） | 司机/驾驶 |
|  | 11（14） | 4.9（6） | 产品 |
|  | 基于事务 | 基于关系 |  |

互动特征

图 4.4　重型卡车行业：每个分类中样本所提供服务的平均数

（括号中所示为每个分类中的服务总数）

的全面维修合同,新服务中推迟和延期支付运营成本变得可能（如燃料、收费、维修、保养和备件）。

最后,图 4.5 所示的是卡车行业的服务扩散指数,即平均而言每个分类中提供一种通用服务的公司所占的百分比。括号内所示为同一指数,只是其分母改为每个分类中最常见服务的采用。所有分类的扩散水平都高,且总体上高于轿车行业,特别是高扩散性的关系型服务反映了大客户的需求,如物流运输企业的卡车车队管理,更喜欢那些能支持运营的长期解决方案,而不是热衷于购买与产品相关的服务。

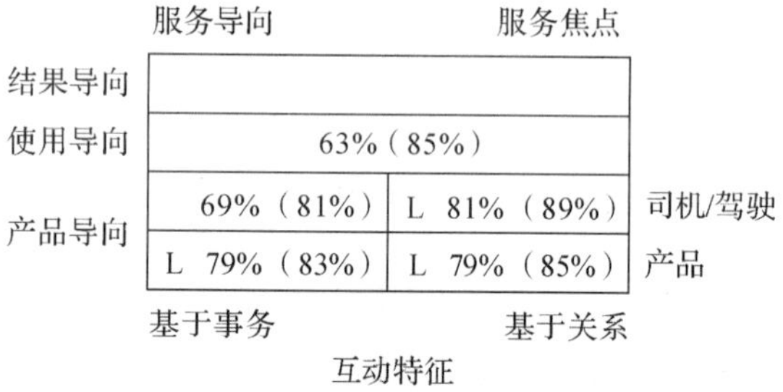

|  | 服务导向 | 服务焦点 |  |
|---|---|---|---|
| 结果导向 |  |  |  |
| 使用导向 | 63%（85%） |  |  |
| 产品导向 | 69%（81%） | L 81%（89%） | 司机/驾驶 |
|  | L 79%（83%） | L 79%（85%） | 产品 |
|  | 基于事务 | 基于关系 |  |

互动特征

图 4.5　重型卡车行业：服务扩散和差异指数

比较卡车每个分类内（使用导向型服务除外）的两个指数（整体和高度提供服务的子部分）,数据未显现出巨大差异,但在轿车行业所示数据差异较大。

## 4.4　下游服务链:卡车行业经销商和客户的视角

在汽车产业如此复杂的供应链中,有效的服务化策略需要协调和整合所涉及的各个参与者（Cohen et al.，2006）。经销商和车间在服务交付中扮演重要的角色,充当着原始设备制造商和客户之间的联系纽带。

正如前面强调的,服务大大促进了汽车行业参与者的战略目标、竞争力和财务业绩。然而,由于需要在战略、组织和管理方法方面作出重大改变,许多经销商还没认识到服务是竞争和利润的重要来源。特别是,在文化方面彻底转向客户导向型服务,这对仍以产品导向为特征的服务网络来说存在巨大障碍。

服务组合的开发与交付是一个关键的因素(Cohen et al.,2006)。然而,识别出最适合单一客户或客户群的一组服务,并不是那么容易。服务提供得太少或太多,都会降低质量水平和利润。此外,过于个性化的服务组合可能过于昂贵而无法交付。

基于这些前提,本节给出意大利重型卡车行业研究的结果,旨在了解顾客的态度和服务化的服务网络。这项研究基于两个调查,涉及 254 家授权经销商和维修店,以及意大利主要品牌的 207 家客户(Gaiardelli et al.,2011)。在服务网络方面,研究解决:(1)经销商和车间提供什么样的服务;(2)他们如何感知不同服务中客户的兴趣点;(3)如何感知服务与经销商/车间盈利能力的关联性。客户调查则反映:(1)顾客使用不同服务的态度,以及(2)影响他们态度的主要因素。

### 4.4.1 服务网络视角

研究样本中 69% 是车间、31% 是经销商(兼有销售和售后活动)。围绕服务扩展和对待服务的态度,将企业聚类为三组(见表 4.2)。

表 4.2 重型卡车服务网络对服务的态度

| 聚类 | 聚类名称 | 主要特征 |
|------|----------|----------|
| 1 | 低服务态度 | 这一群组主要由提供数量相当有限且与产品相关的服务的车间组成,如修理和保养。属于这个群体的企业没有发现其他类型服务的市场机会。 |
| 2 | 对产品相关型服务的态度 | 这群企业表现出中度的服务态度,并认为他们的客户对服务持有中上程度的兴趣。这类企业集群包括车间和经销商,主要提供支持产品可靠性和可用性的服务。这些企业还提供其他解决司机及驾驶需求的产品导向型服务。 |
| 3 | 高服务态度 | 这个群体认为客户对服务持有高度兴趣。那些提供所有服务范畴内一系列广泛服务的生产车间和经销商,都属于这一群体。 |

此外研究结果表明,单一品牌网络中既经营产品销售也开展售后活动的公司,愿意提供范围更为广泛的服务。它们也认识到服务在短期(更高和更稳定的利润)和长期(对顾客忠诚度的影响)都会对公司的盈利能力有积极影响。在提供服务的范围与"对服务影响公司绩效的认识"这两者间,似乎存在正向关系。

另外,单一品牌经销商更容易提供范围广泛的服务,这可能是因为他们受益于来自 OEMs 对营销计划、建议、培训和咨询的支持。此外,OEMs 提供的服务数量与网络提供的服务数量两者间存在相关性。换句话说,重型卡车制造商的服务组合越广泛,在其网络中的扩散也越广泛。此证据证实,为全面获取服务业务发展效益,OEMs 向网络传递协调的、自上而下的组织和管理方面的支持是非常重要的。然而,转向以服务为导向和以客户为中心的商业模式,要求服务网络放弃那种仅聚焦于技术和产品销售的传统理念,转而去提高管理和关系方面的能力。

### 4.4.2  客户视角

首先,重型卡车行业中提供的一组服务,就其市场扩散和使用程度而言,可划分为 4 个聚类,总结如表 4.3。

表 4.3  重型卡车市场中的服务扩散

| 聚类 | 聚类名称 | 主要特征 |
| --- | --- | --- |
| 1 | 有限扩散和使用的服务 | 这类主要由无形服务组成,有时以事务型互动为特征,有时以关系型互动为特征。因为它们的复杂性,通常由 OEM 提供。它们很少由服务网络直接推广和提供,因为需要大量投资,具有低水平利用率的特征。例如法律和财务支持,司机住宿和事故情况下的车辆遣返,维修活动的在线监测(跟踪),对维修活动的援助和备件管理(培训),等。 |
| 2 | 中等扩散和使用的服务 | 这类主要由以产品为导向的旨在支持车辆可靠性和可用性的服务组成,也包括一些基于关系的为产品提供支持的服务,随车辆一起提供,以建立长期的顾客忠诚关系。如远程信息技术援助或车辆远程监控和诊断。此聚类还包括培训、信息以及由生产车间提供的促销推广服务,以此与客户建立长期关系。例如,服务报警系统,车队管理培训和咨询,为客户提供工作车间支持维修活动和备件管理(咨询),服务台(信息服务/紧急服务),备件供应和保养包(对旧车),延长保修等。 |
| 3 | 广泛扩散和中等使用的服务 | 这一群组所包含服务的建立简化了客户操作和融资方案。它们的特点是客户对服务的使用程度中等,但服务网络中扩散水平高。例如夏季/冬季检查,修理和保养的长期合同,预检,车间活动的可见性,信用卡/借记卡,在线文档,"24 小时×7 天"全天候维修和保养服务等。 |
| 4 | 广泛扩散和使用的服务 | 这个群体主要包括客户希望在所有生产车间都能找到的传统售后服务。这些服务几乎所有样本公司都能提供,得到相当多数量客户的使用,其主要是有形的和事务型的产品支持型服务,在客户和生产车间两者间不需建立长期关系。例如翻新零部件,道路援助,快捷维护/维修(fast-fit)等。 |

从开发客户这点来看,大多数服务鲜为人知和绝少使用,特别是客户间对服务的态度差异很大,这出现在第二个聚类中。根据客户对所供服务的认知和兴趣,分析识别出三个客户类别。表4.4 中所述聚类是基于以下考虑:(1)客户的属性(他们可以是卡车车主和司机);(2)所拥有汽车的数量:小规模车队(少于10 辆),中等规模车队(10～50 辆)和大规模车队(50 辆或更多的卡车);(3)行驶路线类别(国际、国家、地区和地方/越野路线)。

表 4.4　重型卡车客户对服务的态度

| 聚类 | 聚类名称 | 主要特征 |
|---|---|---|
| 1 | 对服务了解程度和重视程度低 | 这一群组由那些对所提供的服务了解很少,对服务重要性认识低的客户组成(除了修理和维护)。他们主要是那些行驶当地路线的小规模车队的所有者。 |
| 2 | 对服务了解程度和重视程度中等 | 主要是那些行驶国家路线(国道)的小规模车队的所有者,这些客户知道大量的服务,且给予这些服务中上程度的重视。他们对产品支持型服务尤其感兴趣,如维修和保养,但也经常使用基于客户的服务项目。 |
| 3 | 对服务了解程度和重视程度高 | 这一群组由那些对所提供服务非常了解,并认为服务对车辆运行非常重要的客户组成。他们主要是那些行驶国际路线的中等规模车队的所有者。 |

对上述聚类进行更深入的分析,所拥有的车队规模似乎影响客户对服务的认知,而行驶路线对受到重视的服务有影响。实际上,具有中等规模车队的客户了解更多的服务项目,而那些行驶国内和国际路线的客户更清晰地感知到服务项目会使他们的业务增值。

研究表明,客户和服务网络间对服务的重要性有不同的理解。事实上,经销商和生产车间强调产品支持型服务,这种服务被认为具有战略性,从而得以向客户推广。然而,客户则认为这样的服务是商品。相反,那些专注于培训、信息、支持客户业务的服务,即使对客户细分具有战略意义,却鲜为人知并且未获扩散。

此外,尽管 OEMs 认为服务对竞争力和财务业绩具有深远影响,但有时候服务网络还未意识到增加服务能为它们的盈利能力做出贡献。客户对服务认知不足的主要原因是,在服务化程度低的援助网络中,主要关注传统的售后服务,OEMs 与终端客户缺乏有效沟通,服务推广效果不佳。此证据强调了,OEMs 和服务网络在设计和推广更加符合客户需要的服务上应加强协作,共同一致地进行服务化战略的制定与开发。然而,思维模式的转变不仅对原始设备制造商和服务网络是必要的,对还未完全意识到服务对提高他们业务有潜在相关性的那些客户来说,也是如此。就客户而言,更注重服务意味着不仅要重视拥有一个有形产品,也要重视通过使用不同的服务来满足更高的需要。

最后,分析背景可能影响到研究结果。意大利文化中普遍对实物产品持强拥有观念,服务产品在市场上能获取成功,很大程度上取决于它对运行于其中的文化的敏感把握。事实上,服务解决方案更容易被村社式社会(如斯堪的纳维亚半岛、荷兰和瑞士等)所接受。

## 4.5 结论

欧洲汽车工业正在经历艰难时期,对新车的需求急剧下降,尤其是在卡车产业。2007 年之后,衰退和停滞导致生产工厂的结构性产能过剩达到前所未有的水平,这使得包括零部件供应商、汽车制造商、经销商和维修店(授权或独立)在内的企业,都面临着巨大的生存风险。聚焦(专注)和联盟是提高各参与者底线的一种途径。

服务使企业在这些困难时期得以生存,服务化似乎是一种被迫演变。从产品导向转向客户中心的产品与服务的组合,通过这种新范式的发展,OEMs 及其服务网络新的金融、战略和环境机会随之出现。客户可从服务化中获取重要利益,因为他们能受益于新定制化广泛的可选方案,以符合其需求。

然而,实证研究的结果表明,服务化转型还远未实现。渐进多样化和扩大服务组合正在形成,有些公司已经开始产品—服务组合的无形化进程,这与服务化策略是一致的。然而,无论是轿车还是重型卡车行业内的 OEMs,仍主要提供传统的以产品为导向的服务,很少考虑以结果为导向的服务。

由于 OEMs 厂商依赖第三方经销商和生产车间,因而服务链的垂直整合度很低。为实现更高程度的服务化,增强提供以关系为基础、以使用为导向的服务,强协调能力是一个公认的重要的必备条件。这种演变可能使 OEMs 厂商及其授权网络通过独立售后市场渠道锁定竞争,独立售后市场渠道拥有最大市场份额和能获得大部分利润。然而,授权车间和经销商并没有完全认识到服务对企业盈利能力和竞争力的作用。一个公认的主要障碍是,OEMs 和服务网络在对提供“核心实体产品”与提供“产品—服务”打包两者间的差异认识不清,且低估了这种转变带来的战略、战术和运作方面的挑战。除此之外,客户必须改变他们的思维模式,转向更加注重需要的满足,而不是拥有一辆汽车。

事实上,这种概念是非常复杂和动态的:塑造未来车辆技术和规范的进展,可能为服务创建前所未有的机遇。此外,城市化以及要求减少环境影响的政治压力和生活方式的演变，使生活需要可持续的移动环境，即客户需要那种替代车辆所有权的移动解决方案。事实上，长期租赁、汽车共享和拼车正处于实验阶段，但将来可能成为汽车行业下一波的革命。

致谢：本章受到 ASAP 服务管理论坛活动的启发（www. asapsmf. org）。这一社团的成员有意大利的大学学者和实践者、一些领先的制造企业、咨询公司和服务提供商，在那里他们合作研发项目和分享产品—服务管理领域的研究成果。作者想对 Giuditta Pezzotta、Barbara Resta、贝加莫大学（Bergamo University）工程系的工业工程、物流和服务运营研究小组表达衷心的感谢，感激他们为本章研究所做出的贡献。作者也诚挚感谢 MobilDelvac1 对汽车行业研究给予的资助。

## 本章参考文献

ACEA—European Automobile Manufacturers Association. (2012). The automobile industry pocket guide.

AlixPartners. (2013). Automotive Outlook—AlixP Artners Global automotive study.

Baines, T. S., Lightfoot, H. W., Benedettini, O., & Kay, J. M. (2009). The servitization of manufacturing: A review of literature and reflection on future challenges. Journal of Manufacturing Technology Management, 20(5), 547-567.

BCG—The Boston Consulting Group. (2012). The European Aftermarket Landscape. Customer perspective, marklet dynamics nad the outlook to 2020, July 2012.

Cohen, M. A., Agrawal, N., & Agrawal, V. (2006). Winning in the aftermarket. Harvard Business Review, May 2006, 129-158.

Davies, A. (2004). Moving base into high-value integrated solutions: A value stream approach. Industrial and Corporate Change, 13(5), 727-756.

Davies, A., Brady, T. & Hobday, M. (2006). Charting a path towards integrated solutions. MIT Sloan Management Review, 47(3), 39-48.

Gaiardelli, P., Saccani, N. & Songini, L. (2007). Performance measurement of the after-sales service network—Evidence from the automotive industry. Computers in Industry, 58(2007), 698-708.

Gaiardelli, P., Pezzotta, G., Resta, B. & Songini, L. (2011). Controllo dell'efficienza e dell'efficacia della rete post-vendita (efficiency and effectiveness of heavy-truck assistance network), ASAP SMF, Automotive Section, ISBN: 978-88-89555-21-7.

Mathieu, V. (2001). Service strategies within the manufacturing sector: Benefits, costs and partnership. International Journal of Service Industrial Management, 12(5), 451-475.

NADA—National Automobile Dealers Association. (2012). NADA Data 2012, State-of-theindustry report, www. nada. org/nadadata.

Oliva, R. & Kallenberg, R. (2003). Managing the transition from products to services. International Journal of Service Industry Management, 14(2), 160-172.

Penttinen, E. & Palmer, J. (2007). Improving firm positioning through enhanced offerings and buyer-seller relationships. Industrial Marketing Management, 36(5), 552-564.

SupplierBusiness Ltd. (2009). The European Aftermarket report.

Tukker, A. (2004). Eight types of product-service system: Eight ways to sustainability? Business Strategy and the Environment, 13, 246-260.

Vandermerwe, S. & Rada, J. (1988). Servitization of business: Adding value by adding services. European Management Journal, 6(4), 314-324.

Whitelegg, J. & Britton, E. E. (1999). Car sharing 2000—A hammer for sustainable development. World Transport Policy and Practice 5(3), 1-23.

Windahl, C. & Lakemond, N. (2010). Integrated solutions from a service-centered perspective: Applicability and limitations in the capital goods industry. Industrial Marketing Management, 39(8), 1278-1290.

# 5　设备工程：不断增长的工厂运营服务①

## Gunter Lay

　　**摘要**：设备工程公司设计和建造发电厂、石化工厂、炼钢厂、饮用水或污水厂，以及为其他各行业设计和建造生产设施和组装工厂。传统上，设备工程公司除了实体产品，还提供售前和售后大范围的服务组合。因此，服务化在这一工业部门既不是新的，也不是罕见的现象，甚至还经常性地提供先进的、以结果为导向的服务，如新建工厂的运营。本章将介绍由设备工程公司提供的不同类型的工厂运营服务。因为这类服务将设备工程公司转变为自己产品技术的使用者，相比于传统业务（只出售设备或提供诸如培训、维护和备件的供应服务），我们将讨论运营服务增值的来源，也将描述运营服务的经济绩效，并评估未来这一服务化的发展趋势。本章的实证基础来自文献、案例研究和公司文件。

## 5.1　引言

　　在机械工程公司，成套工厂设施的制造商在这一领域发挥重要的作用。与仅仅在 B2B 业务中生产机械或设备相比，设备工程公司为客户提供全面的解决方案。这些公司为各行业设计和建造现场生产设施：

　　• 为电力生产商提供发电厂。设备工程公司专长于提供化石能源（煤炭、石油和天然气）发电厂、水力发电厂、核电站以及基于

---

　　① 英文版中本章的副标题为"Old Wine in New Skins"，意指设备工程行业长久以来的运营模式就属于制造服务化。根据本书章节目录的一般规律，副标题旨在指出该章描述对象的主要特征或研究的主要结论，中译本将其改为"不断增长的工厂运营服务"。——译者注

某种可再生资源的发电厂,或同时提供几种可再生能源的发电厂。

• 为矿业公司或石油生产商提供矿物加工线（破碎、研磨、浮选、过滤、输送等）和上下游业务设备。

• 为化学工业提供石化工厂、聚合物设施、化肥生产基地、空气分离设备、饮用水或废水厂或其他专门的加工线。设备工程公司也为橡胶和塑料生产商提供设施。

• 为金属工业提供钢铁厂,包括制造黑色金属和有色金属的冷热轧机。

• 为水泥生产商提供水泥设备,包括原料处理和生产、熟料生产、水泥研磨、存储、包装和发货装备。

• 为木材、纸张和纸制品制造商提供纸生产设备、木材处理设备和集成解决方案。这涉及整个价值链:从自然环境中获取木材到纸浆生产线、纸张生产线、仓储和整卷的成品纸张。

• 为汽车工业提供车身焊接线、装配线和涂装生产线等。

这不是设备工程公司业务的罗列,只表明所有主要行业都是它们的客户。工业制造部门的绩效是由设备工程公司的生产率、灵活性和质量决定的。各种各样的客户对新设备的随机需求,以及设备工程公司基于为客户行业个性需求的专业化发展,都意味着市场细分。没有单一的总的设备工程产品市场,但许多细分市场中的每一个都有一些供应方和需求方的公司。

这种寡头垄断结构产生双向依赖关系:有限数量的客户加强了他们在合同谈判中讨价还价的地位。客户经常成功地对供应方施加合同条款和条件,以维护需求方的利益。设备工程公司作为供应商必须与一些竞争对手竞争。因此,竞争报价的透明度是显而易见的。客户公司位于世界各地,因而出口的份额高达设备工程公司销售额的80%。

就地区性而言,许多设备工程公司在北欧、西欧和美国都拥有自己的总部基地。然而,最近日本和韩国的设备工程公司获得了相关的市场份额。越来越多来自中国竞争的对手也出现在市场上,它们以低价的优势,与世界上传统工程设备供应商的高品质及先进技术进行竞争。

表5.1列示了主要设备工程公司的产品及其所在国家。由于设备工程在NACE代码中不是一个特定类别,所以官方统计数据中没有相关子行业的销售和员工的可靠数据,据估计其每年的销售额在1750亿欧元(Stroh,2006)。

表 5.1 主要设备工程公司的产品、规模和所在国家

| 序 | 公司 | 产品 | 员工数 | 国家 | 网址 |
|---|---|---|---|---|---|
| 1 | ABB | 能源、汽车装配 | 145000 | 瑞士 | http://www.abb.com/ |
| 2 | Air Liquide E&C | 空气分离设备 | — | 法国 | http://www.engineering-solutions.airliquide.com |
| 3 | Alstom | 发电厂 | 92000 | 法国 | http://www.alstom.com/ |
| 4 | AMG | 真空处理设备 | 3300 | 荷兰 | http://www.amg-nv.com/ |
| 5 | ANDRITZ | 发电厂、纸浆造纸及钢厂 | 23400 | 奥地利 | http://www.andritz.com |
| 6 | Ansaldo | 发电厂 | 2900 | 意大利 | http://www.ansaldoenergia.it/ |
| 7 | Bechel | 石化、矿业设备、发电厂 | 53000 | 美国 | http://www.bechtel.com/ |
| 8 | Bosch Rexroth | 装配厂 | 35000 | 德国 | http://www.boschrexroth.com |
| 9 | Buhler | 食品加工设备 | 8000 | 瑞士 | http://www.buhlergroup.com |
| 10 | Langley | 水泥、焊接 | 4000 | 英国 | http://www.langleyholdings.com/ |
| 11 | Hillenbrand | 塑料铝制品 | 4200 | 美国 | http://www.hillenbrandinc.com/ |
| 12 | Dieffenbacher | 木质嵌板 | 1700 | 德国 | http://www.dieffenbacher.de |
| 13 | Doosan | 发电厂 | 43000 | 韩国 | http://www.doosan.com |
| 14 | Durr | 油漆店和装配设备 | 7700 | 德国 | http://www.durr.com |
| 15 | Eisenmann | 车体和装配设备 | 1400 | 德国 | http://www.eisenmann.com |
| 16 | Ferrostaal | 能源、石化 | 4300 | 荷兰 | http://www.ferrostaal.com/ |
| 17 | FLSmidth | 水泥/矿场 | 15000 | 丹麦 | http://www.flsmidth.com/ |
| 18 | Hitach Power | 发电厂 | 1100 | 日本 | http://www.hitachi.com |
| 19 | KHD | 水泥厂 | 800 | 德国 | http://www.khd.com |
| 20 | Krones | 食品工业 | 12000 | 德国 | http://www.krones.com |
| 21 | KUKA | 汽车装配和焊接 | 7300 | 德国 | http://www.kuka.com/ |
| 22 | Linde | 化工、石化、气体分离 | 56300 | 德国 | http://www.the-linde-group.com |

续表

| 序 | 公司 | 产品 | 员工数 | 国家 | 网址 |
|---|---|---|---|---|---|
| 23 | Outotec | 钢铁制造、矿产设备 | 4900 | 芬兰 | http://www.outotec.com/ |
| 24 | Siemens Metals Techn. | 钢铁制造 | — | 奥地利 | http://www.industry.siemens.com/verticals/metals-industry metals-industry |
| 25 | Siempelkamp | 木材、橡胶和金属制造 | 3300 | 德国 | http://www.siempelkamp.com |
| 26 | SMS Siemag | 冶金和研磨 | 6300 | 德国 | http://www.sms-siemag.com |
| 27 | Thyssen-Kr. Res. Tech. | 水泥、矿产工业设备 | 5500 | 德国 | http://www.thyssenkrupp-resource-technologies.com/ |
| 28 | Thyssen Krupp Uhde | 化肥、基础化工、涤纶 | 5900 | 德国 | http://www.thyssenkrupp-uhde.de |
| 29 | Voith | 造纸和能源 | 42000 | 德国 | http://www.voith.com |
| 30 | WABAG | 饮料和废水 | 1500 | 奥地利 | http://www.wabag.com |
| 31 | Wartsila | 能源 | 18900 | 芬兰 | http://www.wartsila.com |

因为设备工程业务需要为每个客户提供个性化解决方案,所以售前服务必然是报价和合同的一部分。分析需求说明书、研发、咨询和个性化工程服务是传统设备工程的基本要素。此外,它们通常还会提供售后服务,如工厂建设、安装,培训客户的员工和启动援助。在安装工厂的生命周期期间,设备工程公司必须提供备件、维护和修理服务。

因此,服务化对于设备工程公司来说并不是一个新趋势。设备工程公司认为自己是传统意义上的制造商和服务提供商。表 5.1 对主要设备工程公司服务的分析描述支持这种态度。几乎所有公司的主页都包括它们提供给客户的一个直接的服务链接。只有少数几家公司的主页上没有它们所提供服务产品的显眼链接,但都对其服务提供进行了超出其产品的描述。在我们的示例中,没有发现不提供服务的设备工程公司。与 Dachs 等(2013)所报告的数据结果比较,证实了设备工程公司处在服务化的最前沿。Dachs 等指出,74%的简单产品制造商,88%的中等复杂产品制造商和 94%的复杂产品制造商都至少会提供一项服务。样本中 100%的设备工程公司都提供服务。这与 Leo 和 Philippe 的发现(2001)、Oliva 和 Kallenberg(2003)及其他学者的研究发现一致。有报道称,不断增加的产品复杂性对向客户提供额外服务的倾向有正向影响。此外,研究结果证实了 Hobday 等(2005)提出的产品定制促进相关产品服务这一假设。

深入分析设备工程公司提供的服务,可明显看出普遍存在先进服务。Tukker 的分类学应用(Tukker,2004)显示,许多公司不仅仅提供产品或使用导向的服务,也提供结果导向的服务。表 5.1 中有 10 余家设备工程公司为其客户提供工厂运营服务。这种类型的服务将设备工程公司转换为使用自己技术的用户。客户利用该项服务购买由设备工程公司提供的最终产品,而不是设备的技术。

更深入了解设备工程公司的运营服务,进一步表明这些服务的动机和安排有所不同。以下部分将介绍不同类型的工厂运营服务,并说明这些相比于传统业务的增值业务的来源。这些描述将基于文献、案例研究和公司文件。

## 5.2 设备工程公司提供的工厂运营服务类型

### 5.2.1 工厂运营服务推动设备技术市场创新

新技术展示是设备工程公司提供的第一类工厂运营服务,已被用于克服客户对创新技术的保守态度。如果设备工程公司希望将创新性技术概念引入市场,它们必须使客户信服其优越性能。因为创新技术通常涉及创业或意味着更高的投资,客户可能不愿意从传统和成熟的技术转向创新的解决方案。因此,这些新技术的提供者在客户愿意投资这些新工厂之前,不得不想办法展现其潜能。

地处德国哈瑙的德国 ALD 真空技术公司,为这种类工厂的运营服务提供了确凿的例子。ALD 成立于 1994 年,现为荷兰 AMG 先进冶金集团 N. V. 旗下公司,大约有 750 名员工。ALD 开发了创新的真空炉和真空处理技术,是这一技术的主要供应商之一。真空热处理和其他处理应用于工具行业,尤其是在汽车和齿轮生产上(http://www. ald-vt. com/cms/en/vacuum-technology/company)。

真空热处理被用于处理氧化的问题。当零部件暴露于大气中时,氧化反应就会在表面发生,氧化导致昂贵和耗时的后处理。因此,热处理最好是在无氧大气中进行。除了使用高纯度的保护气体,真空是最好的防止氧化的保护措施,因此也是成本最低的手段。

"新技术"真空热处理是由 ALD 于 20 世纪 90 年代初开发研制的。首次引入时,ALD 意识到这一过程不容易被接受,因为它明显不同于已有的使用大气和油的淬灭热处理过程。通过全球制造业社区提高对新技术的理解,ALD 建立了拥有和运营部门(Own and Operate Division)。

该部门安装了几个真空热处理设施,目前为不同的客户运营,如美国密歇根州休伦港的通用汽车动力总成工厂,这家工厂建立于 2005 年,于 2006 年 6 月开始生产。运营安排包括以下方面:ALD 为客户工厂建造防护(fence-to-fence)设施,保留所有设备的拥有权。投资资金来自银行贷款。运行设备的员工受雇于 ALD。通用汽车按照生产零部件的数量对真空热处理传动齿轮付费。与通用汽车的合同中不包含固定数量的零部件交付,这意味着通用汽车的市场风险部分转移到 ALD。ALD 已经接受了这种风险,为 ALD 品牌设备技术以及新工艺技术提供一个展示。此外,ALD 获得来自运行创新设备的额外专门技术,这能够使设备工程公司提高设备的性能和获得更强的竞争优势(Lay,2007)。

相比传统的商业模式,ALD 的案例说明了这类运营服务的增值效果至少是双重的。首先,客户避免了投资创新性和未经证实的设备技术,从而回避了可能产生的新建企业问题与新建成本。然而,这种增值只能在技术使用的实验阶段获得,在展示了技术方案的优越性之后,这样的增值无法永久获取。第二,如果由于技术复杂性、技术变革的速度及生产和应用知识的不可分离性,设备工程公司在专门技术运营上总是优于客户企业,则设备工程公司能够实现持久增值。后一框架条件意味着从长远来看,设备工程公司必须决定他们是否应该兼并下游企业。

如果设备工程公司的客户不能获取较设备工程公司更高的、高性能运行创新设备的专门知识,后一框架条件的特定环境就会发生。如果客户将运行创新设备技术的特定知识排除在其核心竞争力之外,一般而言,设备工程公司只能为没有"走向下游"的客户提供运营服务。Kujala 等(2011)给出了芬兰一家发电厂工程公司的案例。然而,这种"分裂的商业模式"可能产生的问题是,设备工程公司的客户会将他们看作市场竞争对手。工程部和工程设备销售业务可能与运营服务业务冲突,我们对 ALD 高管的采访已清楚表明,他们已经意识到了这样的冲突,ALD 管理层渴望通过细分市场来避免这一问题。

### 5.2.2 客户融资和评级动机推动工厂运营服务

设备工程公司提供的第二类运营服务与上述第一类的不同之处在于发起人和动机。第一类是设备工程公司积极部署工具用以刺激创新技术的市场准入,而第二类主要是由客户驱动的。特别是汽车行业的客户,从 20 世纪 90 年代开始要求工厂设备供应商提供运营。客户旨在通过减少固定资本来改善资产负债表，通过开发新工具为投资融资，或通过削减工资，从汽车和工程行业之间的工资差异中获得竞争优势。

Durr 公司的案例可用来翻译第二类设备运营服务。Durr 是汽车制造主要系统供应商之一，其计划建造完整的油漆车间和总装设备。Durr 的项目平均需要投资 100 亿～200 亿欧元。其总部在德国，在 23 个国家设有分支机构，拥有7700 名员工，每年的销售收入大约为 24 亿欧元（2012 年）。在 20 世纪 90 年代，在其"服务"业务单元内，Durr 建立了"运营模式"专门部门。尽管当时 Durr公司的政策并非提供积极的运营模型，但这类结果导向的服务需求确实需要这样的组织重组。2001 年，Durr 收到 39 个关于能否提供运营服务的客户询问。Durr 的内部分析证实，这些询问大多数是由财务（优化现金流管理）或资产负债表（评级问题的规定条款）方面的原因所驱使。只有 3 个客户意在实现价值增值（Stock，Wende，2003）。

Durr 开发的满足客户需求的运营模型由 4 个部分构成，每个部分都有不同的选择：

- 设备：棕地（接管已有设备和工厂）或绿地（投资新建工厂），可含建筑或不含建筑。
- 融资：经营租赁、合资或全额拥有。
- 服务：管理服务，不同级别的保养、清洁和全面的服务。
- 运营：管理运作，全面运作，供应商网络管理和质量管理。

这些组件可以组合：有些项目可能包括设备、融资和服务；其他项目可能包括设备、服务和运营。并不是所有 4 个组件都是必需的。服务组件和运营组件之间的区别是模糊的：在服务组件内，Durr 已经保证涂层线的所有参数都被调整为光滑涂层处理工艺，Durr 人员开始调整涂层线、清洁爆裂管道及监控干燥处理设备，后者被用于处理涂料和油漆，使其最终转变成完美的表面。另外，如果组件运营是合同的一部分，漆工也在 Durr 的工资单内（Stock，Wende，2003）。

基于这种模块化的概念，Durr 实现了好几个工厂的运营项目。其中一个项目已经签约英国卢顿 IBC 车辆公司，在这个项目中，Durr 负责工程、制造、交付和最终完成蜡线（wax line）的融资。此外，全面服务、运作、保养和清洁的任务也转移到 Durr。Durr 的 22 名全职员工在 IBC 站点 3 班轮换工作。运营合同一签就是 13 年，付费则以每单位成本的模式进行。

除了以上所介绍的 Durr 案例，在 20 世纪 90 年代和 21 世纪的前几年，为汽

车工业提供现场生产服务的其他几家设备工程公司,也都已经意识到这种类型的工厂运营服务:

• 库卡(KUKA)在德国奥格斯堡建立了一个车身工厂,为美国俄亥俄州托莱多的克莱斯勒牧马人吉普车组装车身。2007年后,这里使用了245个焊接工业机器人。1.42亿美元的投资和230名员工的工资由库卡支付,克莱斯勒则按产量支付组装费(Eckhardt,2006;AMS,2006)。

• 艾森曼在德国伯布林根提供了一个"建造—运营—移交"(BOT)的模型,用自己的人员运作客户的艾森曼工厂,执行物流、质量控制和保养服务。[①] 艾森曼在巴西也提供这种运营模式(卡车头和卡车拖车的喷漆系统),以及比利时(运作/保养连接供应商园区与总装厂的EMS系统)和德国(运作/保养装配线和连接供应商园区与总装厂的EMS系统)。

正如上面提到的,这种类型的工厂运营服务不是主要定位于创造附加价值,而是受汽车制造商的资产负债表外融资的利益所驱动。通过表外融资来改善它们的财务评级,可通过美国公认会计原则(United States Generally Accepted Accounting Principles, US GAAP)达到。如果在合同终止时,运营租赁合同不包含所有权自动转让给承租人,也没有对于承租人的低价购买优先权,以及租赁期限超过设备生命周期的75%,租赁折扣价格超过投资的90%,就被认为是不平衡的状态。本条例修正后,这种类型的工厂运营服务对客户失去了价值,客户的需求减少了。此外,一些设备工程公司意识到,因经济原因建立的运营业务模型,将风险从客户转移到供应商,但并没有获得足够的补偿。因此在这种环境下,Durr决定于2005年停止为其产品提供运营服务(Durr, 2005)。

### 5.2.3　工厂运营服务弥补客户企业员工资质的不足

设备工程公司提供的第三类运营服务,旨在弥补工厂运营中客户企业现有员工资质的不足。如果客户企业觉得不能利用自己的人员开发设备技术,他们可以要求提供这类服务;或者如果客户想为他们的产品开发新市场,工程公司也可以采取主动。尤其是在发展中国家,劳动力的技能不能保证适当利用设备工程公司的技术,来自那里的订单也相应缺乏。

WABAG集团通过其运营服务为这类工厂运营服务提供了生动例证。

---

[①]　http://www.eisenmann.com/en/products-and-services/service/full-service-and-build-operate-transfer-model/build-operate-transfer-model.html.

WABAG 是水处理领域的全球领先公司之一,其关键能力可描述为:基于 80 年的工厂建设经验,致力于为市政和工业部门规划、实施和运营饮用水和废水处理厂。具有国际运营公司的 WABAG 集团在维也纳(奥地利)和钦奈(印度)有大约 1500 名员工,通过公司和办事处在 20 个国家设有代表机构。自 2000 年以来,WABAG 在世界范围内安装了超过 500 家工厂,其供给对象是超过 1 亿的人口和具有水基础设施的 200 多家工业公司。

WABAG 已经意识到,水处理厂的有效管理对客户来说是一个未知的技术领域。业务管理需求正在日益增加,技术在不断发展;同时,许多国家有关水资源管理的立法也越来越严格。为满足所有这些经济、技术和法律要求,WABAG 在供水和废水设施的运营管理领域,向客户提供运营管理知识和能力。其目标是优化设备运行,从而取得成功。

WABAG 提供一系列独立运营模式:

• "建设—拥有—运营—转移"(BOOT)模式,代表一个完整的工厂设备建设、运营和融资解决方案。WABAG 需要全面负责工厂的建设和运营管理,同时尽可能使用可用贷款获得所需投资。在合同期末,工厂设备成为客户的财产。

• "设计、建设、运行"(DBO)模式,包括新工厂规划、建设和运营管理。为客户提供训练有素的专家、经过验证的技术、安全操作规程,以及保证可用性和高质量。

• "工厂运营/外包"(O&M)模式,转移现有废水厂和供水厂的运营管理权给 WABAG。在这个协议中,包括一个"纯"服务协议。WABAG 负责工厂的技术流程和/或工厂商业运行上的成功。该模式的特点是现有技术人员的培训和整合,以及固定收费、投资控制和所有权。

表 5.2 总结了 WABAG 提供的运营模式。如今,工厂运营服务对 WABAG 总体销售贡献显著。2006 年时受访的运营服务负责人表示,这类业务当时占已经总收入份额的约 10%。

WABAG 有各种 BOOT、DBO 和 O&M 项目模式可供参考:一个 BOOT 污水处理项目的合同从 2003 年延长到 2017 年,已经在印度的阿伦杜尔实施。一些 DBO 项目已经签约,例如在土耳其的亚达那、阿尔及利亚的巴特纳(Batna)和茨木市、伊朗的德黑兰、印度的 Vadakuthu、罗马尼亚的 Petrobrazi。O&M 项目也有报道,例如中国澳门、纳米比亚的温得和克、罗马尼亚的 Arpechim。这个运营服务项目列表显示,设备工程公司提供的这类运营服务,在发展中国家具有很大的市场潜力。

表 5.2　水厂提供商 WABAG 的运营服务概念

| WABAG 的运营服务概念 | WABAG 的责任 | | | | |
|---|---|---|---|---|---|
| | 工程/建设 | 融资 | 所有权 | 保养 | 运营 |
| 建设—拥有—运营—移交(BOOT) | √ | √ | √ | √ | √ |
| 设计、建设、运行(DBO) | √ | | | √ | √ |
| 工厂运营/外包(O&M) | | | | √ | √ |

　　FLSmidth 的经验也证实了这一研究发现。FLSmidth 是全球水泥和矿产行业的领先设备供应商,总部设在丹麦。2010 年 FLSmidth 签订了来自安哥拉 De Cimento Do S. A. 的日产 4200 吨水泥厂的运营维护合同,子公司 Carthage 水泥公司为建设在突尼斯首都突尼斯市西南约 40 公里的新水泥厂提供运营和维护,子公司阿拉伯水泥公司(ACC)为埃及苏伊士附近的第二水泥厂提供运营和维护(FLSmidth 公司公告 04-2010 号,18-2010,32-2010)。

　　在设备工程业务中,由于客户的人员技能不合格,设备工程公司提供运营服务似乎是一个普遍的现象。除了上面的水厂和水泥厂的例子,文献还提供了来自发电厂制造商的一个案例(Kujala et al.,2011)。在统一电力公司(CPC,一个企业的匿名)的案例研究中,有两类合同:首先,电厂综合项目交付合同;第二,由运行和保养服务组成的独立服务合同(O&M)。文献对五个 CPC 公司的运行和保养项目进行了深入描述,其中三个旨在克服客户方面人员技能水平的不足。

　　总之,针对克服客户企业资质不足,设备工程公司提供的运营服务似乎为双方创造了足够的附加价值。作为运营服务提供商,设备工程公司能够实现利润,同时客户可以获得优于自给自足运行所带来的利益。

### 5.2.4　工厂运营服务利用联合生产的好处

　　设备工程公司提供的第四类运营服务是为企业提供生产设施(如石化工厂和空气分离工厂)的运行。石化工厂生产主要的化学中间品,如来自化石资源的乙烯、丙烯、芳烃,空气分离厂分离空气中的氧和氮以及各种稀有气体。如果客户只需要来自石化或空气分离厂的一个或两个产品,他们仍需要处理联合生产过程的多余产出。因此,这些产品的客户需要成为这些产品的生产者,还要废弃那些对他们来说无用但也许对别人有用的材料。但如果工厂的组合生产不是由这些客户而是由设备工程公司去运营,一些费用是可以避免的。设备工程公司可以在最佳地点建造、拥有和运营组合生产设备,满足各类客户对产生于组合生产的所有物质的需要。如果组合生产过程的所有物质都可以商业化,单位生产成本就会降低,附加价值是显而易见的。

德国林德集团为这样的经营理念提供了一个例子。林德在全世界 100 多个国家共有约 62000 名员工。在 2012 财政年度,林德创造了 152.8 亿欧元的营业收入。林德由两大部门组成:工程和工业气体部门。工程部门把重点放在构建生产氢、合成气体、氧气和烯烃以及天然气处理的设备,拥有超过 1000 项施工专利和 4000 个已建成工厂项目,林德工程跻身国际领先设备承包商前列。工业气体部门则为能源行业、钢铁生产、化学处理、环境保护、焊接、食品加工、玻璃生产和电子产品等提供广泛的压缩液化气体以及化工品。这两个部门紧密相连,超过 1/5 的工程部门的收入来自气体部门对空气分离厂的建造订单(Linde,2012b)。这些工厂并没有卖给林德工程的客户,而是由林德气体在客户设施现场进行运营,林德气体为他们提供所需的气体。两个新承包工程可以说明这种商业模式:

• 2011 年 6 月,林德宣布林德工程将在印尼为 Krakatau Posco 公司新的钢厂建设最大的空气分离装置。Krakatau Posco 将在西里冈地区建立一个钢厂,位于雅加达以西大约 100 公里处。为支持新钢厂的气体需求,林德气体,而不是 Krakatau Posco,将为工程及修建空气分离装置投资约 8800 万欧元。在满足新钢厂每天 1680 吨的氧气需求之外,工厂也生产液体产品,以满足西爪哇岛日益增长的工业气体需求(Linde,2011)。

• 2012 年 2 月,林德在新西兰与钢铁生产商新西兰钢铁公司签订了一个重大的现场供气合同。该协议包括由林德工程建设一个新的空气分离装置和安装气体供应系统。林德气体替代新西兰钢铁投资这个空气分离装置,给钢铁厂供应气体。空气分离装置也为新西兰地区市场生产大量的液化氧气、氮气和氩气(Linde,2012a)。

我们于 2005 年对林德专家进行了访谈,进一步说明了这类项目背后的经济学原理:林德工程配置现场设施,这些设施由林德气体运营,不仅满足直接客户的需求,也满足了地区需求。因此,现场项目可以实现规模经济。这些规模经济与组合生产的协同效应创造价值增值,这是传统的由客户投资林德工程设备的商业模式所不能实现的。

以上描述的工厂经营理念的优点是商业化。不仅只有德国林德集团,法国液化空气集团也有类似的由气体生产部门和工程建设部门组成的结构(全球工程建设解决方案)。后者(工程建设部门)构建集团生产单位——主要是空气分离单位和氢气生产单位——为第三方客户提供设施。

### 5.2.5　工厂运营服务提高客户设备的利用率

设备工程公司提供的第五类运营服务是,解决客户充分规划工厂产能问题。在规划一个新工厂的过程中,客户可以选择一个配置,旨在满足预期的平均容量需求。这样的决定将导致产能利用率暂时超出经济最优。或者用户可以选择一个较小的配置,仅能够满足最低预期需求,以完全利用率来运营工厂的经济最优将会得以保证;然而,现货需求无法得到满足。因而竞争对手能够进入市场并获得客户。

在这种情况下,设备工程公司的客户通常选择前者。为了使客户选择后者而没有风险后果,几家设备工程公司利用自己设施的灵活能力运营这些设备,以满足现场不同客户的需求。

德国圣列昂腐的罗韦德尔微装配公司(Rohwedder Micro Assembly GmbH)的案例,说明了这种来自设备工程公司的第五类运营服务。罗韦德尔大约有 95 名员工,业务重点在于为汽车、医疗设备、电子产品、消费产品和一般行业实施装配方案。在 2005—2008 年期间,罗韦德尔及其客户 Jenoptik AG——一家有 3270 名员工和 5.85 亿欧元销售收入的光电集团公司(2012年)——在德国联邦教育和研究部的支持下展开了一个合作项目。罗韦德尔旨在开发技术解决方案和商业模式,以满足 Jenoptik 对常规组装和现场产能的需求。项目结果适合三个场景,其中一个是为常规产能需求而设计的,在 Jenoptik 安装了一条自动装配线。另外,用来应付各种客户装配任务的模块化装配线,安装在罗韦德尔的一个工厂。罗韦德尔仍是后者(模块化装配技术)的所有者。现货需求发生时,Jenoptik 组装设备满负荷运行,Jenoptik 船运零件至罗韦德尔进行组装,罗韦德尔将使用自己的人员完成组装,并对交付收取费用。在罗韦德尔的常规能力需求情况下,它可以满足其他客户的现货需求,也可以为了测试与演示使用装配线(Müller,Schmidt,2008)。

德国的库卡(KUKA)公司作为一家机器人及工厂和系统工程的供应商,提供了一个类似的概念。在为他们的客户提供机器人焊接生产线之外,库卡公司另外开发了"分包焊接"(subcontract welding)服务。公司网站宣称:"作为激光加工、摩擦和焊接机器的柔性机器人制造商,我们在机械设计和流程应用程序方面有多年的经验。自 1970 年以来,我们已经为一些知名企业开展分包焊接服务。我们生产各种厚度的金属板及零件,包括驱动轴、空辐条铝轮圈、管道阀门、斜齿轮、活塞棒、发动机阀门、拖车车轴、辊、涡轮轮、拉杆灯。此外,我们对分包焊接工作进行了 100%的过程监控。"①

---

① 　http://www.kuka-systems.com/en/products/job_order_prod/.

　　瑞士布勒集团（Buhler Group），作为一家为工厂、设备以及为加工基本食品和制造先进材料提供服务的专业厂商和技术合作伙伴，提供了这类工厂运营服务的第三个例子。集团公司提供"租一个工厂"（rent a factory）服务，"该工厂只在其实际使用时才产生成本"[①]。

## 5.3　总结和展望

　　上述结果清楚地表明，服务化在设备工程公司既不是新的，也不是罕见的现象。制造商或工厂传统上认为自己是工程和服务型公司。产品或者使用导向型的服务到处都有提供，结果导向的服务也很普遍。一些工程设备公司在工厂操作服务方面富有经验，因为它们已提供这样的服务多年。设备制造商提供的设备运行服务有不同的发起者、动机和附加值。表 5.3 总结了以上介绍的类型。

表 5.3　设备工程公司提供的运营服务

| 类型特征 | 类型 1<br>供应商<br>新技术展示 | 类型 2<br>客户融资<br>和评级推动 | 类型 3<br>弥补客户员<br>工资质不足 | 类型 4<br>利用联合<br>生产的好处 | 类型 5<br>灵活利用客<br>户工厂产能 |
|---|---|---|---|---|---|
| 设备运营服务的主体 | 设备工程公司 | 客户公司 | 设备工程公司 和/或客户公司 | 设备工程公司 | 设备工程公司和/或客户公司 |
| 设备运营服务的驱动因素（供方/需方） | 创新性设备工程技术的营销 | 客户方融资和评级问题 | 客户方员工技能不足 | 客户方对来自联合生产的产品只有部分需求 | 客户降低自身产能以提高利用率 |
| 运营服务形式：设备所有权 | 设备工程公司 | 设备工程公司 | 主要是客户 | 设备工程公司 | 设备工程公司 |
| 运营服务形式：运营人员 | 设备工程公司 | 设备工程公司 | 行政和一线管理：设备工程公司 | 设备工程公司 | 设备工程公司 |
| 运营服务形式：运营付款 | 按每部件/使用/装置 | 按每部件/使用/装置 | 投资加按每零件/使用/装置 | 按每部件/使用/装置 | 按每部件/使用/装置 |

---

[①]　http://www.buhlergroup.com/global/en/services/manufacturing-logistics.htm.

**续表**

| 类型特征 | 类型 1<br>供应商<br>新技术展示 | 类型 2<br>客户融资<br>和评级推动 | 类型 3<br>弥补客户员<br>工资质不足 | 类型 4<br>利用联合<br>生产的好处 | 类型 5<br>灵活利用客<br>户工厂产能 |
|---|---|---|---|---|---|
| 运营服务形式：<br>设备地点 | 客户现场隔壁 | 客户现场 | 客户现场 | 客户现场隔壁 | 设备工程公司 |
| 设备运营服务增值<br>来源 | 开发更大市场的额外销售 | 没有附加值（零和博弈） | 优化利用设备工程技术 | 联合生产所有产品的商业化 | 提高投资利用率 |

表 5.3 清晰地显示出,两种类型的设备运行服务由供给方驱动,两类由设备工程公司和他们的客户共同发起,还有一类主要是客户驱动。在五类中有 3 类(类型 3、类型 4 和类型 5)的设备运营服务动机,深深植根于传统商业模式尚未开发的经济潜力。如果客户企业的员工不具备利用先进设备技术的技能,如果联合生产过程会不可避免地产生一些客户不需要的材料,又或者投资可以适应客户持久产能的要求,那么运营服务的附加价值就是显而易见的。如果设备工程公司和它们的客户企业在如何共享价值增值上达成一项公平的协议,那么它们就能够各自从中受益。

第一种类型的设备工程服务(类型 1),并未直接与现有商业模式尚未开发的经济潜力相联系,但承诺为创新的设备技术开放市场。因此,设备工程公司可以实现价值增值。如果设备工程公司通过展示它们的优势,在刺激对它们的设备技术额外需求方面获得成功,就可以产生额外的销售和利润。这一发现意味着与传统的业务概念相比,设备工程公司不需要以较低成本或增加产出来提供运营服务。

相反,后一个类型的运营服务(类型 2),似乎没有提供任何附加价值。这类服务是由客户发起,试图克服他们的财务状况或评级问题。在这种情况下,客户打算将风险强加给供应商。由于供应商依赖于一些大型客户公司,就很难拒绝这种风险。美国公认会计准则的修改阻止了这些来自客户的压力。因此,在 20 世纪 90 年代取得蓬勃发展的这类运营服务,在某种程度上已经失去了发展前景。

设备工程公司的运营服务形式未发生显著的变化,设备的所有权仍然属于设备工程公司,运营设备的员工由设备工程公司招募,付费是基于设备制造的零部件或装置的数量和质量。仅仅是运行设备所处位置不同,或在客户的现场,或在客户现场附近,甚至连接到位于设备工程公司的设施。对情况的选择取决于实现增值的最佳途径。

运营服务的经济表现在设备工程公司看来是令人满意的。对设备工程公司运营服务高管的采访(2007年)以及初步文献的结果(Kujala et al.，2011)显示出可观利润,这至少对于类型1、类型3、类型4和类型5的商业模式来说是如此。因为设备运营服务提供了持续的收入,可以平衡工程设备销售业务的周期性。这种优势促使设备工程公司将其业务扩展到这些区域。随着运营服务已经为许多设备工程公司带来重要收入,这些服务的重要性在未来还会继续上升。

## 本章参考文献

AMS. Automotive Manufacturing Solutions. （2006）. Quality down the line，AMS November/December 2006，p. 64.

Dachs，B.，Biege，S.，Borowiecki，M.，Lay，G.，Jäger，A. & Schartinger，D. (2013). Servitisation in European manufacturing industries：Empirical evidence from large-scale database. The Service Industries Journal.

Dürr. (2005). Annual Report，Letter of the CEO.

Eckhardt，J. (2006). Tom im Glück, in：Handelsblatt, 2006，August 31.

Hobday，M.，Davies，A. & Prencipe，A. (2005). Systems integration：a core capability of the modern corporation. Industrial and Corporate Change，14(6)，1109-1143.

Kujala，S.，Kujala，J.，Turkulainen，V.，Artto，K.，Aaltonen，P. & Wikström，K. (2011). Factors influencing the choice of solution-specific business models. International Journal of Project Management，29(2011)，960-970.

Lay，G. (Ed.). (2007). Betreibermodelle für Investitionsgüter. Stuttgart：Fraunhofer-Verlag.

Linde. (2011). Press Release dated 11. 06. 2011.

Linde. (2012a). Annual Report.

Linde. (2012b). Financial Report.

Leo，P.-Y. & Philippe，J. (2001). Offer of services by goods exporters：Strategic and marketing dimensions. The Service Industries Journal，21(2)，91-116.

Müller，L. & Schmidt，B. (2008). Wirtschaftliche Montage bei schwankender Nachfrage und extremen Kapazitätsspitzen. In：Witte，K.-W.，Vielhaber，W. (Ed.)，Lebenszyklusoptimierte Montage, pp. 119-148. Aachen：Shaker Verlag.

Oliva，R. & Kallenberg，R. (2003). Managing the transition from products to services. International Journal of Service Industry Management，14(2)，160-172.

Stock，S. & Wende，M. (2003). Betreibermodelle—Eine Wettbewerbsstrategie für Industrieunternehmen，Diplomarbeit. Bergische Universität Wuppertal，Integrierter Studiengang Wirtschaftswissenschaften.

Stroh，V. (2006). Bilanz und Perspektiven des deutschen Industrieanlagenbaus.

Tukker，A. (2004). Eight types of product-service-systems：Eight ways to sustainability? Business Strategy and the Environment，13(4)，246-260.

制
造
服
务
化
手
册

# 6 空气压缩机和压缩空气行业：开始获利

## Peter Radgen

**摘要：**空气压缩机企业的客户是在生产过程中需要压缩空气的传统制造企业。由于这些企业一般都将空气压缩机的运行能力视为非核心竞争力，空气压缩机的效率存在较大的提升空间。新商业概念旨在更有效地使用空气压缩机，本章将基于 6 个德国企业的案例来分析压缩空气合同这一服务模式。

## 6.1 引言

空气压缩机是为买家生产过程制造压缩空气的机械工程。空气压缩机的技术分为涡轮压缩机（turbo compressors）、摆式压缩机（oscillating positive replacement compressors）和旋转式压缩机（rotating positive displacement compressors）技术。

2012 年欧盟的空气压缩机制造商实现了 70 亿欧元的销售额。其中除德国（大约 30 亿欧元）外，还有意大利（大约 14 亿欧元）、英国（大约 2 亿欧元）和法国（大约 1 亿欧元）（PRODCOM，2013）。欧盟的空气压缩机生产主要是出口导向的，出口量占总产量的 2/3，主要的出口市场是欧盟国家、中国和美国。近年来，空气压缩机的生产处于停滞状态，就业情况也有所下降。

需要正确地和根据客户实际需求使用压缩机，包括选择合适的气量规格、使用合适的运行速度，以及运用合适的技术类型。此外，控制系统也要与客户实际需求相匹配。

空气压缩机的生命周期成本由运作成本（主要是电力消耗）

而非产品投资决定。具体地说,能源成本高达总生命周期成本的 4/5。压缩空气系统的能源消耗不能仅仅靠提高压缩机运作效率来实现,而主要取决于压缩空气系统中所有部件的互动和效率(Radgen, Ruppelt, 2003)。经济分析表明,如果由压缩机购买方运行压缩机,其压缩空气生产的经济效率往往是次优的(Radgen, Blaustein, 2001)。客户企业一般将空气压缩机运行能力视为非核心竞争力,因而在其运行优化方面的重视程度不够。相反,它们关注的仅仅是整个系统的可用性。可以粗略地估计出,在德国每年压缩机消耗的 14 TWh(欧盟15 国则是 80 TWh)电力中,本来可以通过应用优化节省 1/3(Radgen, Blaustein, 2001)。

近年来,这一显著的节能潜力引发了制造商和空气压缩机运作的新商业模式。在这些新的服务导向的商业模式中,工业客户不再自行购买和运作空气压缩机。按照压缩空气服务合同,空气压缩机由制造商或第三方服务商拥有和运作。工业客户按每立方米用量来付费使用压缩空气。

电力企业也在逐渐进入这一新兴商业领域。这正是因为空气压缩机的控制成本主要来自运作成本特别是压缩机和驱动的电力消耗,而非资本品购买成本。在德国市场上,下列企业群正在提供压缩空气生产服务:

• 空气压缩机制造商(如 Alup, Atlas Copco, Boge, Compair, Kaeser, Ingersoll Rand)

• 国家或跨区域电力公司(如 E. ON, RWE, EnBW, Vattenvall)

• 区域和城市能源企业(如 GEW Rhein-Energie, Mark-E, MVV, Stadtwerke Detmold, Stadtwerke Düsseldorf, Stawag, Wuppertaler Stadtwerke)

• 服务提供商(有的聚焦于压缩空机技术,有的则不是)(如 Dalkia, Elyo, Getec),工业资产运营商(如 UltraAir, Systemplan)

• 技术建筑服务商/技术提供商(如 GA-TEC, Hochtief Facility Management, IMTECH, NGT)

• 区域能源代理、规划者和压缩机零售商(如 Energieagentur Mittelfranken, Drucklufttechnik Kruckenberg, Uhl Drucklufttechnik)

不同的技术选择、不同的市场角色以及显著的能源和成本节约潜力,都会导致不同的商业模式,上述不同企业的收益模式也很不相同。为了理解这一新兴商业模式,有必要采集新的实证资料。

## 6.2　方法论和数据库

　　为更好地理解空气压缩行业的新商业模式,我们选取了 6 家企业作为案例,对其中大部分的企业实施了面对面的访谈,其余的采用了电话访谈。我们对企业数据都进行了匿名处理。表 6.1 给出了案例企业的概貌,清晰描述了参与者的多样性、服务业务的特征等信息。案例企业的选择体现了新商业模式下,各类利益相关者群体的作用。服务商包括空气压缩机制造商、电力公司以及一家压缩空气服务提供商。

表 6.1　空气压缩机/压缩空气案例的新商业模式

| 序 | 员工规模 | 行业 | 起始时间 | 新商业模式活动的现状 | 新商业模式的客户 | 新商业模式的合同数 |
|---|---|---|---|---|---|---|
| 1 | 1000 人以上 | 制造 | 1991 | 持续扩张 | 汽车供应商,化工行业 | 大约 80 个 |
| 2 | 1000 人以上 | 制造 | 1989 | 无须营销:仅按需服务 | 汽车供应商,化工行业 | 大约 50 个 |
| 3 | 少于 1000 人 | 制造 | 1995 | 间断活动 | N. A. | 大约 5 个 |
| 4 | 1000 人以上 | 服务 | 2000 | 大张旗鼓的起始阶段过去后,业务收缩,目前聚焦于能源服务合同服务 | 汽车供应商,化工行业,玻璃工业 | 大约 10 个 |
| 5 | 1000 人以上 | 服务 | — | 持续扩张 | 机械工程,化工行业 | 大约 10 个 |
| 6 | 少于 100 人 | 压缩空气供货商 | 2001 | 2006 年后收益显著提升,持续扩张 | 玻璃工业,化工行业,汽车业,能源行业 | 大约 10 个 |

　　访谈结果显示,到目前为止,空气压缩机行业的新商业模式显现出"大企业服务大企业"的特点。大公司往往通过其分支机构提供运作服务计划(以大型电力公司最为典型)。也可以将各地的运作服务计划外包给其他的公司,通常这一计划也与其他基础设施服务打包在一起,如供热服务、制冷服务、制热和动力服务(combined heat and power, CHP),等等。

　　所有案例企业在被研究时,都已经实施了好几个新商业模式的项目,具体项目数从 5 到 80 个不等。大部分的项目是由空气压缩机制造商完成的。

## 6.3　新商业模式的特点

在所有案例中,压缩空气合同服务的利益相关者负有生产压缩空气的完全责任。提供商(空气压缩机制造商、设施或服务的提供商)按照与客户(具有压缩空气需求的工业客户)的约定规划和建设制气站。制气站可能位于客户企业提供的场所,也可能在一个属于提供商的装置(container)内,但置于客户所在的工厂。

在大部分案例中,生产压缩空气的电力是由客户企业单独提供和计量的。实际发生的电力成本在两家之间分摊,或由客户企业免费供应(但有最高用电量限制)。否则,提供商将缺乏建设和维持这一高能耗系统的动力。如果提供商需要直接从电力公司处买电,这会增加压缩空气的单价。因为,提供商的用电需求可能相对较低,与用电量更大的工业客户相比,将具有不太优惠的电价折扣和不太有利的供电条款。

新商业模式的运作计划通常以空压站的管道的法兰为交接节点,此处安装有气量仪表,此后的管线就属于客户企业的空气分配系统了。根据合同条款,客户交费的气量依据就来自此处的仪表读数。除了供气的总量,有时也对气体质量(压力、湿度、油含量、尘粒等)加以计量,以确保按合同要求的质量标准供气,当然高质量(特别是高压)也意味着高能耗。这里,压缩空气供应的定价机制显然也遵循了其他能源如电力和煤气的惯例,首先有一个月度的固定费用(通常以设备投资折旧为计算依据),然后是按每立方米供气量乘以单价得到的气体消费费用。

由于运作成本是主要的成本因素,上述两部计价法的第二部分就占了大头,因此需要尽可能地精确计量气体用量。属于客户企业并归其运作的空压站就不会这样精确计量。但在新商业模式下,这些数据却非常重要。精确的流量计量与温度和压力直接相关,因此计量仪表比较昂贵。对于小型空压系统,会用一些变通的方法计量流量,即用空气压缩机负载运行时间乘以正常情况下的单位时间制气量,后者与空气压缩机采用的技术相关。有时,供应商也会给一定的运作时间以一个固定的价格,这样就省去了流量计算的麻烦。

与此相对比的是,基于原材料购买和产品生产的能源节约合同和账务服务,却没有得到广泛应用(Fritz,2002)。在能源节约合同中,客户基于当前的压缩空气能耗水平得到一个成本节约的承诺。在这一商业模式中,服务方通过降低压缩空气生产能耗实现成本节约,这对客户的空气压缩机资本投入和日常运行能耗节省都是有益的。只有明显存在这样的节能空间时，这一商业模式才是有效的。尽管对于空气压缩机行业这一空间确实存在（平均有 30%），但却很难区分这是由于技术改进带来的节省还是压缩空气需求变化带来的影响。这也是这一商业模式难以流行起来的原因。

与客户原材料使用或产品生产产出相联系的商业模式，对于想弄清压缩空气在其总成本中的比重的客户，具有一定的吸引力。然而，这一模式为气体提供者带来了很高的风险，因为气体生产总是不确定的，客户企业也不愿意分享其下游产品的市场信息。在大多数情况下，高昂的价格（作为高风险的补偿）也打消了客户企业的兴趣。

可以用以下准则刻画这种商业模式的结构：系统的所有者、运作和服务的分工、系统所在场所，以及是否是排他性的使用。通过这些准则，相关的服务概念可以得到区分：

在第一种商业模式结构（案例 1、案例 2 和案例 3）下，设备安装由空气压缩机制造商或租赁银行出资。较小的系统往往由压缩机制造商承担（作为其与银行信用关系的一部分）；大型空气压缩站投资较大，通常由租赁银行拥有所有权。通常情况下，供应商会固定与一家银行合作，这样便于银行方对这一新商业模式及其风险进行更好的理解。压缩机制造商依据销售再回租的方式进行设备运作。

基于已有的信用，向服务提供商提供传统的融资，是新商业模式下的一个直观想法，因为运作服务计划仍只占压缩机制造商总产值的 5% 以下。

基于压缩空气使用量收费时，合同中一般会规定最低使用量和最高使用量，以确保空气压缩系统有效和合理的运行。压缩机制造商需要雇用所需的系统运行人员，这些人员不需要随时在生产现场。空气压缩系统的服务和保养也由压缩机制造商负责，在传统的商业模式中也是这么做的。运作人员从哪里来并不重要，因为可以实施现场无人值守的远程控制运行，这一系统借助电话线/局域网/互联网来实施，已得到广泛应用。远程控制系统会及时向技术人员发送出错报告，重大系统问题发生时会同时通知到压缩机制造商的密集技术人员网络中。一般情况下，现场不会只安装一台空气压缩机，机器的数量遵循 $n-1$ 备份的原则，即就算最大的一台压缩机停机了，剩余运行压缩机也能满足最大用气需求量。

第二种商业模式概念体现在案例 4 和案例 5 上，其主要推手是电力公司。它们投资于空气压缩机及相关设备并向工业客户提供压缩空气服务。尽管电力公司在资金运用能力上优于空气压缩机制造商（压缩机要比电力设备便宜得多），跨区域的电力公司仍然会借助于租赁银行，使其压缩机业务不体现在盈亏平衡表上。而区域电力公司则倾向于内部融资,这时为客户运行压缩机系统就是其"主业"。

电力公司同样要负责雇用压缩机系统的运作和服务人员。但有些保养工作(如重新挂载压缩机模块或改变压缩机所处阶段)仍须依靠压缩机制造商方面的专业人员。能源服务公司难以完成快速的备件提供服务和系统故障快速检修,使得电力公司必须部分依靠压缩机制造商。与此同时,电力公司又是压缩机制造商在压缩空气服务市场上最大的竞争对手。只要压缩机制造商尚未重视这一新服务业务,它们就会乐于参与电力公司主导的这一商业模式,毕竟这种合作可以有效提升其空气压缩机的销量。

对于跨区域电力公司,可以一次为多个工业客户提供服务,如在工业园区里;或者为同一客户提供一揽子的能源服务(制冷、制热、照明、电力等)。这体现了规模经济和范围经济,不过现实中这类项目并不多。

新商业模式一个非常重要的特点是,需要为每一个客户提供空气压缩系统的个性化设计和布局,即使可以借助压缩机的各种标准化部件(压缩机、鼓风机、控制单元、冷凝器、过滤器)。因此,压缩空气服务业务与供电和供煤气业务有很大不同,跨区域电力公司也因此更愿意与外部服务提供商合作。后者将负责工程细节和现场分析。与此相对应,区域性的电力公司则愿意亲自做这些事情。

与上面的商业模式都不相同,案例6体现了一个专业服务提供商的情形。租赁银行投资建设一个压缩空气服务项目,然后将项目产权出让给一家专业服务商,由其负责系统运行。服务商雇用生产需要的员工,在需要保养时,则与压缩机制造商派来的员工一起完成任务。

通过比较上述不同的商业模式,我们不难发现关键的差异点不在于概念,而在于其主要竞争企业的类型。

## 6.4 经验和教训

尽管压缩机制造商在客户的车间里运行自己产品的体验可以往回追溯很多年,但它们对这一商业模式的兴趣依然非常有限。与可能获得的利润相比,获得这一商业模式的成本和长期服务合同所带来的风险显得太高了。毕竟提供服务比起简单地销售压缩机,其复杂性大大提升了。源于其他竞争者(能源供应企业、专业服务提供商等)掀起的新一轮热潮,压缩机制造商在近些年才开始重拾兴趣。

能源供应企业最感兴趣的是，压缩空气服务合同有助于建立长期的客户关系（电力合同），进而有助于在该客户的其他能源服务上一展身手（如制热或制冷）。它们进入该市场面临的一大挑战是，缺乏压缩空气供应和分散式系统的处理经验。但自德国 Energiewende 公司进入之后，它们都义无反顾地进入了这一市场。由于能源供应企业缺少压缩空气服务经验，部分工业客户企业并不愿意与它们合作，所以能源供应企业就以低价进入市场，以便逐渐建立人气，进行多业务扩展。初期的合同业务量很低，当预测边界条件可以改变时，这些公司可以接受某些项目的边际收益很低或为零甚至亏损。然而，它们努力弥补成本、想法多赚钱，为此创立了专业化的下属机构。

访谈表明，电力公司往往低估压缩空气合同服务业务的复杂性，特别是非常高的预付成本和学习成本。这一业务成为电力公司"我也行"（me too）产品，几乎所有大型和中型电力企业都提供这一服务了。然而，其中只有较少的企业经手过这三种类型商业模式项目，并积累了一些必要的技术诀窍。未预期的困难使跨地区的电力企业暂停其压缩空气服务，甚至终止或出售其服务期内的业务合同。

区域电力公司则准备承受这些很高的初始成本，以发展自己在该领域的经验和能力，并与空气压缩机制造商等企业建立战略伙伴关系。该电力公司来自新商业模式的销售量实现稳定增长的原因，一是有不少在供合同，二是有不少潜在的客户。这些销售额尤为重要，因为所有人都因此判断压缩空气服务市场将不断增长，尽管是缓慢地增长。电力公司具有能源供应方面的良好声誉，但其投身压缩空气服务市场能获得更高的价值。由于跨地区电力公司的组织架构和成本机构都比较僵化，它们倾向于承接大的项目。当服务供应商立即或在不久的将来就能拥有为客户提供其他产品的选择权时，项目的吸引力就增加了。区域电力公司则青睐于自己所在地区的相对较小的标准化的项目。

服务提供商通过压缩空气合同或能源服务合同，通常建立了一定的与客户相关的技术技能。然而，它们都是用标准化的部件，因此其客户独特性更多表现在总体系统设计上。通过组装、连接和集成，标准化的部件被置入已有的系统框架中。德国市场上专业化的压缩空气提供商仍然不多。较高的预支成本成为进入这一市场的一大壁垒，这里的预付成本主要不是指空气压缩机和组件的成本，而是为了获得相关项目所付出的时间和金钱。尽管压缩空气对工业企业的生产活动很重要，但它们一般都将空气压缩机的运行能力视为非核心竞争力，因此要获得第一个客户，一般都需要一到两年的时间（从意向合同到正式合同），需要注意的是，只有很小比例的意向合同能够走到正式签约这一步。在创立这一项目的过程中，需要为相关员工支付薪水。为 3～5 位这样员工发放的有竞争力的工资,每年需 50 万～100 万欧元,这还是假设公司可以轻易招聘到这样的技术人才。所有这些由能力可疑的专业服务提供商实现的压缩空气系统,都得到了租赁银行的帮助。

案例表明,压缩空气领域的服务提供商,因规模过小或金融资源不足,通常缺乏自有资金,在银行也缺乏足够的信用资质,因此需要租赁银行的帮助,以应付空气压缩系统的投资需要。而区域电力公司和空气压缩机制造商则不同,它们能基于系统容量运用金融工具融资。此外,这也意味着压缩空气系统出现在资金所有者的盈亏平衡表上,而不在专业服务提供商的盈亏平衡表上;客户选择这一商业模式,也旨在将压缩空气系统从其盈亏平衡表上剔除。与空气压缩机制造商和电力公司相比,专业服务提供商面临不熟悉目标市场、无法进入已有的销售员工网络的劣势。但其关键的优势在于,它们是中立于制造商的,且与区域及跨国公司相比,具有更高的灵活性和更低的成本结构。

对于空气压缩机制造商,进入这一新商业模式的初衷,总是源自客户的需求。但对于电力公司和专业服务提供商而言,却总是源自公司进入新商业模式的战略决策。服务提供商接触潜在的客户,为自己的服务进行宣传,尤其强调压缩空气生产(成本)优化的特性;与之相比,会计方面的考虑则排在第二位了。相反,空气压缩机制造商会比较强调会计方面的相关性,尽管通常可以同时达成流程的优化。从技术上看,服务业务可以吸收生产能力的峰值这件事并不重要。因为重大的压缩机事故会导致长时间的运行中断,而短期租用备用压缩机,则可以对此做出较好的应对。

为了获得新客户,电力公司会强调它已有的客户资源。此外,它们还会频繁地接触管理层、采购部门、能源管理部门,以便销售能源服务。一般情况下,动力购买合同会持续 1～3 年,电力供应公司会在续约的时候商讨新服务的追加。而且,电力公司已经有现成的电力和煤气产品的销售和营销团队,因此无须新建销售压缩空气的部门,原来的人马都是可用的。

与此相反,空气压缩机制造商和专业服务提供商倾向于与技术经理或工厂/车间经理这一层次的人员相接触。不能否认,系统购买的决策往往在这个层次做出,但不包括服务和运作合同。即使他们参与后者的决策,但也不具有最终决策权。这一潜在客户的员工群体也会受到外包决策的直接影响;外包收缩了他们的职能,也可能带来裁员。因此,他们不倾向于实施空气压缩机的运作服务计划和压缩空气外包。

专业服务提供商需要做大量的前期基础工作以获得技术信息和达成合约,因为在大多数情况下潜在的客户无法说清其对压缩空气的要求。第一步来看,通过在已有空气压缩系统上安装计量仪表,所有被调查的合同提供方都分析和评估了客户的压缩空气供应现状。由于每一个空气压缩系统的设计和规划，都是根据潜在客户的需求而量身定制的，因此服务提供者都须做出相应的技术测度，作为商业决策的基础。对潜在客户当前状态的分析活动，可计入服务商的合约获得成本，因为潜在客户是不可能给予报销的。这一阶段的差错会对后期的系统能耗水平，进而对经济效率产生重大影响。按约供气后，客户企业可能并不会感到急切做出决策的需要，因为原有的供气系统还在运作（只不过现在交由服务商来负责了），即使该系统也未经过节能改造。被访的公司都说，从意向阶段到正式签约，往往需要花一到两年的时间，而在这期间要与潜在客户保持不间断的联系。对刚开始进入供气服务的企业来说，需要对一到两年后才正式开始供气这一事实，做好充分的思想准备。

与销售空气压缩机相比，实施压缩空气合同服务，需要更多有资质的员工。因为销售供气服务的员工不仅仅需要了解压缩机等产品，还需要理解供气服务这一长期商业模式的经济影响，这涉及保险、稳定性、会计准则和计量技术等诸多知识。空气压缩机制造商都同意，这一商业模式的营销需要经过专门培训和具有良好教育的人员，因此相应的营销成本会高于传统销售业务。并不是所有潜在客户都听说过这一新商业模式，所以需要销售人员的大力宣传。基于上述条件，较高的项目总成本必须伴有稳定的经济收入。被访企业的单个项目投资额都在 10 万欧元以上。

只是在最近，几家提供商签订了小型标准化压缩空气系统的服务合同，其系统往往只有一台空气压缩机。也有一家压缩机制造商和一家电力公司提供这种小型系统。实施小系统的目的在于，通过标准化解决方案的大量应用来降低实施成本。而小系统的设备投资又占其生命周期成本的很大份额。这时往往采用按设备运行小时计价的简单计价模式。这两类服务企业都还在尝试这种小型项目模式，尚不能预期其市场销量。

所有被访企业都承认，客户企业并未将空气压缩业务视为其核心竞争力。尽管工业客户企业通常都拥有高素质的员工，特别是拥有大型空气压缩系统的企业，但无论在哪里，他们的工人都不愿被那些惯例性的工作（如压缩空气生产）所束缚。在这些企业中，只要没有故障、平安无事，压缩空气生产就是总量不大的辅助性工作。

由于空气压缩系统大部分都是自动化的，技术诀窍并非至关重要。提供方认为自己的技术能力足够强，客户企业则擅长于空气分配及应用。与操作性的技术诀窍相比，正确的规划和设计对效率潜能的发掘影响更大。比较其他两种服务商，空气压缩机制造商具有一定的优势，因为只有它们才更清楚自己产品和部件的优点和缺点，并且拥有更为详细的数据和知识。但是，当它们自有产品系列不太全面时，也可能拿不出更适合某客户的方案（而其竞争对手却可以通过非品牌限制的采购买到合适的产品和/或技术服务）。

服务可以自行提供也可以外购，具体情况在被调查的压缩空气合同提供商中差异很大。提供者自行提供空气压缩相关服务的情形如表 6.2 所示。在压缩空气合同中，最大的增加值来自空气压缩机的生产和电力的销售，这意味着能够自行提供这两者服务的企业，更容易进入这一新商业模式。然而，空气压缩机制造商需要对追加收益的来源和销售潜能有所感知。无论压缩空气是由空气压缩机制造商还是由第三方提供，都需要空气压缩机。因此这一商业模式只对能利用服务提升产品销量或能从服务中获得更高利润的压缩机制造商有利。

表 6.2　在运作计划范围内自行提供空气压缩相关服务的情形

| 序 | 服务 | 压缩机制造商 | 供电公司（跨区域） | 供电公司（区域） | 服务提供商 |
|---|---|---|---|---|---|
| 1 | 对客户已有设备提供技术检测 | 是 | 否 | 是，部分 | 是 |
| 2 | 压缩机工程土建 | 是 | 否 | 是，部分 | 是 |
| 3 | 压缩机/系统部件的制造 | 是 | 否 | 否 | 否 |
| 4 | 管线和通风系统土建 | 是，部分 | 否 | 是，部分 | 否 |
| 5 | 空压系统安装 | 是 | 否 | 否 | 否 |
| 6 | 融资 | 否 | 是，部分 | 是 | 否 |
| 7 | 控制/账务 | 是 | 是 | 是 | 是 |
| 8 | 保养 | 是 | 否 | 是，部分 | 否 |
| 9 | 维修 | 是 | 否 | 否 | 否 |
| 10 | （远程）监控 | 是 | 是 | 是 | 是 |
| 11 | 供电 | 否 | 是，通常 | 是 | 否 |
| 12 | 压缩空气服务合同中涉及的服务业务数量 | 8.5 | 3 | 6 | 6 |

对被调查企业提供的服务业务的比较表明，新商业模式为空气压缩机制造商带来的追加价值最大，但其潜在增长扩大空间却是最小的。这解释了空气压缩机制造商犹豫的态度，不过制造商还可以涉足控制和融资服务业务。控制不是制造商的核心业务，但却是自营的；融资服务是由第三方提供的。表 6.2 也表明，跨区域电力公司在压缩空气供应中实现的增加价值最低，但它们也能提供气体服务这一事实，很好地将多种能源服务业务联结在了一起，这是客户所期望的。因此，如果没有其他联合的能源服务，跨区域电力公司是不会单独提

供气体服务的。

很难回答运作服务计划能带来经济上多大的成功。六家新商业模式企业中的5家同时具有正面和负面的运作服务经历,剩下的一家企业则只体验了失败的味道并且已不再提供该类服务。跨区域电力公司基于其市场经验已几次改变经营战略。经过几年的市场扩张期后,其业务规模开始收缩并聚焦于这一领域后,开始考虑将已经投产的项目出售给第三方。之后,经营战略再次改变,又在现场多能源服务合同框架下,开始压缩空气的供应。

所有被调研公司都指出,在项目获得阶段存在激烈的价格竞争。服务者都专注于客户企业项目的设计。项目运营也存在诸多困难,特别是在项目框架数据不够精确时,或压缩空气需求发生未预料到的重大变动时。扩展的(往往是非标准的)合同是交易所必需的,尽管签订起来比较麻烦,不过大家都尽可能地使用标准化的合同条款模块。

综上,空气压缩机制造商、电力公司、专业服务提供商都提及了一些执行成功的案例,以及遇到困难但从中学到很多东西的案例。目前尚难以判断这些企业在经济上是否取得成功,这种判断要待压缩空气运作服务计划在社会上获得广泛推广之后,以及所预期的压缩空气需求、能源消费和人力成本的长期发展得到实现之时。因此,只有在服务合同执行完成之后,才有可能做出成败的综合评估。目前,尚无一家案例企业明确知道自己服务化业务的创建成本是多少。成功的商业模式都具有框架条件简单、能实现能源和成本显著节约的特点,这是一种双赢的结局,既为客户节约了成本,也为服务商留下了足够的利润空间。

## 6.5　结论:空压新商业模式的机会和风险

我们发现至少有三组利益相关者在运作空气压缩机,为产业顾客提供压缩空气服务:空气压缩机制造商、电力公司和专业(能源)服务提供商。由于压缩空气合同服务的双赢预期,大量的企业进入了这一新兴服务领域。低成本远程监控和运作模式使得运作风险得到管控。压缩空气生产者与工业客户间双赢局面的达成,源自压缩空气系统显著的能源效率提升潜能。压缩空气供应的主要成本是电力成本。对欧盟的研究表明(Radgen,Blaustein,2001),空气压缩的能源节约空间大约有33%。尽管有这么大的潜力可挖,而且德国经济部还开展了"druckluft effizient"(2004)运动,但大部分的工业产业仍没有注意到压缩空气供应的效率问题。由于压缩空气供应并非其核心业务,大家都不太留意空压系统的盈利问题。这为压缩空气合同服务预留了市场空间。

对于这一新兴商业模式的三种供应商，对空气压缩机运作计划的所有者、账务系统、员工配置、运作现场和排他使用，都存在几乎完全相同的产业规制制约，条款上仅有一些细微的差别。能源服务合同是专门针对空气压缩机运作计划而产生的概念。虽然客户可以通过服务商的解决方案来挖掘空气压缩机的高节能潜能，但能源供应合同的应用还不多。一个原因是这类服务合同期一般都是3~5年，这是工业客户的要求（对服务商来说投资的回收期太长）；而对建筑物，其节能服务合同期更是长达10年。

尽管6家案例企业都认为运作服务计划是一个可行的选择，但并不是每家都想留在这一业务领域。有些空气压缩机制造商表明已经不再有进一步的兴趣，因为它们相信自己的竞争力还是在压缩机技术本身，并且不认为运作服务计划是一个主要的提升产品销售的机会。目前这一领域的主力是具有更强融资能力的跨区域电力公司和区域电力公司，其中，后者视压缩空气服务为其跨区域发展的良机。在电力市场放松规制的浪潮下，电力公司视能源服务合同为加强客户关系管理的重要手段。相应的，很多供应商都提供压缩空气合同，但都没有将其作为战略性的业务领域进一步发展。结果是，提供合同服务的企业数要远远大于已经实现项目生产的企业数。

由空气压缩机制造商安装的，运用了新的商业模式的压缩机装机量，要远远小于它们自己生产的空气压缩机总数。假设一项合同服务中平均有6部空气压缩机，年度合同量仍可能低于150项，即大约1000部压缩机。这个数量还不到德国空气压缩机市场年销量的1%。

要提供空气压缩机运作计划，需要较高的初始投资和工程师配备。这一商业模式主要被区域电力公司和（能源）服务公司所采纳。也有个别的空气压缩机制造商在借此扩展市场份额。跨区域电力公司和大多数空气压缩机制造商也希望在未来继续这一业务模式，并能适时做出调整。如果压缩空气服务合同赢得了较大的市场份额，空气压缩机制造商就会面临更高的价格压力，因为买方力量增强了。还有一种风险是，当压缩机制造商不提供这种新商业模式时，客户可能会只把制造商视为"产品生产者"。不过，鉴于合同服务领域较低的市场需求，至少在10年内不用过多考虑这一影响。

基于调查的结果，我们分析了提供压缩空气运作服务计划的各类服务商的优势和劣势。空气压缩机制造商依靠其丰富的技术诀窍和压缩空气市场显赫的声望获利。此外，这类制造商往往已经建立了全国性的产品服务网络，该网络应该同样可以管理这些新增的服务业务。其不足则是这些制造商在系统规划时只考虑使用自己的产品。此外，组织结构也不符合长期服务合同的需要，而新商业模式的实施需要企业部分重构其生产过程。

对空气压缩机制造商来说,可以通过全生命周期服务来促进产品销售和扩展价值链,获得附加价值。这时风险来自框架条件,大企业一般会将能源和销售外包出去,在此意义上,空气压缩机制造商对客户的服务具有较大的局限性。

再来看看跨区域电力公司的情形,其最大的优势在于与潜在客户企业管理层的接触。电力供应合同提供了这种接触的机会。由于电力市场放松了规制,电力公司承受了一定的经济压力,需要发展新的业务领域。为进入压缩空气服务领域,刚开始就要"赔本赚吆喝",赢得有影响力的客户。而其竞争对手空气压缩机制造商则具有丰富的制造经验,能在当前空气压缩系统状态分析以及系统技术细节把握上做得更好。而跨区域电力公司的最大劣势,是缺乏专业的压缩空气技术,因而需要第三方的支持加以弥补。此外,服务导向性、灵活性和成本结构方面某种程度的负面形象,也会为跨区域电力公司带来经营的风险。当能与其他能源供应形成系统增效的效应和交叉销售时,压缩空气供应就会对跨区域电力公司产生巨大的吸引力。

作为对比,区域电力公司因其"最后一公里"(proximity to home)的服务和区域内的知名度而为人所知。不过,当其跨区域扩展业务时则无法依靠这些优势,但却可能是其他能源产品(如电力)用来扩张跨区域市场的一种资源。对小型电力公司来说,这种扩张可能会隐藏起缺乏规划和实施的专业性的风险。

专业的压缩空气提供商通常对压缩空气市场更为了解。他们知晓技术系统的细节、熟悉该领域工业客户的需要;通过聚焦于核心业务获取利润,不免受到缺乏有资质的员工及项目签订前较长的接触和谈判过程的限制。此外,其在制造业内的认识度还不高。

由于压缩空气系统市场的总需要并不依赖于运作模式/所有权的类型,故其预期对工作机会的影响也非常有限。这一商业模式会创造出销售、营销和工程方面的新岗位,因为运营服务计划的营销更为复杂。对压缩空气生产过程中能源节约潜能的获取需要周全而详细的规划。

鉴于德国和欧盟的合同服务市场呈增长趋势,各类市场主体的商业机会都在增多;然而,该市场的成长速度要比预期慢得多。本章分析了各种优势和劣势,这有助于我们看到空气压缩机制造商和能源供应企业所面临的重大机遇,它们有机会成功实现压缩空气服务的新商业模式,但前提是必须全力以赴。同时,如果专业服务提供商先知先觉并小心行事,我们也看好其业务潜能。

**本章参考文献**

Druckluft effizient. (2004). Retrieved September 24, 2013, from http://www. druckluft-effizient. de/english. html.

Fritz, M. (2002). Cutting edge management of utilities in industrial facility management—Utilities as a pre-product. Kufstein: Master Thesis University of Applied Sciences.

PRODCOM. (2013). Annual Production Data 2012. Retrieved September 24, 2013, from http://epp. eurostat. ec. europa. eu/portal/page/portal/prodcom/data/database.

Radgen, P. & Ruppelt, E. (2003). Druckluft-Handbuch. Essen: Vulkan-Verlag.

Radgen, P. & Blaustein, E. (2001). Compressed air systems in the European Union. Energy, emissions, savings potential and policy actions. Stuttgart: LOG_X Verlag.

# 7 机床行业:何日突破传统?

## Giacomo Copani

**摘要**:机床行业实施服务化,是影响这一战略部门以及运用机床进行生产的制造公司未来的一个重要竞争因素。本章展示了欧洲的一项研究成果,以评估机床行业服务化的现状,并勾勒出未来的挑战。通过量化研究,识别出机床行业服务化的五个集群,这是按服务价值主张的类型和服务供应链配置加以区分的。尽管在机床行业,服务提供是非常普遍的,但服务化过程远未成熟。事实上,其所提供服务的类型主要是产品相关的服务,许多服务化制造商还没有依据服务业务调整其供应链;即使在样本中观察到的先进服务策略,都还没有获得额外的经济收益。为了对这些研究结果进行深入的解释,我们也开展了定性研究,旨在理解这些服务化企业集群的文化和管理方法。保守的文化环境是服务化的巨大障碍。它通常源于低下的服务能力,也可能是受到客户不平衡合同权力的压力,迫使机器制造商进入尚无准备的服务领域。案例研究识别了少数先进服务化实施成功的案例公司。通过分析这些样本,可知对待服务创新的主动态度和多学科变革项目管理的服务化方法的运用,是服务化能否成功的关键因素。在本章的末尾提出了管理启示以及对未来研究的建议。

## 7.1 机床行业及其面临的战略挑战

机床是全球工业经济的战略行业。由于许多行业的大部分工业产品都需要机床,它成了一个非常关键的生产资料。因此,机床代表着使能(enabling)技术,有着高度影响制造公司竞争力的潜力,在决定工业产品质量和生产运营效率方面扮演着关键的角色。

从技术的角度看,机床是一个复杂的机电一体化产品,划分为机械、电子、信息特征,以提供他们设计的功能。这些工业品的设计、生产、维护需要机器制造商在多个技术领域具有多学科能力。它也需要开发一个专门化的供应商网络,生产关键的组件,如驱动器、控制系统、引擎、轴等。决定最初装备的组件类型对原始设备制造商具有战略意义,因为它影响最终的机器性能,决定了与组件供应商的长期关系。从最终用户视角来看,它也是相关的,因为它引入了互操作能力问题,限制了机器与其他车间设备的相互连接,或者限制了今后变革和升级机器组件的可能性。

机床行业处在制造供应链的前端,由于产业需求的逐级放大效应,机床需求具有高波动性的特点。订单周期的放大使得在需求高峰期进行稳定的组织和生产变得更为复杂。

从行业的经济维度来看,机床业的全球产出在 2012 年达到了 930 亿美元(Gardner, 2013)。欧洲是传统的市场领导者,占到 31% 的市场份额。接下来是中国(30%)、日本(20%)、韩国(6%)、台湾地区(5%)和美国(5%)。欧洲机床行业约有 1100 家公司,总共雇用了 15000 名员工,其产品的 82% 用于出口(Cecimo, 2013)。在欧洲,德国是最大的机床生产国,其次是意大利、瑞士、西班牙。2010 年,亚洲机床产量首次超过欧洲。从机床消费量上看,中国是购头机床最多的国家,占到总购买量的 41%,接着是美国(9%)、日本(8%)、德国(7%)、韩国(5%)以及其他国家(30%)(Gardner, 2013)。看着这些数字,很显然全球市场行情已经对领导性机床供应商造成了严峻挑战。它们需要服务两个不同的市场:一个是发达经济体,市场较为成熟、稳定,投资主要限于设备更新或技术升级;另一个是新兴经济体国家,其中中国是最主要的客户,有着巨大的销售潜力。然而,随着中国制造技术水平的提升,不仅有对基本机器的需求,也对欧洲供应商提供的先进机器产生了需求。从而,一个潜在的效应是,由于中国公司具有较强的学习进口产品技术的能力,对中国的出口会帮助当地机器制造商不断改进他们机器的质量。同时,考虑到中国公司的低劳动力成本,这使中国制造商在成熟的高端市场越来越有竞争力。这已经被中国向发达国家不断增长的出口数量所证实。

技术水平和定制化是客户愿意支付溢价的关键因素,而这方面的变革在过去的几十年中已由欧洲市场领导者完成(Copani et al. , 2007a)。因此,21 世纪以前,车床行业的创新主要基于技术改进和方法,以调整生产能力适应商业环境日益动态的变化。随着生产方式从大规模生产演变为大规模定制,再到敏捷生产方式,专门生产系统(dedicated production systems)、灵活生产系统

(flexible production systems)、可重构生产系统（reconfigurable production systems)的技术已经被开发出来，并在科学文献中引起了广泛讨论（Pine，1993；Anderson，1997；Bolden et al.，1997；Dugay et al.，1997；Koren et al.，1999；Son et al.，2000)。在新的全球市场情况下，亚洲竞争者已快速地填补了技术鸿沟，欧洲机器制造商仅仅聚焦技术已不够了。要继续保持领导地位，领先的机器制造商必须实施基于其他额外竞争优势来源的新战略。研究普遍认为，服务应当成为这些新设计战略的主要支柱之一（Tosatti et al.，2002；Urbani，Pasek，2002)。服务战略意味着：

• 下游供应链中机器制造商的转型，以支持客户的运营，并对最终制造结果给予更多的承诺[例如，通过总成本管理（total cost of ownership)或者服务保障合同（availability guarantee)，通过自有技术人员的操作管理等]（Wise，Baumgartner，1999）；

• 与制造商建立更紧密的合作关系，以实现双赢和价值的共同创造（Vargo et al.，2008）；

• 非传统收入收益模式的引入。在这种收益模式下，收入不再与出售的产品相关联，而是与客户得到的解决方案的价值相关联（按每部件付费，或按每次使用付费，或短期全方位服务租赁等)（Copani et al.，2007b；Hypko et al.，2010）；

• 采用新的供应链结构和组织实践，以拓展网络，提供需要特定能力、资源和地理呈现的定制化的产品和服务（Davies，2003)。

Oliva 和 Kallenberg(2003)认为，设备制造商在为它们的安装基础客户提供相关服务方面，具有独特的优势。首先，他们具有较低的客户获取成本，这是因为他们能依靠过去的客户基础，他们熟悉这些客户的需要和特点。其次，他们能从低的知识获取成本中获益，这是因为他们比其他人更熟悉自身产品生命周期的服务需求。最后，与可能进入这一服务市场的新公司相比，他们有更低的资本需求，这是因为他们已经掌握了许多制造零部件或升级现有设备的专业生产技术。由于这些原因，机床行业在过去被认为是调查服务创新的一个重要行业（Oliva，Kallenberg，2003；Gebauer，2008；Gebauer et al.，2005；Brax，2005；Azarenko et al.，2009)。

在研究政策层面，欧盟委员会在过去 10 年间注入大量资金，刺激机床行业的服务化，使其成为制造业的战略竞争支柱。从 21 世纪开始，"MANTYS 主题网络"（Thematics Network)FP5 项目（2001—2005)、"下代生产系统"（Next Generation Production Systems)FP6 项目（2005—2009)、"去物质形态制造系统：设计、构造、使用、销售欧洲机床的新方式"（DEMAT-Dematerialised Manufacturing Systems：A new way to design，build，use and sell European Machine Tools）FP7 项目（2010—2013）被不断推出，欧盟为此提供了大量资金支持。所有这些举措旨在通过提供技术与服务组合创新的研究，提高欧洲机床行业的竞争力。新的服务导向的商业模式也列为"下一代制造"战略研究五个竞争力支柱之一，即制造业的欧洲技术平台（Manufuture，2006）。

基于战略和科学背景，接下来的章节将呈现关于机床行业服务化现状和所面临挑战的行业研究发现。

## 7.2 方法论

为了描述特定行业相关的场景，我们于 2008—2011 年采用定性与定量相结合的方法在欧洲进行了一项研究（Copani，2013）。主要研究问题是：

• 目前在机床行业扩散的服务商业模式有哪些，特别是最先进的商业模式是什么？

• 公司如何通过服务来创新其商业模式？

• 服务创新者具有哪些特征？

• 服务商业模式创新的成功体现在哪里？

定量分析运用了"欧洲制造业调查"（European Manufacturing Survey，EMS）数据库。欧洲制造业调查是一项基于问卷的制造业创新调查，它也特别聚焦于制造业的服务创新（Jäger et al.，2007）。我们从 2007 数据库中提取机床行业（NACE 29.4）公司的记录。最初的样本由中欧的 77 家公司组成。欧洲制造业调查聚焦于服务创新的特点，有助于我们提取一系列的变量，来测定不同视角下的服务化进程。

• 服务价值主张。根据一系列不同类型的服务进行评价，包括产品导向服务、用户导向服务、基于交易的服务和基于关系的服务（Oliva，Kallenberg，2003；Gebauer，2008）。

• 供应链架构。通过与外部组织合作进行服务供给、制造、购买、培训和研究。通过这种方式，公司得以垂直整合，并为服务化实施内部化或外部化的优化（Kowalkowski et al.，2011）。

• 收入模式。除了通常的租赁（如按部件支付或者其他基于绩效的合同）外，还通过金融服务的提供和金融机制的安排加以评估。

• 战略性服务导向。根据 Homburg 等(2003)的研究它的评价需要考虑服务的宽度和公司战略的服务导向。后者可用公司追寻的竞争排名进行测量，服务是其中一个选项(其他还包括价格、质量、创新/技术、传递时间和定制化)(Lay et al.，2010)。

• 公司提供的产品(机器)类型。它是通过评价产品定制化程度和产品复杂度来评估的(Hill，2000；Lay et al.，2010)。

• 服务绩效。它是通过服务销售额，以及服务销售回报率与产品销售回报率的比值来测量。Lay 等(2010)、Malleret (2006)、Gebauer 和 Fleisch (2005)的研究，对直接与间接产生的服务销售额都给予了考虑。

定量分析能够识别机床公司所采用服务战略的类型，能从统计学上概括服务化制造商间的区别。为了深化统计信息的结果，更好地理解服务化机制，我们通过在欧洲进行的一个案例研究项目，对定量研究进行了补充。案例公司的筛选要求包括制造不同机器技术和关键部件，并且在多个欧洲国家运营、有着不同规模的代表性机构。由于先前的研究没有包括重大商业模式创新者的案例，因此本研究试图努力在样本中包括一些先进的服务化制造商。最终案例样本如表 7.1 所示。

**表 7.1 机床行业案例研究公司样本**

| 序号 | 公司 | 机器 | 国家 | 规模 |
|------|------|------|------|------|
| 1 | A | 高精密磨削铣销机 | 英国 | 中型 |
| 2 | B | 手动及数控机床 | 英国 | 大型 |
| 3 | C | 精密锯切、车削、研磨机 | 西班牙 | 中型 |
| 4 | D | 电腐蚀机 | 西班牙 | 中型 |
| 5 | E | 柔性制造系统 | 芬兰 | 中型 |
| 6 | F | 工具及附件 | 瑞典 | 大型 |
| 7 | G | 机器加工中心 | 德国 | 大型 |
| 8 | H | 机器控制和驱动 | 德国 | 大型 |
| 9 | I | 机器加工中心和机器人 | 意大利 | 大型 |
| 10 | J | 柔性机器加工中心 | 意大利 | 中型 |
| 11 | K | 高速铣削中心 | 意大利 | 中型 |
| 12 | L | 切割线、筒式给料机、校平机 | 意大利 | 中型 |
| 13 | M | 辊压及切割机 | 意大利 | 小型 |
| 14 | N | 带锯机、切削加工设备 | 意大利 | 小型 |
| 15 | O | 深拉压力机和钢索 | 意大利 | 小型 |

案例研究通过组织多种信息源进行阐述：面对面访谈、电话访谈、公开的财务信息和报告、产品手册、展会信息以及对产品和流程的直接观察。根据公司规模等方面的不同，面对面访谈对象主要是公司营销/商务经理或公司创始人。在一些案例中，访谈对象还包括了研发经理、服务业务单元负责人。

## 7.3 定量研究结果

被调查企业普遍提供服务产品，有 78% 的公司提供平均超过 6 项的服务。特别是，传统产品导向的售后服务（如技术资料、辅助升级、产品培训与保养）对所有服务提供商都是共同的。研究结果与 Lay 等（2010）的研究以及过去几年文献对服务的强调相一致。另一方面，仅有 27% 的企业宣称提供运营服务，49% 提供金融服务，64% 的提供软件开发服务。服务收入占总收入的 18%，其中，大约 8% 是直接开具服务发票的，大约 9% 是同产品销售开在一起的。平均而言，服务能保证比产品获得超过至少 2.2 倍的销售回报。根据此次调查，按关键成功因素重要性从高到低排序，依次是产品质量、技术水平、定制化、价格、交付时间以及服务。

实施计量经济分析旨在识别被调查公司所采取的服务战略类型，理解差异的来源。因此，本章采用探索性聚类分析来识别不同集群，采用判别分析来理解聚类驱动因素，采用方差分析来测量公司及其产品特征变量的聚类差异。

头两个判别函数能够解释总方差的 80%，因此可以反映所提供服务的本质（区别运营与非运营性服务）以及供应链的合作水平见图 7.1，图中不是按单个的观察，而是体现了聚类关系。

### 7.3.1 服务化机床制造商集群

基于聚类与判别分析结果，五个集群被命名和解释。给集群命名的规则是：名称的第一部分涉及服务价值主张，第二部分涉及供应链整合和协作。

集群 1："咨询导向的整合供应链型服务化制造商"。这个集群中的企业以咨询服务为导向，与其他集群相比，他们提供的其他服务较少。关于供应链协作，他们报告的价值在几乎所有类型协作中都在平均值以下（除生产目的的协作）。

集群 2："扁平化的整合供应链型服务化制造商"。这个集群中的企业提供广泛的非运营服务，有点轻微倾向咨询，但没有特别集中于任何一项服务。从供应链视角来看，这些公司已经明显被整合了，因为它们的供应链协作水平处

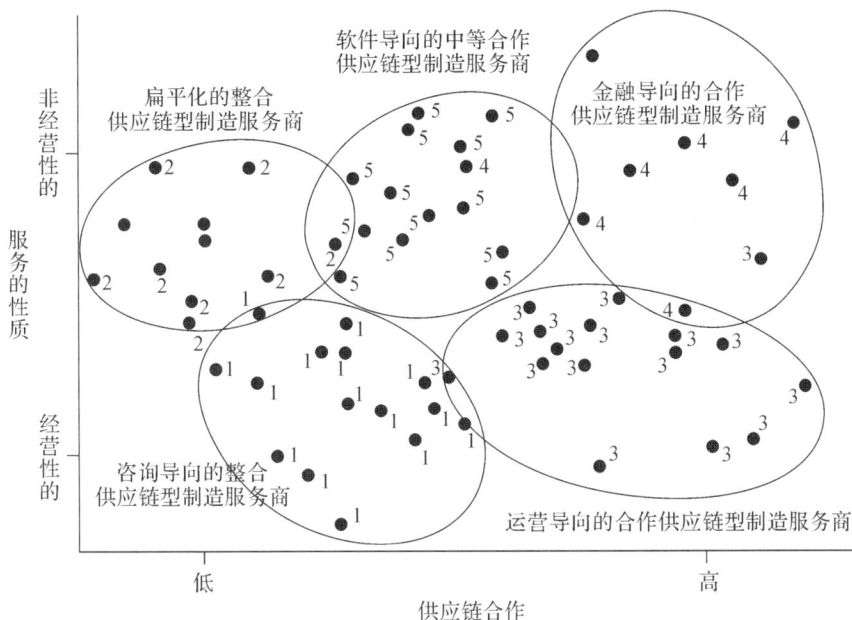

图 7.1　机床制造服务商集群的一、二次判别函数聚类

在平均水平以下，特别是在服务、培训、采购方面。这个集群中的企业与第一个集群中的企业显示出许多相似的地方，但在价值主张上却显示出不同：前面一个集群比较特别，主要聚焦在咨询服务，但这个集群的公司提供广泛的非运营化服务。

　　集群 3：运营导向的合作供应链型服务化制造商。这个集群的企业提供除金融服务以外的广泛组合化服务包，特别擅长运营服务的提供。从供应链视角来看，这些公司的供应链协作水平处在平均水平以上，特别是在研究、制造、服务提供和培训方面。

　　集群 4：金融导向的合作供应链型服务化制造商。这个集群的企业提供除运营导向服务以外的广泛服务，特别擅长金融服务和非传统收入模式的实施。他们在所有范围都显示出供应链协作的高价值。

　　集群 5：软件导向的中等合作供应链型服务化制造商。这个集群的企业聚焦于软件服务，而不重视运营和咨询服务，按照平均水平提供其他服务。他们的供应链协作水平处于中等水平，特别是为制造和采购目的，但是在研究中他们具有很好的协作。

　　第一个集群体现出服务广度的最低价值，而其他集群却显示出提供广泛服务的特征。考虑到服务广度是决定企业服务导向的要素之一（Homburg et al.,

2003），可以认为从价值主张视角看，这个集群是最缺乏创新的集群，该集群聚合的企业正处在服务化过程的开始阶段。

集群 1 和集群 3 提供关系型过程导向的服务，这种服务被认为只有最具创新性的服务公司才能提供，它也是先进服务战略的最终目标（Mathieu，2001；Oliva，Kallenberg，2003；Windahl et al.，2004）。特别是，集群 1 基于的是过程导向的咨询服务，而集群 3 基于的是与机器运营相关的服务。考虑到由于需要提供与客户过程相适应的机器，在所有集群中的咨询服务都由机床公司提供。在服务价值主张下，集群 3 的运营导向服务化制造商被认为是最先进的。

区别集群的一个相关特征是，一个特定类型服务中公司价值主张的专业化：咨询服务（集群 1）、运营服务（集群 3）、金融服务（集群 4）、软件服务（集群 5）。尤其是在运营服务中，专业化表现得特别突出，运营服务在集群 3 中达到最大限度，而在其他集群中除集群 1 外基本都没有。这一发现证实了运营服务的复杂性，它不能作为其他服务的补充，相反，它需要高度的专注以履行承诺（Mathieu，2001；Oliva，Kallenberg，2003）。对集群 3、集群 4 和集群 5，专业化以广泛的服务提供为基础；然而对集群 1，其专业化对应着公司提供的独特服务（不包括这个行业中公司必须提供的基本服务，如技术资料）。正如 Mathieu（2001）、Oliva 和 Kallenberg（2003）、Gebauer 等（2005）、Malleret（2006）所建议的，专业化正朝着创造与服务提供类型相一致的特定能力和组织结构方向发展。它也证实了渐进的演化理论（Oliva，Kallenberg，2003；Davies，2003；Hildebrand et al.，2004），公司通过渐进的步骤实现服务效应，首先是通过巩固它们的实际服务提供，然后是引进和改进更多的创新性服务。

从供应链视角来看，这五个识别出的集群在协作实践方面存在不同：集群 1 和集群 2 由于隐含着垂直整合而不同于其他集群。相反，其他集群具有更为广泛的供应链协作特征。假定服务战略的成功实施需要延伸的网络实践（Davies，2003；Windahl et al.，2004；Palo，Tähtinen，2011），可以认为集群 3、集群 4 和集群 5 的服务化制造商比集群 1 和集群 2 会更有创新性。由于集群 2 的服务化制造商提供的是广阔的几乎全部由内部进行管理的服务，可以推测集群 2 的服务化制造商不能适应服务化的供应链过程（Davies，2003；Windahl et al.，2004；Palo，Tähtinen，2011）。因此，他们被划分为处在集群 1 与集群 3、集群 4、集群 5 服务化制造商之间的中间创新层，集群 1 的服务化制造商具有非常低的服务化水平，而集群 3、集群 4 和集群 5 则显示出高度的服务化水平和先进的供应链协作实践。

如果将价值主张与供应链协作一起考虑，集群 1（咨询导向的服务化制造商）代表了最为传统的模式，因为其依赖于有限的服务宽度和垂直集成。集群 2

（扁平化服务化制造商）代表了更广的服务宽度，但仍依赖于垂直集成。与之相反，集群 3 和集群 4 的企业代表了最创新的模式，因为它们提供扩展服务，并伴随着高级别的供应链协作。特别地，集群 3 的运营服务商是最先进的服务化制造商，因为它们提供了最为创新的服务，并具有网络化的实践。集群 4 金融导向的服务化制造商是唯一追求收入模式创新的群体。最后，集群 5 的服务创新水平介于集群 2 与集群 3、集群 4 和集群 5 之间，因为集群 5 提供广泛的服务，但供应链协作水平并不太高。

应该强调的是这种类型的服务化制造商创新层次的评价是理论驱动的。然而，如果采用权变方法（Kowalkowski et al.，2011），考虑到成功依赖于环境适应从而按绝对价值计算的话，并没有最好的创新性服务策略（Gebauer，2008）。在我们的案例中，例如集群 1 的服务策略，由于它有限的服务供给和垂直整合，而被认为是缺乏创新的，但是如果市场认可这个价值主张，它很有可能取得成功。这是因为整合的价值链在有效管理服务的受限供给和开发内部专用能力方面，是一个潜在有效的方法。

从收入模式视角来看，仅仅集群 4 利用了金融机制的创新。但这一创新还没有与运营服务的供给相结合。因此，在这其中并未观察到理论上最为先进的服务策略，即基于绩效或基于使用的合同框架下的运营服务提供。相反，收入模式创新更多地与传统服务相连，如保养（例如可用性保证合同，availability-guarantee contract），或者与不预见功能保证的机器租赁相连。

这些统计发现似乎证实了，先进服务策略并没有在机床行业得到扩散，制造公司的服务商业模式远未成熟。

### 7.3.2 集群间的差异

在对已识别的服务商业模式进行归类、判别和特征化后，我们利用公司、供给、绩效相关的变量数据，进行方差分析，以测定集群间的差异。由于在一些测量中采用了顺序尺度，以及数据的非正态性，这里采用了非参数 Kruscall-Wallis 检验。结果如表 7.2 所示，星号标明统计检验结果变量的显著性水平。

表 7.2　集群间的统计差异

| 序号 | 变量 | 卡方值 | 显著性水平 |
|---|---|---|---|
| 1 | 员工数量 | 15.748 | 0.0034 *** |
| 2 | 大学毕业员工比重 | 11.7 | 0.0197 ** |
| 3 | 产品定制化 | 14.689 | 0.0054 *** |

续表

| 序号 | 变量 | 卡方值 | 显著性水平 |
|---|---|---|---|
| 4 | 产品复杂性 | 11.924 | 0.0197** |
| 5 | 服务的销售回报率/产品的销售回报率 | 4.837 | 0.3044 |
| 6 | 服务实现的销售额 | 3.97 | 0.4100 |
| 7 | 服务战略导向 | 4.903 | 0.2974 |
| 8 | 服务宽度 | 14.413 | 0.0061*** |

注:** 表示 $p<0.1$;*** 表示 $p<0.01$。

企业规模、员工受教育程度、产品定制化程度、产品复杂程度以及所提供服务的数量,导致了 5 个集群间的统计差异。出人意料的是,不同商业模式间的财务绩效和服务战略导向方面,没有显示出显著性差异。

集群统计显著性变量平均值显示在表 7.3 中。方差分析结果支持机床行业服务商业模式还未成熟的结论。事实上,尽管集群间的服务宽度具有统计上的差异,但分析结果显示,集群之间在服务战略意图上没有显著性差异。这就意味着,那些采用更为先进商业模式的企业(如集群 3、集群 4),并没有比那些采用不太先进商业模式的企业(如集群 2)在服务上分配更高的战略重要性。支持这一假设的其他因素还有,高比例产品和服务的捆绑销售实践,以及不同商业模式一致的财务绩效,其中前者被认为是测量服务策略不成熟的一个指标(Malleret,2006)。这就证实了"服务化困境"(service paradox, Gebauer et al.,2005):有证据说明,那些提供广泛服务也包括运营服务的公司,与没有或很少提供这些服务项目的公司相比,并没有获得差异性的财务收益。

表 7.3 统计显著的变量的集群均值

| 序 | 变量 | 集群 1 | 集群 2 | 集群 3 | 集群 4 | 集群 5 |
|---|---|---|---|---|---|---|
| 1 | 员工数量 | 103 | 175 | 774 | 531 | 807 |
| 2 | 大学毕业员工比重 | 10% | 9% | 26% | 15% | 15% |
| 3 | 产品定制化[a] | 1.71 | 1.83 | 1.27 | 2.00 | 2.13 |
| 4 | 产品复杂性[b] | 2.5 | 2.92 | 2.88 | 3.00 | 2.94 |
| 5 | 服务宽度 | 4.60 | 6.08 | 6.53 | 6.44 | 6.31 |

[a]:1=标准化产品;2=具有预定义变量选项的产品;3=根据客户订货要求的产品

[b]:1=低复杂度;2=中复杂度;3=高复杂度

Lay 等(2010)证实,产品的角色与服务策略有关联。本章研究深化了这一认识,即不同产品属性会影响商业模式。在分析的样本中,根据 Leo 和 Philippe

（2001）、Oliva 和 Kallenberg（2003）的论证,虽然产品复杂程度与商业模式的创新程度相关,但产品定制化的效应并不清晰和明确。事实上,大多数定制化产品出现在集群 3 的商业模式中（运营导向）,而在集群 4 和集群 5 的商业模式,很少以定制化产品为中心进行生产。这一实证证据仅部分证实了服务策略中产品标准化的必要性（Windahl et al. , 2004；Johansson, Olhager, 2006）。在这种情形下,产品所有权归供应商所有,规模经济和标准化便于产品被不同顾客再使用（Meier et al. , 2010）。这可能是金融安排的结果,如租赁或集群 4 商业模式的按每次使用进行付费。另一方面,最具创新性的集群 3 商业模式是围绕定制化产品构建的,这与支持标准化以使产品重复使用的观点相矛盾。产品标准化对一些商业模式来说,可能是一个障碍,但对其他商业模式来说也可能是一个重要的能动因素。因此,似乎并不存在一个普适的规则。这与 Weissenberger-Eibl 和 Biege（2010）的观点是一致的,他们认为产品设计标准应该整合到服务设计过程,应对产品支持的特定类型服务进行定制。

公司规模也被证实与服务战略高度相关（Leo, Philippe, 2001；Oliva, Kallenberg, 2003；Brax, 2005；Windahl et al. , 2004；Lay et al. , 2010）。研究结果显示,服务商业模式越先进,实施该模式公司的规模越大。

最后,员工受教育程度在 5 个集群商业模式之间也显示出显著的不同。商业模式越先进,对员工教育程度要求越高,并在运营服务导向商业模式达到极大值。这表明,为了从传统服务模式转型到先进服务模式,需要员工受过良好教育和具有卓越的能力（Mathieu, 2001；Brax, 2005；Vargo et al. , 2008）。

## 7.4 案例研究结果

定性研究可以更好地描述不同集群所采用服务策略的特征,特别是能通过这些公司所体现的文化与管理因素来理解这些服务策略。除此之外,它还能识别出与本章已经识别出的集群不同的新服务化制造商类型。

### 7.4.1 咨询导向服务化制造商的文化态度

案例研究可以分析集群 1 企业（咨询导向的整合供应链型服务化制造商）的文化态度,这一集群的商业模式被认为是服务化过程中最初级的模式。我们从中识别出两种关于服务的文化态度。第一种是对服务的强烈文化厌恶。不愿意实施服务化的公司体现出非常强烈和保守的技术驱动型文化特征。它们认为研究者所倡导的服务化机遇,只不过是理论上的推测,缺乏实践的依据。

这一定位暗示了一个坚定信念,即这些公司对服务化讨论是完全排斥的,它们嘲笑服务化的观点。其中大部分人宣称,公司过去曾因实施先进服务化业务而遭受过巨大损失。他们被迫进入一些非传统的服务领域,如租赁设备或机器性能保证服务。这些客户公司通常规模较大,具有高的合同谈判力。但它们因此遭受了经济损失,并与客户保持着非常紧张的关系。总之,这些公司阐明了一个非常基本的反服务文化,对成为服务化业务没有任何战略意图。

咨询导向服务化制造商对服务化业务的第二个文化态度是,对新服务策略"看起来像什么"完全没有意识,这是一个完全战术性的方法。这些公司没有实施任何新的策略,而是按部就班地继续过去的工作。它们在本地区开展业务,不向外部供应产品。他们主要服务于本地的小客户,这些客户具有专有的技术特征。因为这些原因,它们从来没有感受到服务创新的刺激,仍基于传统的成功因素开展竞争。它们的组织和管理过程也是非正式的。当听到新的服务化机遇时,它们马上想到的是,这应该是由其他公司开展的业务。这些公司规模较小,常常很少的订单就使其生产能力达到饱和。因此,它们相信自己能继续在传统的道路上生存,完全没有看到业务服务化的产业趋势。

### 7.4.2　服务义务

案例研究概括出了大部分服务化制造商共同拥有的另一个重要特征。研究显示,机床行业的许多公司对服务创新持消极的态度,它们只在被顾客要求,通常是被迫的情况下,才提供先进的服务。这个条件被称作"服务义务"。它解释了从统计分析中显现的低端普遍服务策略承诺。

案例研究中观察到两种情况。相比供应商的合同权利,它主要由客户的合同权利所决定,同时决定了"义务的强度"。如果在客户端存在不平衡的客户合同权利,例如在那些市场高度集中和客户是大型跨国企业(如汽车业)的行业,机床制造商为获得大的订单并继续在市场中生存,往往不得不接受客户苛刻的服务要求。普遍被要求的服务主要是以提高客户的运营效率为导向的,如"总拥有成本"或者"可用性保证"。供应商通常并不参与服务的共同设计和服务水准的定义,这些都是客户强加的,作为保留其供应商资格的先决条件。

假如在各方之间存在一个更加平衡的合同权利,通常客户是中等规模的且更具有合作取向的公司,或者客户订单在供应商营业额中不占重要比重,又或者消极创新者能自愿提供客户所要求的新服务。相比前面的情况,这种具有较小的外部压力。它们认为服务是与客户进行业务往来的一个机会,同时能在一个有限风险范围内体验新业务。这些情况下的服务提供,主要由具有最终购买选项及其短期的租赁合同或临时生产性服务组成。

在这两种情形下,受访机床公司均称它们还没有准备好按照客户的要求提供先进服务。它们继续按照现行的基础设施运行,或者在一些情况下为了更有效地提供新服务,已经尽力在改进。例如,为了改进保养计划,更好地管理它的合同义务,一家公司要求提供一个"所有权的总成本保证"(Total Cost of Ownership Guarantee),开发一个新的系统以持续不断地监控所安装机器的可用性数据。另外一家被要求提供快速生产服务的公司,为了让一台机器能专门为特定客户生产,重新组织了它的陈列室。因此,消极创新者的行为通常表现为防御性的。经理们的期望主要是战术上的,确保在没有招致经济损失的情况下履行合同义务。他们没有试图从服务中获得额外的收益。这些公司称它们甚至不能适当地预测与新合同相关的成本和风险,因为它们没有设备和能力处理新服务提供所增加的生命周期的复杂性。

消极创新者的经济效果与他们的低期望相吻合。事实上,通常他们与采用传统的以产品为中心的模式相比,没有显著更好的绩效。相反,它们常常在服务合同中遭到经济损失,这使它们从文化上对服务产生敌对情绪,从而认为制造服务化是万恶之源。研究证实了不同服务化制造商群体间财务绩效与战略意图的差异。

然而在消极创新者中,少数公司称它们对被迫的服务体验感到满意。这些公司宣称,一旦进入服务领域,它们就开始掌握更多的服务运营知识,并觉察到了服务业务的潜力。因此,它们开始认真考虑将服务商业模式创新作为实际可能的战略选择。这一发现表明,消极创新对主动服务创新可能是一个触发点。事实上,消极创新可能会促成文化成熟的过程,可以在处理服务提供的过程中实现快速学习。

### 7.4.3 制造服务化有望成功的案例

除了描述定量研究中已经提炼出的服务化制造商类型外,还可以识别制造服务化过程中采用更为先进服务模式的一些有望成功的机床公司案例。这主要包括两种新类型的服务化制造商:一种是愿意执行服务战略但同时仍采用传统的产品中心商业模式的公司,另一种是机床行业提供先进服务并取得了巨大成功的公司。

第一种类型的公司在先进服务方面显示出清晰的战略意图。它们有着中高水准的营销文化,引导它们去识别为客户和供应商提供服务的新机遇,会自动开始内部反思并最终将服务引入公司业务组合。它们从客户、行业协会、研究中心了解先进服务策略,并着手在公司内部就先进服务达成一致意见。在这些公司,营销经理或商业经理被认为是"服务策略"的最大支持者。他们深信制造服务化的机遇，因此一直通过传播新服务文化，反对同事的文化阻力，为推进新业务打下基础。在这方面，公司开始收集信息，获取可利用的服务项目、已经提供先进服务的竞争者等方面的相关知识。尽管没有结构化的方法，这些组织都在主动识别适合自身业务的可能的服务解决方案，开始分析它们的潜在市场和可能的障碍。在案例访谈期间，这些公司不仅展示了关于被调查服务主题的已有知识，而且在理解发展现状和获取服务创新详细信息方面，也展示出非常高的兴趣。然而，即使在服务化方面有战略上的承诺，但它们并没有开始服务业务，主要是因为它们觉得仍缺乏服务化成功必备的相关资源和能力（金融资源、人力资源、服务设计和实施工具）。

除了这些在战略上有承诺的公司，另外一群公司声称自己已经成为机床行业成功的服务化制造商。提供增值服务是它们主要的竞争优势。它们采用的先进业务模式类型，依赖于对整个机器生命周期可用性保证的提供，以及提高客户运营绩效知识服务的提供。服务收益与客户所获得的有效结果相关。在其中一个案例中，合同规定了费用是期末支付的，以防止客户绩效低于合同约定的水平。

这些公司证明它们已经完全掌握了产品技术，并且一直在持续主动地进行技术创新，并对它们的产品运营绩效——如可用性数据、最优运行条件、通过不断更新或者更优使用进行改进的可能性等——有着深刻认识。换句话说，它们以对自身创新性产品的深刻认识和完全控制为基础提供服务，这也被认为是先进服务成功提供的先决条件。以这种方法，这些服务化制造商通过比客户和其他服务公司更好地维护产品运行、保养或升级，来识别并量化他们为客户提供的附加价值。通过与客户分享这些新创的增加值，客户能领会到机床供应商对结果的承诺。计算附加价值的能力和对自身产品的高度自信，是提供卓越服务的关键条件。

成功的服务化制造商主要是大型跨国公司。它们具有稳固的市场声誉、高度的文化开放性以及良好的财务资源和高水平的内部能力。大型跨国公司具有强烈的市场导向，一但感知到市场变化，就会推动自身主动思考，寻找向客户传递价值的新方式。它们在进行市场调研和访谈重点客户后，设计新的先进服务项目。其中的一些采用正式的服务工程技术，根据其产品和服务的参数和定价，设计内部特定的软件。大型跨国公司在取得关于服务业务的良好战略意识、设计好转型过程、通过结构化业务规划方法量化好转型所必需的资源后，决定开始实施服务化战略。他们从组织、财务和文化视角采用一个结构化的管理创新过程，对转型进行管理。高层管理者的强有力承诺是这类服务化制造商的一个共同要素，它引导整个公司进行战略上的思考，并作为反对抵制的强有力的支持者。

为了优化市场行为，赢得客户的合作意愿，大型跨国公司通过分割和确定目标市场、预测和管理风险，按照战略营销任务进行资源分配。这能够让它们认识到，从先进服务解决方案中最能获益的究竟是哪些类型客户和哪些部门，从而有针对性地安排销售活动和制定营销预算。

这一群体的所有公司都建立了一个专门的组织单元来管理新服务提供，而且从新服务设计和规划阶段开始，就调配公司的关键人物来管理转型过程，雇用高学历的员工来支持服务任务。同时对供应链进行改造以适应先进服务的提供。大型跨国公司可以利用现有组织结构，即利用分散在世界各地的当地分支机构来激活服务业务。一个例外是一家中等规模的公司，它不得不借助与服务公司结成新的网络合作伙伴，来支持欧洲的客户。

这些主动创新者称它们在所有绩效维度都取得了非常满意的结果。首先，服务确保它们获得比产品明显更高的利润率。其次，在危机发生期间，它们仍能产生营业额，这是因为在这个时候虽然客户对机器的投资停止了，但对客户来说以较低的开支来提升效率还是可行的。最后，高增值服务是与客户保持长期稳定关系的法宝，它有双重好处：一方面，可以立刻发现市场趋势和需要；另一方面，当新一轮投资周期开始时，具有增加产品销售的可能性，这是因为客户通过服务合同与机床公司一直保持着业务关系。

需要指出的是，上面描述的大部分公司都是机床关键部件的供应商，嵌入了高技术和高供应商专业知识，有对机器的最终绩效产生重大影响的可能。只有一家整机制造商属于这个成功服务创新者群体。该公司认为，机器供应商比起部件供应商，在设立先进服务商业模式上面临着更大的困难。这是因为机器通常要在生产车间与其他供应商的设备进行组装。因此，机床制造商不得不将其责任限制在他能控制的机器上，而排除其他机器。这通常迫使公司不得不将其服务活动限制在一些孤立的生产领域，从而不可能显著影响客户的整体绩效。

## 7.5　结论和管理启示

本章的研究表明，机床行业的制造服务化是一个正在进行中的过程，还不成熟。成功的先进服务创新者似乎是罕见的例外，一般是大中型规模的公司。虽然几乎所有机床公司都提供传统的产品导向的服务，然而被认为对客户和供应商收益最有帮助、最先进的服务类型（例如运营、关系、过程导向服务），在实践中还没有得到扩散。

研究显示，当公司在服务创新中没有扮演一个积极主动的角色时，就很难从服务业务中获得利润。如果他们对客户的需求采取消极的战术反应,有证据显示它们可能会招致损失或者仅获得与以前一样的经济效益。

机床行业成功实施并扩散服务化的主要障碍包括以下几个方面:传统的以产品和技术为导向的行业文化;机床制造商对服务创新的消极态度和客户不平衡的合同权力;机床以及机床部件的复杂程度;服务创新过程需要多学科的共同努力。当前,只有具有显著战略和营销文化的公司才有办法应对新服务战略实施带来的挑战,因为他们对技术创新和管理创新都持开放态度。

这一结论与在其他行业进行的不同研究所得出的结论是一致的,即先进服务战略具有较低的扩散速度。基于 199 家欧洲公司的案例样本,Gebauer 等(2005)称,仅有1/3的公司的服务销售额占总销售额的比重高于20%,还有1/3的公司在 10%～20%,剩下的1/3都不到 10%。另一项研究以 477 家美国公司为样本并得出结论:2005 年服务销售额占到北美制造商销售额的 42%(Fang et al.,2008)。基于 10000 家企业的数据库资料,Neely(2008)得出结论:仅有 35%的制造商实施了服务化战略。基于"欧洲制造业调查"3376 家企业的观察样本,Lay 等(2010)报道,85%的制造公司在它们的价值主张中声称正在提供至少一项服务,它们的服务销售额平均占到公司总营业额的 16%,其中有 9%是间接开票的。

实证结果对愿意着手改进先进服务业务的机床公司有着重要的管理启示。研究建议公司应在客户特别是大客户面前,在服务创新方面扮演积极主动的角色,需要将先进服务作为订单分配的一个先决条件。研究结果显示,由于先进服务复杂程度非常高,如果公司没有从文化、管理、组织和供应链方面为服务提供做好准备,就很难在战术上调整组织以经营好服务业务。如果服务合同不是非常令人满意,供应商也能合理地处理服务义务,那么后者可能成为激发公司理解服务潜力、开始对服务化进行文化变革的一个触发点。如果情况并非如此,那么组织很可能发展出围绕服务的负面观点,这将会对服务化的未来造成相当大的障碍。

但是怎样扮演一个积极主动的角色呢?本章涉及公司所描述的成功故事和困难,建议将公司先进服务引入作为一项战略与结构变革的管理工程,公司应投入专门的资源和时间,高层管理者应做出强有力的承诺。这一变革管理过程应包括几个清晰连续的步骤:首先,在初始阶段,必须在公司内部培育发展服务文化。在这个阶段,公司应当增加自身在服务潜在选项、服务化优势、服务化实例等方面的知识。这些知识应该在公司内部广泛传播,与机床公司典型的技术导向文化的传统抵制做斗争。在这个阶段,获得内部支持者如营销经理或总经理的强有力支持显得非常必要。服务文化的培育能激起战略服务营销任务的开启、潜在客户的细分、公司服务价值主张的定位与目标。然后一旦公司完成了服务市场潜力的分析，对服务于客户的价值有了更好的理解和认识，所有相关活动以及最终的服务设计和服务供应，都应当进行规划，也包括考虑将要提供服务的最终产品的修改以及业务过程、供应链和服务组织结构的设计。与此同时，为了规划他们的收购活动，还需要对必要的人力资源、财务资源进行评估。最后，在服务项目开始实施之前，需要运用结构化业务规划与预测方法和工具（产品服务定价水平、最低数量、物流成本、组织等），对所设计的服务商业模式的经济可行性进行定量评估，识别能使客户和供应商实现双赢的条件。通过执行结构化的过程，公司能遵循一条"主动性的创新路径"，引导它们成为成功的服务创新者，正如案例研究中所碰到的情况。

为了执行这一具有挑战性的过程，机床公司可以利用科学文献和最近欧洲研究项目的成果，它们能为机床行业实施新的服务导向的商业模式提供工具、方法和指南。特别是 NEXT FP6 项目完成了一组商业模式设计工具：一个服务价值主张配置的方法论（Copani et al.，2008a）；支持机器适应不同类型服务的技术准则（Marvulli et al.，2009）；识别合适收入模式的财务指南（Copani et al.，2007b）；定义组织结构和设计服务业务过程的组织指南；评估通用服务业务模式财务与环境绩效的业务模式评价生命周期软件（Copani et al.，2008b）。在为机床行业服务商业模式设计提供一套通用的工具包后，接下来 DEMAT FP7 项目为客户提供动荡环境下管理生产能力的针对性服务。该项目定义了两个新的柔性导向的服务商业模式原型，提出了对他们进行财务绩效评估的概率方法（Copani，Urgo，2012）。

为了继续促使服务化成为机床公司的战略过程，先进服务作为一个标准实践应进行扩散，应该持续研究如何克服其障碍。这些障碍源于这一行业的独特性：关于服务设计与供应的机器的复杂性；原始设备制造商与部件供应商间的关系，不仅涉及机床设计、生产，还包括运营、保养和升级活动；普遍按部门进行产品分类的传统和技术导向的文化；机床在经济和环境角度对制造业可持续发展的影响；与机床行业相比，制造业客户的合同权利，因为机床行业绝大部分都是中等规模公司。特别是未来可对以下主题进行研究：

- 服务商业模式的风险管理和财务评估的概率方法；
- 支持环境可持续的服务和对服务的环境优势实施评估的工具；
- 针对服务化的组织和变革管理；
- 服务供应链构建的模型与工具，以及支持服务的国际网络；
- 管理产品复杂性的方法与工具，以及先进服务供应商的相互依赖性；
- 公司的组织转型和机床服务部门的新创业。

**本章参考文献**

Anderson, D. M. (1997). Agile product development for mass customization: How to develop and deliver products for mass customization, niche markets, JIT, build to order and flexible manufacturing. Chicago: Irwin Professional Publishing.

Azarenko, A., Roy, R., Shehab, E. & Tiwari, A. (2009). Technical product-service-systems: Some implications for the machine tool industry. Journal of Manufacturing Technology Management, 20(5), 700-722.

Bolden, R., Waterson, P., Warr, P., Clegg, C. & Wall, T. (1997). A new taxonomy of modern manufacturing practices. International Journal of Operations & Production Management, 17(11), 1112-1130.

Brax, S. (2005). A manufacturer becoming service provider—Challenges and a paradox. Managing Service Quality, 15(2), 142-155.

Cecimo. (2013). Retrieved June 28, 2013, from www. cecimo. eusitethe-industry/data-statistics/ latest-trends.

Copani, G. (2013). Service business models in the machine tool industry: A customer-supplier perspective. Saarbrücken: Lambert Academic Publishing.

Copani, G. & Urgo, M. (2012). New business models and configuration approaches for focused flexibility manufacturing systems. 1st CIRP Global Web Conference: Interdisciplinary Research in Production Engineering, 2012, Procedia CIRP, Elsevier.

Copani, G., Tosatti, L. M., Lay, G., Schroeter, M. & Bueno, R. (2007a). New business models diffusion and trends in European machine tool industry. Proceedings 40th CIRP International Manufacturing Systems Seminar, Liverpool, 2007.

Copani, G., Tosatti, L. M., Groothedde, R. & Palethorpe, D. (2007b). New financial approaches for the economic sustainability in manufacturing industry. 14th CIRP Conference on Life Cycle Engineering Proceedings, Tokyo.

Copani, G., Marvulli, S. & Tosatti, L. M. (2008a). An innovative pattern to design new business models in the machine tool industry. Innovation in manufacturing networks—Eighth IFIP International Conference on Information Technology for Balanced Automation Systems Proceedings, June 2008, Porto, Portugal.

Copani, G., Marvulli, S., Colombo, C. & Tosatti, L. M. (2008b). An LCC-LCA methodology to design manufacturing systems under a business model perspective. Proceedings of the 6th CIRP International Conference on Intelligent Computation in Manufacturing Engineering (CIRP ICME '08), July 23-25, 2008, Naples, Italy.

Davies, A. (2003). Are firms moving "downstream" into high-value services? In J. Tidd & F. M. Hull (Eds.), Service innovation: Organisational responses to technological opportunities and market imperatives (pp. 321-340). London: Imperial College Press.

Dugay, C. R., Landry, S. & Pasin, F. (1997). From mass production to flexible/agile production. International Journal of Operations & Production Management, 17(12), 1183-1195.

Fang, E. , Palmatier, R. W. & Steenkamp, J. B. (2008). Effect of service transition—Strategies on firm value. Journal of Marketing, 72, 1-14.

Gardner. (2013). The World Machine Tool Output and Consumption Survey 2013. Retrieved June 28, 2013, from www. gardnerweb. com/articles/2013-world-machine-tool-output-andconsumption-survey.

Gebauer, H. (2008). Identifying service strategies in product manufacturing companies by exploring environment-Strategy configurations. Industrial Marketing Management, 37 (3), 278-291.

Gebauer, H. & Fleisch, E. (2005). An investigation of the relationship between behavioral processes, motivation, investments in the service business and service revenue. Industrial Marketing Management, 36(3), 337-348.

Gebauer, H. , Fleisch, E. & Friedli, T. (2005). Overcoming the service paradox in manufacturing companies. European Management Journal, 23(1), 14-26.

Hildenbrand, K. , Fleisch, K. & Beckenbauer, B. (2004). New business models for manufacturing companies in B2B markets: From selling products to managing the operations of customers. Service excellence in management: Interdisciplinary contributions. Proceedings of the QUIS 9 Conference (pp. 407-416), Karlstad.

Hill, T. (2000). Manufacturing strategy—Text and cases. Houndmills: Palgrave.

Homburg, C. , Fassnacht, M. & Guenther, C. (2003). The role of soft factors in implementing a service-oriented strategy in industrial marketing companies. Journal of Business-to-Business Marketing, 10(2), 23-51.

Hypko, P. , Tilebein, M. & Gleich, R. (2010). Clarifying the concept of performance-based contracting in manufacturing industries. Journal of Service Management, 21(5), 625-655.

Jäger, A. , Lay, G. & Maloca, S. (2007). Dokumentation der Umfrage Modernisierung der Produktion 2006. Karlsruhe: Fraunhofer ISI.

Johansson, P. & Olhager, J. (2006). Linking product-process matrices for manufacturing and industrial service operations. International Journal of Production Economics, 104, 615-624.

Koren, Y. , Heisel, U. , Jovane, F. , Moriwaki, T. , Protshow, G. & Ulsoy, G. (1999). Reconfigurable manufacturing systems. Annals of the CIRP, 48(2), 527-540.

Kowalkowski, C. , Kindström, D. & Witell, L. (2011). Internalisation or externalisation? Examining organisational arrangements for industrial services. Managing Service Quality, 21(4), 373-391.

Lay, G. , Biege, S. , Copani, G. & Jager, A. (2010). Relevance of services in European manufacturing industry. Journal of Service Management, 21(5), 715-726.

Leo, P. & Philippe, J. (2001). Offer of services by goods exporters: Strategic and marketing dimension. The Service Industries Journal, 21(2), 91-116.

Malleret, V. (2006). Value creation through service offers. European Management Journal,

24(1), 106-116.

Manufuture. (2006). Strategic Research Agenda. Retrieved June 28, 2013, from www. manufuture. org/manufacturing.

Marvulli, S. , Copani, G. & Biege, S. (2009). A knowledge base of technical guidelines for machines configuration in innovative business environments. 16th International Conference on Life Cycle Engineering, May 4-6, 2009, Cairo, Egypt.

Mathieu, V. (2001). Product services: From a service supporting the product to a service supporting the client. Journal of Business & Industrial Marketing, 16(1), 39-58.

Meier, H. , Roy, R. & Seliger, G. (2010). Industrial product-service systems-IPS2. CIRP Annals—Manufacturing Technology, 59(2), 607-627.

Neely, A. ( 2008 ). Exploring the financial consequences of the servitization of manufacturing. Operations Management Research, 1(2), 103-118.

Oliva, R. & Kallenberg, R. (2003). Managing the transition from products to services. International Journal of Service Industry Management, 14(2), 160-172.

Palo, T. & Tähtinen, J. (2011). A network perspective on business models for emerging technology-based services. Journal of Business & Industrial Marketing, 26 ( 5 ), 377-388.

Pine, J. B. (1993). Mass customization: The new frontier in business competition. Boston, MA: Harvard Business School Press.

Son, S. Y. , Olsen, T. L. & Yip-Hoi, D. (2000). Economic benefits of reconfigurable manufacturing systems. Proceedings of the 2000 Japan USA Flexible Automation Conference, Ann Arbor, MI.

Tosatti, L. M. , Pierpaoli, F. , Urbani, A. & Jovane, F. (2002). New frontiers for manufacturing in mass customization. Proceedings of the 35th CIRP-International Seminar on Manufacturing Systems, Seoul, Korea.

Urbani, A. , Pasek, Z. (2002). Description and analysis of a possible supply chain evolution based on a service pattern. Proceedings of the 5th International Conference on Managing Innovations in Manufacturing (MIM), Milwaukee, Wisconsin, USA.

Vargo, S. , Maglio, P. & Akaka, M. (2008). On value and value co-creation: A service systems and service logic perspective. European Management Journal, 26, 145-152.

Weissenberger-Eibl, M. & Biege, S. ( 2010 ). Design for industrial product-services combinations—A literature review. The Journal of Applied Management and Entrepreneurship, 15(3), 34-49.

Windahl, C. , Andersson, P. , Berggren, C. & Nehler, C. (2004). Manufacturing firms and integrated solutions: Characteristics and implications. European Journal of Innovation Management, 7(3), 218-228.

Wise, R. & Baumgartner, P. ( 1999 ). Go downstream: The new imperative in manufacturing. Harward Business Review, 77(5), 133-141.

# 8　化工行业:利基市场中的制造服务化

## Daniela Buschak, Gunter Lay

　　**摘要:**化工行业在全球制造业中占有重要份额,所有其他制造业企业都需要使用化工行业生产的产品。它的业务主要在企业与企业之间进行,使其成为制造服务化现状分析的一个非常有趣的对象。令大家对化工行业制造服务化研究感兴趣更为重要的一个事实,源于联合国工业发展组织(UNIDO)极力促进"化学品租赁"(chemical leasing)服务,以有效降低化学产品使用对环境的影响。因此,本章将呈现化工行业制造服务化发展的现状。对现有案例研究文献的综述显示,化学品管理服务吸引的仅仅是化学产品的一部分,即专业化学品。研究更多地强调某些类型专业化学品间的共性与区别以及相应服务提供的影响。接着,我们对化学品管理服务的提供者和客户进行分类,最后以对化工行业制造服务化的潜力评估结果。本研究的实证基础来自于文献、案例研究和公司文档。

## 8.1　引言

　　化工行业在全球制造业中占有重要份额。2011年,化工行业的销售额为27440亿欧元。亚洲公司是化学产品的主要生产商(占全球销售额的52%),接下来是欧洲(23%)和北美自由贸易区(17%)。这一排名部分能从全球最大化工企业排行榜中反映出来:德国的巴斯夫公司排名第一,紧接着是中国最大的石油化工企业中石油,美国的埃克森美孚和陶氏化学分别排在第三和第四位,荷兰的利安德巴塞尔排在第五位。沙特阿拉伯的沙特基础工业公司、荷兰的皇家壳牌、日本的三菱化工、美国的杜邦公司、瑞士的英力士公司分别排在第六到第十位(ICIS，2011)。在欧盟，化工企业在 2011 年共雇用了大约 119 万名员工(CEFIC，2012)。

据欧洲化学工业委员会称，化工行业主要经营三种类型的化学品：基础化学品、专业化学品和消费化学品(CEFIC，2012)。基础化学品(石油化工产品、高分子聚合物、基础无机物)都是大批量生产，在化工行业内部销售，或销售给其他行业。2011 年，基础化学品销量占欧盟化学品总销量的 62.4％。专业化学品包括涂料、油墨、作物保护、染料、颜料以及其他专业产品如润滑剂、黏合剂、棕色制革用品和水处理产品(CEFIC，2012；Kortman et al.，2006)。专业化学品一般是小批量生产，2011 年其销量占欧盟化学品总销量的 25.3％。最后，消费化学品是指以产品形式销售给最终消费者的化学品，如肥皂、洗涤剂以及香水、化妆品等。2011 年它们占欧盟化学品总销量的 12.3％ (CEFIC，2012)。其中，基础化学品生产的竞争主要是由价格驱动，而专业化学品生产商间的竞争主要是基于差异化和定制化 (Cesaroni et al.，2004)。

在传统化工行业商业模式中，上述提到的产品都是按容量进行销售的。可以推测，在传统商业模式中，化学品生产商没有强烈动机帮助客户更为有效地使用他们的产品。因为它们是通过提高销量来挣钱，客户低效的使用反而能增加它们的销量(Kortman et al.，2006)。

几年前，显著的环境问题激起了避免化学污染的创新型商业模式的发展。这些商业模式通过将化工企业的实物提供与附加服务提供连结起来，促进了化工行业的制造服务化。这些创新型的商业模式包括：

• 化学品服务(chemical product services，CPS)商业模式。可以描述为将重点从化学品的销售/使用转向化学产品/服务的组合销售和使用，共同满足客户和供应商的需要(Kortman et al.，2006)。

• 化学品管理服务(chemical management servies，CMS)商业模式。在这一模式中，客户和服务供应商按照战略性的长期合同，共同来提供和管理客户的化学品服务以及其他相关性服务(Stoughton，Votta，2003)。

• 化学品租赁商业模式(chemical leasing)。在这个模式中，需要特定服务的化学品不是出售给客户，而是供其使用和加以维护(Jakl et al.，2004)。

所有这些概念的本质是，提供给化学品生产商即供应商的报酬，并不完全与销售化学品的数量挂钩。相反，化学品供应商也能因产品的成功交付和管理获得报酬。因此，供应商的盈利能力是基于更优的绩效，而不是化学品的更大销量(CSP，2009)。然而，在科学与工业文献中讨论的概念并不一致。化学品租赁服务通常被视为一种特殊类型的管理服务（CSP，2009；Kortman et al.，2006）。下文中使用的都是更宽泛的化学品管理服务概念，特别对特定的概念进行了注释，如在文献中出现的化学品租赁，其过程是没有所有权转移的。

客户使用化学品管理服务最重要的动因是节约成本，特别是节约产品生命周期成本，这是因为化学品供应商有着大量关于如何正确处理化学品的专业知识（Mattes et al.，2013）。减少环境废物与其说是这些商业模式的最初驱动力，不如说是这些商业模式的积极副作用（Kortman et al.，2006）。Kaltenegger（2006）总结了使用化学品管理服务的客户与降低成本相关的 4 个主要优势：

- 排除责任
- 减少所需的存储空间
- 减少使用化学品的总量
- 降低健康和环境风险

由于化学品的潜在危害，对化学品的处理特别是溶剂的处理，各国都有严格的法律监管，而且社会也对有关化学品处理的信息比较关注。这些法律限制通过多种途径表达出来，如用户必须关注的《欧洲道路危险物品国际运输协议》（European Agreement on the International Transport of Dangerous Goods on Roads，ADR）、《关税协定》（Agreements on Tariffs）（Mattes et al.，2013；Kaltenegger，2006）。除此之外，社会期望也要求对化学品进行认真负责的处理，这一点必须写进面向各利益相关者的环境报告中。

用户还没有意识到的一个事实是，化学品的管理成本比购买化学品的成本还要高。每在化学品购买上花费 1 美元，对其整个生命周期进行管理的成本需要 1～10 美元（Kaltenegger，2006）。服务供应商拥有关于化学品处理的相关知识，如运输、存储、文档记录和处置、采购。而且，他们的专业知识还可以帮助用户识别优化的潜力，如微调化学混合物，从而帮助用户降低成本。当需要使用技术设备或不常用的化学品时，通过化学品供应商、设备制造商和用户间的合作，可以大大增强优化潜力。由于化学品如溶剂有潜在的健康和环境危害，其处理过程的管理就成了一个非常严肃的责任（Hammerl，Jasch，2007）。因此，处理的专业知识告诉我们，应通过一些举措，如减少溶剂应用过程中挥发性有机物（Volatile Organic Compounds，VOCs）的排放，帮助确保员工和环境的安全。

如果客户同时与几家化学品供应商交易，将所有化学品管理外包统筹到一家公司有额外的好处：可以降低从不同供应商购买相似产品的冗余、通过选择正确销售点实现准时物流、材料安全数据表（Material Safety Data Sheets，

MSDS)的简化、健康和安全控制,以及前面所述的由于只有一个供应商而不是6个或7个所带来的更低的采购和物流管理成本(Kortman et al.，2006)。

在此背景下,8.2节将根据化学品的分类,描述化工行业制造服务化的实际普及情况。8.3节将对不同类型的化学品管理服务提供商和客户进行特征化描述。最后,8.4节对化学品管理服务普及的实际程度进行评估。

## 8.2 各类化学品管理服务的普及

化工行业化学品管理服务发生率的评估和分析,不能依赖官方的统计数据。这是因为化学品管理服务代表着特殊类型的提供,它包含在制造商的总销售额里。因此,我们对来自不同来源的案例研究数据和来自文献的专家评论,进行了一个汇编。

表8.1是1989年以来进行的、在文献中或互联网上报道过的化学品管理服务案例的概要。可以显而易见地看到,在化学品管理服务提供方面,基础化学品和消费化学品没有扮演一个主要的角色。化学品管理服务合同只涉及专业化学品。

表8.1　在文献或互联网上报道过的化学品管理服务案例

| 序 | 化学品管理服务提供商 | 化学品管理服务客户 | 所服务的化学品 | 资料来源 |
|---|---|---|---|---|
| 1 | 位于埃及开罗的阿克苏诺贝尔粉末涂料公司 | 位于埃及开罗的ABB集团 | 涂层,覆盖层 | Jakl et al. (2004) |
| 2 | 位于美国肯塔基州科文顿的亚什兰集团 | 位于美国奥斯汀的摩托罗拉半导体公司 | 半导体生产用化学品 | CSP (2013) |
| 3 | 位于美国宾夕法尼亚州的通用水处理集团贝迪公司 | 位于美国简斯维尔的通用汽车工厂 | 水处理化学品 | CSP (2013) |
| 4 | 位于英国阿伯丁的卡伯特特种液体公司 | 位于英国阿伯丁的全电子科技有限公司 | 甲酸铯盐水 | Gilbert, Downs (2010) |
| 5 | 位于美国北美的嘉实多工业集团 | 位于美国梅尔罗斯的纳威司达制车和发动机厂 | 加工液,清洁剂 | CSP (2013) |
| 6 | 位于英国利物浦的嘉实多集团 | 位于美国圣赫勒拿岛首府的康明斯发动机厂 | 金属加工液,液态氮 | CSP (2013) |

| 序 | 化学品管理服务提供商 | 化学品管理服务客户 | 所服务的化学品 | 资料来源 |
|---|---|---|---|---|
| 7 | 位于英国利物浦的嘉实多/英国石油公司 | 英国空中客车 | — | Oldham et al. (2003) |
| 8 | 位于墨西哥的 Chemical Mac 石油公司 | 墨西哥糖厂 | 润滑剂 | Jakl et al. (2004) |
| 9 | 位于美国南田/切斯特菲尔德的化学系统 | 位于美国密歇根州的兰辛学校 | 设施管理化学品 | CSP (2013) |
| 10 | 位于埃及埃尔美的巴达维博士化学工作室 | 位于埃及开罗的马多利总代理 | 烃类溶剂 | Jakl et al. (2004) |
| 11 | 位于德国的陶氏化学 SAFECHEM 欧洲公司 | 位于奥地利的 Magna Steyr 燃油系统公司 | 金属清洗溶剂 | CSP (2013) |
| 12 | 杜邦加拿大公司 | 位于加拿大安大略省奥克维尔的福特公司 | 汽车油漆 | UNIDO (2011) |
| 13 | 艺康塞尔维亚公司 | 塞尔维亚 Knjaz Milos 公司 | 润滑剂 | Jakl et al. (2004) |
| 14 | 艺康哥伦比亚公司 | 位于哥伦比亚波哥大的石油公司 | 油田生产化学品 | CSP (2013) |
| 15 | ERG 公司 | 俄罗斯 Henkel-ERA 公司 | 水净化化学品 | CSP (2013) |
| 16 | 位于美国的 Haas TCM 公司 | 位于英国布里斯托尔的 Claverham 制造公司 | 机器冷却液、黏合剂、绘画颜料等 | CSP (2013) |
| 17 | 位于美国的 Haas TCM 公司 | 雷神公司 | 经营所有化学品和气体 | Claussen (n. d. ) |
| 18 | 位于美国的 Haas TCM 公司 | 斯坦福线性加速器中心（SLAC） | 冷却塔、燃料、冷却剂等 | SLAC (2008)、Claussen(n. d.) |
| 19 | 位于美国的 Haas TCM 公司 | 位于加拿大安大略省的通用电气奥沙瓦工厂 | 油漆展位（paints booth）化学品管理 | CSP (2013) |
| 20 | 德国汉高公司 | 位于塞尔维亚波扎雷瓦茨的 Bambi Banat 公司 | 黏合剂 | Jakl et al. (2004) |
| 21 | 美国的 Interface LLC 公司 | 位于美国亚特兰大的三角洲航空公司 | 经营飞机所需的所有化学物质(不包括燃料) | Gilbert, Downs (2010) |

续表

| 序 | 化学品管理服务提供商 | 化学品管理服务客户 | 所服务的化学品 | 资料来源 |
|---|---|---|---|---|
| 22 | 位于墨西哥的 Mardi 公司 | 位于墨西哥的 Cromadoro Delgado 公司 | 电镀化学剂 | CSP（2013） |
| 23 | 位于美国宾夕法尼亚州匹兹堡的 PPG/Chemfil | 位于美国伊利诺伊州的克莱斯勒霓虹灯厂 | 溶剂 | Oldham et al.（2003） |
| 24 | 波兰 PPG | 波兰通用汽车/欧宝汽车厂 | 工厂设备需要使用的涂料 | CSP（2013） |
| 25 | 位于美国宾夕法尼亚州匹兹堡市的 PPG 公司 | 福特位于芝加哥的福特金牛组装厂 | 除涂料、密封材料、润滑剂外的工厂所需化学品 | CSP（2013） |
| 26 | 位于美国宾夕法尼亚州的奎克化学公司 | 美国通用汽车大急流厂 | 润滑剂，油膏、油脂，黏合剂，绘画颜料等等 | Jakl et al.（2004） |
| 27 | 位于奥地利恩斯多夫的 Tiefenbacher 股份有限公司 | 位于奥地利的赫希斯特的 Mepla Alfit 公司 | 溶剂 | Jakl et al.（2004） |
| 28 | 位于埃及开罗的 Zinc Misr 公司 | 位于埃及的埃尔 Sewedy 电气公司 | 氯化锌、氯化铵 | Jakl et al.（2004） |

这一结果与现有的专家观点是一致的。Kortman 等（2006）发现,在基础化学品市场中,除了工业气体和化肥外,只给供应商和客户提供了有限的机会去发展和实施化学品服务。Bierma 和 Waterstraat（2000）得出结论,专业化学品一直是大多数化学品管理服务项目的对象。这是因为,专业化学品有着相当高的利润率,需要更高的专业知识才能优化其使用。

因此,本节将对案例研究中报道的专业化学品进行化学品管理服务应用的详细分析。

### 8.2.1　溶剂

在大多数工业领域,溶剂被用作清洁和脱脂材料。它们被用于清洁金属,如去除油性油脂、金属表皮、灰尘或者杂质,也可以用于干洗衣服。溶剂也是油漆生产所必需的,它可以溶解油漆组成成分的各种化合物（Kortman et al.,2006）。溶剂产量差不多占到了专业化学品产量的 13％和全部化学品产量的 3％〔作者基于欧洲化学工业委员会（CEFIC）和欧盟统计局数据计算〕。接下来,我们筛选的案例研究旨在更好地理解溶剂化学品管理服务的特性。

溶剂化学品管理服务的第一个实例是关于 Tiefenbacher 公司和 Mepla Alfit 公司的合作。Tiefenbacher GmbH 位于奥地利的恩斯多夫，于 1989 年成立，大约有 10 名员工。它主要从事金属、塑料和木质表面的去漆工作。它的客户 Mepla Alfit（位于奥地利的赫希斯特，2007 年与 Grass 合并为 Grass GmbH），生产铰链、橱柜、滑移系统，Tiefenbacher 为 Mepla Alfit 不同部件涂色前的内部去漆过程提供专业知识。其提供的服务包括溶剂的配送、去漆缸护理指导、过程指导和数据报表、使用前后和废物管理的溶剂质量分析。该服务的好处是减少了去漆过程所需溶剂和有害废物的数量。Tiefenbacher 公司的收入与消费性溶剂需求量相关（Beyer，2008）。

第二个实例涉及 SAFECHEM、Pero 和 Magna Steyr 三家公司间的合作。SAFECHEM 是陶氏化学公司的一家子公司，在欧洲和北美都有分部，大约有 20 名员工（SAP，2011）。SAFECHEM 成立于 1992 年，它为航空航天、汽车、高精度电子产品等行业的表面处理提供溶剂服务和解决方案（Dow，2013a）。SAFECHEM 的服务横跨溶剂的整个生命周期，包括溶剂配送、储存、质量监控与调整以及已使用溶剂的再循环和再销售（Kortman et al.，2006）。作为一家化学品供应商，SAFECHEM 通过努力与 Pero AG 公司结成了合作伙伴关系。Pero 公司是一家金属清洗机器制造商，大约有 170 名员工，总部在德国的克尼格斯布伦（Pero，2013）。它与位于奥地利魏茨的 Pero 创新服务公司（Pero Innovative Services GmbH）合作成立了一家提供清洁服务的公司。这家新公司的第一个客户就是位于奥地利魏茨的 Magna Steyer 公司的分公司 Automobiltechnik Blau。在这个案例中，Pero 创新服务公司生产专门清洗金属部件的机器，负责空间和物资保障，提供操作机器的人员，而 SAFECHEM 为客户的清洗过程提供合适的溶剂，监管溶剂质量，负责废物管理。即，使用 SAFECHEM 公司溶剂的清洗过程和 Pero 清洗机器的操作，由来自 Pero 创新服务公司的人员执行。客户与化学品服务提供商合作的好处在于节约人力成本，因为这样自己就不需要雇用专业的人员了。而且，由于机器所有权仍保留在机器制造商手上，客户不需要再进行任何投资。机器制造商和化学品提供商的专业知识相匹配，可以为客户降低过程成本。服务提供商的收入与清洁部件的数量相关（Erbel，2008）。

基于上面描述的两个实例，结合文献中报道的经验（Kortman et al.，2006），可以作如下概括：针对溶剂的化学品管理服务在干洗、金属清洗和涂料施工方面扮演着重要的角色，如汽车业。在该商业经营理念中，提供的服务包括化学品供应、质量监控、调整、已使用化学品的净化与再循环。这项服务的提供商涉及各种规模的公司。如在 Tiefenbacher GmbH 这个案例中所显示的针对溶剂的化学品管理服务,对更小的公司同样也是一个合适的商业模式。溶剂化学品管理服务的专业化也被第二个实例所证实。在这个案例中,机器制造商为终端客户提供一个解决方案;化学品制造商在机器制造商的解决方案网络内行动。通过将报酬方案与部件数量挂钩,允许机器制造商继续拥有这台机器。这样就允许机器制造商利用自身专业知识来优化化学品应用设备,根据服务概念的需要来设计机器(Erbel,2008)。通过出租机器和与化学品制造商合作,机器制造商不仅能为自己带来经济利益,而且也能为所有其他网络参与者和环境带来益处。

实施新的商业概念除了具有降低溶剂使用量这一主要效应外,其进一步的积极作用还体现在减少环境污染、改善工作条件(Sena et al.,2008)。文献中报道的案例证明,通过化学品管理服务商的参与以及与化学产出相联系的酬劳方案,已使化学品的使用量减少,客户享受到更低的成本以及对环境的积极作用。对提供商来说,产业链下沉代表着一个机会,可以补偿客户对化学品使用量减少的损失,使自身在市场中体现差异化,并回应了社会对企业环境和健康保护的相关法律要求。通过这一途径,SAFECHEM 等化学品制造商能独立或者与过程设备制造商合作提供服务。此外,化学品的纯服务提供商,如哈斯国际集团(Haas Group International,http://www.haasgroupintl.com/haas-overview.html),也是制造商之外的溶剂管理服务的重要提供者,这类服务者在汽车与航空航天行业特别活跃。

### 8.2.2 油漆/涂料

油漆是需要进行管理的化学品,特别是在汽车和运输设备行业。Kortman等(2006)称,欧洲汽车行业涂装过程的 40%~70% 已经以服务合同形式由外部提供。而在航空航天业,这一份额约在 30%~45%。例如,在欧洲最大的化学品制造国德国,涂料产量大概占特殊化学品产量的 12.3%,占化学品总产量的 5.3%(作者基于化学工业协会 2013 年数据计算)。下面,我们通过筛选出的案例详细阐述涂料化学品管理服务的特性。

涂料化学品管理服务的第一个例子是 PPG 公司。PPG 公司成立于 1883年,总部位于美国宾夕法尼亚州匹兹堡市。PPG 公司是涂料和特殊化学品生产的领导者,拥有超过 39000 名员工(2012 年),在全球大约 70 个国家开展业务。通过它的 7 个业务部门,为包括汽车和航空航天在内的各个行业提供服务(PPG,2013a)。

PPG 公司提供最优解决方案(Optima Solutions)化学品管理计划。在这个计划中,它扮演一个系统整合者的角色(PPG,2013b),为其客户提供全面服务。

PPG 公司在化学品管理服务方面具有丰富的经验,特别是针对汽车制造商的服务。其中,一个著名的案例是它与福特汽车公司和福特位于芝加哥的福特金牛组装厂间的战略合作。从 1988 年开始,PPG 公司就开始负责该厂包括溶剂在内的大多数化学品的管理。作为一家服务提供商,PPG 公司不仅负责采购、仓储管理、配送管理、容器管理,还提供质量保证、维护监管,挥发性有机化合物（VOC）减排培训,环境、健康和安全（environment,health and safety,EHS）培训以及化学品测试和实验室分析（Ford,2006）。尽管 PPG（一级供应商）和由它管理的二级供应商有现场全职服务技术人员,但 PPG 公司自己的人员并不参与涂漆过程。该案例中化学品管理的益处包括:通过使用更少的化学品降低排放、减少成本,获得更高的产品质量和健康与安全问题的改善。PPG 公司是按车数收费的。这个收益方案对降低化学品数量和外围成本也是一个激励。而且,这一与化学品销售数量脱钩的收益模式,也在鼓励 PPG 公司努力改进其化学品使用流程（Bierma,Waterstraat,2000）。

另一个案例描述的是杜邦加拿大公司与位于加拿大安大略省奥克维尔的福特汽车公司之间的合作,该合作始于 1996 年。福特汽车公司根据涂漆汽车的数量,按照固定的费率向杜邦公司付酬。在该案例中,每加仑油漆的成本和油漆使用的总量在合同中都有约定,并且每个季度都要重新谈判。杜邦派出一位现场技术人员帮助客户理解油漆生产过程,识别优化潜力。杜邦公司不断获取油漆使用方面的专业知识,并将技术专业知识应用到涂漆过程中。这样,杜邦公司在 3 年内逐年降低了它的成本。通过实施这一新的商业模式,福特公司不仅将成本降低了 35%～40%,还减少了挥发性有机物的排放及水的使用和污水的排放（GEMI,2001）。

### 8.2.3　润滑剂

润滑剂通常被用于减少摩擦或用于工业生产过程中的冷却降温。其服务化业务在汽车和金属行业均有报道（Kortman et al.,2006）。例如,润滑剂被用于使传送带运行得更平滑（UNIDO,2011）。下面我们通过筛选的案例,着重对润滑剂化学品管理服务的特性提供深度的理解。

第一个例子涉及 Knjaz Milos 公司和艺康塞尔维亚（Ecolab Serbia）公司间的合作。Knjaz Milos 公司是一家位于塞尔维亚贝尔格莱德南部的饮料生产商,成立于 1811 年,拥有大约 900 名员工。艺康塞尔维亚公司是全球专业清洗服务领导者艺康的一家子公司。艺康的总部位于美国明尼苏达州的圣保罗,尽管它目前已有超过 40000 名员工,但在 2009 年合作开始时,艺康还只有约 26000 名员工（Finanzen. net,2013）。该案例中,为适应化学品租赁,润滑剂类型已从湿润滑剂转变成干润滑剂,用于生产线中的玻璃瓶传送带。

化学品租赁对客户公司 Knjaz Milos 的益处主要是工人安全问题的改善。由于新润滑剂的使用,瓶子掉落量减少,带来更高的流程效率以及润滑剂使用量的减少。提供商艺康塞尔维亚公司的收益与玻璃瓶传送带的工作小时数相关。由于润滑剂的使用量减少了,对艺康公司来说,化学品管理合同中的服务收入具有更高的利润。结果,双方都能从化学品租赁中获益,因此,这被认为是一个真正的双赢局面。2011 年,这一模式被推广到另外两条生产线(UNIDO,2011;Ahrens, 2011)。

另一个例子是英国空中客车将其菲尔顿生产点的润滑剂管理外包给化学品制造商英国嘉实多(Castrol)公司。嘉实多公司擅长各种金属加工液和润滑剂的管理、振动分析、过滤管理和清洗设备的备件管理。该外包合同实施的结果之一就是冷却剂使用量的减少。此外,还实现了清洗机器停机时间的减少和非生产相关流程成本的降低(N. U., 2006)。还有一个例子是糖生产商 Fideicomiso Ingenio San Cristóbal 公司和石油、润滑脂生产商 Chemical Mac Oil 公司间的润滑剂化学品服务合作,这两家公司均位于墨西哥。Chemical Mac Oil 公司派一名技术人员常驻客户工厂,提供技术支持和客户员工培训。这项合作的益处包括流程效率的提高、水和能源消耗的降低、生产废物的减少以及机器生命周期的延长,而化学品提供商的收益则与工厂研磨甘蔗的吨数相关(Valerio et al., 2008)。

润滑剂化学品管理的专业性表现在它对技术设备和机器运行状况的影响(Kortman et al., 2006)。由于在润滑剂外包之前客户流程的运行相当不畅,外包通常会导致更高的润滑剂消费。因此,化学品提供商对润滑剂的适当使用和应用,不仅会提高油和油脂等项目的使用数量,更重要的是还可以延长机器的生命周期和提高机器的性能。

### 8.2.4　水处理剂

水处理剂是一种专业化学品。现有文献的相关案例研究主要聚焦于废水净化。其中一个案例聚焦于通用汽车和贝迪公司(Betz Dearborn)间的合作,该合作始于 1992 年。贝迪公司(现更名为水处理技术公司,Water and Process Technologies,成为通用电气基础设施集团的一个分公司)(GE Power and Water, 2013),是通用电气简斯维尔工厂废水处理、涂漆解黏、发电间、油漆维护、溶剂和化学品服务的一级供应商。合作的益处包括化学品使用和库存成本的减少、健康和安全问题的改善、产品质量的提高以及返工的减少。报酬是基于汽车产量,以一个固定的费率支付的。合同中达成一致的额外目标是每年的节省目标(N.U.，2000)。

另外一个例子是 Henkel-ERA 公司和 ERG 公司的合作。Henkel-ERA 位于俄罗斯托斯诺，是一家工业与家庭胶水、肥皂、洗涤剂生产商，ERG 公司位于俄罗斯圣彼得堡，是一家专业从事废水净化的服务公司。为了提高水的去污水平，Henkel-ERA 公司与服务提供商签订了一套新的合同，规定服务提供商的报酬与已净化水的吨数相关。ERG 公司则继续拥有这些化学品。在该商业模式中，ERG 公司重建了废水处理设施，运用了新的技术。从这一模式中获得的益处包括节省了 50％的成本，降低了化学品使用的数量、提高了废水净化后的质量以及减少了危险化学品的数量(Startsev，Schott，2008)。

### 8.2.5　异同比较

从上面列举的不同类型专业化学品管理服务的案例研究可以得知，每一种专业化学品都要求特定的化学品管理服务特性。下面总结了不同类型专业化学品管理服务间的共性与差异。

如果首先考虑共性，所有案例都包括收入模式的改变。除了基于所出售化学品数量的总销售额外，服务模块的定价是基于化学品的更高使用效率得到的。Anttonen (2008)指出了另外一个共性，即在所有类型的化学品管理服务中，技术在监管和分析化学品使用量及其成本方面扮演着一个重要的角色。此外，所有类型的特殊化学品，都需要采购、过程管理、信息技术服务或废物管理的服务(Anttonen，2008)。从总括性的服务包中，客户能为他们的化学品管理服务合同选择个性化的服务条款。

如果我们聚焦于润滑剂化学品管理服务的差异分析，可以看见它需要技术设备来加工这些化学品，比如在油漆车间，或者通过化学品促进了机器运行(如机器主轴的冷却)。为通过化学品管理服务提升运行效率，必须理解应用润滑剂的制造过程以及与设备相关的技术知识。专业知识能促进效率潜力的提升，这就需要不同主体间的合作：第一是化学品供应商和客户间的合作，第二是化学品供应商和使用润滑剂的设备制造商间的合作。润滑剂化学品管理服务的另一个特性是，其经济收益并不一定来自润滑剂使用的节省。相反，随着化学品管理服务的引入，润滑剂的消费数量甚至可能增加。这是因为那些对润滑剂处理进行外包的公司，通常在对化学品进行保养维护方面存在困难(Kortman et al.，2006)。因此，通过将这些任务移交给专业的服务提供商，能对机器运行状况和性能表现产生积极影响，如获得更低的机器故障率和更长的预期使用寿命(Kortman et al.，2006)。

与润滑剂化学品管理服务相反，溶剂的化学品管理服务必须面对这样的挑战:需要根据溶剂的类型、处理的表面、应用的程序用溶剂进行清洗或进行油漆生产(UBA,2013)。有机溶剂包含挥发性有机成分,会挥发到周围的空气中。这些成分在夏天会造成非常大的雾,对人体也有害,会引发癌症(UBA,2013)。因此,溶剂对人类健康是有害的甚至是有毒的,对当前的空气和水质量造成了威胁。溶剂的再循环利用已经成为一个标准化过程,然而,总是有一些剩余的溶剂需要处理。这些通常都是有害废物,需要采用特殊的方式进行处理,成本非常高昂。这仅仅是溶剂处理众多独特性之一。由于溶剂使用的重要性,就需要溶剂采购、处理、应用、清理方面的特定知识。在许多国家,还有来自政府官员的压力,要求降低卤化溶剂的使用(Ceresana,2013),甚至要求使用水涂漆替代卤化溶剂,或是使用不包含任何溶剂的替代物(BASF,2004)。例如,在欧洲有着影响溶剂应用的特殊规则,如 1999/EG/13 条例,就包含有减少挥发性有机成分排放的要求。

汽车行业的涂料化学品管理服务也非常独特。这些服务主要以减少成本为目标(Kortman et al.,2006)。化学品管理服务的客户都是大型汽车原始设备制造商,它们对供应商都有着很强的议价能力。为了降低成本,整个车身涂漆过程的优化都包括在化学品管理服务中。这样,化学品管理服务需要包括材料需求计划、材料物流、库存控制、实验室辅助设备、调漆、质量控制以及其他一些活动。在车身涂漆过程的所有这些步骤中,涂料提供者如 PPG、BASF 或者杜邦的经验是过程改进的先决条件。由于车身涂漆除了需要镀膜材料外,还需要蜡、聚氯乙烯、磷酸盐、辅助涂漆材料或溶剂等,化学品管理服务合同通常将这些材料的采购指派给化学品管理服务提供商。Miga 和 Benson (n.d.)指出,涂料化学品管理服务特征的一个重要方面是,将客户的需要转交给次级供应商(第二级)来处理,这些工作原先一直由化学品管理服务业务合作伙伴(第一级)来处理。例如,在波兰 PPG 和波兰通用汽车的汽车涂漆化学品管理服务案例中(Miga,Benson,n.d.),化学品管理服务供应商 PPG 的服务职责中,还包括从 50 个二级供应商处采购 700 辆汽车的涂漆原料。

## 8.3　化学品管理服务的提供商和客户

### 8.3.1　化学品管理服务的提供商

上面描述的化学品管理服务案例(见表 8.1)显示,很多不同类型的公司都在充当化学品管理服务提供商。基于文献回顾,我们将其区分为四种类型。

第一，化学品制造商直接提供化学品管理服务。该类型的化学品管理服务提供商，包括德国的巴斯夫公司和汉高公司、英国的英国石油公司和艺康公司、美国的杜邦公司和 PPG 公司。其中一些公司在其网站上突出显示了化学品管理服务解决方案。例如，PPG 公司建立了注册商标的"化学品管理最优解决方案"（Optima Solutions Chemical Management）项目，它采用一套系统化的方法，通过一位一级驻场经理的服务，致力于成本降低、安全提升、材料管理、二级供应商管理、环境报告要求的满足、问题再解决，以及持续改进和项目管理（PPG，2013c）。

第二，化学品制造商自建的附属公司，也可专门提供化学品管理服务。该类型的一个典型案例是 SAFECHEM 公司，它是陶氏化学公司的一家附属公司，提供有关安全以及针对表层清洗和干洗应用的溶剂可持续使用服务和解决方案。它在德国杜塞尔多夫和法国巴黎设有办事处，并建有一个遍布全球的经销商网络，服务全世界范围内 7500 多家客户（DOW，2013b）。SAFECHEM 创建了它的化学品管理服务商标 Safe-Tainer，积极推进建设化学品应用闭环系统（DOW，2013c；Kaltenegger，2006）。

第三，由纯服务提供商提供化学品管理服务。这些公司不生产化学品，但为不同行业的不同化学品处理提供全方位服务。例如哈斯国际集团公司，拥有超过 300 名员工，总部设在美国宾夕法尼亚州西切斯特，是一家国际性化学品经销商和化学品管理服务提供商。它为不同行业的用户提供各种各样的化学品和相关的服务，这些行业包括航空航天、国防、食品和饮料以及其他一些制造业（Haas Group International Inc.，2011）。

第四，由应用化学品的设备制造商充任化学品管理服务提供商。例如，涂装车间制造商有优化涂料处理和问题解决方面的必要知识。采用这一商业模式的案例是：MAN Latin America（formerly VW）出租车的涂装由 Carese 公司实施，它是德国涂装车间制造商 Eisenmann AG 的一家附属公司。在这个案例中，支付给 Eisenmann 的报酬由两个部分组成：一是包括人员开支在内的固定费用，另外则是基于通过质量检测的出租车涂装数量进行支付（Koll，2010）。涂装车间制造商充当化学品管理服务提供商，具有降低化学品的使用量和化学品管理成本，以及确保生产质量的动机。

### 8.3.2　化学品管理服务的客户

按行业对化学品管理服务的客户进行分析，汽车行业是最大的客户源。表8.1 列出的案例显示，在 28 家化学品管理服务客户中，有 11 家是汽车制造商，占到 39%。电子设备制造商排第二（14%），食品加工业和服务业并列第三（均为 11%）。

汽车行业的优势地位被 CSP 行业报告（2009)进一步证实。分析结果显示，在美国，化学品管理服务提供商的市场渗透排名中汽车行业位列榜首，其次是航空航天和电子工业制造业。

作为化学品管理服务客户，汽车业的重要性可能是由于汽车涂装化学品管理服务的广泛普及。在 21 世纪初，汽车行业涂装过程的 40%～70% 已经实现服务化（Kortman et al.，2006）。而电子和航空航天行业的凸显可能是源于它们对特殊化学品如润滑剂、溶剂等的高消耗。正如上面所述，针对这些化学品的管理服务在各种化学品管理服务项目中都能发现（CSP，2009；Kortman et al.，2006；Kaltenegger，2006）。

除了制造企业，来自服务部门的公共或私人组织也是重要的化学品管理服务客户。比如，德国沃尔姆斯城市医院与德国舒美公司（Schulke and Mayr, GmbH)展开合作，后者是全球卫生与劳动保护方面的专业公司，拥有超过 600 名员工。根据它们签订的化学品管理服务合同（DBU，2009)，舒美公司并不出售消毒剂，而是按医院消毒剂的使用量计算报酬。这一新的商业模式导致医院消毒剂消耗数量的下降，特别是在清洁区。这种情形发生的背景是医疗器械清洗的卫生要求提高了。化学品管理服务客户兰辛学校和斯坦福线性加速器中心（见表 8.1）的案例，也进一步证实了服务组织作为化学品管理服务客户的相关性。

按照规模对化学品管理服务客户进行分析，结果清晰地显示出，到目前为止，大型跨国公司一直是化学品管理服务最主要的客户。在表 8.1 给出的 28 家化学品管理服务案例中，24 家能按规模大小进行划分，其中 17 家员工数超过 10000 人，5 家员工数在 1000～10000 人，仅有 2 家员工数少于 1000 人。这一发现与 Mont 等（2006)和 Schröter 等（2010)的研究结果是一致的。至于为什么大公司会占据主导，Schröter 等（2010)的研究提供了几点解释：第一，大公司一般都处在采用创新性技术或创新性商业模式的最前沿。第二，使化学品管理服务在经济上更合理的化学品最低使用量，仅仅在大型客户公司才能达到。最后，即使大型公司对是否采用这一新商业模式仍犹豫不决，但它们的议价能力能迫使化学品提供商提供化学品管理服务合同。

中小型客户公司与化学品管理服务的实际相关性非常有限，甚至在已有的少量中小企业客户中，至少有部分也是政府干预的结果。由于联合国工业发展组织已经发起了一项化学品租赁项目（www. chemicalleasing.com），来自发展中地区的拥有规模较小公司的联合国工业发展组织成员国，已经在努力争取化学品管理服务项目的实施。表 8.1 中的 2 个规模较小的企业成为化学品管理服务的客户,部分原因就是这些举措的实施。

化学品管理服务行业报告(2009)通过按地区对化学品管理服务客户进行分析,得出的结论是:"美国/北美自由贸易区比世界其他地区有更多的化学品管理服务客户"。基于其在 2009 年实施的包括 15 家化学品管理服务提供商和 15 家化学品管理服务客户在内的调查,估计在所有化学品管理服务客户中大约有 60%～65%在美国,70%～75%在北美自由贸易区。这项调查发现,美国的优势地位还将继续:64%的被调查者预期美国化学品管理服务应用将会增长,同时 36%的被调查者预期欧洲化学品管理服务会增长,仅有 14%的被调查者预期中东和亚洲的化学品管理服务会增长。这项预测基于许多美国化学品管理服务客户的经验,他们正在努力尝试在其海外分支机构实施化学品管理服务项目。对于这些在美国本土已使用化学品管理服务的跨国公司,海外地区的一些因素如工会组织、设备运行方式、对化学品管理服务价值主张的理解、政府管制,将会对其海外分支机构化学品管理服务的成功实施,造成潜在的负面影响。

为了克服中小企业对化学品管理服务参与度不够的问题,特别是对于发展中国家,联合国工业发展组织全球化学品租赁项目已经在哥伦比亚、埃及、墨西哥、摩洛哥、俄罗斯、塞尔维亚、斯里兰卡等国家实施了试验性项目(UNIDO,2010)。然而就中期而言,这些活动是否能改变化学品管理服务客户分布的地区不平衡性,实难预测。

## 8.4 化工行业化学品管理服务的整体相关性及展望

上面介绍的化学品管理服务案例研究报告和对化学品管理服务提供商与客户的描述,非常清晰地表明化工行业服务化正在显著增长。然而,化学品管理服务总体仍处于平均水平。由于化学品管理服务主要集中在专业化学品,而其仅占化学品产量的 25%,因此最多只有化工行业销量的1/4受到商业模式从传统化学品销售模式到服务化商业概念变革的影响。

更实际的估计认为(CSP,2009),大约 55%的专业化学品(按产量)是所谓的"直接"化学品,它们成了终端产品的一部分,不可能采用化学品管理服务方法。剩下的 45%对实施化学品管理服务还仍有其他的约束,从而我们推测最多18%的专业化学品,也即不到总化学品产量的 5%,是潜在的适合化学品管理服务方法的。

这个数字与 Kortman 等(2006)的估算差不多一致。他们发现在所有化学产品组中,支持化学品管理服务的仅占总化学品销量的 14%。而且这些产品组

8 化工行业:利基市场中的制造服务化

139

也并不会都将采用化学品管理服务,而是只有1/3的采用预期。因此,化学品管理服务的市场潜力大概最多只能达到化学品销量的5%。

化学品管理服务市场最近的收入数据表明,上面所讲的化学品管理服务的市场潜力远未达到。基于问卷调查和访谈,化学品管理服务行业报告(2009)估计,全球化学品管理服务行业 2009 年的市场收入在 13 亿~16 亿美元,其中美国市场在 9 亿~10 亿美元,北美自由贸易区在 10 亿~12 亿美元。与全球化学品整体销售收入相比,2009 年化学品管理服务销售收入仅占全球化学品销售收入的 0.06%,占北美自由贸易区化学品销售收入比率也只有 0.2%[基于欧洲化学工业委员会(CEFIC)和本章作者的计算]。行业特征如技术供应商与化工企业间的劳动分工、对网络的接受度(Cesaroni et al.,2004)等,是新商业模式的理想出发点。

本章研究的发现与本书引言中提到的欧洲化工委员会数据和 EMS 调查结果相一致。对制造业的服务销售份额进行对比,最新的德国统计数据表明,与其他制造行业相比,化工行业排名较后(Statistisches Bundesamt,2004)。在其他制造行业,服务收入平均占到总销售份额的 3.8%,而在化工行业仅占 0.5%。EMS 的调查结果证实了这一排名(见本书第 1 章)。

德国于 2009 年对制造行业进行了一次大规模调查,其中涉及 1484 家公司。调查结果显示,当时 3% 的德国制造公司已成为化学品租赁的客户(Schröter et al.,2010)。出现这一结果的原因可以从以下几方面来解释:有关废物处理的严格法律、化学品销售客户需求的缺乏、责任风险、担心提供商获得技术诀窍,以及提供商不愿意承担所有的投资。通过对德国化工行业专家的访谈,Mattes 等识别出造成德国化学品租赁概念应用度低的主要障碍。专家们认为技术诀窍的泄露、对提供商的依赖、来自员工和工会委员会等内部障碍以及缺乏来自客户的需求等,都具有不同程度的相关性(Mattes et al.,2013)。不仅仅欧洲不愿意采用化学品管理服务,亚洲也同样如此(CSP,2009)。

尽管在化工行业,对提供商化学品管理服务收入的份额和化学品管理服务客户的百分比,在总体上没有显示出显著相关性,但它似乎在很大程度上适合几个化学产品组和一些地区级市场。

首先,在北美自由贸易区特别是在美国,化学品管理服务方法一直在广泛普及中。化学品战略伙伴关系组织(www.chemicalsstrategies.org)在美国推进化学品管理服务已经超过 10 年,其成员包括许多美国主要的化学品制造商,它们开展的活动在很大程度上促成了这一结果。联合国工业发展组织的全球化学品租赁项目(www.chemicalleasing.com)也正在试图发起一个追赶过程,特别是在发展中国家,其试验性项目在 2005 年就已开始实施。

其次，化学品管理服务在几个利基市场已经得到了显著应用。特别是对汽车制造商的汽车涂料和油漆的销售，在很大程度上已被化学品管理服务合同所取代。为汽车行业生产涂料的化学品制造商已经在全球范围内实施了该商业模式。我们推测，目前制造的大部分汽车都是通过这个商业模式涂装的，其特点是按涂装汽车的数量来支付报酬，而不是按照传统的油漆销售数量。

化学品管理服务的未来发展将逐渐提升。健康与环境安全意识不仅在发达国家正在逐渐增加，在新兴经济体也同样如此，这有助于化学品管理服务构建一个强大的市场。新兴市场经济体和发展中国家将驱动化学品的未来需求（Ceresana，2013）。另外一个相关因素是基础化学品竞争的日益激烈，因为它们的产品很可能是新兴国家化学品制造商生产的起点（VCI/Prognos，2013）。专业化学品相关的专有技术知识被视为是一个隔离机制。行业研究预计全球化工行业在 2011—2030 年将会有一个年均 4.5% 的增长率（VCI/Prognos，2013）。在发达国家，随着资源的日益减少，化学品价格越来越高，同时对环境保护的监管也日益严格，人们的环保问题意识和环境友好意识越来越强，这些都推进了化学品管理服务概念的普及（CSP，2009）。然而，由于化学品管理服务在化学产品组应用可行性的诸多限制，以及上面提到的其他因素，化学品管理服务很可能仍难以成为一个主流的商业概念。

## 本章参考文献

Anttonen，M.（2008）. Greening from the front to the back door? A typology of chemical and resource management services. Business Strategy and the Environment，19（3），199-215.

Ahrens，R. H.（2011）. Intelligenter Chemikalieneinsatz ist lukrativ und schont die Umwelt. VDINachrichten，49，13.

BASF.（2004）. Umweltfreundlich und Innovativ. BASF Information，3，3.

Bierma，T. J. & Waterstraat，F. L.（2000）. Chemical management：Overcoming barriers to diffusion. Illinois State University. Retrieved August 27，2013，from http：//www. wmrc. uiuc. edu/info/ library_docs/rr/ RR87Chemical Management. pdf.

Beyer，W.（2008）. Chemical leasing in the field of paint stripping. In T. Jakl & P. Schwager（Eds.），Chemical leasing goes global—Selling services instead of barrels：A win-win business model for environment and industry（pp. 42-53）. Wien，New York：Springer.

CEFIC（2011）. Facts and figures 2011—The European chemicals industry in a worldwide perspective. Retrieved August 27，2013，from http：//www. cefic. org/Documents/ FactsAnd Figures/%28Offline%29%202011/FF2011_Full%20Report_Chapter/Cefic_ FF%20Rapport%202011. pdf.

CEFIC (2012). Facts and figures 2012—The European chemicals industry in a worldwide perspective. Retrieved August 27, 2013, from http://www. cefic. org/Documents/FactsAndFigures/2012/Facts-and-Figures-2012-The-Brochure. pdf.

Ceresana (2013). Marktstudie Lösungsmittel. Retrieved August 27, 2013, from http://www. ceresana. com/de/marktstudien/chemikalien/loesungsmittel/marktstudie-loesungsmittel. html.

Cesaroni, F. , Gambardella, A. , Garcia-Fontes, W. &. Mariani, M. (2004). The chemical sectoral system: Firms, markets, institutions and the processes of knowledge creation and diffusion. In F. Malerba (Ed.), Sectoral systems of innovation. Concepts, issues and analyses of six major sectors in Europe (pp. 121-154). Cambridge: University Press.

Claussen (n. d. ). Chemical management services: A new strategie for pollution prevention. Retrieved August 28, 2013, from http://www. dtsc. ca. gov/PollutionPrevention/upload/P2_FLY_Chemical_Management. pdf.

CSP Chemical Strategies Partnership. (2009). Chemical management services—Industry report 2009. San Francisco: Trust for Conservation Innovation/Chemical Strategies Partnership.

CSP Chemical Strategies Partnership. (2013). Case Studies. Retrieved August 27, 2013, from http://www. chemicalstrategies. org/resources_casestudies. php.

DBU-Deutsche Bundesstiftung Umwelt. (2009). Chemikalien leasen: Maximum an Hygiene mit Minimum an Umweltlast. Retrieved August 28, 2013, from www. dbu. de/123artikel29148_335. html.

DOW. (2013a). ChemawareTM sharing knowledge. Retrieved August 27, 2013, from http://www. dow. com/safechem/ eu/en/chemaware.

DOW. (2013b). About SAFECHEM Europe. Retrieved August 27, 2013, from http://www. dow. com/safechem/eu/en/about/.

DOW. (2013c). Das SAFE-TAINERTM system. Retrieved August 27, 2013, from http://www. dow. com/safechem/eu/deu/de/solutions/surfacecleaning/products/safetainer. htm.

Erbel, H. (2008). A best practice example of chemical leasing in metal cleaning in the automotive industry—Report by an Austrian company. In T. Jakl &. P. Schwager (Eds.), Chemical leasing goes global—Selling services instead of barrels: A win-win business model for environment and industry (pp. 34-42). Wien, New York: Springer.

Finanzen. net (2013). Retrieved August 27, 2013, from http://www. finanzen. net/bilanz_guv/Ecolab.

GE Power and Water (2013). About us. Retrieved August 28, 2013, from http://www. gewater. com/about-us. html.

GEMI—The Global Environmental Management Initiative (2001). Environment: Value to the top line. Retrieved August 27, 2013, from http://www. greenbiz. com/sites/

default/files/document/O16F25240. pdf.

Gilbert, Y. M. & Downs, J. D. (2010). Towards sustainable chemical use through chemical leasing. Paper presented at the SPE Middle East health, safety, security, and environment conference. Manhama, Bahrain 4-6 October 2010.

Haas Group International Inc. (2011). Haas Group International Inc. Retrieved August 27, 2013, from http://www. haasgroupintl. com/subsidiary-haas-tcm. html.

Hammerl, B. & Jasch, C. (2007). Sustabinable Innovations—Nachhaltigkeitsinnovationen in ausgewählten Bedarfsfeldern. Einführung und Methoden in Produkte und Dienstleistungen von morgen. In C. Jasch, B. Hammerl, M. Hammer, R. Pamminger, I. Kaltenegger, F. Hinterberger (Eds.), Produkte und Dienstleistungen von morgen— Nachhaltige Innovationen für Firmen und KonsumentInnen—Band 2—Chemie, Reinigung, Maschinen, Recycling, (pp. 16-160). Norderstedt: Books on Demand.

ICIS (2011, September 10-16). Top 100 Chemical Companies 2012. ICIS Chemical Business, pp. 33-35.

Jakl, T., Joas, R., Nolte, R., Schott, R., & Windsperger, A. (2004). Chemical leasing—An intelligent and integrated business model with a view to sustainable development in materials management. Wien: Springer.

Kaltenegger, I. (2006). Bedarfsfeld "Chemikalienbasierende Versorgungsprozesse". In C. Jasch, B. Hammerl, M. Hammer, R. Pamminger, I. Kaltenegger, & F. Hinterberger (Eds.), Produkte und Dienstleistungen von morgen—Nachhaltige Innovationen für Firmen und KonsumentInnen—Band 2—Chemie, Reinigung, Maschinen, Recycling (pp. 161-257). Norderstedt: Books on Demand.

Koll, S. (2010). Vom Lieferant zum Partner. Industrieanzeiger, 132(18), 24-27.

Kortman, J., LaRoca, F., Ferrer, G., Esteve, E., Gensch, C. O. & Quack, D. (2006). Chemical product services in the European Union. Luxembourg: Office for Official Publications of the European Communities.

Mattes, K., Bollhöfer, E. & Miller, M. (2013). Increased raw material efficiency through productservice systems in resource-intensive production processes? Barriers, chances and an assessment approach. In H. Meier (Ed.), Product-Service Integration for Sustainable Solutions. Proceedings of the 5th CIRP International Conference on Industrial Product Service Systems 2013 (pp. 141-152). Berlin, Heidelberg: Springer.

Miga, K. & Benson, A. (n. d.). Chemical management system, presentation of PPG Poland. Retrieved September 2, 2013, from http://www. umweltbundesamt. at/fileadmin/site/umweltthemen/chemikalien/CL_Miga_Benson. pdf.

Mont, O., Singhal, P. & Fadeeva, Z. (2006). Chemical management services in Sweden and Europe. Journal of Industrial Ecology, 10(1-2), 279-292.

N. U. (2006). Castrol partnership helps airbus achieve outsourcing success. Industrial Lubrication and Tribology, 58(55).

N. U. (2000). Chemical strategies partnership: Case study general motors. Retrieved August 28, 2013, from http://www. chemicalstrategies. org/pdf/case_ studies/GM_ Case%20Study. pdf.

Oldham, J. , James, P. & Shaw, B. (2003). Delivering resource productivity: The service solution. London: Green Alliance.

Pero (2013). Die Zukunft des Technologieführers mitbestimmen. Retrieved August 27, 2013, from http://www. pero. agjobs.

PPG (2013a). Facts about PPG. Retrieved August 27, 2013, from http://www. ppg. com/ en/newsroom/documents/ ppg%20publications/factsaboutppg. pdf.

PPG (2013b). Chemical management. Retrieved August 27, 2013, from http://www. ppg. com/coatings/autooem/services/Pages/01_ChemicalManagement. aspx.

PPG (2013c). Chemical management. Retrieved August 27, 2013, from http://www. ppg. com/coatings/autooem/services/Pages/01_ChemicalManagement. aspx.

SAP (2011). Safechem—Implementing SAP solution saves chemical company time and money. Retrieved August 27, 2013, from http://www. google. de/url? sa = t&rct = j&q= &esrc = s&source = web&cd = 1&ved = 0CEIQFjAA&url = http%3A%2F%2Fdownload. sap. com%2Fdownload. epd%3Fcontext%3D85D86234430E9C81DC52A1554D86F855033F49B8D1FE492BFB4CC12C4ADA353B9C6239D43F2862CEAC294E53B2451947402CEB1F02BB0787&ei=Cr4cUr4FcTKtQbqsYGwDg&usg=AFQjCNFb3JCrpQIbr9QSMHKDYyuNoDHAFg&bvm=bv. 51156542,d. Yms.

Schröter, M. , Buschak, D. & Jäger, A. (2010). Nutzen statt Produkte kaufen—Mitteilung aus der ISI-Erhebung "Modernisierung der Produktion" Nr. 53, Fraunhofer Institute for Systems and Innovation Research. Retrieved August 27, 2013, from http://www. isi. fraunhofer. de/isi-mediadocsi/de/pi-mitteilungen/pi53. pdf.

Sena, A. A. , Hosni, A. & Joas, R. (2008). Cleaning equipment with hydrocarbon solvent. In T. Jakl & P. Schwager (Eds.), Chemical leasing goes global—Selling services instead of barrels: A win-win business model for environment and industry (pp. 66-76). Wien, New York: Springer.

Startsev, A. & Schott, R. (2008). Water purification. In T. Jakl & P. Schwager (Eds.), Chemical leasing goes global—Selling services instead of barrels: A win-win business model for environment and industry (pp. 102-109). Wien, New York: Springer.

Statistisches Bundesamt (2004). Produktbegleitende Dienstleistungen 2002 bei Unternehmen des Verarbeitenden Gewerbes und des Dienstleistungssektors. Erhebung nach § 7 BStatG. Wiesbaden: Statistisches Bundesamt.

Stoughton, M. & Votta, T. (2003). Implementing service-based chemical procurement: Lessons and results. Journal of Cleaner Production, 11(8), 839-849.

UBA (2013). Nachhaltige Produktion. Retrieved August 27, 2013, from http://www. umweltbundesamt. de/nachhaltige-produktion-anlagensicherheit/nachhaltige-produktion/

loesemittelanwendungen. htm.

UNIDO United Nations Industrial Development Organization. (2010). Global promotion and implementation of chemical leasing business models in industry, Progress Report 2010. Retrieved August 27, 2013, from http://www. chemicalleasing. com/sub/down. htm.

UNIDO United Nations Industrial Development Organization. (2011). Global promotion and implementation of chemical leasing business models in industry, Progress Report 2011. Retrieved August 27, 2013, from http://www. chemicalleasing. com/sub/down. htm.

Valerio, E. A. , Perez, J. , Sanchez, I. & Joas, R. (2008). Sugar mills. In T. Jakl & P. Schwager (Eds. ), Chemical leasing goes global—Selling services instead of barrels: A win-win business model for environment and industry (pp. 84-92). Wien, New York: Springer.

VCI/Prognos. (2013). Die deutsche chemische Industrie 2030. Prognos AG. https://www. vci. de/Downloads/Publikation/Langfassung _ Prognos-Studie _ 30-01-2013. pdf. Frankfurt, Main: Verband der Chemischen Industrie e. V. (VCI).

# 9　纸浆和造纸装备业:信息技术冲击下的服务化[①]

## Lars Witell，Per Myhrén，Bo Edvardsson，Anders Gustafsson，Nina Löfberg

　　摘要:社会的数字化和对印刷媒介需求的减少,造成了纸浆和造纸行业激烈的变化。在过去 10 年里,该行业的投资大约下降了 40%。结果,服务化已变得越来越重要,许多纸浆和造纸装备供应商的业务中,服务业务占据了更大的比重。本章描述和讨论了装备供应商在技术、商业模式、产品、组织和网络等方面的服务化趋势。技术是纸浆和造纸行业服务化的驱动力,它为客户引入广泛的服务。对装备供应商而言,目前的关键问题是开始对服务收取费用,即从免费服务转向收费服务。

## 9.1　引言

　　许多制造企业在产品中增加了服务(Gebauer et al.，2010；Oliva，Kallenberg，2003),这个过程通常被称之为制造服务化。这一趋势意味着服务正在成为产出和收入的更大组成部分。纸浆和造纸行业严重依赖于传统的收益模式,即高价出售装备,以合理的价格提供备件和保养,并免费提供附加服务。当对新装备的需求下降时,这种做生意的办法就行不通了。这时,装备供应商开始对服务化感兴趣。这一改变需要商业逻辑的显著变化。当整个行业装备供应商与客户的互动活动发生变化之后,这一转

---

　　① 英文版中本章标题为"Servitization of capital equipment providers in the pilp and paper industry",根据本书章节目录的一般规律,中译本将整标题简化并增加副标题"信息技术冲击下的服务化"。——译者注

变就应运而生了。

纸浆和造纸行业正经历着一场重大的革命。数字化改变了人们的行为,使用印刷媒介的人越来越少,而运用互联网和其他数字平台的人越来越多。在过去 20 年中,产业结构已经发生了改变,工厂的数量大约下降了 40%（CEPI Key statistics，2011）。而且,造纸机械生产的数量和就业人数已经下降,该行业的投资下降了 40%（CEPI Key statistics，2011）。然而,纸浆和纸张的产量却保持了 10 年前的水平,这表明工厂利用现有装备得到了更高的产量,而且服务已经成为它们提高效益和效率及承担环境责任的关键。纸张使用的减少威胁着这个行业,人们希望不要再建立更多的造纸厂,这种情况在西方尤为突出。

可以将纸浆和造纸行业的变化描述为,从制造精益的造纸机械发展到为客户创建的优质的业务,同时还关注环境问题。该行业的一位首席执行官（CEO）对此做出了如下描述:"我们比竞争对手更能帮助客户获利,这是服务化的起点……如果我们做得到,就会盈利,否则就会亏损。这是我们业务逻辑的基础。"从关注技术到关注客户业务的改变,说明纸浆和造纸行业的装备供应商发生了根本性变化。今天,制造一流的装备是绝对不够的,不仅要提升技术方面关于顾客需求的知识和能力,还需要提升商业模式、产品、组织和网络方面的知识和能力。只有这样,才能不断改进相关的业务,实现基业长青。

本章分享了我们关于纸浆和造纸行业服务化的知识,特别是从装备供应商的角度探讨了这一问题。这些信息来自一系列的调研、案例研究和对首席执行官、服务经理和大客户经理的访谈。本章首先引入一个分析框架,包括技术、商业模式、产品、组织和网络五大要素。然后,在强调了纸浆和造纸行业发生变化的情境基础上,详细讨论了这些问题。

## 9.2　纸浆和造纸行业服务化的分析框架

纸浆和造纸行业重视装备,但服务业务的作用也变得越来越重要。之前,服务的主要作用是提高顾客满意度、顾客维系和产生新产品创意。随着时间的推移,服务已经开始构成大量和稳定的收入来源（Panesar et al.，2008）,并成为一种接近客户业务流程的方式。Fischer 等（2012）研究表明,造纸机械的杠杆率是 5%,这意味着装备的利润率是 1%~3%,而服务的利润率是 10%~15%（Ren，Gregory，2007）。大多数装备供应商正试图通过服务业务获得成长,并且它们中的很多都已经成功地运用服务提升了营业额和利润。

为了描述行业中的变化,本研究将服务化看作装备供应商全方位的一种变

化。这些各方面的变化严重影响着服务化的进程,制造商可以投身于可能的不同服务化变化和路径。框架中的这些要素包括:

- 技术
- 商业模式
- 产品
- 组织
- 网络

当一家公司在其业务的上述某一个领域发生变化时,它往往也需要其他业务领域做出相应的改变。例如,Gebauer 等(2010)研究表明,不同组织需要提供不同类型的服务,这表明服务化的成功需要产品和组织之间的特定匹配(见图9.1)。下面的章节讨论纸浆和造纸行业装备供应商服务化的每一领域。

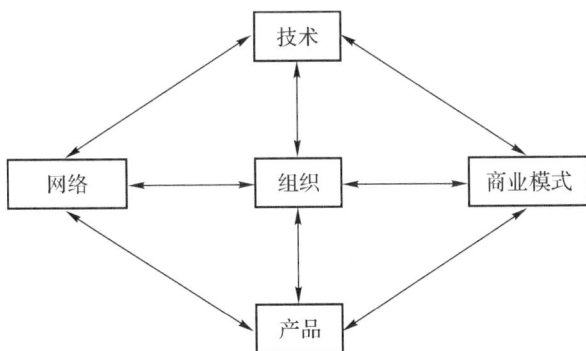

图 9.1　纸浆和造纸行业公司服务化的重要领域

### 9.2.1　技术的作用

纸浆和造纸行业的大多数装备供应商都提供服务,如安装、备件交付、保养和维修、现场协助和专家服务,以支持他们的产品(Kumar et al.,2004)。过去10年中该行业的就业下降了28.5%,但产量却是持平的,这时因为企业非常关注有关生产制造和向客户传递服务的核心活动。客户端(造纸厂)的技术能力下降,就更需要外部专家的能力支持。这些工厂必须依靠装备供应商来识别和消除生产过程中的瓶颈,这就为供应商创造了一个引入新服务和提升服务业务比重的机会。

对装备供应商来说,改善它们服务的一个通用的方法是使用技术。通过技术解决方案,客户可以受益于产品延伸、更可靠的信息以及供应商对问题的更快响应(Walker et al.,2002)。集成技术和服务的一种方法是将传感器和信息技术置于装备中,然后使用其所提供的信息来提供服务(Davidsson et al.,2009)。这些服务被称为嵌入式服务或"智能"服务,并成功地创建了竞争优势(Wise,Baumgartner,1999)。通过使用诸如远程监控系统的智能服务,装备供应商能够预测问题并赶在用户之前做出反应。大多数装备供应商采用"智能"服务,这在保持竞争力方面可能起决定性作用(Allmendinger,Lombreglia,2005)。一位装备供应商 CEO 描述了公司将来将技术服务嵌入产品的图景:"我们可以在客户打电话叫你提供更换组件之前,就已经到达那儿;甚至是在客户拿起电话之前,你就已经知道他需要更换哪些组件了。"

然而到目前为止,智能服务还没有达到其市场的潜在需求量。许多纸浆和造纸行业装备供应商专注于信息技术相关服务的引入和销售,如远程监控和诊断系统、服务台和在线帮助,以快速有效地解决问题(Kumar et al.,2004)。传感器和信息技术已经运用到新装备中,这样就可以在没有任何初始投资的情况下提供远程服务。然而,对于安装了老技术装备的客户,在提供信息技术服务之前,必须实施相应的改造或追加投资。因此,虽然装备供应商愿意引进远程服务,但行业采用率较低。对许多企业来说,引进这种服务是颇具挑战性的,因为客户可能对用技术解决方案代替个人联系不感兴趣,或者他们可能不相信这项新服务会带来经济利益。

在纸浆和造纸行业,许多障碍与销售以信息技术为基础的服务相关。一个重要的问题是,销售人员和客户可能都没有看到它的增加价值。在装备高度可靠以及失效率极低的情况下,远程控制成本的合理性确实很难成立。另一个问题是系统的复杂性。信息处理越来越全面,供应商需要熟悉客户的整个生产系统(Davidsson et al.,2009)。与信息技术有关的服务取代了个人联系,比如,通过互联网而不是打电话来订购备件,其实是困难的。客户不明白在这些服务中应用新技术所增加的价值在哪里。

远程监控系统需要造纸厂实施全面的组织调整,以便能充分利用信息并解释额外成本的合理性。一位保养经理暗示了这项服务采用率低的一个额外的原因:"这可能与我们这一代人有关系,而现在的员工实际上更熟悉信息技术。当信息技术飞速发展的时候,今天在那里工作的人在某种意义上并没有感受到信息技术的发展。所以我相信这只是时间问题。"此外,随着造纸厂继续精减人员,会越来越需要与信息技术有关的服务。基于技术的服务不太成功不仅仅是因为缺乏客户需求,事实上许多设备供应商太过着眼于技术上的可行性,而没有关注服务上的收益性。例如,一个装备供应商利用信息技术的最新发展,开发出一种先进的远程服务。该项服务在功能上是成功的,但并没有满足顾客的利益;因为公司太专注于技术,而没有对服务的客户价值给予足够的关注。

### 9.2.2　商业模式的作用

对纸浆和造纸行业的装备供应商来说，一个关键的问题是它们的商业模式应该是什么样子？首先，管理者应该在何种程度上对装备和服务收取费用？其次，对于一项特定服务，一家公司可以同时应用几个并行的商业模式吗？

纸浆和造纸行业的装备供应商，一直注重交易和有形装备的销售，这形成了在销售中提供免费服务的传统。免费服务主要有：提供关于装备的使用和维护、操作性能的轻微改进等方面的知识和技能。在很多行业，这一传统司空见惯(Oliva，Kallenberg，2003)，从历史上看，纸浆和造纸行业尤为明显。鉴于装备生命周期很长，供应商与客户有持续的业务关系，这种业务关系可以延续超过35年。在有偿出售装备并提供免费服务之后，突然要求客户为这些服务支付费用，客户当然是难以接受的。在纸浆和造纸行业，只有16%的营业额来自服务，而在一般制造业部门，这一比例通常是28%(Davidsson et al.，2009)。上一次金融危机表明，当装备销售额下降时，单独就服务收费的装备供应商能继续获取收益。与之相比，在装备销售额下降时，提供免费服务的公司继续提供免费服务，结果则是无收入、高成本，不得不亏本经营。它们学到的教训是，将装备作为独立于成本的唯一收益来源，是有极高风险的。然而，免费服务转为收费服务的根本困难是，客户并不准备为他们过去免费使用的东西买单(Brown et al.，2009；Witell，Löfgren，2013)。

当装备供应商出售设备时，就包括该设备整个生命周期的免费服务。投资步伐放缓会造成这种商业模式难以为继，因为缺乏新客户就意味着公司无法填补为现有客户提供免费服务的成本。一位服务经理指出，提供的服务总是或多或少相同的，"但是我们还没有试图就这些服务收取费用。通常情况下，当有人从我们这儿买了一台机器，他就认为包括了相应的服务"。1999年，装备供应商决定开始收费服务——对公司和客户来说，这都是商业模式的一个痛苦转变。突然，过去不销售服务的销售人员开始向过去不购买服务的客户销售服务。然而自那以后，客户对纸张的需求和我们所研究装备供应商的服务都发生了明显的变化。在今天，服务业务约占总营业额的40%～45%，并且在过去的10年里，服务业务增长了大约400%。

纸浆和造纸行业更多的装备供应商，完全或部分地向他们的客户收取服务费用(78%)，这一比例超过了其他制造行业(65%)(Davidsson et al.，2009)。最常见的商业模式是基于履行服务的成本定价。大多数装备供应商也考虑基于向客户提供价值的定价策略。纸浆和造纸行业的问题是，许多生产线包括了来自多个装备供应商的设备，这就很难识别设备提供的价值。因此，要求供应商承担顾客的风险以及提供惩罚/奖金协议的商业模式是少见的。此外,不同的市场对服务和价值有不同的见解。一位经理表达了这样的观点:"在某一市场……价格决定了一切,客户只买便宜的装备……我们只得今朝有酒今朝醉(一切为了卖出设备)……老实说都不知道明天会发生什么。"在不同的市场,服务作用的成熟度和商业模式是不同的。

许多装备供应商并未采用基于价值的商业模式,而是转向保养合同或服务协议。销售服务协议能确保装备得到其所需要的服务,促进了服务化商业模式的建立。装备供应商凭经验知道,在它们产品的整个生命周期中都需要服务,服务可以预防问题的发生,这避免了不必要和昂贵的生产停机时间以及设备发生故障的声誉损失。服务的定期需求对服务提供者来说是一个优势,因为他们可以更好地计划全年可利用的资源。与客户的紧密关系会带来额外业务,故服务协议也会提高总营业额。造纸厂也倾向于服务协议。首先,他们可以指定自己喜欢打交道的保养人员,因为服务是有计划的,并且当意想不到的问题发生时容易排除故障。其次,服务协议有利于整个产品生命周期服务成本的评估。最后,拥有服务协议的客户总是拥有服务优先权,因此彼此的合作会更为紧密。

最先进的商业模式是停止简单销售装备,而是销售产出或是保证一个具体的纸张生产量。已经有多个供应商讨论甚至测试了这种商业模式。然而,鉴于装备投资过大,目前服务化商业模式主要关注于逐渐提升其生产能力。一位经理解释道:"假设装备价值 2000 万欧元,然后服务费是每年 100 万欧元……这很难说服人……要采用这种方式,大概需要 20 年……或者提供 40 年服务才能达到与销售设备相同的收入……我们是不可能这样做的。"

### 9.2.3 产品(offerring)的作用

Homburg 和 Garbe (1999)将制造服务化定义为"制造企业为客户组织提供服务"。这个定义包括预购服务、购买中的交付服务,以及售后服务。Sawhney 等(2004)使用"客户活动链"(customer-activity chain)这一术语并认为,公司可以通过向该链增加新服务、提供以前顾客自己做的服务,或者在临近地区引入新服务,来识别商业机会。通过利用整个产品生命周期中的机会,制造企业可以转向下游供应链的客户,以确保更稳定的收入(Davies,2003;Wise,Baumgartner,1999)。

鉴于装备结构性、周期性的变化和较长的生命周期,新设备的需求会随着时间而降低。然后注意力转向大量的安装基础客户。随着关注焦点的变换,纸浆和造纸行业的装备供应商需要调整他们思考战略的方式及商业模式(Wise,Baumgartner,1999),包括:定义客户操作和保养设备时的活动,并利用整个设备生命周期中可识别的服务机会来改变商业模式。装备供应商有几个优势，他们出售设备、了解客户，并且拥有设备及相关技术知识（Oliva，Kallenberg，2003）。

所识别的服务化机会可分为支持产品的服务和支持客户的服务（Mathieu，2001）。支持产品的服务已很普遍，如确保产品功能的服务；装备供应商也需要关注支持客户的服务，以维持竞争力，如提高服务流程生产率的服务（Markeset，Kumar，2003；Mathieu，2001）。这种转变意味着，装备供应商在分析客户业务、识别客户组织问题、从经验中获取知识、将组件协调为解决方案时，战略咨询公司的建议变得越来越重要。这些服务都是基于提高生产率的逻辑，即服务的理念应该能够提升客户生产力，并且只要存在潜在的改进可能，就能够提供相应的服务。

尽管自 1990 年开始，纸浆和造纸装备供应商所提供服务的数量已经在增加，与此同时，造纸厂和专业服务供应商也经常做诸如保养这类的服务。这些服务都是基于装备供应商所提供的产品，它们对自己的产品拥有知识优势；当然在某些特定服务中也使用竞争对手的产品。这些服务巩固了与造纸厂的关系，提高了供应商的声誉，也提高了获取未来业务的可能性。"这就是我们希望从服务中得到的。同样，客户也再次明白，如果你能够为他提供服务，他将会在资本层面信任你；而如果你能将服务做得非常好，他将会在装备层面信任你。所以，这就是我们想通过服务获得的两大益处，即获得业务的稳定性，使你能够继续你的投资业务；以及为你提供机会，以获得这业务之外的源源不断的资本业务。"

在制造商提供一段时间服务后，出售物中产品和服务的区别似乎变得越来越模糊。通过服务活动和所要求的实体产品，可以识别和满足客户的需求，服务和产品之间的区别变得不再重要："当我们执行服务和更换备件时，我们也称之为一个产品。……因此，一天结束的时候，在我们看来，一切都可能是产品，它包括服务、用品、组件和……服务。"在纸浆和造纸行业，竞争压力似乎不断增加，促使企业不断开发产品、识别商业机会、平衡结构性和周期性的变化。"服务方面我们试着做的是，以收入和利润两种方式来平衡资本业务的高峰和低谷。"

### 9.2.4 组织的作用

企业改变服务策略或客户改变产品的服务化需求，都会带来企业组织的变化（Gebauer et al. ，2010）。短期内，在不改变组织的情况下成功地提供服务是可能的；但是，产品和商业模式的长期变化，必须伴随着更适合服务的组织。组织的变化增强了与客户联系和对客户响应的能力,培育了与服务有关的氛围和文化。在组织变革中,应该评估一线人员的人际交往能力,企业应试图在设计、生产、交付和消费方面引导顾客参与进来(Bowen et al.,1989)。多数研究认为,制造企业要在服务方面取得成功,必须进行组织变革。然而,在应该进行哪些改变上则存在分歧。Oliva 和 Kallenberg(2003)认为应该创建单独的服务部门,而 Neu 和 Brown(2005)则认为,管理者需要整合业务单元的职责,培养公司内部在其业务服务化方面的协作能力。

这些组织单元面临的一个问题是,如何通过创造服务规范和价值观来启动文化变革(Bowen et al.,1989)。此前关于装备供应商的研究表明,设计过价值数百万美元设备的工程师以及有工程传统的装备供应商,都很难为一个价值 1 万美元的设备维修合同感到兴奋。这一现象表明,企业文化变革比一个单独业务单元的变革更为复杂。Gebauer 等(2010)建议,需要在装备供应商的策略和服务提供组织机构的设计之间形成匹配。然而,这一配合在实践中很难实现。一家装备供应商的首席执行官表示,在过去 6 年的时间里,他所在的组织在服务提供是否应该成为独立的业务单元这个问题上,来回折腾了 3 次。

### 9.2.5　网络的作用

在近期的一项研究中,Kowalkowski 等(2013)确认了外部网络在服务提供中的关键作用。特别地,小型制造业企业需要采用不同的价值系统,以获得恰当的服务提供能力和资源。他们确认了九种不同的价值系统:系统集成、客户对客户中介、协同定位能力、专家外部性、共享服务平台、双向客户联系合作、水平协作、集成协同定位以及能力习得(Kowalkowski et al.,2013)。

纸浆和造纸行业的大多数装备供应商,都利用其内部资源提供了许多服务。下一节我们将讨论识别出的装备供应商价值系统。用于构建服务能力的三个价值系统是:

- 水平协作
- 能力协同定位
- 能力习得

缺乏齐全的产品和服务的装备供应商采用水平协作。可能因为客户要求公司提供更齐全的备件和安装服务,企业选择参与水平协作。通过紧密和非正式的协作,公司扩大它的产品范围,如提供保养计划和培训服务,这些订单在以前是不可想象的。关键是水平协作,对于那些想减少供应商数量的客户而言,水平协作的企业作为潜在的合作伙伴,显得更具吸引力。在这个价值体系中,合作伙伴倾向于与业务网络中具有同样水平位置的企业合作；并且，他们的合作往往是非正式的，并且与客户服务、售后服务或者发展伙伴策略是一致的。

基于服务提供的组织变革，是从客户的角度出发为基于服务的目的去建立一个新的业务单元或组织。Kowalkowski 等（2013）认为，这是服务提供能力的协同定位。装备供应商接管了客户的保养组织，因为这个组织产能利用率低，而且对客户来说内部拥有并不经济可行。装备供应商获得了高服务生产力，反过来向外部客户提供这样的服务。成功的关键是具有跨越几个地点协调有限资源的能力，而且竞争优势的关键是接近客户。

最后，在能力的习得方面，装备供应商选择兼并合适的中小企业，以获得特定的制造、服务或营销能力。不同于其他价值系统，关系的本质是正式的，而且为了使收购有利可图必须进行更大的调整。可以在水平和垂直方向上进行整合。在一个案例中，企业获取了一个提供流程改进能力的工程车间，使其能够提供计算服务，以及对更高质量服务的成本进行评估。另外，制造能力提供了企业在供应链中垂直扩展的可能性。

## 9.3  纸浆和造纸行业的服务化：已经走了多远

回到纸浆和造纸行业服务化需要何种变迁这一基本问题，该行业的服务化是由技术变化驱动的（见图 9.2）。紧随这些变化之后的是产品和组织变化的协调，接着是解决不匹配问题以及组织重组和新产品引入。网络和商业模式也引起装备供应商的关注，但是这个领域的行业进步是有限的。许多公司尝试新的商业模式并为服务创新和服务提供建立网络。然而迄今为止，这些改变装备供应商和造纸厂之间关系的尝试，并没有取代传统做生意的模式。

纸浆和造纸行业逐渐下降的就业水平影响了造纸厂的技术能力。造纸厂很少雇用完成服务和定期检修的员工。这种状况凸显了装备供应商的潜力，因为他们在装备、生产过程和客户业务方面是专家。嵌入式或智能化的服务可用于生产过程的远程监控，但是这方面的发展面临着障碍。纸张的较低需求迫使造纸厂关闭或降低产量，这导致装备的投资更低。另一个障碍是销售人员和客户可能都不认同智能服务投资的附加价值。最后，服务提供者需要确保智能服务能为顾客创造使用价值。

装备供应商经常将技术作为出发点，开发出能提供大量服务的组件。鉴于对新产能的较低投资，服务的潜力在于保养和生产改进。对于大型纸浆和造纸装备供应商，超过 40% 的营业额来自服务。新服务的创意很多，所面临的挑战

技术

网络　　　　　　　　组织　　　　　　　　商业模式

产品

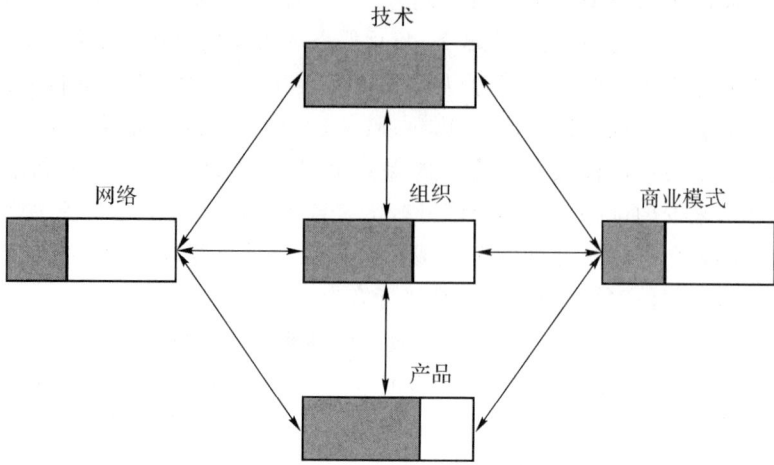

图 9.2　纸浆行业装备供应商服务化程度

是开发专注于客户使用价值的服务。要提供这样的服务,服务的策略和产品必须随着组织的改变而改变(Gebauer et al.,2010)。装备供应商为服务所做的组织设计必须与其组织策略相匹配。文化变革往往是必要的,它是通过创建服务规范和价值观来完成的。服务供应商容易忽视这样一个事实:服务提供的质量要求和装备的质量要求是相同的。

当开发建立服务提供的商业模式时,关注装备交易和销售的传统观点是一个障碍,其中包括"服务必须是免费的"这一观点。对销售人员和客户来说,开始为曾经免费提供的东西付费是困难的。许多装备供应商完成了从免费服务到收费服务的文化变革。另一个挑战是,如何成为一名专业的服务提供者,并随着时间的推移不断开发服务,以确保业务的可持续性。与支持产品的服务相比,支持客户的服务似乎是一个成功的策略。服务成为一个价值创新的视角(Edvardsson et al.,2005)。这需要结构和文化的变革以及捕捉价值的新方式,因此需要新的和变化了的商业模式。其障碍是生产过程的复杂性、纸浆和造纸行业的长期投资债务以及设备通常来自多家装备供应商的事实。这使得识别为客户创造最有利业务即使用价值的设备变得困难。发展新商业模式的潜力在于保养合同、服务协议和按约产出的发展。这些服务努力优化了装备在整个生命周期的运作,防止了不必要的维修以及昂贵的生产停机时间。

服务提供者需要克服的障碍是构建恰当的能力,这种能力在现有的组织下是不可能形成的。克服这一障碍的关键是为服务使用外部的网络。装备供应商可能使用几个不同的价值系统,以便将需要的服务功能注入其组织。获得成功的关键是:跨地区协调有限的资源以及将接近客户作为竞争优势。

纸浆和造纸行业装备供应商服务化的最后一点是，成功的关键是确定客户的使用价值。如果该客户价值对装备供应商非常重要，那么就可用技术来驱动业务的服务化。基于新技术可以开发新的商业模式，装备供应商就可以对以前免费提供的服务收取费用了。

## 本章参考文献

Allmendinger, G. & Lombreglia, R. (2005). Four strategies for the age of smart services. Harvard Business Review, 83(10), 131-145.

Bowen, D. E., Siehl, C. & Schneider, B. (1989). A framework for analyzing customer service orientations in manufacturing. Academy of Management Review, 14(1), 75-95.

Brown, S., Gustafsson, A. & Witell, L. (2009). Beyond products. Wall Street Journal. http://online.wsj.com/article/SB10001424052970204830304574131273123644620.html.

CEPI—Confederation of European Paper Industries, Key Statistics 2011.

Davidsson, N., Edvardsson, B., Gustafsson, A. & Witell, L. (2009). Degree of service-orientation in the pulp and paper industry. International Journal of Services, Technology and Management, 11(1), 2009.

Davies, A. (2003). Integrated solutions—The changing business of systems integration. In A. Prencipe, A. Davies & M. Hobday (Eds.), The business of systems integration (pp. 333-368). New York: Oxford University Press Inc.

Davies, A., Brady, T. & Hobday, M. (2007). Organizing for solutions: Systems seller vs. systems integrator. Industrial Marketing Management, 36(2), 183-193.

Edvardsson, B., Gustafsson, A. & Roos, I. (2005). Service portraits in service research: A critical review. International Journal of Service Industry Management, 16(1), 107-121.

Fischer, T., Gebauer, H. & Fleisch, E. (2012). Service business development. Cambridge: Cambridge University Press.

Gebauer, H., Edvardsson, B., Gustafsson, A. & Witell, L. (2010). Match or mismatch: Strategy structure configurations in the service business of manufacturing companies. Journal of Service Research, 13(2), 198-215.

Gustafsson, A., Brax, S. & Witell, L. (2010). The future of service business in manufacturing firms. Journal of Service Management, 21(6), 557-563.

Homburg, C. & Garbe, B. (1999). Towards an improved understanding of industrial services: Quality dimensions and their impact on buyer-seller relationships. Journal of Business-to-Business Marketing, 6(2), 39-71.

Kowalkowski, C., Witell, L. & Gustafsson, A. (2013). Any way goes: Identifying value constellations for service infusion in SMEs. Industrial Marketing Management, 42(1), 18-30.

Kumar, R. , Markeset, T. & Kumar, U. (2004). Maintenance of machinery: Negotiating service contracts in business-to-business marketing. International Journal of Service Industry Management, 15(4), 400-413.

Markeset, T. & Kumar, U. (2003). Design and development of product support and maintenance concepts for industrial systems. Journal of Quality in Maintenance Engineering, 9(4), 376-392.

Mathieu, V. (2001). Product services: From a service supporting the product to a service supporting the client. Journal of Business and Industrial Marketing, 16(1), 39-58.

Neu, W. A. & Brown, S. W. (2005). Forming successful business-to-business services in goods dominant firms. Journal of Service Research, 8(1), 3-17.

Oliva, R. & Kallenberg, R. (2003). Managing the transition from products to services. International Journal of Service Industry Management, 14(2), 160-172.

Panesar, S. S. , Markeset, T. & Kumar, R. (2008). Industrial service innovation growth and barriers. International Journal of Services, Technology and Management, 9(2), 174-193.

Ren, G. & Gregory, M. (2007, October 4-7). Servitization in manufacturing companies—A conceptualization, critical review and research agenda. Proceedings of the 16th annual frontiers in service conference, San Francisco, CA.

Sawhney, M. , Balasubramanian, S. & Krishnan, V. V. (2004). Creating growth with services. MIT Sloan Management Review, 45(2), 34-43.

Walker, R. H. , Craig-Lees, M. , Hecker, R. & Francis, H. (2002). Technology-enabled service delivery, an investigation of reasons affecting customer adoption and rejection. International Journal of Service Industry Management, 13(1), 91-106.

Wise, R. & Baumgartner, P. (1999). Go downstream: The new profit imperative in manufacturing. Harvard Business Review, 77(5), 133-141.

Witell, L. & Löfgren, M. (2013). From service for free to service for fee: Business model innovation in manufacturing firms. Journal of Service Management, 24(5), 520-533.

# 10　医疗技术制造商：监管市场下的服务化

## **Marcus Schröter，Gunter Lay**

**摘要**：医疗设备市场受到严格的监管。在接受官方生产许可之前，创新技术必须进行广泛的测试。由于卫生系统成本削减，医院的投资预算非常有限，并且医疗技术的应用需要医生认可。这些框架条件为医疗技术制造商设置了特殊的障碍和驱动。因此，本章展示了德国医疗技术行业服务化的现有水平，依据是三项实证研究的结果。结果表明，可以观察到服务化的特定模式，尽管只有一部分源自监管的诱导。先进服务已经达到卓越的水平，并且成了将创新技术引入市场的载体；这时客户的投资并不多。通过先进服务激发流程改进的潜力是有限的，因为医疗设备的操作必须由医生来完成。

## 10.1　引言

医疗技术制造商为医院、实验室提供医疗与手术设备和仪器。产品种类纷繁多样，包含骨科（截肢用具、拐杖），牙科和眼科产品（玻璃、陶瓷），医疗技术仪器和用品（针、床），照射设备，电子医疗和电刺激设备（心脏起搏器、心电图设备、X-射线机）及其他设备，如轮椅。除了美国和日本，德国制造商在销售和技术方面也是领先的。总的来说，德国医疗技术行业包括大约1200家制造商，它们的营业额达到223亿欧元，并在2012年雇用了94500名员工（Spectaris，2012a，b）。尽管近年来发生了经济危机，但德国的医疗技术制造业依然持续增长，出口比重超过了60%（见表10.1）。

表 10.1 德国医疗技术制造商的销售额、出口和雇员

| 项目 | 2008 年 | 2009 年 | 2010 年 | 2011 年 | 2012 年 |
|---|---|---|---|---|---|
| 总销售额(亿欧元) | 192 | 183 | 200 | 214 | 223 |
| 国内销售额(亿欧元) | 66 | 69 | 72 | 72 | 72 |
| 国外销售额(亿欧元) | 126 | 114 | 128 | 142 | 151 |
| 出口比重(%) | 656 | 623 | 640 | 664 | 679 |
| 雇员数(名) | 86790 | 87000 | 89200 | 92000 | 94500 |

资料来源:Spectaris 2012a,b。

在德国医疗技术行业中,大约有 15% 的员工从事研发工作(Spectaris, 2012a,b)。最重要的产品种类是 X 射线和放射治疗设备,占总医疗设备销售额的 13.4%;牙科体系、设备和材料占医疗设备销售额的 12.9%;诊断和试剂占总医疗设备销售额的 11.8%(Lindner et al.,2009)。

德国医疗技术行业在很大程度上是由中小企业组成的。在所有德国医疗技术公司中,大约97%企业的员工人数少于 500 名,20%的员工在规模少于 50 人的企业工作。在这个行业,超过 500 名员工的大企业的销售额,约占总销售额的 60%。最小的一类公司(少于 50 名员工)约占总销售额的 7%。

医疗产品市场通常受制于强大的法律法规,受经济周期影响较小。由于人口结构的变化,医疗技术行业被认为拥有良好的增长前景,但德国医疗技术制造商面临的市场则有所不同:国外营业额增长,而国内销售停滞不前(见表 10.1)。国内销售的停滞归咎于德国医院投资的下降。客户倾向于对设备进行维修,从而延迟了设备更新的时间(IG Metall,2003)。这种趋势的主要原因是,德国医院筹资法案(Hospital-financing Act)导致资金减少,投资率下降。由于国库财政情况困难,在可预见的将来,不太可能获得补充基金(Blum,Schilz,2005)。

因此,医院里使用的医疗设备日益老化。由于框架条件的退化,医院已经转向新的融资方案(Blum,Schilz,2005)。现在,医疗技术制造商面临的挑战在于,如何恢复停滞不前的国内市场。应对的策略是通过服务化商业模式将医院的投资转化为持续的支出。基于这一概念,医疗技术服务商必须依赖使用情况来融资的延伸服务模式。

表 10.2 德国医疗技术公司公司规模(员工数)分布情况

| 员工数(名) | 1~49 | 50~99 | 100~249 | 250~499 | 500~999 | 1000 及以上 |
|---|---|---|---|---|---|---|
| 企业比例(%) | 20 | 12 | 16 | 13 | 8 | 31 |

资料来源:Spectaris 2012a。

这些讨论引导德国工业协会（German Industry Association）进行了一项研究，研究主题是光学、医学和机械电子技术行业的医疗设备制造商与医院的合作模式。在这项研究中，作为医疗技术制造商的客户，有 52 家医院接受了调研。结果表明，医疗技术供应商和客户间的关系将会越来越有意义。研究区分出以下三个概念（Wieselhuber，Partner，2006）：

• 运营模式：医疗设备制造商保留了产品的所有权和在医院的设备操作权。客户为使用服务向制造商支付费用，如准备无菌设备。

• 传输模式：制造商保留医疗技术设备的所有权，但由医院操作和使用设备。客户根据设备使用支付费用。

• 合作模式：生产者和医院成立一个联合运营公司。

鉴于上述背景，下文将基于对德国医学技术生产部门的三项调研，呈现该产业服务化的现状。

## 10.2 Buschak 等对 12 家医疗技术制造商的服务化调研

第一项研究调研的是 12 家医疗技术制造商的服务提供情况（Buschak et al.，2010）。表 10.3 说明了本研究受访公司的特点。在样本中，9 家制造商服务于最终用户，而 3 家制造商为最终产品制造商提供支持。关于企业规模，所采访企业中 4 家是中小企业，8 家是大型制造商。访谈是半结构化的，也就是说，使用预定义和结构化的访谈指南。访谈的记录通过定性的内容分析方法进行分析。

表 10.3　Buschak 等（2010）所列的采访名单

| 公司 | 产品 | 规模 | 客户 | 访谈对象 |
|---|---|---|---|---|
| A | 医疗设备软件 | 大型 | 实验室 | R&D 部门、IT 部门 |
| B | 成像系统（X 射线、核磁共振、成像装置） | 大型 | 实验室 | 服务管理部门 |
| C | 成像系统（X 射线、核磁共振、成像装置） | 大型 | 作为医院、大学的一个部门的实验室 | 服务管理部门 |
| D | 内窥镜、提取系统、诊断设备 | 大型 | 内科医生、医院、大学 | 产品管理部门 |

续表

| 公司 | 产品 | 规模 | 客户 | 访谈对象 |
|------|------|------|------|----------|
| E | 激光和诊断设备 | 大型 | 内科医生、医院 | 产品管理部门 |
| F | 诊断和治疗的精密小配件 | 中小型 | 医院、测量装置制造商 | 销售管理部门 |
| G | 光学诊断和手术技术 | 中小型 | 治疗和诊断设备的制造商 | 销售管理部门 |
| H | 激光和检查表 | 大型 | 医院、内科医生 | 服务和质量管理部门 |
| I | X 射线系统 | 大型 | X 射线和辐射设备的 OEM 制造商 | R&D 部门 |
| J | 内窥镜手术器械和设备 | 大型 | 医院 | 服务营销部门 |
| K | 牙科手术设备 | 中小型 | 牙科技师、牙医 | 综合管理部门 |
| L | 牙科陶瓷 | 中小型 | 牙科技术制造商 | 综合管理部门 |

最初的重点显示,所有受访的医疗设备制造商都提供传统的产品导向服务,如为客户的员工提供培训服务、电话热线、保养和维修服务以及配件交付。此外,为了使标准产品满足客户需求,也都普遍提供咨询服务。

面向最终用户(医生、护士或者医疗技术人员)的医疗技术制造商的产品,在设备功能方面要遵循严格的法律要求。因此,确保设备精确性的质量检查或定期保养分析是必须的。即使没有服务合同,制造商也必须提供这些服务。这些服务不能与竞争者有所差异,因为法律要求所有供应商都要提供合乎标准的质量检查或定期保养。

在所采访的公司中,也有两家公司采用金融服务来应对客户资金短缺的问题。这些公司为他们的客户提供租赁产品。调查中发现租赁报价中包含保养合同。然而,在这两个案例研究的业务理念中,并没有发现有效性保证服务。

相较于购买产品,表 10.3 中的 E 公司为其客户提供了按次计费的服务。制造商保留产品的所有权,在客户那里安装设备并向客户出售卡片,卡片上包含客户使用医疗设备的数量。当数量消耗完后,客户必须购买新的卡片以便继续使用该医疗设备。

另外两家企业提供结果导向的服务,如设备运作服务。H 公司是一家医疗激光设备制造商,面向德国市场提供这项服务;F 公司是诊断和治疗精密小配件制造商,为其美国客户提供这项服务。H 公司的特点是:客户购买的是产品的功能而非产品本身,这是一项运营良好的业务。该公司为其客户提供移动激光医疗服务功能。通过这种报价的形式,公司特别满足了小型医生办公室的需求，它们是该制造商的主要客户群。小型医疗机构通常买不起激光设备，并且不需要持续地使用它。

总结研究结果可以发现，在德国医疗技术部门，一些基础服务是普遍和传统的。直接向客户提供产品的德国医疗技术制造商，已经在其相关的市场中发现按次计费和运作服务这些先进服务。公司 E、公司 F 和公司 H 投资高科技产品来扩展他们的供给，解决客户的困难。这些发现表明，在面向终端用户的医疗设备制造商中，已经有 1/3 将服务化商业模式融入其策略。即使 Buschak 等 (2010)这项研究并没有提供德国医疗设备制造部门服务化的整体图景，这一发现仍表明先进服务已经不仅仅停留在讨论阶段。

## 10.3　Köbler 等对 7 家医疗技术制造商的产品—服务系统调查

Köbler 等(2009，2010)对德国医疗技术工程行业产品—服务系统现状进行了研究。他们对 7 家医疗技术制造商、医院和独立咨询公司中的代表性个体进行了访谈。表 10.4 展示了该研究中医疗技术制造商的样本概况。

表 10.4　Köbler 等(2009)的样本公司分布

| 公司类型 | 产品 | 样本中公司的数量 |
|---|---|---|
| 大型医疗设备制造商 | 医疗成像技术(X 射线、磁共振成像装置、电脑断层扫描仪) | 4 |
| 医疗仪器制造商 | 内窥镜设备、外科仪器和种植体 | 3 |

实证研究结果与 Buschak 等(2010)的调查结果极为相似。首先，传统的基于产品的服务非常广泛，如保养和维修服务以及产品导向的培训服务(Köbler et al.，2009)。第二，IT 支持服务日益重要，如远程服务。另外，报道了医院对优化医疗护理流程服务日益增长的需求(例如流程导向的培训)(Köbler et al.，2010)。

关于产品—服务系统的提供，他们认为，被访医疗技术制造商的战略目标包括提升客户忠诚度、强化客户关系以及成为解决方案提供商。只有两家公司提到超额利润和收入的战略意义 (Köbler et al.，2009)。

与上述传统服务相比，像代为操作医疗设备这样的先进服务，被 Köbler 等 (2010)描述为医疗工程行业的创新。这种先进服务的一个例子是医院所需要的医疗仪器的有保障的可用性服务。

因为医疗护理流程和外科手术活动是所有医院的核心流程，医疗技术制造商提供医疗设备综合应用方面的服务是不太可能的。在将来，希望医疗技术制造商越来越注重开发和提供创新性增值服务，可以以此与竞争对手相区别（Köbler et al. , 2010）。

## 10.4 Schröter 和 Ostertag 对 4 家医疗技术制造商的先进服务调查

第三项研究是 Schröter 和 Ostertag(2007)，它也展示了医疗技术制造部门的服务化现状。这次调研的目的是，了解当制造商保留其设备所有权而不是将产品卖给医院时，其服务化商业模式的基本依据和效果。样本包含四家公司，表 10.5 描述了这些公司的特征。

表 10.5　Schröter 和 Ostertag(2007)的样本特征

| 公司 | 规模 | 产品 | 客户 |
|---|---|---|---|
| 1 | 中小型 | 水刀手术器具 | 医院 |
| 2 | 大型 | X 光机、超声波检查系统 | 医院、医生办公室 |
| 3 | 中小型 | 内窥镜及外围设备 | 医院、医生办公室 |
| 4 | 大型 | 内窥镜 | 医院 |

这是一篇德语文献(Schröter, Ostertag, 2007)，下面总结了这次研究的成果。在医疗设备制造业存在多样化的先进商业模式。公司 1 实现的商业模式应用于水刀手术。制造商保留了合同期内手术器械的所有权而非简单地销售器械，然后按次计费。客户购买每次手术中与器械配套使用的无菌应用套装，该套装是一次性使用的，这意味着使用后即抛弃。套装采购价格里包含了水刀手术器械的折旧成本。此外，双方商定每年的手术数量和服务有效期，或者合同期内总的使用次数。一次性套装使用价格的确定，要保证器械资本投资的回收，这通常也要考虑到合理的利息率，以及协议中包含的器械件数。医院的外科医生负责设备的使用。由于签订了一次性套装最低使用数量的协议，客户承担了产能利用率的风险。

公司 2 是一家租赁银行，该银行购买并拥有相关的医疗设备。客户医院每月按患者的平均数目和每位患者使用设备的使用概率，向设备的所有者——该租赁银行付费。如果实际使用量高于预期，会相应追加收费且合同期限有所缩短。合同中也约定了最低使用数量（每年用量或总用量）。设备制造商不愿意承担患者的风险，因此并没有参与这种服务。不过，设备制造商要对设备和保养负责。这些并非由其使用者医院处于治疗目的直接购买的设备,现在是由租赁银行出面调配和更新的。通过最小使用数量的合同约定,设备利用率风险仍部分地保留在客户一方。

公司 3 实现的商业模式涉及内窥镜和外围设备的管理。在这种商业模式中,客户现存的设备是初时已评估和更换过的,追加投资是针对整个合同计划期的。供应商提供的其他服务涉及以下方面:维护、保养和设备修理,快修,出现缺陷时的备用设备租借,材料采购(耗材、化学品等),一次性消耗品、维修和服务成本的报告。客户负责设备的实际操作,按照事先计算的结果每月等额分期付款。计算的依据是预期使用次数和客户使用经验。作为合作方式的一部分,如果使用次数低于预期,就会与客户达成如何减少合同义务的协议。例如,免除下一设备的使用费用;或者如果客户已经部分付款,可予以退款。

公司 4 同样为可重复使用的内窥镜仪器提供了按次计费的服务。对医院而言,购买内窥镜仪器至少需要 10 万欧元的投资。在销售和出租合同(sale-and-lease-back contract)中,仪器的所有权被转移到密切参与的出租银行。之后企业 4 与客户签订"转租协议",这是有保护价值的合同,除了服务和保养之外,还包括维修和必要时更换设备的条款;并实行按次计费。基于投资回收期、服务水平和预期使用次数来估算单次费用。发票是按照实际发生额开具的。如果这些实际的数字偏离了计划数量,随后几年每次使用的价格就会根据先前合同中具体的规定进行调整,使用次数越少,单次使用价格越高,反之则越低。设备利用率的风险回到客户一方。

在该研究的所有实例中,制造商开创了上述新的商业模式,这种模式被理解为稳固或开拓市场的一个新方法。然而,客户也在不断提出对新商业模式的需求。有时生产者可以直接处理这种需求,有时则需要特定的招投标程序,吸收第三方加入服务提供行列。

客户对新商业模式需求背后的动机中,财务动机占有主导地位。有限的投资预算迫使医院和医生办公室去寻找传统商业模式的替代方案。对于小型私人诊所和医生办公室而言,10 万～20 万欧元的投资门槛太高了。流动性考虑同样支持按次计费的模式,因为只有设备实际使用产生收入,才会产生分期付款。根据公司 4 的经验,客户越来越对成本透明和更多选项产生兴趣。

过程优化作为额外的客户动机,在两个分析案例中起到重要的作用。这里的过程优化主要是指辅助流程优化,如重复使用工具的处理。然而,在某种程度上,过程优化也会损害客户核心竞争力领域。如果优化影响到手术室过程的畅通、更有效的过程和更高的产能利用率,这种场景就会发生。在一些商业模式实施的过程中,必备工具的可获得性提高了,医生对工具的选择也受到价格牌（price tickets）形式的治疗成本信息的影响。此外，在动态技术领域，更快升级的设备更引人关注。

在医疗技术领域，产品开发的高科技动态不仅与商业模式类型的选择有关，还与涉及产品生命周期的合同期限设定有关。市场上潜在的第二使用者通常认为二手产品是过时的。如果原合同在产品生命周期终止之前结束，如果该设备仍是制造商的资产，那么人们会认为它将很难继续使用。在"A"和"B"所分析的案例中，该问题以不同的方式得到解决。在公司1中，客户获得了设备的所有权。公司3根据预期的产品生命周期确定合同期限，以便在合同结束时令设备价值所剩无几。在公司4中，合同期限是固定的，只是由于会计原因低于设备生命周期的75%。当合同结束时，设备是租赁银行的财产但已完成摊销。通常公司4承担分期付款，以行使其所有权，设备可以像完全翻新过的仪器一样，用于其他按次计费的模式中，或者将其处理掉。

检验新的商业模式及其在经济上获得多大的成功时，得到一个平稳积极的结果。公司1虽然认为现在下定论还为时过早，但可以确信的是该模式是有利的。在这种情况下，新商业模式的销售份额大约占相关设备的15%或者总销售额的5%。主要的经济优势不仅在于新商业模式的获利性，而且在于它加速了创新产品的渗透。公司1旨在通过更快的市场渗入，尽可能多地开发整形外科设备市场的机会窗口，这种市场渗透是使用按次计费模式的。该设备的客户主要是私人诊所，制造商期待客户对按次收费的商业模式有一个良好的回应，毕竟他们更倾向于从公立医院中获取二手设备。这种设备2006年才开始采用按次计费的模式。然而，由于医院管理体系的问题，这还只是个良好的愿望，希望能够绕过长时间、冗长的预算编制过程，这个过程可能将持续数年。

公司2提供了一个新商业模式经济上成功与否的中立评估。一方面，它发现医疗卫生市场越来越需要可替代的商业模式，特别是各种融资形式。另一方面，人们也察觉到这种商业模式的困难，毕竟绩效服务合同在过去有过不成功的经历。在这些绩效合同的类型中，支付方式取决于可用性的实现。而可用性的定义和检验往往是很难的，容易引起客户与生产者之间的冲突。

公司3和公司4肯定了它们新商业模式的经历。在这两个案例中，通过客户层面的优化过程，新商业模式产生了附加价值。据估计，新商业模式的营业额占公司3的8%～10%。这类公司认识到按次计费模式中额外的战略优势，它与保卫既得战略地位有关。该模型形成了独特的卖点，并被认为对客户关系至关重要。因为在合同使用期，转换为其他制造商的产品在经济上是缺乏吸引力的。由于需要管理必要的复杂性，外国供应商难以提供类似的服务。

## 10.5 总结和展望

上面所提供的德国医疗技术制造服务化的实证研究表明：在这个部门，几个框架条件似乎为服务化企业创造了特殊环境。

第一，医疗设备市场要服从监管。为了避免危害患者，新的技术必须进行集中测试。要想将产品投放市场，设计新技术产品的公司必须得到官方许可。在这个领域，技术文档、检测和管理过程都是标准化的服务。要进入一个市场，全世界各地医疗系统的认证是必不可少的先决条件。因此，基本的服务在这个部门是无处不在的，这不仅限于传统的功能如保养、维修和培训。

第二，行业制造商的客户主要是公立医院。这类客户不能独立决定投资与否。来自医疗体系的融资限制阻碍了市场机制。虽然医疗设备制造商开发了先进技术，但这种技术的扩散还需要特定的激励。服务化商业模式可以视为这样的一种激励，因为其功能是克服客户在投资方面的限制。

第三，医疗设备的应用属于医学领域。如果制造商不打算参与建立和运行医院，不打算为患者的药物治疗雇用医生，那么医疗设备制造商就不能完全代替客户参与。基于这一事实，制造商的运营服务所提高效率的潜力是有限的。制造商只能管理和改进外围操作。

关于这些因素，医疗技术制造行业似乎遵循着特定的模式。与其他部门相比，医疗技术制造部门通过服务创造附加价值，扮演了一个次要角色。主要动机似乎是开放市场和引导产品销售，即使这对利润产生了负面的影响。

鉴于这一背景，先进服务提供的扩散不仅要符合理论分析，而且要服从实践检验。即使目前制造商提供先进服务的份额很小，医疗技术行业的服务化前景也要比其他行业要好。由于医疗卫生部门预算有限，可以预见的是未来会有更广泛的先进服务。

**本章参考文献**

Blum, K. & Schilz, P. (2005). Krankenhaus Barometer 2005. Düsseldorf: Herausgegeben vom Deutschen Krankenhausinstitut e. V.

Buschak, D., Biege, S., Wassmus, A. & Voigt, K. I. (2010). State-of-the-Art in Service orientation in the German Medical Engineering Sector. Proceedings of the 21th RESER Conference, Hamburg, Germany, 8.9-9.9.2011.

IG Metall (2003). Medizintechnik-Industrie Kurzreport 2003. Frankfurt am Main, 2003. Retrieved October 28, 2006, from http://62. 156. 146. 53/cps/rde/xbcr/SID-

0A342C90-BF0853B0/internet/docs_ig_metall_xcms_7718_7719_2. pdf.

Köbler, F. , Fähling, J. , Vattai, A. , Leimeister, J. M. & Krcmar, H. (2009). Analysis of value creation through product-service-systems in the German medical engineering industry. In 1st International Symposium on Services Science (ISSS) 2009, Leipzig, Germany.

Köbler, F. , Vattai, A. , Leimeister, J. M. & Krcmar, H. (2010). Evaluation des Produkt-Dienstleistungsangebots in der Medizintechnikbranche. In V. Wulff, J. Haake, T. Herrmann, H. Krcmar, J. Schlichter, G. Schwabe, J. Ziegler, (Eds. ), Schriften zu Kooperations-und mediensysteme Band 24. Hybride Wertschöpfung in der Gesundheitsförderung. Innovation—Dienstleistung—IT (pp. 199-212). Lohmar, Germany: Josef EUL Verlag GmbH.

Lindner, R. , Nusser, M. , Zimmermann, A. , Hartig, J. & Hüsing, B. (2009). Medizintechnische Innovationen—Herausforderungen für die Forschungs, Gesundheits-und Wirtschaftspolitik. The Office of Technology Assessment at the German Bundestag (TAB) Report No. 134.

Schröter, M. , Ostertag, K. (2007). Neue Geschäftsmodelle in der Medizintechnik. In Lay, G. (Ed. ), Betreibermodelle für Investitionsgüter: Verbreitung, Chancen und Risiken, Erfolgsfaktoren (pp. 77-95). Stuttgart: Fraunhofer IRB Verlag.

Spectaris (2012a). The Medical Technology Industry in Germany. Retrieved September 4, 2013 Access: http://www. spectaris. de/uploads/tx_ewscontent_pi1/Fact_Sheet_MedTech2012_web. pdf.

Spectaris (2012b). Daten und Fakten zur deutschen Industrie für optische, medizinische und mechatronische Technologien. Retrieved September 4, 2013 http://www. spectaris. de/uploads/tx_ewscontent_pi1/SPECTARIS-Jahreszahlen2012_03. pdf.

Wieselhuber & Partner (2006). Medizintechnik 2010.

## 第二篇

# 企业运作篇

# 11　服务化作为一个创新过程：识别变革的需要

## Christian Lerch

摘要：在过去,产业创新的成果体现在有形产品创新上。服务化主题的引入拓宽了创新的视野,无形产品创新是完善创新策略的一个机遇。然而,促进有形创新的实践和工具并不适合无形创新。因此,许多制造商仍对开发新服务或新的产品—服务系统犹豫不决。在这一背景下,本章提出一个面对无形创新特定挑战的新模型,用于管理一个系统创新过程。基于服务化的行业案例,我们从积极的制造服务化过程中获得见解,并将其设计成一个通用过程。本章首先是引言,其次是关于行业企业服务创新的文献综述,最后通过案例研究,识别出服务化过程面临的挑战,并描述了新创新模型的特征。

## 11.1　引言

在过去,工业化国家的制造商密切关注研发活动以推动产品创新。大家普遍认为,与高科技产品竞争是解决全球化市场挑战的有效方式。"高科技"和"创新"成为实业界和政治家的流行语。

然而,创新研究已经证实,这个约束性的创新定义遗漏了很多创新机会。要完全打开创新的潜力,需要对创新问题有一个更综合的认识。创新性生产过程和无形的创新,比如创新性服务提供,都与创新性产品同等重要。

在营销文献中,已经从关注商品交换的逻辑,转向关注无形资源(如价值的合作创造和关系等)的逻辑,这已经由 Vargo 和

Lusch（2004）很好地加以提炼。他们的最新研究贡献是,呼吁为营销制定一个新的服务主导逻辑。他们认为是服务供给而不是商品供给构成了经济变革的基础。

然而,制造商仍对利用这个新范式犹豫不决。由于许多原因,仅仅有数量有限的制造商重视开发创新性服务（Schröter et al.，2008；Lay，Schröter，2006）。首先,工业企业担忧开发创新性服务与产品—服务系统面临的重大金融风险。企业通常怀疑新服务供给的成本和收益（Lay，Schröter，2006）。第二,新服务开发与新技术产品开发没有可比性（例如 Lerch，2011a，b）。产品创新通常由研发活动触发,而新的客户导向的解决方案大多数是由市场或甚至单个客户驱动的（例如 Lay et al.，2009a，b）。因此,从开发创新性产品获得的工具和知识,并不适用于开发创新性服务面临的新挑战。

因此,本章节提出了开发创新性服务和产品—服务系统的一个通用的、系统性的概念。这一概念对制造商具有一定管理启示,目的在于以最适合的方式支持开发新的客户导向解决方案。

下一节是基于现有文献对制造企业服务创新过程进行概述。第3节提出服务创新过程面临的8个常见挑战,这些挑战在最近与服务化企业合作的研究项目中已经得到识别。在第4节,我们设计出一个过程模型去创造客户导向的解决方案,以解决第三部分提出的挑战。最后一节对本章的发现进行归纳总结。

## 11.2 制造企业的服务创新:迈向服务的自主创新管理

制造业服务创新的相关性问题最近一直很热。正如 Velamuri 等（2011）所宣称的,在制造服务化研究中,创新视角是它的支柱。作为服务化研究的8个分支之一,他们认为所谓的"创新观"有它自己的原则,也显著影响着服务化的研究。

通过广泛的文献回顾,我们发现创新观主要由两个子群体组成:创新管理和制造企业转型成为服务提供商（Velamuri et al.，2011）。

第一个子群体探讨的是创新管理主题,包括为产品相关服务或服务增强型企业规划创新过程的研究（Gann，Salter，2000）,以及将客户整合进入创新过程,为制造商开发集成解决方案的研究（Brax，Jonsson，2009；Windahl，Lakemond，2006）。一般来说,这个子群体的学者认为,制造服务化的创新管理必须区别于产品创新管理,要求为解决方案使用新的方法和工具（Velamuri et al.，2011)。

第二个子群体探讨的是制造商如何转型成为解决方案提供商,这是一个传统研究领域,也是服务化研究的几个重要问题之一。这个领域的出版物主要关注制造企业成功转型的服务策略,以及为转型期面临的挑战开发解决方案(如Matthyssens，Vandebempt，2010；Gebauer et al.，2008；Matthyssens，Vandenbempt，2008；Penttinen，Palmer，2007；Oliva，Kallenberg，2003)。按照这些研究的基本假设,制造企业正从单纯的制造商向个体客户导向的产品服务包解决方案提供商转型(Gebauer，2004)。在转型过程中,企业需要克服来自内外部的抵制(Velamuri et al.，2011)。

依据这些研究子群体,本章遵循创新管理文献的框架条件和原则问题,共享这些出版物的基本假设和观点,即新颖服务或产品—服务系统的创新过程,应当成为一个独特的研究主题。由于存在这些假设,文献中已经有一些方法,提出了开发产品—服务系统的可选过程。Weißfloch (2013)也对现有概念进行了一个实质性的概述。

Aurich 等(2010)提出了开发产品—服务系统的三个一般模型:(1)线性模型,包括几个不同阶段,每一步都建立在前一步基础上,适合不太复杂的服务。(2)迭代模型,包括循环和反馈,适合于更加复杂的服务。(3)原型模型,描述了一个非常快速开发的过程,并通过一些初步的应用得到改进。因此,对每一种服务类型,选择的是一个特定的开发过程。

其他概念都是相互独立地发展的,Schröter 等(2008)、Maussang 等(2008)、van Halen 等(2005)、Emmrich(2005)以及 Morelli(2002)等都对其进行了描述。大多数方法都集中在产生新思想和开发过程,而忽视了执行过程(Weißfloch，2013)。此外,一些学者认为,产品和服务必须被同时开发,产品和服务的开发过程应该融合(Spath，Demuß，2003)。

因此,制造企业的许多新服务开发过程实际已经存在。然而,它们在复杂性方面仅适合于一个特定的服务类型,聚焦于产品和服务的整合开发。最后,既适用于简单服务也适用于复杂产品服务系统,既能从一个技术产品独立自主地开发也能和已经存在的产品一起使用的创新过程,目前尚无。

来自文献的讨论显示,制造业服务创新应该是一个独特的研究主题,与产品创新和服务业创新没有可比性。而且,一些开发新服务的理论方法已经存在。然而,这些过程聚焦在特定的服务类型,强调产品和服务的整合开发。因此,一种既适合于各种行业服务,包括从非常简单的服务到高度复杂的产品—服务系统,又能独立适用于产品的服务创新模型,目前文献探讨得还很少。

## 11.3　制造企业实现服务创新的 8 个挑战

近年来,我们已经注意到制造商进行服务化所付出的努力。我们实施的研究项目就是为了分析和支持这些企业。表 11.1 介绍了研究项目的特点。

**表 11.1　识别服务创新项目挑战的实证背景**

| 涉及的制造商 | 开发的产品—服务系统的类型（依据 Tukker,2004） | 客户行业 |
| --- | --- | --- |
| 机器人制造商 | 结果导向 | 复杂产品和小批量产品制造商（金属制品、木制品、铝制部件） |
| | 使用导向 | |
| | 产品导向 | |
| 组装系统制造商 | 结果导向 | 汽车与航空航天行业、医药化工行业 |
| 压缩机与气动系统制造商 | 结果导向 | 能源密集型企业（如汽车行业、食品行业、机械装备行业） |
| | 使用导向 | |
| 机床制造商 | 结果导向 | 高科技产品与大规模生产制造商（如汽车行业、汽车供应商） |
| | 使用导向 | |
| 大型装备制造商 | 产品导向 | 加工工业制造商（如矿业和采矿） |
| | 结果导向 | |

基于这些研究项目,我们得知制造企业进行服务化活动所面临的挑战。我们从中识别出对服务化项目的成功至关重要的 8 个方面。

**客户导向**。开发新服务或产品—服务系统的动力,可能是与客户合作创造或市场研究技术发展(Witell et al.,2011;Lerch,2011a)。特别是复杂的产品—服务系统,通常都是被非常重要的客户所引发的。在这种情况下,提供商必须开发高度个性化的客户导向的解决方案。开发如此的产品—服务系统的结果,通常是不可预见的,并不能确保取得成功。通常,这是制造商进入服务化领域面临的第一个挑战。制造企业如何获取和运用客户知识来改善服务化,已经成为一项非常重要的挑战。

**市场分析**。来自市场的第二个影响是整个客户群体的新兴需要。在这种情况下,应该按照客户的财政赤字进行划分,然后去评估每个客户的产品—服务系统的市场潜力。市场分析的结果是探索不同服务市场里的不同优先事项。

识别服务市场里的关键客户，是开发服务战略的关键一环，制造企业并没有广泛认识到这一点。

**服务化战略**。识别客户需要后，接着必须开发一个合适的服务战略。服务战略一般由几个不同的方面组成，如服务供给或价值主张，这些都是企业战略管理的一部分。战略管理决策需要回答下面的问题：哪一个服务提供将要被执行，哪一个将要被放弃？ 如果产品—服务系统要被执行，制造商必须设计出一套产品—服务系统，以充分发挥纯物质产品仍保有的潜能（Kowalkowski et al.，2012；Hakanen, Jakkola，2012）。战略于服务提供者的长期成功是至关重要的。

**外包和供应链管理**。根据战略决策，价值主张应该能够转变成一个商业概念，为供应商和客户创造价值。由于他们的本性，产品—服务系统与传统产品相关服务是不可相比的；因此，供应商和客户的角色都必须进行重新设计（Kowalkowski et al.，2013；Morelli，2006）。内部的可行性研究应当识别那些在组织内部进行的活动、外部主体进行的活动以及客户进行的活动。如果供应商和客户都不能管理产品—服务系统的特殊单元，那么第三方就必须参与。最后，关于活动应该外包还是内包以及怎样管理供应链的问题，就随之出现了（Lay et al.，2009a，b）。

**过程和界面**。服务化文献中广泛讨论的主题是过程、组织结构和界面的重新设计。服务化企业最初的问题是服务部门的组织结构。例如，Rainfurth（2003）强调了不同类型组织结构对提供服务的特定优势。另外，内部和外部过程为了连带责任和个体活动的执行必须进行更新（Biege et al.，2012）。而且，企业内以及企业之间的新界面必须重新设计。由于企业的服务化，界面的特性正在发生变化，过程正在变得越来越复杂。

**管理会计**。通常复杂服务的营业额和成本高度不确定。为了提供新服务，就必须要实施一套考虑产品—服务系统特殊特征的管理会计系统。文献描述了计算成本和收益的方法，包括生命周期成本和总拥有成本（Lay, Radermacher，2005），这些方法也可以作为定价工具。除此之外文献还描述了基于多标准分析的其他方法（Weißfloch，2013；Mattes et al.，2013）。而且，还可以运用平衡记分卡（Kinkel，2003）或者功能点分析法（Lerch, Gotsch，2013），进行企业层面的会计服务。然而，正如文献所强调的，产品—服务系统实施具有极大的风险，决策是在不确定条件下做出的。

**产品调整**。新服务的实施可能导致技术产品的调整。我们专注与调整核心产品有关的制造企业技术商业环境。正如 Weissenberger-Eibl 和 Biege（2010）已经注意到的，新服务特别是产品—服务系统的实施，要求对实体产品

进行调整。根据服务的类型,对产品设计应有不同的调整策略和要求(Biege,
2011)。面临的挑战就是,如何识别最适合的方式去设计产品—服务系统中运
用的实物资产。

**人力资源**。最后,实施复杂产品—服务系统对制造员工具有很大影响。不
仅需要进行技术设备、过程和组织结构的变革,还需要对员工关键技能和任职
资格进行变革(Jung Erceg,2005)。然而,纯制造商的工程技术人员高度专注
于实物产品,而解决方案提供商的服务员工必须发展更加客户导向的技能。这
个关注特别包括从开始到产品生命周期结束,对客户的适当处理。这样,问题
就出现了:工程技术人员合适的能力和新的关键技能是什么?

## 11.4　制造企业服务创新的过程模型

这部分基于上节介绍的 8 个挑战,为制造企业产生和实施创新性服务提出
了一个通用的过程模型。该过程不仅包括简单产品相关的服务,也包括复杂产
品—服务系统,既适合新的也适合现存已扩散的产品。本章提出的过程包含不
同阶段的通用结构,可能适合于各个个案。

这个过程的基本结构已经被 Schröter 等(2008)描述过,在各种研究项目和
研究中得到不断调整和改进。该创新过程类型成为不同工业部门各个制造商
共同发展的一部分。因此,这是基于过去几年进行的 5 个研究项目中若干案例
研究得到的经验,归纳而成的一个通用方法。

这里呈现了模型的演化、必要变革的识别、每一步骤背后暗含的假设以及
理论基础。正如文献已经讨论的,开发新服务的动力通常是由客户引起,因而
是需求驱动的(Witell et al.,2011;Lay et al.,2009a,b)。同样的经历在有关
产品—服务系统开发过程的案例研究中也能观察到。因此,我们认为产品—服
务系统的创新过程,与研发驱动的创新过程没有可比性,但有可能与研发驱动
的创新过程是相反的。

而且,案例研究强调一个新的商业概念,如一个产品—服务系统应当被视
为一个系统的观点。这意味着单独的商业领域不能成功完成新的产品服务包
的开发。相反,由于这样的创新影响到企业的不同部分,创新需要各种不同的
技能。那些产品—服务系统模型的系统特性已经在文献中得到描述(Morelli
2006),为的就是产品—服务系统的开发。

进一步讲,我们认识到由外部市场需求与内部资源组成的整合观,对产品
服务系统的成功开发是非常必要的。因此,本章提出的创新过程由两方面组

成,其中不仅包括市场需要和市场潜力,还包括资源配置和市场调整。由于这些主要发现,它们已被进行的案例研究所强调、得到现有文献的支持,因此,管理的服务创新模型要基于下面三个原则:

• 新的产品—服务系统是系统性创新,影响一家企业的各个部分,它能够被分解成连续或迭代进行的不同阶段。

• 新的产品—服务系统基本是需求驱动的,因此,我们暗示产品—服务系统的显性创新过程是颠倒的。

• 成功地开发一套新的产品—服务系统,需要从整合视角去组合外部市场需要和内部资源配置。

这个方法应当作为制造企业的指导方针,包括针对每一阶段的管理启示、工具和手段。基本结构见图 11.1。

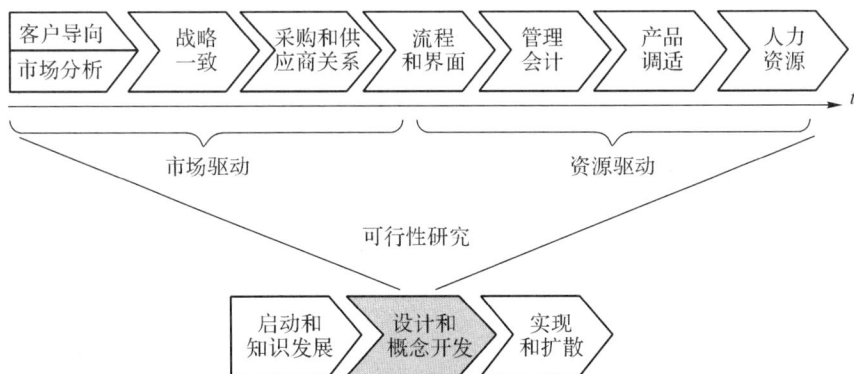

图 11.1　产品—服务系统开发的通用模型

该方法应当嵌入整个创新过程中,从一个新的商业概念开始,到一项服务或一套产品—服务系统实施的结束,每一阶段都需要制造企业采用不同的技能去处理已被识别出的 8 大挑战。

创新过程可以连续或迭代运行。案例研究显示,对于不太复杂的服务,创新阶段更多的是连续进行。由于一些阶段可以省略,整个创新过程可以很快地完成。相反,对一些较为复杂的服务,创新阶段更多是迭代进行的,整个过程需要花费更多的时间。因此,这个过程要根据服务的复杂性情况进行自我调整。

最后,问题产生了:企业应该怎样运用这个过程模型,怎样实现这些结果?按照案例研究所证明的,让来自与产品—服务系统开发相关的不同部门员工参与创新过程,是有帮助的。员工应该从营销、产品开发、人力资源、会计、法律、企业管理、客户服务等部门抽调。工作组或项目团队应该包括 5～10 人参与产品—服务系统的设计和概念阶段。

在这个阶段,一个有效的工作方式是由内部或者外部专家参与的研讨会。在我们的案例研究中,研讨会大概会持续半天到一天的时间,一般每隔 2~3 个星期进行一次。每次根据研讨会主题咨询合适的人。研讨会具有成为一个强大、持续过程的优势,这个过程可以包括所有企业部门,识别早期错误,提供一个创新性的工作环境。

研讨会的实施结果出现在下一阶段,即执行与扩散阶段。从研讨会收集的调查结果应当被记录,用于开发第一个版本的产品—服务系统。执行与扩散阶段主要由客户服务驱动,并通过反馈环与其他部门相连接。因此,这个最初的产品—服务系统一旦投入市场应用,就会不断改进。

## 11.5　结论和展望

近年来,创新研究日益将分析重点从有形创新拓展到无形创新。由于这个转变,服务创新已经吸引了更多的注意,成为在制造商间起重大作用的竞争因素。然而,制造行业服务创新的扩散仅仅反映了部分的竞争价值,缺乏合适的服务化过程管理工具,已经阻碍了各行业的服务化进程。

因此,本章强调了服务创新过程面临的挑战,提出了一个克服这些挑战的通用过程模型。该模型既适合基本的产品相关服务,也适合复杂的产品—服务系统,它提醒企业在开发期间要关注所有相关领域,可以用作企业的指导方针。

本章提到的制造商服务化面临的挑战,将在本书随后的章节中进行详细介绍。

**本章参考文献**

Aurich, J. C. , Mannweiler, C. & Schweitzer, E. (2010). How to design and offer services successfully. CIRP Journal of Manufacturing Science and Technology, 2(3), 136-143.

Biege, S. (2011). Servicegerechtes Design—Rückwirkungen der Ausgestaltung dienstleistungsbasierter Geschäftsmodelle auf die Auslegung von Investitionsgütern. Stuttgart: Fraunhofer Verlag.

Biege, S. , Lay, G. & Buschak, D. (2012). Mapping Service Processes in Manufacturing Companies: Industrial service blueprinting. International Journal of Operations and Production Management, 32(8), 932-957.

Brax, S. A. & Jonsson, K. (2009). Developing integrated solution offerings for remote diagnostics: A competitive case study of two manufacturers. International Journal of

Operations and Productions Management, 29(5), 539-560.

Emmrich, A. (2005). Ein Beitrag zur systematischen Entwicklung produktorientierter Dienstleistungen. Paderborn: Heinz Nixdorf Institut.

Gann, D. M. & Salter, A. J. (2000). Innovation in project-based, service-enhanced firms: The construction of complex product service systems. Research Policy, 29 (7/8), 955-972.

Gebauer, H. (2004). Die Transformation vom Produzenten zum produzierenden Dienstleister, Dissertation. University St. Gallen. St. Gallen: Difo-Druck.

Gebauer, H., Bravo-Sanchez, C. & Fleisch, E. (2008). Service strategies in product manufacturing companies. Business Strategy Series, 9(1), 12-20.

Hakanen, T. & Jakkola, E. (2012). Co-creating customer-focused solutions within business networks: A service perspective. Journal of Service Management, 23(4), 593-611.

Jung Erceg, P. (2005). Personalqualifizierungsstrategien für produktbegleitende Dienstleistungen-Ein Überblick. In G. Lay, M. Nippa, (Eds.), Management produktbegleitender Dienstleistungen (pp. 155-174). Heidelberg: Physica.

Kinkel, S. (2003). Die balanced scorecard (BSC) als Instrument zum integrierten Nutzen- und Aufwandcontrolling produktbegleitender Dienstleistungen. In S. Kinkel, P. Jung Erceg.

G. Lay (Eds.), Controlling produktbegleitender Dienstleistungen—Methoden und Praxisbeispiele zur Kosten-und Erlösrechnung (pp. 111-130). Heidelberg: Physica-Verlag.

Kowalkowski, C., Persson Ridell, O., Röndell, J. G. & Sörhammar, D. (2012). The co-creative practice of forming a value proposition. Journal of Marketing Management, 28 (13/14),1553-1570.

Kowalkowski, C., Witell, L. & Gustafsson, A. (2013). Any way goes: Identifying value constellations for service infusion in SMEs. Industrial Marketing Management, 42(1), 18-30.

Lay, G. & Radermacher, E. (2005). Life-Cycle-Costing-Tool als Instrument zur Kosten-/ Nutzen-Betrachtung produktbegleitender Dienstleistungen. In G. Lay & M. Nippa (Eds.), Management produktbegleitender Dienstleistungen (pp. 85-98). Heidelberg: Physica.

Lay, G. & Schröter, M. (2006). Mit Service zu neuen Geschäftsmodellen-ökonomische Potenziale identifizieren. In K. Barkawi, A. Baader, & S. Montanus (Eds.), Erfolgreich mit After Sales Services-Geschäftsstrategien für Servicemanagement und Ersatzteillogistik (pp. 334-347). Heidelberg: Springer.

Lay, G., Schröter, M. & Armbruster, H. (2009a). TCO als Ausgangspunkt für die Entwicklung dienstleistungsbasierter Geschäftsmodelle in der Investitionsgüterindustrie. In S. Schweiger (Ed.), Lebenszykluskosten optimieren: Paradigmenwechsel für

Anbieter und Nutzer, 2009 (pp. 153-179). Wiesbaden: Gabler.

Lay, G. , Schröter, M. & Biege, S. (2009b). Service-based business concepts: A typology for business-to-business markets. European Management Journal, 27(6), 442-455.

Lerch, C. (2011a). Industrial Services as a Source of Product and Service Innovations—An Approach with Strategic Implications, Conference Proceedings of the DRUID Society, Kopenhagen, Dänemark.

Lerch, C. (2011b). Interaction of Product and Service Innovations—An Analysis of the Dynamics in Industrial Companies, Conference Proceedings International System Dynamics Society, Washington D. C.

Lerch, C. , Gotsch, M. (2013). Dienstleistungsproduktivität in der Industrie. wt-online, 103(7/8), 560-565.

Mattes, K. , Bollhöfer, E. & Miller, M. (2013). Increased raw material efficiency through product-service systems in resource-intensive production processes? barriers, chances and an assessment approach. In H. Meier (Ed. ), Product-service integration for sustainable solutions, proceedings of the 5th cirp international conference on industrial product-service systems (pp. 141-152). Germany: Bochum.

Matthyssens, P. & Vandenbempt, K. (2010). Service addition as business market strategy: identification of transition trajectories. Journal of Service Management, 21(5), 693-714.

Matthyssens,P. & Vandenbempt, K. (2008). Moving from basic offerings to value-added solutions: Strategies, barriers and alignment. Industrial Marketing Management, 37 (3), 316-328.

Maussang, N. , Zwolinski, P. & Brissaud, D. (2008). Evaluation of product-service systems during early design phase. In M. Mitsuishi, K. Ueda, & F. Kimura (Eds. ), Manufacturing systems and technologies for the new frontier: the 41st cirp conference on manufacturing systems. Tokyo, Japan: Springer.

More, R. (2001). Creating profits from integrated product-service strategies. Ivey Business Journal, 65, 75-81.

Morelli, N. (2002). Designing product/service systems. A methodological exploration. Design Issues, 18(3), 3-17.

Morelli, N. (2006). Developing new product service systems (PSS): methodologies and operational tools. Journal of Cleaner Production, 14(17), 1495-1501.

Oliva, R. & Kallenberg, R. (2003). Managing the Transition from Products to Services. International Journal of Service Industry Management, 14(2), 160-172.

Penttinen, E. & Palmer, J. (2007). Improving firm positioning through enhanced offerings and buyer-seller relationships. Industrial Marketing Management, 36(5), 552-564.

Rainfurth, C. (2003). Dienstleistungsarbeit im produzierenden Maschinenbau—Eine Analyse am Beispiel von kleinen und mittleren Unternehmen. Stuttgart: Fraunhofer IRB.

Schröter, M. , Biege, S. & Lerch, C. (2008). Dienstleistungsbasierte Geschäftsmodelle für die Montage. In K. W. Witte & W. Vielhaber (Eds.), Lebenszyklusoptimierte Montage-Modulare Systeme und neue Geschäftsmodelle (pp. 39-77). Aachen: Shaker.

Spath, D. & Demuß, L. (2003). Entwicklung hybrider Produkte-Gestaltung materieller und immaterieller Leistungsbündel. In H. -J. Bullinger & A. -W. Scheer (Eds.), Service Engineering-Entwicklung und Gestaltung innovativer Dienstleistungen (pp. 467-506). Heidelberg: Springer.

Tukker, A. (2004). Eight Types Of Product-Service Systems: Eight Ways To Sustainability? Experiences from SusProNet. Business Strategy and the Environment, 13 (4), 246-260.

van Halen, C. , Velozzi, C. & Wimmer, R. (2005). Methodology for Product Service System Innovation—How to develop clean, clever and competitive strategies in companies. Assen: Koninklijke Van Gorcum.

Vargo, S. L. & Lusch, R. F. (2004). Evolving to a new dominant logic for marketing. Journal of Marketing, 68, 1-17.

Velamuri, V. K. , Neyer, A. K. & Möslein, K. M. (2011). Hybrid value creation: A systematic review of an evolving research area. Journal für Betriebswirtschaft, 61(1), 3-35.

Weissenberger, Eibl, M. A. & Biege, S. (2010). Design for industrial product-service combinations-a literature review. Journal of Applied Management and Entrepreneurship, 15(3), 34-49.

Weißfloch, U. (2013). Multikriterielle Bewertung von Produkt-Dienstleistungssystemen zur Steigerung der Energieeffizienz von Druckluftsystemen, Dissertation University of Göttingen, forthcoming.

Windahl, C. & Lakemond, N. (2006). Developing integrated solutions: The importance of relationships within the network. Industrial Marketing Management, 35(7), 806-818.

Witell, L. , Kristensson, P. , Gustafsson, A. & Löfgren, M. (2011). Idea generation: Customer co-creation versus traditional market research techniques. Journal of Service Management, 22(2),140-159.

# 12　获取客户知识以增强工业企业服务化能力

**Taru Hakanen, Minna Kansola, Katri Valkokari**

摘要：为了增强工业企业的服务化能力，需要更好地理解商业客户为什么以及怎样购买服务。因此，本章旨在识别影响客户服务采购的影响因素。研究以制造服务化、大客户管理、客户知识管理为理论基础，对供应商、客户企业进行了半结构访谈（定性探索性研究）。研究结果显示，客户的外包战略、制造技术、技术能力、采购职能结构以及对利润和客户体验的期望，对服务采购有显著影响。我们提出，获取深度客户专有知识是提高解决方案供应商客户导向的关键。基于客户服务采购潜力，客户知识提供了识别关键客户的基础。

## 12.1　引言

为了满足客户不断变化的需求，实现新的竞争优势，企业正在越来越多地为他们的客户提供增值解决方案（Brady et al.，2005；Davies et al.，2006；Nordin, Kowalkowski, 2010）。工业企业也正在通过各种工业服务增强他们的产品供给，积极实施服务化战略（Baines et al.，2009；Matthyssens, Vandenbempt，2008；Vandermerwe, Rada, 1988）。客户导向被认为是服务化战略的一个重要特征（Baines et al.，2009）。

随着 B2B 客户越来越倾向于集中采购并优化其供应基地，大客户管理（KAM，Key Account Management）方法对企业变得日益重要（Millman，Wilson，1995）。众多供应商正在采取大客户管理方法,持续不断地为客户提供个性化的产品或服务包,以构建一群忠诚的大客户(McDonald et al.,1997)。该战略的中心是对自身具有战略重要性的客户(McDonald et al.,1997)。习惯上,大客户都是通过以下方式筛选的:销售量、利润率和合作延续时间(McDonald et al.,1997;Ojasalo,2001)。当企业努力实现战略转型如服务化时,可能会对客户合作关系进行重大变革,这时大客户管理就扮演着至关重要的角色。但是,我们如何去识别那些最有潜力、能够为服务化战略目标实现提供支持的客户呢?

成功的大客户管理需要获取、分发和利用客户专有知识(Salojärvi,Sainio,2010),客户知识管理(CKM)促进对客户需要和期望的理解(García-Murillo,Annabi,2002),促进创新和增长(Gibbert et al.,2002)。然而,在服务化领域,尽管反复强调要深刻理解客户的业务和需要,但是现有文献并没有阐明如何识别客户知识(如 Brady et al.,2005;Brax 2005;Davies et al.,2007;Sawhney,2006)。那么,供应商为了提高服务销售,应该知道或发现客户哪方面的知识呢? 这个问题也就成了我们研究的出发点。工业企业需要理解商业客户为什么以及怎样购买服务。

本章研究的目的是,通过提高对客户知识管理如何增强工业企业服务化的理解,强化服务化领域的客户导向(如 Baines et al.,2009;Brax,Jonsson,2009;Davies et al.,2006;Hakanen,Jaakkola,2012;Tuli et al.,2007)。具体来说,本研究的目的就是识别影响商业客户工业服务采购的影响因素,采用的是探索性定性研究方法,数据通过 14 组供应商、客户的半结构化访谈来收集。

因此,本章实证探讨了客户企业的基本特征、业务、采购、价值期望如何影响工业服务采购。而且,研究不仅对服务化管理和组织中大客户管理的关键作用创建了新的理解,还给企业管理和大客户经理提出了建议,特别是关于有效进行服务开发、销售和营销所需要的客户知识。

本章首先综述大客户管理和客户知识管理文献,识别研究缺口;其次,陈述研究方法,分析研究发现,即影响客户服务采购的因素;最后,文章通过对客户知识管理如何增强工业企业的服务化进行总结,提出研究的理论与管理启示。

## 12.2　服务化的客户导向

服务化文献中广泛提到客户导向(如 Baines et al.,2009;Brax,Jonsson,2009;Davies et al.,2006;Hakanen,Jaakkola,2012;Tuli et al.,2007)。根据 Oliva 和 Kallenberg(2003)的研究,服务化中的客户导向主要由两个要素组

成：一是服务供给从产品导向的服务向终端用户过程导向的服务转变，二是客户交互特质从基于交易向基于关系转变。解决方案的设计基于对客户问题的深刻理解，并以此解决客户面临的问题（Sawhney，2006）。了解客户商业背景和运营条件是设计工业服务的基础（Brax，2005）。类似的观点是，为了理解从客户视角价值是如何创造的，需要详细理解客户的商业活动（Brady et al.，2005）。

服务化文献强调长期的客户关系和客户交互。建立与客户持久的关系有助于全面获取相关信息，构建一个强大的客户商业知识库（Shepherd，Ahmed，2000）。Storbacka（2011）强调了与客户决策者对话的重要性，以及销售与客户管理在与客户共同工作中的作用。Kapletia 和 Probert（2010）建议，在服务化早期阶段，即从界定客户需求开始就要以客户为导向。

解决方案被认为是一个界定、满足和支持客户不断变化需要的持续关系过程（Tuli et al.，2007）。由于深刻地理解了客户过程，供应商能变成客户过程的一部分（Windahl，Lakemond，2010）。供应商能够围绕细分客户组织企业的运营（Galbraith，2002）。他们通过与客户的密切对话，识别客户商业需要，能够按照客户需求的轻重缓急为他们提供产品和服务（Davies et al.，2006）。因此，供应商与客户组织间的长期关系与知识交换，令为客户提供定制化的解决方案成为可能（Tuli et al.，2007）。也就是说，客户导向有助于帮助供应商提供满足特定客户需要的解决方案（Brax，Jonsson，2009）。以客户为中心来设计解决方案，能够使解决方案满足客户预期价值，为客户提供良好的体验（Hakanen，Jaakkola，2012）。

## 12.2.1　客户知识管理

对以客户为中心的组织来说，客户管理是一项主动的管理策略（Gosselin，Bauwen，2006）。当前和潜在最重要客户的系统筛选、分析和管理是大客户管理的基础（Zupancic，2008）。成功的大客户管理包括四个基本要素：识别大客户，分析大客户，选择合适的策略，发展与大客户建立、增长、维护互利共赢持久关系的运营能力（Ojasalo，2001）。

大客户管理文献已对战略性客户的不同筛选标准进行了大量探讨。大客户管理者和负责客户关系的人员，在供应商与客户之间扮演着一个跨边界的角色（McDonald et al.，1997；Nätti et al.，2006）。他们对客户商业活动进行深度分析，以了解特定的客户需要（Davies et al.，2007），从而可以很好地理解当前以及未来客户的商业活动和客户需要。无可争辩，他们对于识别供应商企业服务化中的战略性重要客户，具有极其重要的作用。

好几位作者已经指出客户知识管理在大客户管理中的重要性（如 Abratt, Kelly, 2002；Nätti et al., 2006；Salojärvi, Sainio, 2010）。客户知识利用为涉及大客户关系的所有战略决策奠定了坚实基础（Salojärvi et al., 2010）。与从交易过程中收集到的结构性数据不同，García-Murillo 和 Annabi（2002）强调了来自客户交互的信息收集。客户知识管理是基于人际交互、长期合作以及和客户交谈中收集的知识。在客户知识管理过程的三个阶段（获取、分发和利用）中，获取与利用水平已经被证明与供应商的大客户绩效显著相关（Salojärvi, Sainio, 2010）。

基于客户关系管理和知识管理整合的客户知识管理研究（如 Campbell, 2003；García-Murillo, Annabi, 2002；Gebert et al., 2003；Gibbert et al., 2002；Salojärvi et al., 2010；Salomann et al., 2005），在过去十年中获得长足发展。其中，客户关系管理认为管理企业与现有客户群间的关系，是影响企业成功的一个重要因素，知识管理却强调知识在企业成功中的重要性（Gebert et al., 2003）。客户知识管理的主要目的就是为了更好地理解客户，以及他们的真实需要和期望（García-Murillo, Annabi, 2002）。根据 Gibbert 等（2002），客户知识管理是关于合作、创新和成长的，即企业如何通过获取新客户并与他们进行积极、主动的价值创造对话，以促进企业发展。这些研究显示企业实现客户知识管理，能够使企业更好地把握新兴的市场机会，更加迅速地创造经济价值。因此，客户知识管理在商业发展中具有很好的发展前景。

### 12.2.2 获取客户知识以增强服务化

强化服务化过程中的客户导向已成为工业企业的一个共同趋势（如 Baines et al., 2009；Brax, Jonsson, 2009；Davies et al., 2006；Tuli et al., 2007）。然而，现有服务化文献对获取客户知识增强工业企业的服务化，却缺乏实证研究。大客户管理文献探讨了几个客户知识问题，这些是有助于获取商业客户的。客户应当依据客户企业的基本特征进行分析，如内部价值链、市场、供应商、产品和经济形势（Ojasalo, 2001）。也就是说，除了要分析客户企业本身，还要对商业网络环境进行分析。Millman 和 Wilson（1996）强调了熟悉客户采购功能、实践和决策的组成以及动态变化的重要性。客户知识管理文献将以下作为重要的客户知识：客户需要（García-Murillo, Annabi, 2002；Gebert et al., 2003；Salojärvi et al., 2010）、客户问题的根源（García-Murillo, Annabi, 2002）、动机与行为（Gebert et al., 2003）、购买历史（Salojärvi et al., 2010）。

尽管了解客户以及获取和利用客户知识的重要性已被广泛认识，但现有研究还没有就实现服务化战略目标应当获取客户什么知识进行探讨，即客户的哪些方面应当被确切地知道和理解。因此,本章研究的目标就是促进对客户知识管理如何增强工业企业服务化的理解,尤其是要识别影响工业服务采购的客户因素。通过获取关于客户的知识、客户如何采购以及影响其采购决策的因素,供应商能够识别最可能购买他们服务的客户,在客户知识管理的三个阶段获取、分发和利用客户知识(Salojärvi,Sainio,2010),本章研究聚焦于获取阶段。

## 12.3 研究方法

考虑到在此之前客户知识管理一直没有被应用到服务化领域,而且有关影响服务采购的客户因素研究较少,因此,本研究选择采用探索性定性研究策略。定性研究通常是在讨论"怎么样""为什么"问题时被采用,目的是增加在先前调查不足情况下对现象的理解(Yin,2003)。探索性方法就是识别关键问题或重要变量,增强对研究现象的理解。在本研究中,识别影响客户服务采购的因素,前提是要讨论大客户管理和客户知识管理如何增强服务化和进行有效的解决方案销售。

本研究挑选了 14 对客户—供应商组作为分析单元。数据从 3 家供应商企业和 14 家客户企业中收集。我们将分析范围限制在 B2B 关系,没有包括供应商企业的公共部门客户。表 12.1 列出了被研究的企业以及它们的商业领域。

表 12.1　研究二联体及其业务领域

| 关系对 | 供应商企业/事业部 | 客户企业和业务领域 |
| --- | --- | --- |
| 供应商 A——<br>客户 A1～A4 | 供应商企业 A | 客户 A1:机械工程<br>客户 A2:自动化工业<br>客户 A3:机械工程<br>客户 A4:工程用钢生产商 |
| 供应商 B——<br>客户 B1～B6 | 机床单元<br>发动机和发电机单元<br>建筑机械单元 | 客户 B1:机械工程<br>客户 B2:矿物与金属加工<br>客户 B3:普通金属生产<br>客户 B4:物料处理解决方案<br>客户 B5:建筑机械租赁<br>客户 B6:建筑机械租赁 |
| 供应商 C——<br>客户 C1～C4 | 生产服务单元<br>工业服务单元<br>业务解决方案单元 | 客户 C1:金属工业制造商<br>客户 C2:食品工业<br>客户 C3:食品工业<br>客户 C4:制药 |

被研究的供应商都是位于欧盟境内的机械工程企业。其中,供应商 A 生产切削加工与生产系统。供应商 B 从事技术贸易,进口机械工具、引擎、发动机和建筑机械。供应商 C 生产机械包装和码垛系统。这些供应商企业的服务收入占企业总营业额的 20%～25% 左右。它们的主要服务业务量来自相关零部件的修理和维护服务以及基于软件的服务。它们的主要精力也集中在对先前所售机械的修理和维护上。除此之外,它们还提供培训、更新改造、技术支持和咨询服务。

所有这些供应商企业都已根据销售量和合作时间,识别出了其最大和最重要的客户,如关键客户等。它们也安排了专门人员负责这些重要客户。然而,供应商 A 和 C 还没有一个正式的大客户管理计划,供应商 B 最近才刚刚制订了一个计划。它们都有成百上千的客户群,其中许多已经购买了服务。这样,当它们想要出售更多的服务时,所面临的共同的挑战就是如何识别关键重要的客户。供应商参与该项研究的动机就来自于深化其客户知识,从而有针对性地设计解决方案销售策略和开展实践。研究时间从 2011 年 9 月到 2013 年 2 月。

按照 Salomann 等(2005)的定义,客户知识管理是指为增强组织的客户关系能力,对客户需要的知识(如产品信息)、来自客户的知识(如客户关于产品改进的想法)和关于客户的知识(如客户要求与期望)的利用。目前研究主要集中在后者,即关于客户知识的获取,从而能够辅助客户进行购买决策(García-Murillo,Annabi,2002)。

数据通过半结构化访谈方式进行收集。在访谈过程中,给予被访谈者充分的自由去讨论访谈主题(Silverman,2006;Yin,2003)。访谈包括以下问题:采购的解决方案、客户企业的特征、客户企业的采购职能与流程、供应商与客户间的合作情况。为了提高研究的信度,访谈内容被逐字转录。然后,将转录结果提交给供应商企业的代表,确保访谈内容的正确,纠正存在的任何差错。

挑选的供应商被访者要求熟悉企业管理,负责大客户业务和与客户的日常合作。尽管在被访者中没有严格意义上的大客户经理,但被访者(如业务部门经理)都是负责重要客户关系的人。对于客户企业被访者的挑选,我们考虑的是他们是否负责或参与供应商挑选和采购,是否具有关于供应商的广泛知识以及与供应商开展合作的经验。表 12.2 列出了本研究收集到的数据和挑选的被访者。

表 12.2　受访者与采集数据概要

12

获取客户知识以增强工业企业服务化能力

| 关系对 | 供应商信息 | 客户信息 |
|---|---|---|
| 供应商 A——<br>客户 A1-A4 | 总经理、技术总监、董事、产品线总监、采购经理、产品经理、项目经理、地区经理、2 位团队领导者 | 开发总监、不动产经理、开发经理、项目工程师 |
| 供应商 B——<br>客户 B1-B6 | 总经理、主要负责人、三位董事、市场经理、行政经理、两位产品线经理、销售经理、设备维护经理、备件经理、维修保养经理 | 三位总经理、技术总监、产品总监、设备维护经理、备件经理、产品工程师 |
| 供应商 C——<br>客户 C1-C4 | 总经理、研究总监、三位董事、经理、产品经理、服务经理 | 总经理、采购经理、产品经理、生产主管 |
| 访谈总数 | 供应商 $n$(总数)＝31 | 客户 $n$(总数)＝16 |

数据分析从回顾访谈誊录和突出有关客户企业及其采购的重大问题开始。我们先识别影响服务采购的因素,分析这些因素影响服务采购的途径。然后总结影响供应商服务化目标的最重要因素。最后,讨论服务化、大客户管理、客户知识管理文献的贡献。在下一节,我们采用数据收集主题以及数据分析过程中出现的下述类目来分析影响客户采购的因素:(1)基本企业特征;(2)客户业务、产品和过程;(3)采购战略、功能及实践;(4)价值期望与采购标准。为增强研究的可信度,我们采用直接引用访谈内容的方法来呈现研究发现。

# 12.4　影响工业服务采购的客户因素

## 12.4.1　基本企业特征

当问及客户之间的区别时,企业规模似乎在几个方面都是影响服务采购的一个关键因素。一位供应商 B 的受访者认为,企业越小,越可能不会像大企业那样想着去购买服务。一般来说,企业越大,越愿意而且也有能力靠自己来修理和保养设备。"这些小车间……当它们购买一台他们想靠自己去维护的机器。就像拥有一辆汽车,一些人把它开到修理厂,还有一些自己动手更换机油。企业越大,它们越想着要防止机器故障而造成生产的中断(供应商 B)。"另一方面,小企业可能缺乏相关能力,如工程技术能力,这可能促进这些小企业购买包括工程技术在内的大服务包。在这样的情况下,小企业有限资源的约束为供应商提供了服务的机会,可以为它们提供互补性资源。然而,小客户的需求量无法与大客户相比,现有研究显示,小规模项目意味着盈利不佳。同时,一位 B 供应商的代表认为,与大客户的议价成本也非常高昂,就如下面的引用所阐述的:"至少有 10 个人……在参加谈判的代表团中,通常需要吃很多饭,喝很多酒。因此,与他们的谈判成本是比较高昂的。"

所有我们研究的供应商都是家族制企业,特别是仅为一个客户服务的企业,它们有着相似的组织文化,这是影响服务采购的一个重要因素。就像一位企业首席执行官(客户 B5)所描述的:"事情也在所有者层面被探讨。相比上市企业,我们更趋向于与我们有着类似思想的供应商进行更紧密的合作。变革不会非常迅速地发生,但长期的合作和伙伴关系应该被重视,从而彼此之间才能相互信任。"因此,客户们认为,一个与自己有着相似背景的供应商更有可能理解它们的业务。

### 12.4.2 客户业务、产品及过程

尽管所研究的客户企业绝大部分都是高度"以制造为中心"的,但在它们的核心业务以及核心业务中,制造所起的作用是不同的。制造的重要性可能影响客户对制造的重视程度以及在维修保养方面的投资。另一方面,比如,B5 客户,它并不生产建筑设备,但提供建筑设备的租赁服务,并且很少购买服务,这缘于它的核心业务。"如果我们不知道怎样去修理机器,供应商 B 会来维护它。然而,我们必须知道怎样去修理我们自己的机器,这是我们对我们客户的承诺(客户 B5)。"

供应商中一个共同的服务化方法就是增加附带服务的机器销售。它们收集关于客户使用它们技术的知识,从而为他们提供附加服务。一位受访客户认为,从提供产品的供应商处购买服务的主要好处在于,这个供应商具有它们自己的技术能力。"在理想情况下,提供机器的供应商能够提供最好的维护服务。它们熟悉机器。我想,这对一个机器购买者来说是非常重要的。例如,X 企业提供一般机器维护,这个不需要特别的专业知识……未来,机器将应用很多技术,将会更加复杂……然后,具有这一能力的企业将会成为工业服务的赢家(客户 B1)。"同样,客户 C3 证实:"我们倾向于集中我们的采购,这对使用者和维修人员来说都会变得更加容易,不要在每一个生产线上使用不同的机器。它们知道……机器如何运转作业。然后我们取得配件……能按照与供应商 C 达成一致的时间表来进行维修保养,可以同时停下几条生产线进行维护。"按照一站式购物原则,那也使客户更容易去购买产品和服务:"客户需要服务,即一个总体解决方案。它们想从一个厂家购买到所需要的一切东西(供应商 A)。"因此,客户通过采用相同供应商提供的技术和相关服务,看到了许多好处。熟悉客户的制造技术是关键,这样,一家供应商就不会局限在仅为自己的技术提供服务,还

可以为其他供应商的技术提供服务。

　　关于客户技术能力如何影响服务采购,访谈数据提供了一些线索。根据被访谈的供应商,不同客户间技术能力变化非常大,正如一位经理所描述的:"一些客户是高度技术型的,对相关技术非常熟悉,然而其他一些却相反……你会好奇他们是否曾经购买过服务——他们确实对他们正在购买的东西有一些思考(供应商 B)。"尽管一些客户在维修保养服务方面进行了投资,但他们的技术能力水平并不太高,正如 A 供应商的代表所陈述的:"制造商(如机器供应商)都有正确的专业知识。我们在审计期间曾注意到这个。尽管客户自己有维修保养人员,但除了做基本的维护任务外,它们并不能做任何其他特别的事情。"特别是对于需要特定专业知识的技术,可能需要鼓励客户从制造商或进口商处购买维修保养服务,因为他们最熟悉机器。与维修保养服务类似,其他一些服务,如安全审核,能够为客户提供它们自身并不具备的能力。因此,当供应商知道客户的真实能力时,就能够发觉服务的销售潜能,以弥补客户能力的不足之处。

　　关于客户能够或者准备将它们的远景规划提供给供应商的程度,如投资计划,访谈数据也对客户之间存在的不同进行了披露。上市企业对外发布这类信息的能力自然是有限的。然而,在本研究中,家族制企业特别愿意公开讨论它们的远景规划,与供应商共享机密信息。供应商 B 描述了他们尽可能早地参与客户投资规划的战略目标:"我们对客户是否即将采购新机器,或者是否有任何大的变革需要我们提供协助特别感兴趣。"早期参与投资计划能够提高向客户销售技术或服务的机会。

　　客户对自身产品进行分类的方式能够影响他们的服务购买。例如,客户 B6 根据产品对自身业务的自足性和关键性,将出租给客户的产品分为 3 类。它将能够 100% 自足的产品划分为最重要和最需要投资的产品。对于这些产品,服务也是最可能需要购买的。在某些关键产品上,B6 甚至描述自己"已嫁给"了供应商 B,因为它已不能自主地改变自己产品的战略分类或者相关的服务供应商。

　　一台机器对生产过程的关键程度能够影响服务购买。如果维护机器对保持正常生产过程至关重要,那么客户很可能会在这方面投资更多:"如果意料之外的事情发生,在大多数情况下他们(B 供应商)已经在这里。那些机器是非常关键的……尤其是机床,它们牵涉如此巨大的投资,以致必须保证其正常运行(客户 B2)"。类似的,在另外一个商业领域,供应商 C 一直能够向所有药剂师客户(如客户 C4)出售服务,因为自动药物存储和检索系统生产商处在客户业务的核心过程,在核心过程有效性方面能够为客户带来显著的效益。

　　熟悉客户的核心和非核心过程,能够为供应商开创向客户提供额外服务的机会。客户通常会将大部分投资放在与它们核心过程相关的服务上,而很可能将非核心过程全部外包。另一方面,对于自身无法承担生产停工风险的情况,客户需要在内部具有相应能力,因此可能会对这方面的维修保养功能进行投资。供应商离客户核心过程越近,它们的地位就会变得越重要、越关键。访谈数据也表明,熟悉客户的生产过程以及具有战略重要性的产品和机器,在评估向客户销售服务的未来潜力方面至关重要。

然而,供应商 B 在试图向客户租赁某种施工机械以拓展其服务时,仍碰到了一个障碍,因为这项服务已经是客户的核心业务:"我们不是一家租赁企业。为什么我们没有径直面向终端客户,那样我们将基本上成为一个短周期的施工机械租赁企业,而我们不想和我们的客户进行竞争。"因此,供应商对客户在价值链所处位置进行评估后,决定不再通过提供租赁服务进行服务化。

### 12.4.3　采购策略、作用与实践

客户的外包策略是影响客户服务采购的核心要素。客户是否自己开展维修保养活动,被研究客户显示出很大不同。一些客户(如客户 A3、B1、C2)已经将维修保养工作作为一个战略性的效率提升决策,对其进行了全部外包。一些客户(如客户 A2,B5,C2)自己拥有维修保养部门,但也从供应商处购买互补性的维修保养服务。访谈数据表明,了解客户的当前策略以及更为重要的未来发展策略,即维修保养是内包或是进行外包,对供应商是非常必要的。

被采访者也被问及客户采购部门的结构,如供应商与客户之间主要对接的人是谁、由谁做采购决策等。一些客户采取的是统一采购模式,而其他客户则是通过不同组织单元进行采购。在小企业,首席执行官或企业所有者是主要联系人和决策制定者。在大企业,主要联系人通常是生产经理或采购部门的代表。然而,有时候,特别是对于规模较大的客户企业,客户的采购组织是复杂的,要供应商完全掌握颇具挑战,正如下面客户 C1 所陈述的:"汽车零部件采购有自己的部门,通常被划分成按组件采购,有自己的采购经理以及汽车配件采购等。此外,当涉及其他零配件时,由另外一个独立部门负责。因此,我们有 3 个部门参与采购。还有,在制造部门有所谓的战略采购,这个没有被放在采购部门,而是放在制造部门。战略采购主要负责供应商的筛选、合同和定价。日常(与供应商)的业务合作则是通过物流部门进行(客户 C1)。"在许多情况下,生产经理批准采购不能超过一定的成本限制,超过这一界限还需要更高管理层的审批。而且,当旨在出售服务而非技术时,联系人和以前的可能会不同。本章研究的供应商已经意识到,购买决策除了受主要决策者或购买者影响外,还受到客户组织其他人员的影响,如产品线员工。因此,在一个客户组织中,发现真正需要找的人被认为是服务化的关键。

此外，如果能够了解到客户的其他供应商的信息，也是有益的。例如，供应商 C 的一位代表强调，了解哪些企业向客户提供维修保养服务的重要性，这样供应商 C 就有可能向这些企业出售他们特有的专业知识。

### 12.4.4　价值期望与采购标准

在被问及采购标准时，客户 C3 的一位代表强调："我们寻求万无一失的解决方案和可靠性，这是因为我们的产品线必须一个星期运转 5 天，每天 24 小时不间断。"然后他描绘了供应商 C 如何使他的工作变得更容易："那些小伙子和我们已经合作几年了，他们知道我们的卫生规则（食品加工线内），知道怎样去帮我们照料这些机器。这使得我的工作容易了很多，不必时刻去看着它们。"另外一位客户将他的维修保养完全外包给了供应商 B，他这样描述了满意背后的原因："他们进行了详细的规划，分析了我们的机器和它的最优维护方法等。目前他们已经完全独立工作，我们从他们那里获得投入，我们不需要给他们施加任何压力，相反他们帮助我们把一切变得简单，这就是我们想要的（客户 B2）"。换句话说，客户非常重视那些能承担更多生产责任，贡献新思想和新观点的供应商。相反，另外一位客户因为供应商 B 没有对他们业务给予足够的支持，对供应商进行了批评，最终影响了他们愿意购买多少他们的服务："在我们整个 30 年的合作期间，没有销售人员问过我，我是如何做生意，如何应对我的客户的，或者建议一起拜访一位客户等。如果他们对我们的业务、对我们如何更好地做好业务更加感兴趣，他们将会从我们这里得到更多的服务订单（客户 B5）"。

另一位客户强调了零配件的可获得性和快速服务交付，这是因为只有唯一的一家供应商。"唯一要紧的事情就是可获得性，你能多快获得它？那是最重要的事情，在这种情况下，价格变得毫无意义了（客户 A1）"。另一方面，就大多数服务而言，价格是主要的决策因素，就像一位客户所证实的："像建筑维护、清洗、保安等服务，完全是由价格驱动的（客户 A1）"。

有一家被访谈客户在某种程度上对供应商 B 形成了挑战，这能促进供应商服务业务的重大变革："另外一个挑战……我不知道它是否是合乎实际的，是否将变革收入逻辑，而不是仅仅基于小时数，或将会有一些其他驱动因素来界定收入逻辑，比如机器的利用率或者其他什么事情？"（客户 B2）。换句话说，供应商被推动去发现不同客户到底重视什么，从而有针对性地规划他们的服务定价模式。

本章研究的客户在他们期望何种合作和客户体验方面有着显著的不同。在某些情况下，服务商需要与客户紧密而长期地合作，才能熟悉和适应客户的操作运营。一些客户（例如客户 B2）重视相互之间的紧密合作，包括共同工作，解决生产线上的问题。其他客户重视服务，让自己毫不费力，"眼不见，心不烦"

（客户 C3），或者仅仅关注最为关键的问题（客户 B3）。客户 A3 看到与供应商之间的合作紧密程度正在下降："每一次我们叫他们过来拜访我们，项目价格就要上浮 10 万欧元。"由于客户具有不同的期望，供应商应该主动调整他们的服务，与客户达成适当程度、深度的合作。

供应商也注意到采购者在他们的决策过程中所强调的决策标准或收益存在多样性。供应商也考虑到具有技术背景的采购者对技术细节会更加感兴趣，然而职业采购者更强调成本："他们确实不同，用户更多地考虑机器的使用，而职业采购者更强调欧元（供应商 A）。"由于这些观察，供应商通常根据客户企业的特征以及个体采购者的背景和偏好调整他们的销售观和提供方式。

同样，供应商 C 强调了在服务化过程中完全了解客户的重要性："我想理解客户应从理解他们都是个体开始。如果你不完全理解你的客户，你将会以尽力出售你自己的东西而告终，而不会向顾客定制你的销售方式，也不会有正确的销售观……"为了获得关于客户的知识，私下的客户互动被认为是关键的，正如供应商 C 的两位代表所陈述的："只要我们去拜访客户，花费时间在客户的生产线上，我们就能够发现新的客户需求。""如果你不花时间和你的客户在一起，你将不能获得你所需要的客户知识，你将会以想当然地认为你知道他们需要什么而告终。"

### 12.4.5　影响服务采购的因素总结

总结实证研究发现，将影响客户服务采购的因素见表 12.3。

表 12.3　影响服务采购的客户因素概括

| 方面 | 因素 | 方面 | 因素 |
|---|---|---|---|
| 基本企业特征 | 企业规模 | 采购 | 外包战略 |
| | 组织文化 | | 维修保养职能 |
| | 在价值链的位置 | | 采购职能 |
| 客户业务 | 核心业务 | | 决策过程 |
| | 产品和产品分类 | | 参与决策的采购者和其他人员 |
| | 生产角色 | | 采购者的背景和情况 |
| | 技术能力 | | 供应商基地 |
| | 生产技术 | 价值期望 | 利润与客户体验 |
| | 核心和非核心过程 | | 合作的范围与深度 |
| | 投资计划 | | 采购标准 |

在服务化过程中,上述所提关于客户因素的知识对供应商是非常必要的。供应商应该对这些知识进行更加深入的分析,从而根据客户的特定需要和偏好调整自身的服务供给和与客户的合作。除了客户企业的基本特征(如企业规模),访谈数据突出了客户业务影响力、采购、价值期望的影响。

# 12.5 客户知识管理有助于增强服务化

## 12.5.1 理论贡献

客户导向作为服务化过程中的主要成功因素,导致了供应商服务供给和客户交互的变革(Oliva,Kallenberg,2003)。然而,我们的研究显示,服务化过程的客户导向不仅进行供给和客户交互本质的变革,实际上为了服务化还聚焦于客户,获取关于客户的知识。我们认为,获取深度的特定客户知识是服务化过程中强化客户导向的关键。因此,本章研究提出,可用客户知识管理分析和识别具有战略重要性的潜在工业服务购买客户。大客户管理在组织和管理服务化中起着至关重要的作用,这是因为它重视与大客户建立和维护长期关系。大客户经理负责分析客户,构建对客户业务和需要的理解,并在组织内交流客户知识(García-Murillo,Annabi,2002;Millman,Wilson,1995;Nätti et al.,2006;Ojasalo,2001)。

本章研究在服务化理论领域、大客户管理和客户知识管理间搭起一座桥梁,也创造了对 B2B 客户为什么以及如何采购工业服务的新的理解。研究结果显示,影响客户服务采购的重要因素包括它的外包战略、制造技术、技术能力、采购职能结构,以及对利润和客户体验的期望。因此,获取关于客户外包战略、维修保养职能、技术能力水平方面的知识,可以帮助供应商发现机会,用自己的服务去补充客户的资源和能力。获取客户生产在机器、过程和投资计划等方面的知识也可以为供应商开辟新的商业服务机会,比如,他们可以通过服务合同补充先前以及当前提供的机器。了解客户采购功能和实践对发现正确、对应的客户进行工业服务谈判是非常必要的,这是因为服务联系人可能和销售机器的人不是同一个人。除了客户企业本身,关于客户业务网络的知识为向网络内的其他企业出售服务提供了可能。最后,关于企业层面的价值期望以及个体采购者对客户体验与合作的期望知识,是实现服务化目标必要的客户知识。

本研究通过呈现服务化过程中需要的有关客户知识的丰富实证证据,对强调解决方案客户中心性的服务化文献(例如 Baines et al.,2009;Brax,

Jonsson，2009；Davies et al.，2006；Hakanen，Jaakkola，2012；Oliva，Kallenberg，2003；Sawhney，2006；Tuli et al.，2007)以及客户知识管理文献(例如 García-Murillo，Annabi，2002；Gebert et al.，2003；Gibbert et al.，2002；Salojärvi，Sainio，2010)都有贡献。一年一度的客户满意度调查很少提供足够的方法来更有效地开发和出售服务。恰恰相反,实际上需要的是更为深入的特定客户知识。我们的研究也支持客户知识需要被不断评价(Salojärvi,Sainio，2010),这是因为客户的业务、战略和组织都在随时间而改变。

普遍认可的筛选大客户的主要标准包括销售量、合作关系维系的长短以及收益率(McDonald et al.，1997；Millman，Wilson，1995；Ojasalo，2001)。本章研究对大客户管理文献的贡献在于,通过识别出客户因素,对选择标准进行了补充,提供了分析和筛选服务化最重要客户的方法。相比现有的大客户管理文献和绝大多数基于过去经验的大客户筛选标准,本章的贡献更多地集中在未来商业机会和新潜在客户的挖掘。至于大客户管理文献,我们的研究也提供了关于"组织大客户管理"的新知识,在大客户管理文献中,这一主题尽管与实际工作者密切相关,但研究却不够充分。

### 12.5.2　管理启示

我们的研究结果为那些向商业客户提供工业化服务的企业管理层和大客户经理提供了特别的支持和建议。我们鼓励企业增强对他们客户业务和服务采购动机的理解,从而最大限度地影响客户的采购决策。我们鼓励企业通过与现有和潜在新客户的交谈来获取客户知识,这是因为关于客户战略、维修保养职能、生产、采购实践和未来规划的知识,比企业目前公开的呈现得更深入。本质上,以客户为中心的服务化可以归结为,识别供应商的服务和能力,并支持和补充客户的战略、组织和能力,也就是说供应商如何找到路径将自身技术和组织整合进客户的业务和生产中。

为了强化服务化的客户中心性,企业首先需要分析他们的客户,相应地调整自己的服务供给,使之与客户交互本质相匹配。列在表 12.3 中关于影响服务采购的因素概述,为谋求服务化的企业实施客户知识管理提供了一个清单。当企业有成百上千的客户时,本章的研究结果提供了彻底分析所选择的客户和识别最有潜力购买服务的客户的方法,从而获得更有效、更集中的营销和销售。这些识别出的客户因素还可为基于服务化的客户细分提供手段。

如何针对服务化战略和解决方案开发,利用客户知识进行决策,这是管理层的职责。然而,获取和利用完全的客户知识,不仅需要客户知识开发和利用过程中所需的资源,还需要组织内就此达成一致。

### 12.5.3 研究局限及对进一步研究的建议

本章研究的一些局限性值得深思,并提供了进一步研究的可能性。首先,我们仅仅调研了为数不多的企业,因此对研究的普遍适应性提出了挑战。另一方面,尽管已经实现了对这一主题丰富的实证理解,但是探讨影响服务采购因素的定性探索性研究是在构建理论,而不是验证。因此,为学者提供了对此主题进行进一步定量研究的可能性。例如,本章研究提出的客户因素以及他们与采购解决方案的关系,或者他们与客户—供应商关系的关系,需要在更一般的条件下进行研究。由于本章研究的范围限定在工业服务,因此,对其他行业和背景下的服务采购、客户知识管理进行研究,也是进一步研究的一个非常有趣的方向。

在服务化中客户知识管理的有效利用也有待进一步研究。目前的研究更多地强调客户知识的获取,我们倡导应该对客户知识的分布和利用进行更多的研究,如:在服务化中,供应商怎样有效利用客户知识,哪些工具和实践能增强客户知识的分布和利用?

大客户管理所起的作用,被认为对促进服务化过程中的客户理解是至关重要的。因此,我们也提倡对服务化中的大客户管理进行进一步研究。除了要探讨大客户管理运作的作用外,客户知识管理中其他员工的作用也应该被探讨,这是因为在服务业中,客户知识主要是集中地被几位员工所收集。在这方面,进一步研究的一个有趣主题是,在服务化中所有在客户界面内操作的员工的客户知识怎样获取、分布和利用。

### 本章参考文献

Abratt, R. & Kelly, P. M. (2002). Customer-supplier partnerships—Perceptions of a successful key account management program. Industrial Marketing Management, 31(5), 467-476.

Baines, T. S., Lightfoot, H. W., Benedettini, O. & Kay, J. M. (2009). The servitization of manufacturing: A review of literature and reflection on future challenges. Journal of Manufacturing Technology Management, 20(5), 547-567.

Brady, T., Davies, A. & Gann, D. M. (2005). Creating value by delivering integrated solutions. International Journal of Project Management, 23(5), 360-365.

Brax, S. (2005). A manufacturer becoming service provider—Challenges and a paradox. Managing Service Quality, 15(2), 142-155.

Brax, S. A. & Jonsson, K. (2009). Developing integrated solution offerings for remote diagnostics. International Journal of Operations and Production Management, 29(5), 539-560.

Campbell, A. J. (2003). Creating customer knowledge competence: Managing customer relationship management programs strategically. Industrial Marketing Management, 32 (5),375-383.

Davies, A., Brady, T. & Hobday, M. (2006). Charting a path toward integrated solutions. MIT Sloan Management Review, 47(3), 39-48.

Davies, A., Brady, T. & Hobday, M. (2007). Organizing for solutions: Systems seller versus systems integrator. Industrial Marketing Management, 36(2), 183-193.

Galbraith, J. R. (2002). Organizing to deliver solutions. Organizational Dynamics, 31(2), 194-207.

García-Murillo, M. & Annabi, H. (2002). Customer knowledge management. The Journal of the Operational Research Society, 53(8), 875-884.

Gebert, H., Geib, M., Kolbe, L. & Brenner, W. (2003). Knowledge-enabled customer relationship management: Integrating customer relationship management and knowledge management concepts. Journal of Knowledge Management, 7(5), 107-123.

Gibbert, M., Leibold, M. & Probst, G. (2002). Five styles of customer knowledge management, and how smart companies use them to create value. European Management Journal,20(5),459-469.

Gosselin, D. P. & Bauwen, G. A. (2006). Strategic account management: Customer value creation through customer alignment. Journal of Business and Industrial Marketing, 21 (6), 376-385.

Guesalaga, R. & Johnston, W. (2010). What's next in key account management research? Building the bridge between the academic literature and the practitioners' priorities. Industrial Marketing Management, 39(7), 1063-1068.

Hakanen, T. & Jaakkola, E. (2012). Co-creating customer-focused solutions within business networks: A service perspective. Journal of Service Management, 23 (4), 593-611.

Kapletia, D. & Probert, D. (2010). Migrating from products to solutions: An exploration of system support in the UK defense industry. Industrial Marketing Management, 39 (4), 582-592.

Matthyssens, P. & Vandenbempt,K. (2008). Moving from basic offerings to value-added solutions: Strategies, barriers and alignment. Industrial Marketing Management, 37 (3), 316-328.

McDonald, M., Millman, T. & Rogers, B. (1997). Key account management: Theory, practice and challenges. Journal of Marketing Management, 13(8), 737-757.

Millman, T. & Wilson, K. (1995). From key account selling to key account management. Journal of Marketing Practice: Applied Marketing Science, 1(1), 9-21.

Millman, T. & Wilson, K. (1996). Developing key account management competences. Journal of Marketing Practice: Applied Marketing Science, 2(2), 7-22.

Nordin, F. & Kowalkowski, C. (2010). Solutions offerings: A critical review and reconceptu-alisation. Journal of Service Management, 21(4), 441-459.

Nätti, S., Halinen, A. & Hanttu, N. (2006). Customer knowledge transfer and key account management in professional service organizations. International Journal of Service Industry Management, 17(4), 304-319.

Ojasalo, J. (2001). Key account management at company and individual levels in business-to-business relationships. Journal of Business and Industrial Marketing, 16(3), 199-218.

Oliva, R. & Kallenberg, R. (2003). Managing the transition from products to services. International Journal of Service Industry Management, 14(2), 160-172.

Salojärvi, H. & Sainio, L. M. (2010). Customer knowledge processing and key account performance. European Business Review, 22(3), 339-352.

Salojärvi, H., Sainio, L. M. & Tarkiainen, A. (2010). Organizational factors enhancing customer knowledge utilization in the management of key account relationships. Industrial Marketing Management, 39(8), 1395-1402.

Salomann, H., Dous, M., Kolbe, L. & Brenner, W. (2005). Rejuvenating customer management: How to make knowledge for, from, and about customers work. European Management Journal, 23(4), 392-403.

Sawhney, M. (2006). Going beyond the product: Defining, designing, and delivering customer solutions. In R. F. Lusch, S. L. Vargo & M. E. Sharpe (Eds.), The service-dominant logic of marketing. Dialog, debate, and directions (pp. 365-380). New York: M. E. Sharpe Inc.

Shepherd, C. & Ahmed, P. K. (2000). From product innovation to solutions innovation: A new paradigm for competitive advantage. European Journal of Innovation Management, 3(2),100-106.

Silverman, D. (2006). Interpreting qualitative data. London: Sage Publications.

Storbacka, K. (2011). A solution business model: Capabilities and management practices for integrated solutions. Industrial Marketing Management, 40(5), 699-711.

Tuli, K. R., Kohli, A. K. & Bharadwaj, S. G. (2007). Rethinking customer solutions: From product bundles to relational processes. Journal of Marketing, 71(3), 1-17.

Vandermerwe, S. & Rada, J. (1988). Servitization of business: Adding value by adding services. European Management Journal, 6(4), 314-324.

Windahl, C. & Lakemond, N. (2010). Integrated solutions from a service-centered perspective: Applicability and limitations in the capital goods industry. Industrial Marketing Management,39(8), 1278-1290.

Yin, R. K. (2003). Case study research—Design and methods. Thousand Oaks: Sage Publications.

Zupancic, D. (2008). Towards an integrated framework of key account management. Journal of Business and Industrial Marketing, 23(5), 323-331.

# 13　制造服务化市场研究:以中国广东省为例

## Christian Lerch, Matthias Gotsh

**摘要**:欧洲的制造业服务化已经得到一定程度的普及,但在诸如金砖国家等新兴市场,制造商提供服务的动因和行为仍不清楚。服务提供商必须进行市场分析以深入了解国外的目标市场,但它们还未掌握如何开展这种类型的服务市场研究。因此,本章提供了一份在新兴国家的制造行业中,服务化产品市场研究的范例。基于对中国广东省的定量调查,我们详细分析了新兴市场制造商对服务的需求。基于中国的实践,本章描述了制造商进行市场研究分析所面临的挑战,以及设计一个适用的市场进入模型的实际意义。总之,本章旨在为制造企业进行市场研究及构建市场进入模型提供支持,尤其是针对金砖国家。

## 13.1　引言

在过去的几十年里,关于制造服务化的讨论越来越多(Baines et al.，2009；Wise, Baumgartner，1999；Vandermerwe, Rada，1988),该术语被用来描述制造企业或整个市场行业越来越明显的服务导向(Neely，2008；Desmet et al.，2003)。现有研究表明,生产性服务既可以提高供应商的竞争力,也可以改善其客户的效益(Brady et al.，2005；Boyt, Harvey，1997)。由于附加服务带来的这些积极影响,制造服务化已经在整个欧洲扩散开来。

虽然有研究分析了服务化在欧洲的扩散(Bikfalvi et al.，2013；Dachs et al.，2013；Tether, Bascavusoglu-Moreau，2012；

Lay et al.，2010；Neely，2008），但是我们对 BRIC 等国家新兴制造行业的服务需求却知之甚少。其实，已经有一些关于国外市场进入模型的研究，目的在于为那些想要成为全球服务提供者的制造商提供借鉴（Wassermann，2010），也有一些关于产品出口商的国际服务活动的研究（Léo，Philippe，2001），但还是不太清楚全球服务提供商如何在新兴制造行业以客户导向的方式提供服务。总之，制造商要成为全球服务提供商，必须进行市场研究，以便能够深入了解其国外目标市场。但在实践中，制造企业还是不太清楚应该如何对国外市场进行这种服务市场研究。

因此，本章针对金砖四国，提供了一份典型的服务化产品的新兴国家市场研究分析。我们分析了中国市场上制造商的服务需求及消费情况，以及成功地交付服务产品的实践意义。我们的研究问题是：

- 制造商进行服务市场分析的挑战及阻碍是什么？
- 服务提供商从市场研究分析的结果中可以得到什么启示？

本章的结构如下：在第 2 节讨论制造商进行市场研究过程中会遇到的挑战，这些挑战涉及新兴市场的特征和服务化的特点；在第 3 节，提出一个关于如何用调查的方式来设计及进行市场研究分析的总体观点，为此，我们构建了一个调查结构的框架，并引用了中国的经验来支持这一框架。我们在企业层面上进行实证调查，研究对象是位于中国南部的广东省佛山市及其周边的制造企业；在第 4 节，基于市场研究的结果，我们提出了如何为服务化产品设计个性化的国外市场进入战略；在第 5 节得出本章研究的主要结果、结论以及展望。

## 13.2　市场研究的挑战：关于新兴市场和服务化

对制造商来说，有三种方法对目标市场进行市场研究：第一种是使用政府或公共机构的公共数据，但我们都知道，这些数据对新兴市场的服务市场研究是不适合的，因为这些都不是企业层面的可用数据，不能被用于识别服务需求；第二种是文献分析，但现有文献中没有针对服务化或服务化市场的；因此，唯一可用的一种方法就是通过实证调查来收集和分析数据。

在新兴制造行业进行服务化市场研究的制造商面临诸多挑战，主要有两个原因：第一，欧洲的制造商大多数还是在国内市场或在工业化的国家（主要是欧洲和美国）进行产品交易，因此对大多数制造企业来说，与新兴制造国进行产品贸易仍然是个挑战；第二，大多数欧洲制造商还是认为服务是一种附加的业务，与有形产品的生产是分离的，制造商提供的服务是不专业的，甚至是低级的，因此在工业化市场，客户的服务需求可能没有得到充分理解。

总而言之，在新兴制造国进行服务化市场研究，面临国外市场不确定性和服务化环境不确定性的双重挑战，因此，出口服务到国外市场的制造商应该具有服务业务经验或市场经验。这些企业或在目标市场已有一定的基础，或在国内市场有很强的服务业务能力，否则，就应该避免出口服务到国外市场。

第一节已经提到，本章是基于系统与创新研究所（Fraunhofer ISI）为中国南部的广东省政府进行的一项研究项目的经验，该研究旨在识别制造企业对能增强广东本地制造业竞争力的服务的需求。为此，我们用实证调查的方式，在该省进行市场研究分析，并从分析结果中得出实践意义。该项目包括两个部分：第一部分是一份对服务化程度的深入分析，我们选择的研究对象是德国制造业，分析结果已经在两篇文章中呈现（Lerch，Gotsch，2013；Gotsch et al.，2012）；第二部分是对中国佛山和广东省制造商的服务需求的实证分析，也是本章的主要内容。

在接下来的部分，我们具体描述该项目面临的挑战和阻碍，得出结果，并提出应如何构建合适的市场进入策略。基于以上分析，我们总结出在新兴制造业进行服务产品市场研究会遇到两类问题：一是新兴市场背景下的挑战，二是服务化背景下的挑战。

### 13.2.1 新兴市场背景下的挑战

新兴市场背景下进行服务化产品市场研究主要面临三个挑战：一是关于沟通和专业，二是关于可靠信息和有效数据的收集，三是关于信任和独立性。

首先，如果没有任何中国企业或公共权威机构的支持，要在中国进行市场研究几乎是不可能的。由于有语言和文化上的差异，我们认为，与中国的机构合作对欧洲制造商是非常有益的。然而，即使是与中国合作伙伴的交流也是有困难的，例如不同界面的间接沟通和对专业相关服务的不同理解。在中国，所谓的工业服务被认为是普通服务，如那些和运动设施或医疗保障有关的服务，而不是改善制造业生产过程的服务，全面理解服务化是耗时又复杂的。

其次，数据收集和分析是市场研究过程中最重要的环节，在中国收集数据的过程和在欧洲不一样。首先，由于在目标市场接触制造企业的数据很困难，获得大量的问卷也是极度困难的；对国外企业来说，从大规模的调查中获得典型的数据几乎不可能。另外，数据的质量也可能存在问题，中国企业不确定该如何回答调查问卷——是该如实回答还是投你所好。这些与获取企业数据及获得高质量数据有关的难题，是服务化产品市场研究中最大的挑战，在进行研究之前应该充分考虑到。

最后,欧洲制造商通常不位于目标市场的地理范围内,因此不可能控制所有关于市场研究的过程,包括那些由中国的合作伙伴进行的研究。因此,信息渠道很容易被干扰或对问题有不同的解释,特别是在数据收集和数据分析的过程中。总之,欧洲制造商在市场研究中是高度依赖中国合作伙伴的,所以建立欧洲制造商和中国合作伙伴之间的信任,对进行有效的市场分析是非常重要的。

为了解决这些问题,我们相信与中国伙伴合作是绝对必要的。如果没有和中国合作,在新兴制造国进行服务化产品市场研究是高度困难且耗费时间的,而且得到的结果也不一定准确。建立合作关系虽然是有价值的,但也非常耗时,因为建立信任和理解问题也需要一定的时间。

### 13.2.2　服务化背景下的挑战

服务化背景下在新兴制造国家进行市场研究主要面临两个挑战,即制造商必须回答两个问题:国外市场的目标企业和行业是什么？感兴趣的市场研究领域是什么？

首先,在国外市场,识别服务需求先要识别目标企业和行业。进入国外市场之前,制造商必须识别国外市场的潜在客户,包括这些客户的企业类型及行业领域。识别潜在客户非常重要,因为行业领域决定了目标市场潜在市场容量,因此,提前分析每个行业领域内企业的数量和年营业额等公共数据是很有必要的。另外,识别一个国家的传统市场和新兴市场也很重要,传统领域掌控更高的市场容量,但由于已经存在着成熟的市场结构,所以更难进入。新兴领域的市场容量更低,但在市场的早期阶段可能更容易获取客户。将行业内的企业进行分类也是有必要的,不同的企业,由于规模和所在行业不同,市场研究调查也会有所区别,这些信息对于构建市场进入战略非常重要。

第二个挑战是关于感兴趣的市场研究领域。制造商必须明确从目标市场中获取的哪些信息是有用的,因此,需要进行调查来了解在实际的服务化背景下,服务是如何在市场中扩散的,国外市场的服务需求如何,以及制造商的服务—消费行为是怎样的。以下是几个调查问题的例子,这些在我们的研究项目中也用到了:

- 在目标市场实际要提供的服务是什么？
- 哪些种类的服务是市场上有需求的？
- 有哪些本地的服务提供者？
- 目标市场服务需要的动因是什么？
- 哪些企业最需要服务,它们对现有的服务满意吗？

为了解释如何进行这样一个调查，在下一节将展示我们对佛山的调查分析及结果。我们首先描述该研究的背景和数据结构，然后给出结果。

## 13.3 市场研究：佛山调查的范例

### 13.3.1 数据样本及研究背景

本章研究的基础来自中国广东省的 48 家制造企业的调查问卷，这些企业主要是位于佛山市及其周边地区，由中国合作伙伴挑选出来，本章作者未参与其调查方法的选择和使用。

被挑选出来的企业来自 16 个不同的制造行业，其分类是：7 家企业属于"通信设备、计算机和其他电子产品"行业；特殊机械、医药、塑料产品、有色金属冶炼及压延加工业、电器机械和设备的代表企业分别有 4 家；化学原料及制品、非金属矿物产品、通用机械代表企业分别有 3 家；农副食品加工、金属制品、工艺品及其他的代表企业分别有 2 家；而文化、教育和体育、运输设备、文化和办公用仪器、仪表和机械、回收和处置废物的代表企业分别有 1 家。

行业和企业的名称都是来源于中国官方统计数据，不对应国外常用的 NACE 标准，不幸的是，这阻碍了与欧洲和其他国家制造业的比较（Gotsch et al.，2012）。

各企业的分布情况见图 13.1，其中 4% 是国有企业，超过 3/4 是私有股份企业（79%），15% 是港澳台企业，剩下的是外国企业，比例最小，只有 2%。

关于企业数据的结构见图 13.2，包括企业规模及年营业额两部分。关于企

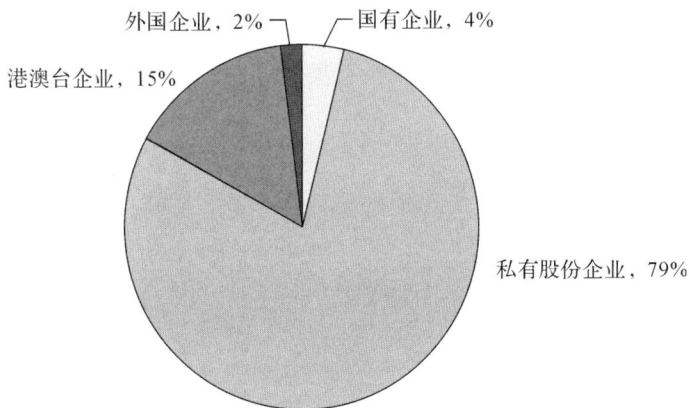

图 13.1　佛山调查企业分布情况

业规模,分为 6 个等级,最小的员工数为 10～49 人,最大的超过 2000 人,其他的企业规模大约是等距分布的。超过一半的样本公司年营业额是在人民币 5000 万到 5 亿元之间,2011 年,约 1/3 的企业年营业额超过了 5 亿元。

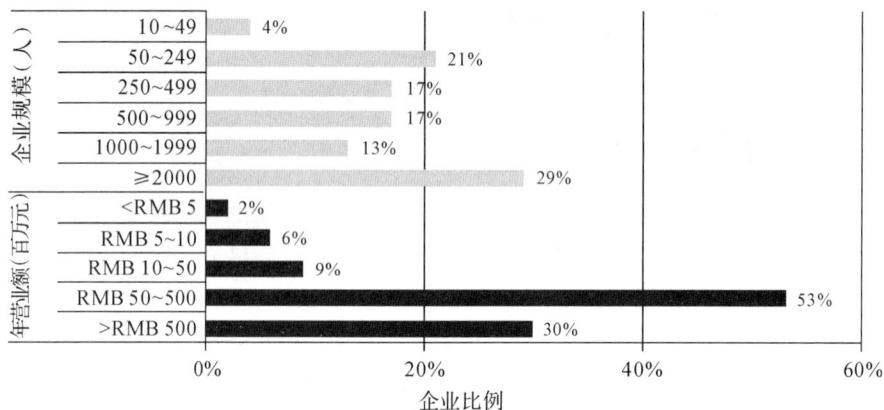

图 13.2　佛山调查企业结构(规模及年营业额)

　　接下来,我们将使用结构化的方法,展示佛山调查的结果,具体包括服务扩散的程度、佛山地区服务使用情况、本地服务提供商以及服务需要的动因,然后结合企业规模和服务需求,分析对服务的满意度。

### 13.3.2　服务化扩散的程度

　　在详细地讨论服务分布的相关问题之前,识别佛山地区的制造业最需要哪些种类的服务似乎更重要。因此,我们从调查问卷中识别出制造企业需要的 23 种服务需求,见图 13.3。

　　除了实际的服务使用者,那些目前尚未使用服务的制造商对服务的态度也能从问卷中分析出来,问卷设计有 4 个选项:该服务有需要但未被满足,计划在 3 年内使用该服务,不知道该服务,不需要该服务。调查结果也展现在图 13.3中。

　　如预期的一致,大多数服务已经得到广泛使用。超过 80％的制造商使用了"知识产权服务"和"运输/物流"服务;"租赁服务"及"状态监测/电信服务"的需要程度最低,但比例仍达到 23％。在这样的背景下,值得注意的是,在 6 种需要程度最高的服务当中的 4 种,也就是"知识产权服务""法律服务""招聘服务""市场营销/广告"可以归为更高级的管理和咨询服务大类,它们是倾向于客户导向的,而非产品相关的服务。

　　"状态监测/电信服务""项目管理/咨询""流程优化"是最需要但目前尚未

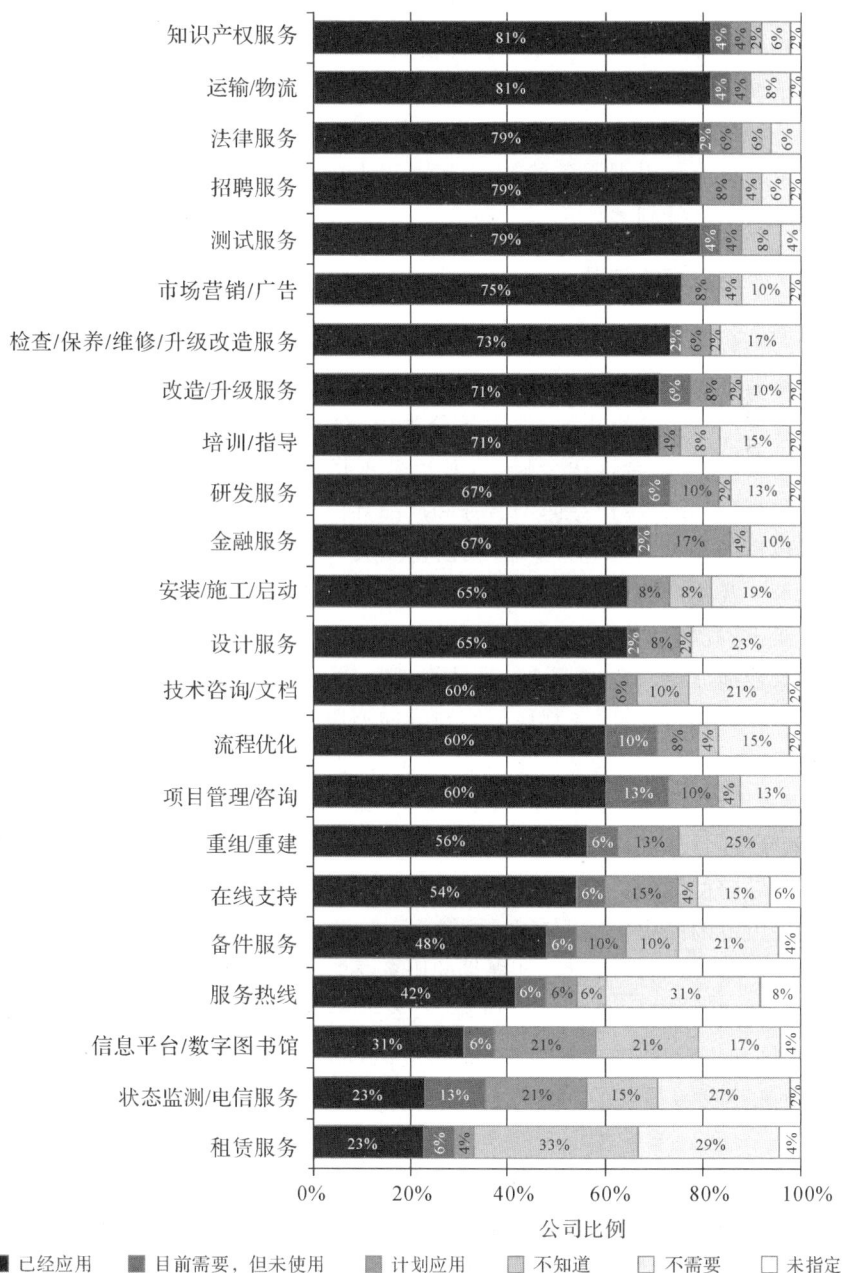

图 13.3　佛山地区的服务分布情况

图例：■ 已经应用　■ 目前需要，但未使用　▨ 计划应用　▨ 不知道　□ 不需要　□ 未指定

得到满足的服务；计划在未来 3 年内使用的服务主要有"信息平台/数字图书馆""状态监测/电信服务"和"金融服务"；而"服务热线"是大约1/3的被调查企

业不需要的服务;33％的制造商"不知道"的服务是"租赁服务",关于这种服务信息的缺失能部分地解释该服务的低使用率。

总结而言,在整个佛山市及其周边地区的制造行业中,服务已经大范围地被使用了。在被调查企业中,有 16 种服务的使用率达 60％以上,但仍存在未被开发的服务潜力。根据服务的类型,30％以上的被调查企业仍然有服务需求及使用服务的未来计划。

### 13.3.3 服务供应的来源

我们结合两个概念来分析服务供应的来源。Beckenbauer(2006)根据服务的地理范围将服务区分为本地服务、区域服务和全球服务;Haupt(1999)为制造服务化开发了一个分级框架,把服务分为内部服务(如维修)和外部服务(如培训或咨询服务)。结合这两个概念,基于是否将产品或客户看作服务的外部因素,我们把服务分为客户导向型服务和产品导向型服务。

客户导向型服务和单个产品或设备无关,而是把客户公司作为一个整体,客户的员工及整个企业的问题都与企业的战略、组织、人力资源或支持相联系。在此背景下,我们认为知识产权服务、运输/物流、法律服务、招聘服务、市场营销/广告、培训/指导、金融服务、项目管理/咨询、在线支持、服务热线、信息平台/数字图书馆和租赁服务都属于客户导向型服务。

相反,产品导向型服务和公司战略无关,但通常和单个产品或设备紧密相连。因此,我们认为测试服务、检查/保养/维修/升级改造服务、研发服务、安装/施工/启动、设计服务、技术咨询/文档、流程优化、重组/重建、备件服务等都属于产品导向型服务。

在佛山范围内提供的服务是"本地"服务,在广东省或中国范围内提供的服务是"区域"服务,而在中国以外提供的服务是"全球"服务。

我们的调查结果(见图 13.4)显示,客户导向型服务多为本地提供的,占53％,而只有 41％是区域提供的;相对应的,36％的产品导向型服务由本地提供,而 56％是区域提供的;全球服务相对来说更不重要,只有 6％的客户导向型服务和 8％的产品导向型服务是全球提供的。

由此我们可以得出:由本地供应的服务主要是客户导向型的,而由区域供应的服务更多是产品导向型的;客户导向型服务的供应商都聚集在其客户周围,而产品导向服务的供应商则位于服务区域中心;最后,服务供应商的地理位置和服务消费者地理位置的关系也取决于服务的类型,并随着服务是客户导向型还是产品导向型的变化而改变。

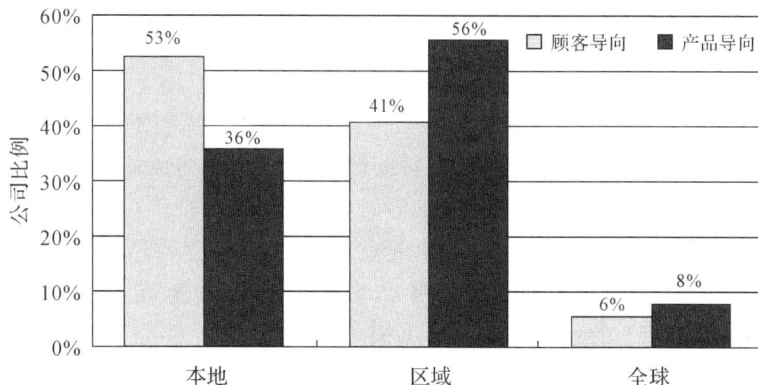

图 13.4　客户及产品导向的服务来源(本地、区域、全球)

### 13.3.4　服务需求的动因

除了服务的来源,分析服务需求的动因同样对制造业深入理解服务化有所帮助。关于被调查的企业为什么要使用服务,我们提供 8 个选项供其选择(见图 13.5)。

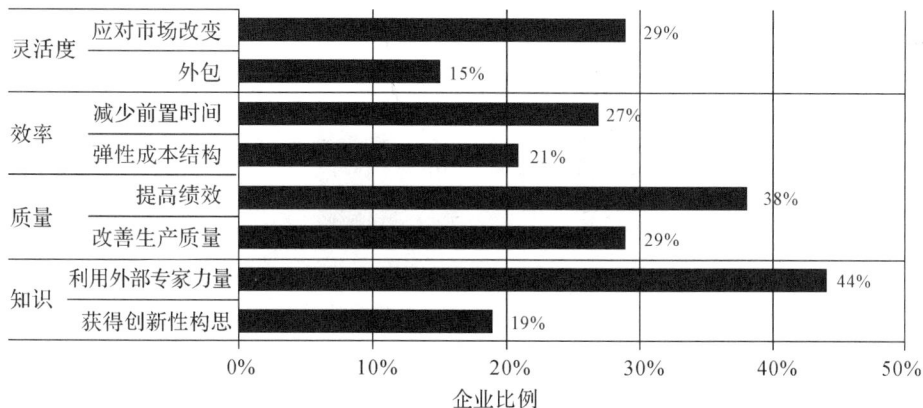

图 13.5　服务需求的动因

"利用外部专家力量"和"获得创新性构思"能增加企业的知识;"改善生产质量"和"提高绩效"可以提高产品和流程的质量;"减少前置时间"和"弹性成本结构"可以改善效率;而"外包"和"应对市场改变"可以提高企业的灵活度。因此,制造商使用服务的原因可以归为四类:知识、质量、效率和灵活度。

其中最重要的原因是"利用外部专家力量"(占 44%)和"提高绩效"(占 38%),只有 15% 选择了"外包"作为其主要的动机。值得注意的是,32% 选择了知识和质量,而只有 22% 选择了效率和灵活度。

### 13.3.5 企业规模与服务需求

被调查企业被问及它们对 23 种生产性服务的需要(见图 13.3),其中有 14 种服务在我们调查时已经被使用,制造商需要的服务种类数量小于 8 种的只占少数,大多数企业同时用到 13～20 种服务。

为了更加详细地考查服务需求,我们按需求的程度将被调查企业分为 3 组:低度需求者、中度需求者和高度需求者。"低度需求者"包括使用服务种类的数量在 11 种以下的所有企业,"中度需求者"使用服务种类在 12～16 种,"高度需求者"是指那些使用服务种类高于 16 种的企业。

将企业按服务需求程度进行分类对进一步研究很重要。如果我们控制企业的规模,会出现一个有趣的现象(见图 13.6),大型企业主要是生产性服务的高度及中度需求者(50% 是高度需求者,43% 是中度需求者),中型企业主要是中度或低度服务需求者(43% 是低度需求者,36% 是中度需求者),而小型企业中有 30% 是中度和低度需求者,40% 是高度需求者。

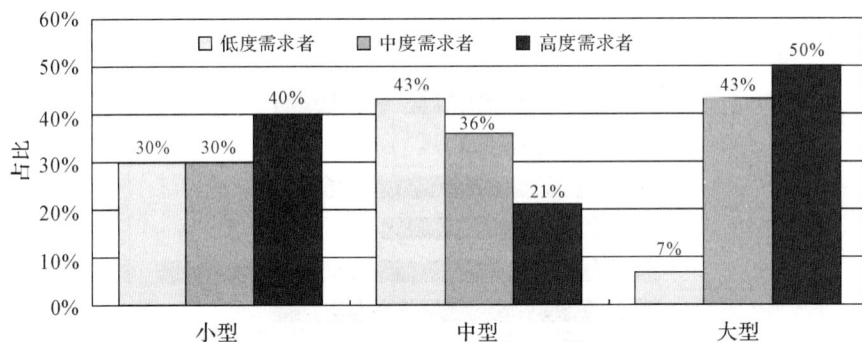

图 13.6　服务需求与公司规模的关系

### 13.3.6 服务提供的满意度

我们继续使用以上分类来考查服务提供的满意程度。图 13.7 显示,高度需求者通常比低度需求者更加满意。大约 6% 的高度需求者"非常满意",41% "满意",47% "部分满意",只有 6% 是"非常不满意"的;中度需求者和低度需求者似乎比高度需求者对服务更不满意,其中没有对服务提供"非常满意"的企业,94% 的中度需求者和 73% 的低度需求者只是"部分满意"。

因此我们认为,在新兴国家制造商对服务供应的满意程度目前还比较低,而服务数量似乎对满意程度有正向影响。

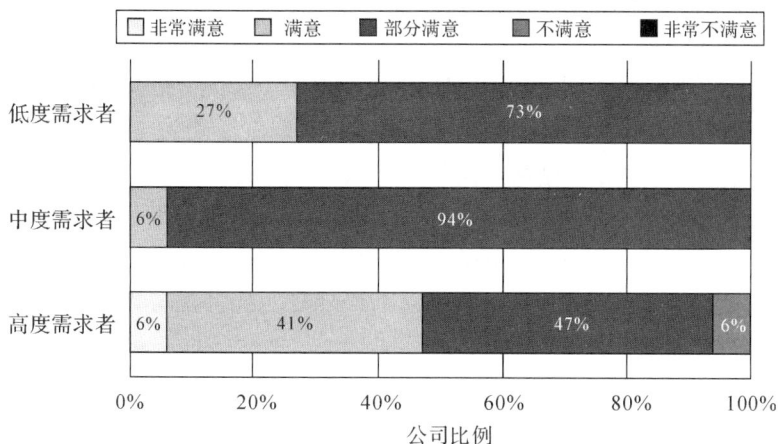

图 13.7　服务满意度

# 13.4　从市场研究到管理意义

本节通过数据分析结果来描述如何构建独特的国外市场进入战略。在我们的案例中,从市场研究中可以得到一些实际启示。我们认为构建国外市场进入战略有两个步骤:第一,从数据分析结果中了解国外目标服务市场的实际情况;第二,根据实际情况构建个性化的市场进入战略,该战略应包括进入市场和渗透市场的程序。以下两节我们将基于佛山的调查,描述具体的程序。

## 13.4.1　总结市场研究的结果

关于服务供应的来源,调查结果显示,客户导向型服务主要来源于本地,这些服务和当地的客户企业紧密相连。因此,客户导向型服务的提供者应该位于靠近其潜在客户的地方,以便充分满足客户的需求。简单地说,就是供应商离顾客越近,合作的机会就越大。

相反,产品导向型的服务主要来源于区域提供者。位置对客户寻找产品导向型服务的作用很小,因此,空间上的靠近对于产品导向型服务的提供者来说不太重要。由于生产性服务很少来源于全球供应,所以供应商应该至少位于区域内。

调查结果还显示,大型企业使用生产性服务更为频繁,其比例比中小型企业高出很多,大型企业通常倾向于使用大量的服务,但小型企业表现比较异常

（服务的高度需求者和低度需求者的比例几乎相等），而中型企业似乎是消费服务最少的一类企业。企业规模和服务需求的关系呈 U 形曲线关系。

我们认为服务的消费经历不同的阶段，处于产品生命周期的不同的阶段或位置，需要的服务也不一样。在早期阶段，供应商应该聚焦于提供客户导向型服务，后面的阶段主要应提供产品导向型服务。总之，行业发展或产品生命周期阶段会影响制造业的服务需求及制造商的服务—消费行为。

制造商的行为可以和服务的种类、企业规模、服务需求动因、服务供应的位置及满意度结合起来分析，我们的研究结果展现了国外服务市场的特征，对服务提供者来说很有价值，总结如下：

• 在本研究中，被调查的新兴制造业对服务都有很高的需求，而对客户导向型服务的需求比产品导向的服务需求更高。

• 顾客导向型服务与消费者的地理位置紧密相关，供应商离顾客越近，合作的可能性越大；而对于产品导向型服务，位置的作用很小。

• 知识的提升和质量的提高是新兴制造业服务需求的主要动因，改善效率和灵活度其次。

• 大型企业比小型企业倾向于使用更多的服务，中型企业使用服务数量最少。企业规模和服务需求的关系呈 U 形曲线关系。

• 大多数制造企业对其使用的服务只是部分满意，客户满意度的水平随制造商使用服务数量的增多而提升。服务导向和满意度正向相关。

### 13.4.2　构建市场进入战略

基于以上调查结果，我们可以得出三方面的管理意义。与其他的研究不同，这些管理意义是从客户的视角得到的，更能反映客户的需求：

• 客户导向型服务应该来源于与客户距离近的本地供应商，产品导向型服务可以来源于区域供应商。

• 服务提供者应该优先考虑（进入）大型企业（市场），然后将其服务扩散到中小企业当中。

• 新兴制造业的发展程度越低，客户导向型的服务需求将越高，发展程度越高，产品导向型的服务需求将越高。

总的来说，为大型企业和重要的客户公司提供服务是一个合适的市场进入战略。在被调查的企业中，大型企业倾向于使用更多种类的服务，因此对全球服务提供商来说更具吸引力。这些客户可以就近获得本地服务，因此，在包含大量企业的技术园区或制造中心建立一个服务业务办事处，是一个有效的战略，该办事处应该集中提供客户导向型服务。

一旦进入了市场，服务供应商应该向中小型企业扩展服务业务，提高市场份额。假如服务业务办事处盈利了，那么可以慢慢地在靠近其他大型企业的制造中心建立更多的服务业务办事处。为了进一步渗透市场，制造商可以在周边地区建立一个服务中心，提供个性化的产品导向型服务，这个服务中心应包含相关技术设备、提供维修服务及其他售后服务。再往后，可以建立生产中心，提供附加的工程服务等。这个程序可以重复进行，直到完全占领服务市场。

## 13.5 结论和展望

本章展示了在新兴制造行业进行服务供应市场研究的一种方法。为了支持企业进行市场研究，我们首先描述了进行市场分析将面临的挑战和障碍，然后以中国广东省的研究为例，描述如何进行市场研究，最后我们从研究结果中，提炼出几点管理意义并构建了一个市场进入战略。

最后，本章研究提供了关于制造商在新型行业的服务需求的见解，并阐明了他们的服务消费行为，分析结果可以帮助服务提供者更好地设计其适应新兴行业的服务供应，以及满足客户的需要。

然而值得注意的是，我们的研究结果仅来源于一个新兴国家，其他的研究可以在更多的国家检验我们的假设，或在不同市场之间作比较研究。本章仅提供一个关于新兴国家制造商服务需求的初步观点，我们建议后续的研究能更充分地解释金砖四国或其他新兴国家制造商的服务—消费行为。

**本章参考文献**

Baines，T. S.，Lightfoot，H.，Benedettini，O. & Kay，J. （2009）. The servitization of manufacturing：A review of literature and reflection on future challenges. Journal of Manufacturing Technology Management，20(5)，547-567.

Beckenbauer，B. （2006）. Internationales Management Industrieller Dienstleistungen. St. Gallen.

Bikfalvi，A.，Lay，G.，Maloca，S. & Waser，B. （2013）. Servitization and networking：Large-scale survey findings on product-related services. Service Business，7(1)，61-82.

Boyt，T. & Harvey，M. (1997). Classification of industrial services：A model with strategic implications. Industrial Marketing Management，26，291-300.

Brady，T.，Davies，A. & Gann，D. M. （2005）. Creating value by delivering integrated solutions. International Journal of Project Management, 23(5), 360-365.

Dachs, B. , Biege, S. , Borowiecki, M. , Lay, G. , Jäger, A. & Schartinger, D. (2013). The servitisation in European manufacturing industries: Empirical evidence from a large-scale database. The Service Industries Journal. doi: 10.1080/02642069.2013.776543.

Desmet, S. , Van Dierdonck, R. & Van Loy, B. (2003). Servitization: Or why services management is relevant for manufacturing environments. In B. Van Loy, P. Gemmel, & R. Van Dierdonck, (Eds.): Service management: An integrated approach (pp. 40-51). Essex, England: Pearson Education Limited.

Gotsch, M. , Lerch, C. , Güth, S. & Jäger, A. (2012). Developing Proposals for Foshan New Town Industrial Service Demonstration Area, Deliverable WP 2A, In-depth Research of Relevant Industries: Dissemination of Industrial Services according to a new developed Service Typology. Karlsruhe: Fraunhofer Institute for Systems and Innovation Research ISI.

Haupt, R. (1999). Industrielle Dienstleistungen—Zwischen Fokussierung und Diversifizierung. In G. R. Wagner (Ed.), Unternehmensführung, Ethik und Umwelt—Festschrift für Hartmut Kreikebaum (pp. 321-339). Germany: Wiesbaden.

Lay, G. , Copani, G. , Jäger, A. & Biege, S. (2010). The relevance of service in European manufacturing industries. Journal of Service Management, 21(5), 715-726.

Léo, P. Y. & Philippe, J. (2001). Offer of services by goods exporters: Strategic and marketing dimensions. The Service Industries Journal, 21(2), 91-116.

Lerch, C. & Gotsch, M. (2013). Towards a typology for service markets in manufacturing industries: An empirical analysis with managerial implications. In Baines, T. , Clegg, B. , Harrison, D. (Eds.), Proceedings of the Spring Servitization Conference, 20th-21st May 2013. Aston, United Kingdom.

Neely, A. (2008). Exploring the financial consequences of servitization of manufacturing. Operations Management Research, 1(2), 103-118.

Tether, B. & Bascavusoglu Moreau, E. (2012). Servitization: The Extent and Motivations for Service Provision amongst UK Manufacturers. In DRUID 2012. Copenhagen, Denmark.

Vandermerwe, S. & Rada, J. (1988). Servitization of business: Adding value by adding services. European Management Journal, 6(4), 314-324.

Wassermann, R. (2010). Internationalisierung mit produktbegleitenden Dienstleistungen und hybriden Produkten—Eine pfadorientierte Analyse am Beispiel deutscher Maschinenbauunternehmungen. Heidelberg: Springer Gabler.

Wise, R. & Baumgartner, P. (1999). Go downstream: The new profit imperative in manufacturing. Harvard Business Review, 77(5), 133-141.

# 14　制造企业服务化战略

## Jakob Ebeling，Thomas Friedi，Elger Flelsch

摘要：高度的市场复杂性和竞争压力迫使传统的制造企业重新思考它们的商业战略，服务业务新的增长潜能和盈利空间诱使制造企业将其传统的产品业务扩展及服务，从而使其定位变为产品—服务一体化。制造企业如何选择其定位？影响该决策的因素是什么？新的定位会为组织带来什么变化？本章试图通过描述现有的服务化发展战略来回答这些问题。首先，我们分析了影响服务战略决策一个典型因素——环境；其次，我们详细描述了产品—服务一体化的四种服务战略及其对组织的影响；最后，得出一些管理实践上的启示。

## 14.1　引言

客户要求不断提高，需求越来越复杂，制造企业面临的竞争压力也越来越大，制造企业为了获得新的利润增长潜力，必须将其业务范围从制造产品扩展到服务提供（Anderson et al.，1997）。像通用电气、IBM、施乐和罗尔斯-罗伊斯等公司就是这种趋势的典型代表（Kastalli，Van Looy，2013）。这些企业在其产品生命周期中不断增加新的服务，它们的服务收入份额最高达到了56%（Fischer，2012），这些成功的例子广为企业管理者及业务咨询商所知，但这些成功的经验是否也适用于其他的制造企业呢？

许多企业在扩展服务业务的转型中失败了，不但没有获得高额利润，还面临着高成本及利润不断缩减的困境，这种现象就是服务悖论(Gebauer et al.，2005)，因此，如何做出正确的服务化战略决策，成为制造企业的一大难题。

服务化战略是在整个产品供应中扩展服务的基础上形成的(Vandermerwe，Rada，1988；Martin，Horne，1992；Mathieu，2001；Oliva，Kallenberg，2003；Davies，2004；Sawhney et al.，2004；Gebauer，2008)。根据 Martin 和 Horne(1992)，以及 Kotler(1994)的观点，在整体供应发展中的产品—服务连续体，遵循一个特殊的模式：它起始于生产纯产品，然后逐渐地在产品上附加服务，直到提供纯粹的服务(见图 14.1)。

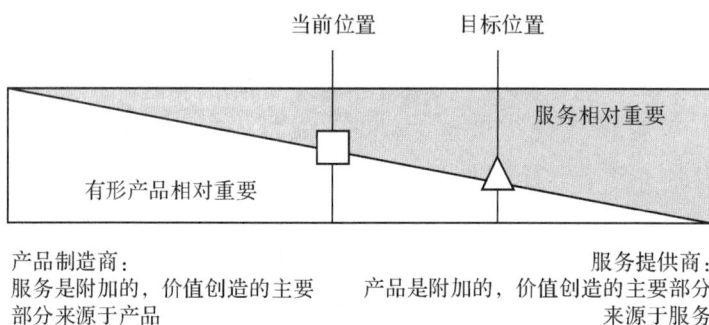

当前位置　　　　　目标位置

服务相对重要

有形产品相对重要

产品制造商：
服务是附加的，价值创造的主要
部分来源于产品

服务提供商：
产品是附加的，价值创造的主要部分
来源于服务

图 14.1　产品—服务一体化

资料来源：Oliva & Kallenberg，2003

现有文献通常认为，扩展服务的宽度就是沿着产品—服务连续体从产品到服务不断移动，该转型路线的两端分别是服务和有形产品(Oliva，Kallenberg，2003；Neu，Brown，2005)，这条路线上不同的位置代表着不同的服务战略。以下是对常用的服务战略的描述(Fischer，2012)：

- 沿价值链向下游移动的服务战略(Wise，Baumgartner，1999)；
- 制造过程中的服务战略(Mathieu，2001)；
- 由制造到服务业务的转型战略(Oliva，Kallenberg，2003)；
- 高价值集成解决方案(Davies，2004)；
- 产品制造企业中的服务战略(Gebauer，2008)；
- 五种新服务业务概念(Lay et al.，2009)
- 服务战略及服务转型轨道(Matthyssens，Vandenbempt，2010)

本章主要分析 Gebauer(2008)的四种服务战略。

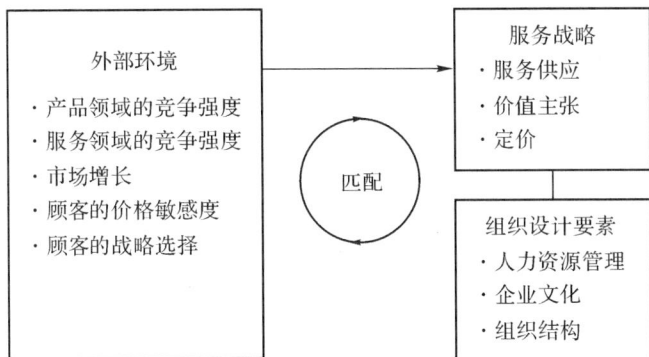

图 14.2　战略匹配

## 14.2　环境因素

　　组织理论中环境的几个特征维度是:不确定性、直接性、变化性、动态性、同质性、复杂性和包容性(Aldrich,1979;Andrews,1996;Duncan,1972)。对外部环境的研究始于 Dess 和 Beard(1984)关于组织任务环境维度的讨论,他们根据三个因素对外部环境进行区分:包容性、复杂性和动态性。包容性与特定行业中支持企业发展的自然环境资源的稀缺性有关;自然环境资源的复杂性反映了环境要素的异质性和集中性;环境的动态性则与环境的变化和不稳定程度有关。瞬息万变的环境、不断缩短的产品生命周期以及创造性破坏的过程都是动态环境典型的特征。动态环境淘汰现有的产品和服务,并要求企业不断构建新的竞争力(Dess,Beard,1984)。Miller(1987)用"环境竞争性"来反映竞争者的数量及存在竞争的区域的数量。Jaworski 和 Kohli(1993)提出了"竞争强度"的概念,反映企业与其竞争者不同的产品和服务的行为、资源及能力。市场导向观认为,组织活动不仅受竞争者的影响,还受市场波动的影响,如 Kohli 和 Jaworski(1990)提出了一个理念,指导企业理解客户偏好的变化,并设计了满足其需求的战略(见图 14.3)。

　　这些维度对服务业务战略的重要性并不相同。Gebauer(2008)建立了一个外部环境模型,包括产品领域的竞争强度、服务领域的竞争强度、市场增长、客户的价格敏感度以及客户的战略选择。前两个维度直接来源于市场导向的相关文献。市场增长和客户价格敏感度是反映市场波动的两个方面(Jaworski,Kohli,1993),市场增长是以业务单元进行细分的市场上的总销售增长率,产品

┌─────────────────────────────────────────┐
│                 环境结构                  │
└─────────────────────────────────────────┘

┌──────────────────────┐  ┌──────────────────────┐
│         类 1         │  │         类 2         │
│  ·高竞争强度         │  │  ·低竞争强度         │
│  ·高价格敏感度       │  │  ·低价格敏感度       │
│  ·客户要求一般性的   │  │  ·客户要求优化其     │
│    产品功能          │  │    过程的服务        │
└──────────────────────┘  └──────────────────────┘

┌──────────────────────┐  ┌──────────────────────┐
│         类 3         │  │         类 4         │
│  ·高竞争强度         │  │  ·低竞争强度         │
│  ·高价格敏感度       │  │  ·低价格敏感度       │
│  ·客户对减少初始投资 │  │  ·客户对合作创新     │
│    的服务非常感兴趣  │  │    感兴趣            │
└──────────────────────┘  └──────────────────────┘

图 14.3　外部环境结构

领域的高市场增长是制造企业更喜欢的环境(Slater，Narver，1994)，价格敏感度通过价格变化捕捉客户的行为(Janiszewski，Lichtenstein，1999)，市场波动同样包含了客户生产绩效的改变(Jaworski，Kohli，1993)。在这样的环境下，客户生产绩效受生产运营的战略选择影响，"产品维修外包"即代表了这样的一个战略选择，其他战略选择还包括保障产品基本功能、优化产品和过程效率等。根据不同客户需要会有不同的战略选择。

　　根据权变理论，企业制定其战略受外部环境的影响。如果战略—环境匹配度高，则可以获得更高的绩效(Mintzberg，1979)。Gebauer(2008)在对 195 家企业进行的调查中，分析了环境因素以及其对服务化绩效的影响，由此识别出四类不同的环境结构：

　　第一类，产品与服务领域都高度竞争，客户对价格非常敏感，需要保障其产品正常使用功能的相关服务，不太关注服务优化效果和产品效率、关注流程方面的合作创新以及减少初始投资。

　　第二类，竞争强度较低，客户对价格不太敏感，需要优化过程运营的相关服务，而不只是满足于保障产品正常使用功能的服务，和第一类环境结构不一样，客户不太关注合作创新，对初始投资也不敏感。

　　第三类，竞争强度高，客户对减少初始投资非常感兴趣，而对确保产品正常使用功能的相关服务及合作创新不太重视，但对服务优化效率以及客户过程差异性要求处于中等水平。

第四类,竞争强度低,高度关注合作创新,客户对服务(包括保证产品功能的服务和优化运营过程的服务)的要求达到中度水平,客户价格敏感度很低。

## 14.3　制造企业的服务战略

为了满足这些外部要求,可以识别出四种不同的服务战略模式,其在服务供应、价值主张和定价上各有不同(Gebauer,2008;Fischer et al.,2010)。这四种战略分别是:售后服务提供商(After-Sales Service Provider,ASP)、客户支持提供商(Customer Support Provider,CSP)、外包合作伙伴(Outsourcing Partner,OP)和发展合作伙伴(Development Partners,DP)(Gebauer,2008)。为了配合以上战略,管理者需要在人力资源管理、企业文化和组织结构等方面做出调整(Gebauer,2008)。接下来,我们详细讨论这四种战略及其影响。

### 14.3.1　售后服务提供商(ASP)

采用售后服务战略的企业所处的市场环境竞争强度高,客户价格敏感度也很高,他们仅期望低价购买具有一般性功能的产品。显而易见的是,低价格的产品质量必然不会很高,故障发生频率高,因此客户对确保其产品正常使用功能的维修等服务的需求会增加。这种环境下的主要竞争在于产品和服务的价格竞争(第一类环境结构)。

售后服务提供商在产品使用期限内保障其正常功能,如果产品出现故障,就要为客户提供标准化的售后服务,比如更换零部件、维修、检查、热线服务和基本培训。精细的服务,如在客户运营过程中优化产品效率和效果,则不太受重视。这些服务的价格不包含在产品价格中,费用和价格是基于人工成本和部件成本来确定的,价格折扣是常有的事。

ASP以具有吸引力的产品价格、保障产品正常使用功能的售后服务,创造了独特的价值主张。由于服务是单独定价的,客户可以选择那些确实需要的服务,也可以比较服务的价格并获得价格折扣。

为了成功交付售后服务,ASP组建一个由一线员工组成的可靠的服务团队,保证能迅速应对产品故障,并集中于解决在标准售后服务外出现的小范围问题。另外还拥有强大的技术专家,并不断地接受培训。专家培训包括在工作中的实践经验和在课堂上的理论学习,确保个人拥有解决问题的专业技术基础知识。

至于企业文化,ASP通过提供售后服务,将服务员工的角色定位于公司内最重要的位置之一,以改变其组织价值。在产品营销战略中,将售后服务看成是主要的差异化因素,服务并不仅依附于产品,而是被单独定价,是整个价值创造重要的组成部分。其他具体的服务相关价值,如创新、定制化、灵活度及创造利润的灵活度和多样性,则不是必需的。

APS 提供各种售后服务活动,如维修、检查、生产单元成本中心的零部件管理等。售后服务的制定和实施需要企业内各单位之间的合作。由于服务有固定成本,主要的利润来源于能力效用。售后服务的需要是不可预测的,高的能力效用很难获得。因此,售后服务和产品功能如能共享资源,则可以提高能力效用,促进企业达到(利润)高峰。

ASP 非常重视与第三方物流供应商的合作,将其作为实现售后服务战略、并形成差异化的一个关键因素。如果在世界各地有大量的在用设备以及良好的合作关系,制造商就能为客户提供强有力的现场支持,如 48 小时配件服务。

### 14.3.2 客户支持提供商(CSP)

客户支持提供商的市场包括那些寻找卓越产品的客户。产品性能和可靠性是客户主要的购买动因,由于它们对自身核心竞争力的关注不断提升,因此需要更多的服务。它们购买产品,也需要那些能提升产品运营阶段使用效率和效益的服务。在价格竞争和价格折扣强度上,CSP 竞争强度不如 ASP 大,而CSP 仍然能够通过优越的技术获得差异性(第二类环境结构)。

客户对改善产品效率和过程效率的预期,以及对竞争形势的解释,似乎需要客户支持服务战略的实施。该战略旨在优化客户的运营过程,后者意味着通过全面的预防性维护、先进的培训和流程优化实现最大限度的正常运行时间(可操作性)和最大产量。和 ASP 相比,它们的目标不在于及时解决故障,而在于预防故障的发生。

服务被打包成固定的服务包,其价格不包含在产品价格内,客户支付固定的费用。这意味着与 ASP 相比,CSP 可以根据客户需求来定制和打包服务。因此,它们有足够的空间来满足个性化的客户需求,为不同客户设计不同的服务。

CSP 的价值主张是:提供高质量的产品,通过全面的维修服务、定制服务来满足客户的个性化需求,提高客户的运营效率和效益,并保证客户以固定的价格获得一个个性化的服务包。

至于企业文化,CSP 努力使其员工相信定制化的服务包是其价值创造的重要组成部分。需要对服务元素进行修改和调整,以适应不同客户间预期之外的差异。总之,管理者和员工都相信,定制化和灵活性能更好地实现差异化,从而带来更高的利润。CSP同样由一线员工组成关键角色,提供高度定制化的服务。性能推动提供商对客户需求进行深入了解,并为客户提供关于如何获得所需结果的客观建议。提供高度定制化的服务意味着,一线员工必须有能力解决服务过程中可能出现的各种问题,并愿意承担责任,灵活地解决问题。

CSP招聘的员工须具有较强的专业技术基础、行为能力及恰当的客户服务态度。专业技术方面的要求与ASP类似,行为能力包括倾听和交流技巧,这些技能是必需的,因为倾听和与客户交流对理解个性化的客户需要是非常重要的,这些技巧能使客户相信所提供的服务能满足他们的需要。员工的行为能力和客户服务态度将在正式或非正式的项目中得到训练,新的服务人员由更有经验、资历更老的服务人员或管理者来培训。CPS通过减少员工忧虑及建立长期雇用/客户关系来获得独特的能力。积累了专业技术知识、行为能及客户服务态度的长期雇员,也需要不断地学习新的服务技能。

与ASP不同的是,CSP没有将实施服务战略的责任融合到现有产品部门当中,相反,它们创建了一个新的服务部门,对服务承担具体且清晰的责任,如预防维护、事前培训、过程优化、修理、检查、备件等。作为一个独立的业务单元,服务部门也承担盈亏责任。建立一个新的服务部门需要公司内部产品部门和服务部门的努力合作。新服务部门的人力资源直接通过生产单元的内部资源流入。与ASP不同,产品和服务部门间不存在资源共享,由于高度集中于预防维护,服务需要是可预测的,这能创造更高的能力效用。

对CSP来说,一个有点棘手的问题是创建全球服务基础设施,为各地客户提供不同的服务。这代表了CSP将面临多重挑战:一是建立基础设施的投资决策,投资不能立即为企业创收,初始投资会稀释营业利润,从而使服务部门的总体利润率降低;在运营层面,需要构建在各个服务组织扩散知识的能力;各个地方的服务组织也必须对服务供应的标准化程度做出明确的决策,以平衡各地组织的服务转变能力。要做这个决定,CSP还要为定制化的服务供应构建生产管理功能。

CSP强调,与客户合作的程度是客户支持战略成功的关键因素,为了优化客户的运营过程,该战略要求对市场条件及个性化的客户需求有充分的理解。

### 14.3.3 发展合作伙伴(DP)

发展合作伙伴的客户需要的是运营过程的特定解决方案。客户运营过程的特殊性及对运营过程的明确定义是一种核心能力,这似乎是对创新解决方案的高需求的驱动因素。DP也声称,公平竞争可以在产品和售后服务市场实现,而这导致了更大的竞争强度。持续的竞争优势主要来源于为客户设计个性化的解决方案（第四类环境结构）。

DP 通过提供设计和构建服务来支持客户的发展过程，从而实现显著的过程效益，这意味着 DP 的客户能直接从其发展能力中获益，这些能力是由服务供应商和客户共创的，并成为一个资源壁垒，可以转化为竞争者的进入障碍。DP 与其客户都拥有独特且难以模仿的能力，这导致了持续的竞争优势。由于 DP 通常将产品和服务捆绑在一个解决方案中，所以产品和服务是一起销售的。

DP 使其员工相信它们是与客户共创价值、为客户的发展提供创新的解决方案的"服务提供者"。在一段时间内，研发人员逐渐意识到自建产品的创新并不是主要的价值驱动因素，共创或者说合作创新解决方案才是价值创造新的主要来源。研发人员作为值得信赖的咨询者提供服务，并与客户建立长期的学习关系。作为可信赖的咨询者，研发人员对多样化的客户过程有着深入的了解，员工与客户合作，并提供关于如何创新及构建解决方案的建议，员工也参与到创新的实施当中，改善客户的发展。另外，研发人员与特定客户建立学习关系，是为了成为更有效的销售者，与客户建立一种持续的联系。研发人员从为客户解决复杂问题的过程中获得知识，从而变得更"聪明"，同时，客户也从供应商那里学到实际发展能力而变得更"聪明"。客户还学到企业的特殊发展能力，能进一步判断他们是否可以支持未来的发展过程、企业的研发人员在提供进一步设计以解决现在和将来问题方面是否值得信任。

DP 主要投资于构建和获取技术能力。员工招聘渠道主要有两种：一是从技术型大学毕业的工程师，另外就是专业工程咨询企业或其他制造企业的管理工程师。通常，密集的见习计划确保了大学毕业生的初始技能可以适应工程师技术工作，主要的培训内容包括业务能力培训课程及客户服务态度培训。毕业生要学习作为一个值得信赖的咨询者角色必须具备的沟通技巧，以及如何与客户建立学习关系。对于新的管理工程师，通常根据他们的技术和业务能力以及服务态度来评估，只有表现突出的工程师才能留下来。

DP 有一个独立的研发团队负责设计和构建服务，以实现显著的过程效益。建立这样一个独立的研发团队需要研发部门内部的努力。最初这样一个独立的研发团队的人力资源来源于研发部门内部，资源在对外的独立研发团队和对内的研发部门之间共享。和 ASP 不同，这里共享资源的原因并不是服务需求的不可预测性，而是希望充分利用客户知识以实现产品创新。基于这样一个功能，DP 集中于发展卓越的设计能力和服务构建能力。

DP 服务战略需要对客户在发展过程中面临的挑战有一个全面的了解。与客户合作也是成功实现这个战略的关键因素。与 ASP 和 CSP 相比，该战略不需要建立全球的服务基础设施，独立的研发团队通常位于公司总部。

### 14.3.4 外包合作伙伴(OP)

外包合作伙伴结合成本领先及中等程度的产品和服务实现差异化。这个领域的客户有改善现金流和减少资本占用、集中发展其核心能力的需求。他们并不关注产品本身,而是购买产品的性能。购买产品性能、提升价格竞争和价格折扣的强度,这导致单位产品利润的降低,从而客户只是比较价格而不在意价值技术特征或更好的服务(第三类环境结构)。

OP 提供诱人的价格,其目的是承担客户的运营过程的营运风险和全部责任。OP 的价值主张是降低客户的资本占用,管理相应的风险。和 CSP 相比,OP 并不创造定制的服务包。运营服务是标准化的,注重效率、规模经济,而不太关注服务定制化。然而,为外包过程提供诱人的价格,没有足够的产品和服务质量也是不行的。如果产品经常损坏,将会增加检修、维护和零部件的成本,从而导致整体利润率的降低。

至于企业文化,OP 努力使其员工相信他们是"纯服务提供商",将运营过程的产物交付给客户。一线员工意识到定制服务包或技术特征并不是价值创造最重要的组成部分,解决客户运营过程意味着提供标准化的服务。OP 的一线员工必须适应他们作为一个可信赖的运营商和作为标准化服务与复杂服务边界的角色。作为可信赖的运营商,他们必须确保运营过程产品的质量,深入理解并满足客户的需求。

OP 的一线员工主要是根据他们在运营过程中的产品技能来选拔的,OP 试图招聘那些以前客户的员工来运营其客户过程,这样它们可以直接获得操作过程的详细知识,能在与客户同样的效能水平上运营客户过程。OP 并不在一线员工的先进操作技术培训上花费太大的成本,而只是更新它们的技术经验,并确保自己有提供服务的正确技能。培训和技术专业的发展、先进的服务技能都是在工作过程中得到训练的。行为能力和客户服务态度的训练似乎并不重要。客户的员工已经有足够和他们以前同事交流的技能。

OP 通常设置一个独立的服务公司作为一个新的服务机构,通常是一个法律上独立的公司,来提供运营服务。该组织可以减少接管与自有产品不相关产品(第三方公司的产品)的操作流程的内部壁垒,实现与母公司分离。因此,将外包服务集成到现有的产品和/或服务部门,似乎对 OP 来说并不合适。与母公司保持密切的关系是很重要的,例如,为外包合作伙伴更换备件时。然而,更重要的是公司内部新服务公司和现有客户、银行、保险公司等的合作。在员工招聘和制定新机制策略上与客户广泛合作符合客户的潜在需求。与银行及保险公司密切合作对处理运营客户过程中的金融风险非常重要。因此,作为纯粹的服务公司,OP非常重视与客户近距离接触的服务组织。在服务战略的制定和实施过程中,企业分散了决策权。表14.1的总结对应了外部环境、服务战略和组织设计元素。

表 14.1　基于外部环境和组织响应的服务战略

| | | 第一类:ASP<br>售后服务提供商 | 第二类:CSP<br>客户支持提供商 | 第三类:OP<br>外包合作伙伴 | 第四类:DP<br>发展合作伙伴 |
|---|---|---|---|---|---|
| 外部环境 | 客户需求 | 产品的正常功能 | 主要采购属性是产品性能和可靠性;产品在客户流程的效率和有效性 | 减少初始投资;高水平的运营服务 | 操作流程的创新解决方案 |
| | 竞争强度 | 与产品竞争强度相等;产品利润流失 | 技术优势创造差异化 | 高价格竞争 | 与产品竞争强度相等;产品和服务利润流失;可持续竞争优势来自客户过程设计单独解决方案 |
| 服务战略 | 服务项目 | 备件、维修、检验、热线、基本训练 | 全面预防性维护;高级训练的过程优化;维修、检查、热线、备件 | 主要经营服务;定制服务并不重要 | 设计及构建服务 |
| | 价值主张 | 提供有吸引力的产品价格,通过售后服务保证产品的正常运作 | 提供高度可靠的产品;通过服务效率和效果增加客户;满足客户定制服务;固定价格 | 成本领先、产品和服务差异化;减少客户的资金占用;管理相应的风险 | 消费者直接受益于供应商开发能力;客户与供应商合作能力 |
| | 定价 | 非捆绑定价策略,以便于客户选择服务项目;价格折扣策略 | 低价格折扣 | 高度价格竞争,通常会有价格折扣 | 产品和服务捆绑定价 |
| 组织:人力资源管理 | 人员招聘 | 强大的专业技术基础;能力;不断学习的动机 | 强大的专业技术基础;行为能力;以客户为中心的态度;风险评估技能 | 一线员工具备良好的专业知识;招聘客户的员工 | 强大的研究及开发技能;技术大学毕业的工程师;专业工程咨询公司或其他制造企业的工程师 |
| | 人员培训 | 正式的课堂培训;在职培训 | 入职培训;在职培训;辅导计划 | 不在一线员工的操作技能上花太大成本;在职培训 | 毕业实习培训;在职培训 |

| | | 第一类:ASP<br>售后服务提供商 | 第二类:CSP<br>客户支持提供商 | 第三类: OP<br>外包合作伙伴 | 第四类:DP<br>发展合作伙伴 |
|---|---|---|---|---|---|
| 组织:<br>企业文化 | 提供的服务价值 | 服务是总价值创造的一部分 | 定制化和灵活性是价值创造的驱动力 | 一线员工是"纯服务提供者";向客户提供运营过程;关注标准化服务 | 客户服务提供者;解决方案是价值创造的主要来源 |
| | 员工的角色 | 提供可靠的故障诊断;提供标准化的服务 | 提供高度定制的服务;性能推动者 | 可靠的运营商;标准服务与复杂服务的边界 | 可信的顾问;开发学习关系;领导协同创新 |
| 组织:<br>组织结构 | 业务单位责任集成 | 售后服务作为产品单位成本中心 | 创建独立的服务部门 | 单独的服务组织;通常是合法的子公司 | 独立的研发团队 |
| | 企业内合作 | 最初的内部资源来自生产;服务和生产共享资源 | 初始资源来自产品部门;内部资源不共享 | 与银行及保险公司密切合作 | 初始资源来自研发部门内部专家知识网络 |
| | 全面服务基础设施 | 服务代理 | 本地服务组织的基础设施;不立即产生收入的必要投资;知识的扩散;标准化服务的决定 | 强度客户接近分散决策权 | 集中的服务基础设施;总部研发团队 |

## 14.4 管理意义

本章不是讨论制造企业在制造—服务转型线上应占据什么位置,而是提出了四种特定的服务战略。这些服务战略为产品导向的企业重新考虑及适应它们在产品—服务连续体中的位置提供了一个诱人的机会。

然而,要成功利用服务的机会,制造企业必须将外部环境、服务战略和组织设计因素适当匹配,这意味着没有在转型线上定位的标准方法。管理者必须意识到,(重新)定义服务战略需要外部环境的相关知识,尤其是了解客户的需求,然后,提供新的服务以满足客户的需求。然而,充分满足所有客户的需求可能会导致一个难以控制的复杂局面,这不会带来预期的结果。为了避免这种情况出现,必须明确在未来应建立一个什么样的市场,哪些企业是自己的客户。因此,成功的一个关键因素是面向市场的管理。

四种服务战略的成功实施需要适应不同类型的组织设计元素,识别服务战略和组织因素、市场特征的匹配,这对管理者来说似乎存在两大挑战,也对其有重要影响。表 14.1 可以作为一个管理导航器,列出了组织设计的配置因素。根据一个组织的各个服务战略,管理者可以使用该表作为校准服务战略与实际环境及组织因素的检查表。

例如,客户支持提供商战略适应的组织文化强调定制化和灵活性的价值,员工提供量身定制的服务,优化客户使用其产品时的有效性和效率,以实现这些价值。提供这样的服务需要与客户高度的互动,这又需要一些必要的技能,如专业技术、行为能力、以客户为中心的态度以及风险评估技能等。相比之下,发展合作伙伴战略需要强大的研发能力的支持,组织结构接近于一个中央研发部门,提供发展支持和研发导向的服务,并建立研发激励机制,鼓励服务员工提供研发服务——不是内部研发,而是直接向外部客户提供研发服务。

## 本章参考文献

Aldrich, H. (1979). Organisations and environments. Englewood Cliffs. New Jersey: Prentice Hall.

Anderson, E., Fornell, C. & Rust, R. (1997). Customer satisfaction, productivity, and profitability: Differences between goods and services. Management Science, 16(2), 129-145.

Andrews, K. (1996). The concept of corporate strategy. In H. Mintzberg & J. B. Quinn (Eds.), The strategy process: Concepts, contexts, cases (pp. 47-55). New Jersey: Prentice Hall.

Davies, A. (2004). Moving base into high-value integrated solutions: A value stream approach. Industrial and Corporate Change, 13(5), 727-756.

Dess, G. & Beard, D. (1984). Dimensions of organizational task environments. Administrative Science Quarterly, 29(1), 52-73.

Duncan, R. (1972). Characteristics of organizational environments and perceived environmental uncertainty. Administrative Science Quarterly, 17(3), 313-327.

Fischer, T. (2012). A service perspective on value creation strategies. Dissertation, University St. Gallen.

Fischer, T., Gebauer, H., Gregory, M., Ren G. & Fleisch, E. (2010). Exploitation or exploration in service business development?: Insights from a dynamic capabilities perspective. Journal of Service Management, 21(5), 591-624.

Gebauer, H. (2008). Identifying service strategies in product manufacturing companies by exploring environment-strategy configurations. Industrial Marketing Management, 37 (3), 278-291.

Gebauer, H., Fleisch, E. & Friedli, T. (2005). Overcoming the service paradox in manufacturing companies. European Management Journal, 23(19), 14-26.

Janiszewski, C. & Lichtenstein, D. R. (1999). A range theory account of price perception. The Journal of Consumer Research, 25(4), 353-368.

Jaworski, B. & Kohli, A. (1993). Market orientation: Antecedents and consequences. Journal of Marketing, 57(3), 53-70.

Kastalli, I. & Van Looy, B. (2013). Servitization: Disentangling the impact of service business model innovation on manufacturing firm performance. Journal of Operations Management, 31(4), 169-180.

Kohli, A. & Jaworski, B. (1990). Market orientation: The construct, research propositions, and managerial implications. The Journal of Marketing, 52(2), 1-18.

Kotler, P. (1994). Marketing management—Anaylsis, planning, implementation and control (8th ed.). New Jersey: Prentice-Hall.

Lay, G., Schroeter, M. & Biege, S. (2009). Service-based business concepts: A typology for business-to-business markets. European Management Journal, 27(6), 442-455.

Martin, C. & Horne, D. (1992). Restructuring towards a service orientation: The strategic challenges. International Journal of Service Industry Management, 3(1), 25-38.

Mathieu, V. (2001). Service strategies within the manufacturing sector: Benefits, costs and partnership. International Journal of Service Industry Management, 12(5), 451-475.

Matthyssens, P. & Vandenbempt, K. (2010). Service addition as business market strategy: Identification of transition trajectories. Journal of Service Management, 21(5), 693-714.

Miller, D. (1987). The structural and environmental correlates of business strategy. Strategic Management Journal, 8(1), 55-76.

Mintzberg, H. (1979). The structuring of organization: A synthesis of the research. Englewood Cliffs, New Jersey: Prentice Hall.

Neu, W. & Brown, S. (2005). Forming successful business-to-business services in goodsdominant firms. Journal of Service Research, 8(1), 3-17.

Oliva, R. & Kallenberg, R. (2003). Managing the transition from products to services. International Journal of Service Industry Management, 14(2), 160-172.

Sawhney, M., Balasubramanian, S. & Krishnan, V. (2004). Creating growth with services. MIT Sloan Management Review, 45(2), 34-43.

Slater, S. & Narver, J. (1994). Does competitive environment moderate the market orientation performance relationship. Journal of Marketing, 58(1), 46-55.

Vandermeve, S. & Rada, J. (1988). Servitization of business: Adding value by adding services. European Management Journal, 6(4), 314-324.

Wise, R. & Baumgartner, P. (1999). Go downstream: The new imperative in manufacturing. Harvard Business Review, 77(5), 133-141.

# 15 服务化制造商的采购和供应商关系

## Niccola Saccani，Marco Perona

**摘要**：服务化意味着制造商对生产或购买开发及交付服务产品所需的能力做出决策，以及就如何塑造和管理供应关系进行决策。这两个决策是本章的研究对象。制造商生产或购买开发能力的方法，通过一个有三个匹配选项（单一生产、单一购买、混合）及四类服务（支持销售、售后、设计阶段和接管客户活动）的框架进行。四个概要因素是售后服务的卖家、售后服务的提供整合者、卖方生命周期解决方案以及生命周期解决方案协调者。当采用整合或协调方法时，管理供应商关系变得非常关键，因为大部分服务的开发和交付都求助于外部供应商。服务交付的供应商关系特点可根据五个维度进行描述（信息交换、操作联系、法律契约、专属关系适应性、合作规范）。与"最佳方法"对供应商关系管理的观点不同，关系的设计应考虑关系的服务元素对象，通过这些概念透镜，本章将对经理面向服务化之路提供支持。

## 15.1 引言

一些制造企业正从纯制造商转向解决方案商和服务商，这是通过它们的产品或产品关联来进行的（Neely，2008）。这种转型需要扩展产品的广度和复杂性以及提供服务。因此，服务化需要制造商从那种固化的能力转向服务能力的发展，（Gebauer et al.，2005；Kowalkowski et al.，2011a）。事实上，制造商通常具备坚实技术和产品导向的能力，但缺乏服务导向的能力（Neu，Brown，2005）。

研究人员一般认为,制造企业走服务化道路需要战略上、文化上和组织方面的转变(Oliva, Kallenberg, 2003)。

一个特别重要的问题是有关垂直整合的程度,以及为制造商提供服务传递的供应链组织安排。成功的公司,如罗尔斯-罗伊斯或者戴尔整合下游销售及售后业务的价值链(Wise, Baumgartner, 1999),然而,内包服务条款("下游"供应链)指出那些必须仔细评估的成本和风险。并且,依靠网络合作伙伴和供应商可能导致在网络和知识溢出效应方面的竞争风险。本章通过来自30个不同案例的研究结果,探讨生产或购买决策以及服务化情境下服务供给的服务商关系(Saccani et al., 2012; Gebauer et al., 2013; Paiola et al., 2013)。

## 15.2 服务化制造商对开发和交付服务进行生产或购买

### 15.2.1 "生产或购买":为什么? 为什么不?

制造商将随时间推移的服务添加(和整合)到传统产品中,经常开发融合产品和服务的集成产品,这可能导致那些服务(如由产品保证的功能)成为核心产品,产品本身只意味着启用了此功能。

那些愿意在其所提供的业务中包含服务元素的公司,在有关设计及向客户提供这些服务的能力发展方面,将面临"生产或购买"的抉择,这一困境对制造企业生产经营来说并不新鲜,传统上是实物组件、零件或材料的生产或购买。交易成本经济学(Williamson,1975)表明,公司采购决策寻求的是交易成本的最小化,这些成本由诸如搜索和签订合同、向供应商转移信息、监控和执行等活动产生(Williamson,1985),生产还是购买的决策是由不确定性程度、资产专用性和交易的频率决定的。企业的资源基础观(Penrose,1959;Wernerfelt,1984)则认为,生产或购买的选择取决于所需资源的性质,以及其是否适合企业构建竞争优势。这可根据资源的属性,如价值、稀缺性、可模仿性和可代换性(Barney,1991)来进行评估。竞争优势实际上不能在公开市场上购买,而是源于由公司控制的有价值、难以模仿的资源。此外,企业经营战略研究强调采购决策和竞争优先级之间的联系。Krose 和 Ghosh(2010)提出与成本、时间、创新性、质量和灵活性五个竞争优先级相关的 19 个外包动因。

就服务化和集成解决方案而言,Wise 和 Baumgartner(1999)提出"下游"服务的垂直整合(从分销到支持,再到集成解决方案的提供),是促进捕捉有价值的收入来源的一种方式,并与客户建立长期的关系。Mathieu(2001)认为服务开发选项是一个从内化到合作再到外包的连续体。Davies 等(2007)从"系统卖家"的角色概念化"生产或购买"选项,聚焦于能力的内部开发和系统整合,将外部能力开发与内部已有能力进行整合。Kowalkowski 等(2011b)认为可以从内部、外部以及混合选项(即核心服务活动由内部和外部同时实施)开发和提供解决方案。

关注产品售后支持的研究证实了一些被视为影响制造商生产或购买决策的因素(Saccani et al.,2007)。这些驱动因素包括:服务的业务吸引力、服务量、现有销售分销渠道、产品的替代性、创建直销渠道的成本、对客户支持质量所要求的控制程度。此外,服务化制造商提供的服务元素的范围和特点会影响生产或购买决策。例如,当服务的复杂性和定制化增加,作为一种典型的集成解决方案(Windhal et al.,2004)就需要具备新的能力,这种能力超出了制造商可在内部开发的范围。相反地,复杂的服务是厂商间主要的差异点,公司也可能倾向于内部开发(Kowalkowski et al.,2011b)。

总之,企业从内部开发能力(生产选项)可以控制所提供的所有服务和产品。这有利于所有构件的整合,因为它减少了组织间的协调工作。此外,它有助于创建公司的竞争优势(Nordin,2008)。然而,内部开发拓展了能力范围,使公司更难专业化,相比于从外部市场采购,为实现目标可能会付出更高的成本。

另一方面,从外部开发能力(购买选项),其速度会快于内部开发,降低了固定成本。这是一个很重要的方面,因为公司迈向提供解决方案的结果是不确定的(Davies et al.,2007;Neely,2008)。此外,依赖外部发展能力使得公司能够专注于自己的核心竞争力,并利用由所选择的外部专家提供的优势资源来开发和提供服务。然而,购买选项需要协调成本,对所提供的服务控制不够,企业将承担合作伙伴的机会主义行为所带来的风险。

第三个选项是混合能力开发。在这种情况下,得益于服务开发或经营活动中的协作,或通过知识的交换,企业与供应商或客户联合开发能力(Paiola et al.,2013),然后出售这些服务,由双方共同或者由其中一方进行交付。

服务化制造商选择制造、购买和混合三个选项所具有的优点归纳如表15.1。

表 15.1 生产、购买、混合选项的各自优点

| 项目 | 生产 | 购买 | 混合 |
|------|------|------|------|
| 描述 | 开发内部能力,主要由内部资源支撑服务提供 | 由外部供应商提供能力和服务,制造商整合这些能力和服务,管理整个服务的提供 | 联合开发,由制造商或服务供应商提供服务 |

续表

| 项目 | 生产 | 购买 | 混合 |
|---|---|---|---|
| 优点 | 对服务服务提供具有完全控制权 | 对提供的快速开发 | 制造上对服务提供拥有控制权和相关知识 |
| | 保有竞争优势 | 压缩固定成本 | 有限的固定成本(与生产相比) |
| | | 通过专业供应商使用优质资源 | 与专业供应商合作开发优质服务提供 |

### 15.2.2 匹配生产或购买的选择和服务提供

图 15.1 把服务化制造商提供的服务元素部分与生产或购买的选择联系起来。图 15.1 中服务元素的顺序遵循典型的服务化演化过程,即制造商逐步将服务要素增加到产品中(Oliva,Kallenberg,2003)。

**表 15.2　生产或购买选项和服务提供**

| 服务元素<br>生产—购买 | 支持销售阶段 | 支持售后服务阶段 | 支持售前阶段 | 外包服务 |
|---|---|---|---|---|
| 生产 | | | | |
| 混合开发 | | | | |
| 购买 | | | | |

资料来源:基于 Paiola et al.,2013。

图 15.1 中的服务元素简单分类如下:

• 支持销售阶段的服务是为了扩大产品供给。一般是附加信息、文档,并允许简化形式的付款(金融服务)。金融服务还可以通过非所有权方式将产品转移给客户,例如通过租赁或按使用付费协议。

• 售后服务旨在支持安装基础(已有客户)。基本服务,如回应性(召回)维护和备件供应允许重建产品功能,是反应性的,可以以事务的方式提供给客户。先进的售后服务,如产品支持合同、预防性保养、远程状态监控,不是主动的,目的是为了避免产品故障,实质上是关系性的,依靠中长期协议。

• 设计和施工服务支持售前活动,包括定制产品和与客户个性化需求相匹配的服务供给。其中还可能涉及客户活动,通过如咨询服务,提高客户的生产流程。

• 最后,外包服务对应于制造商接管与客户相关活动阶段,如产品的操作和维护。其被连接于以结果为导向的合作协议,如按结果付费或按绩效付费。

图 15.1 是 Paiola 等(2013)实证研究所描述的制造商在其服务提供范围内,为开发和交付服务元素所采取的方式。它们识别出服务制造商采用的四个主要战略属性,如图 15.2 所示。这项研究基于 24 家资本货物公司的案例,公司来自服务的营业额从 10%～67%(平均 27%)不等,四个属性概括了开发服务化产品的主要方法。在生产或购买方式维度,制造商可以采取内部开发(生产)的方法,也可以将能力和外部开发资源组合,亦或是混合开发的方式。在服务产品供给维度,制造商倾向于或者从一个窄视角注重售后服务,或者从生命周期的视角扩大对客户的活动。四个属性如图 15.1 所示。

服务产品供给延伸

| | | 售后 | 生命周期/客户 |
|---|---|---|---|
| 生产或购买方式 | 企业内部(生产) | 售后服务卖家 | 生命周期解决方案卖家 |
| | 集成商(混合或购买) | 售后服务提供集成商 | 生命周期解决方案协调者 |

图 15.1 生产或购买的分类和服务聚焦的组合

资料来源:Paiola et al., 2013

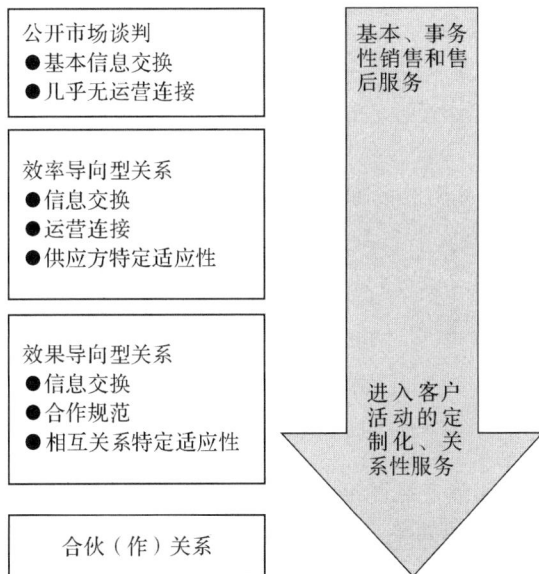

图 15.2 服务化情境下买方—供应方关系联系类型

## (1)售后服务卖家

这类公司专注于销售和售后阶段的服务业务。它们采取内部能力发展和

233

内部服务供给,提供服务组件的目的在于:

• 增加服务产品供给(例如文档、信息、私人网站区域)。

• 确保产品的功能(对安装基础的基本服务如"热线"、诊断、备件、维修和检查服务)。

仅在很少的情况下,这些公司提供售后阶段的先进服务,旨在防止产品故障(例如改装、远程服务、状态监测服务或流程优化)。

### (2)售后服务提供集成商

这些公司强调为安装基础提供先进服务:它们的目标是在客户的故障预防处理过程中提高产品的效率,"集成商"一词表明这些将外部提供的能力与内部能力进行匹配或联合开发,以提供给客户服务组件,提供维修和保养服务中的专业技术,以及在内部发展客户导向的态度;另一方面,往往是通过与经销商及专业服务供应商进行合作,寻求外部的服务供给。因此,提供服务组件目的在于:

• 增加服务产品提供,还可通过与这些服务的专业供应商合作,提供支持"非所有权"产品的金融服务(出租、按使用付费等)。

• 确保产品的功能(对安装基础的基本服务如热线、诊断、备件、维修和检查服务)。

• 运用维护合同,远程控制和诊断、状态监测等,在客户故障预防流程中优化产品效率。

### (3)生命周期解决方案卖家

这些公司提供的服务覆盖售前、销售和售后阶段在内整个产品的生命周期。它们强调不通过外部合作伙伴的内部能力开发,但也有例外(例如金融服务,或在具有分散安装基础的区域内提供售后服务)。

它们的特点是提供支持售前阶段的服务,得益于产品技术知识,这些服务可从内部进行开发:研发服务,如设计和施工(Oliva,Kallenberg,2003),可能会导致客户生产流程的整体(重新)设计,这些超出生产设备能力以及维护设备所必需的服务,能满足客户对效率提高及整个生产过程有效性的需求。因此,提供服务组件目的在于:

• 增加服务提供。

• 通过基本服务保证产品的功能,运用旨在预防故障(维修合同、远程控制和诊断、状态监测等)的服务来优化产品功能。

• 扩展针对客户活动的服务,旨在运用所提供的产品优化由客户实施的生产流程。

### (4)生命周期解决方案协调者

这些公司不仅覆盖整个产品生命周期(即预售服务、销售和售后阶段),而且通过外包服务向前为客户流程承担全部责任(Oliva,Kallenberg,2003)。例如,这些公司承担为客户运营产品的义务。外包服务责任中的变化会导致"绩效提供"(Windahland,Lakemond,2010),即客户为处理过程所达到的绩效付费,而不是为供应商提供的产品或服务支付费用。绩效提供改变盈利模式,使金融服务成为必要。最后,解决方案包含的服务组件的数量增加需要集成服务(Davies,2004)。这包括定制活动使所有产品和服务元素组合在一起,根据客户的需要重新配置。Christopher 等(2004)使用术语"协调器"定义这些公司,协调器专注于聚合和集成从外部采购的(几乎所有)服务元素,根据客户的特定需求改变和配置服务。然而,设计和施工阶段的服务能力被部分保存于内部,因为在提供集成服务(定制化)所需能力和支持预售阶段(设计、施工)服务之间,存在交叉重叠。

在这种情况下,协调器运转用以部署遍及其合作伙伴的全方位的服务,旨在:

- 增加服务提供。
- 为保证和优化产品功能的安装基础,提供基本和先进的服务。
- 承担产品操作和维护领域的责任,推进绩效合同。

上述分类,虽然专注单独的服务组件产品,但是在"系统卖家"和"系统集成商"之间的典型差异方面有了改进(Davies et al.,2007),主要考虑以下两个维度:

- 服务组合的宽度:实证研究表明,企业往往倾向于两个阶段之一。在第一阶段,公司限制提供支持销售和售后阶段(售后销售商和售后产品集成商)的服务。在第二阶段,它们向整个产品生命周期扩展服务,包括研发和施工服务,直至外包服务。

- 采购能力的方式。一些制造商遵循内部开发,而另一些则诉诸集成整合。

通过匹配的两个维度,我们可以观察到对于两阶段中的任何一个,在原则上没有优先选择(制造与购买/混合)。实证研究的一个企业对象,对有利可图的服务业务,采取了独立的属性。然而,具有集成商方式的公司相对于所对应的"卖方"(生产)属性(进入"售后"属性阶段的先进支持服务,以及"生命周期"属性阶段的外包业务),提供更广泛的服务组合,很容易地开发一个多厂商方式(Davies et al.,2006):这种方式展示出更大能力以满足客户需求,尤其是在复杂的业务中。

## 15.3  为服务化制造商提供服务塑造供应商关系

### 15.3.1  服务化中的供应商关系分析

当制造商在它们的产品中求助外部供应商开发和交付服务时，就需要管理参与服务供给的供应商的关系（Cohen et al.，2006；Johnson，Mena，2008）。这正如前部分所描述的典型售后提供集成商和生命周期协调者角色。求助于外部网络提供复杂解决方案或产品服务系统的知名公司有：阿法拉伐、阿尔斯通运输、阿特金斯、有线和无线、通用电气、GF Agie Charmilles、爱立信操作系统、IBM、约翰迪尔、罗尔斯-罗伊斯、西门子、福伊特工业服务等（Davies et al.，2006；Gebauer et al.，2013）。

众所周知，为保持终端客户交互带来的价值并实现差异化，买卖关系至关重要（Nordin，2008）。实际上，供应商是制造商完全获取服务化利益的关键资产。Martinez 等（2010）认为，"当一个公司转变成为一个产品集成供应商，对不同客户问题及应用的理解洞察是必要的，这要求在供应商及其支持网络之间更大程度地合作"。

服务化环境中的买卖公司关系，相比于传统的与产品相关的上游关系，显得更为复杂（Lockett et al.，2011）。此外，最近的研究强调，很难以全面合作方式处理这种关系，制造商担心产生知识的溢出效应。然而，当制造商利用自己的议价能力向供应商转移与服务化产品相联系的风险（如长期、固定价格的维护合同）以及信息共享有限时，供应商将不会处在最好的条件下提供有效的服务，这样做将会以牺牲内部效率为代价（Lockett et al.，2011；Bastl et al.，2012）。

### 15.3.2  由服务化制造商设定供应商关系

为了描述服务化情境下的买卖关系特征，我们采用 Cannon 和 Perrault（1999）的研究框架，从不同维度分析买卖公司关系。这些维度"反映了一个特定的买方—卖方关系中的行为和行为预期"（Cannon，Perrault，1999），如表15.2所述。我们会对服务化环境中买卖关系的特点做出总体考虑。

表 15.3　买方—供应商关系描述维度

| 维度 | 描述 |
|------|------|
| 信息交换 | 在各方之间公开分享信息的预期。在实践中,这可能包括邀请另一方参与产品早期设计、开放文档(open books)、分享成本信息、讨论未来的产品开发计划或合作提供供需预测 |
| 运营连接 | 一定程度上,系统、过程和买卖组织的惯例已被连接到设施运营。在一种极端情况下,这两个组织可以在"臂长"范围内独立运作,没有跨组织惯例和系统。在另一个极端,互耦合系统倾向于隐式或显式地为双方关系指定角色 |
| 法律契约 | 详细的和具有约束力的合同协议,明确双方的责任和角色的关系。这种法律契约超越基本义务以及规范商业交换,以双方是否签署正式文件给予保护 |
| 关系特异性 | 根据交易伙伴的需要或能力,对过程、产品或程序进行调适性投资。自适应行为关注关系中一方特定于另一方的个体行为 |
| 合作规范 | 期望交易双方共同合作以实现共同和各自的目标。合作规范并不意味着一方默许另一方的需要,而是双方的行为方式表明他们明白必须合作才能成功 |

资料来源:Cannon，Perreault，1999。

信息交换减少不确定性,能加强有效的决策,例如在需求预测、产能规划等方面。信息交换维度在服务化情境中比在传统情境中更关键和重要(Johnson，Mena，2008；Lockett et al.，2011)。由于改进了预测活动、资源和库存规划(如劳动力和备件),双向信息交换允许更大的响应能力和产能利用率(如在产品支持服务中)。此外,来自现场的反馈改善了质量保证管理活动,能促进制造商方面的产品再设计。此外,信息交换使得厂商更加了解终端客户,支持营销活动,对新服务更为认同并投身于其开发。

运营连接使信息交换顺畅,通过信息技术连接可以提高效率,例如自动化的交易系统、备件要求等。运营连接也为意图放弃关系的各方提高了转换成本(Bastl et al.，2012)。

法律契约。由于更大的不确定性和交换内容的相关性,服务化情境下期望更大的依赖关系治理而不是正式合同(Bastl et al.，2012)。法律契约对强化"标准"服务(诸如由第三方供应商交付的基本销售服务)非常重要,尽管其交流内容非常定制化和特指化,比如在设计和施工服务方面,这些法律契约可能是低效的。

合作规范。服务化产品相互依存的属性需要双方之间的合作和信任(Bastl et al.，2012),以及买方集成能力的发展,还有双方共同努力以维持关系。

关系的特异性适应。服务化情境下相互依存度更高,就需要买方和供应商更大程度地相互适应(Bastl et al.，2012)。这可能需要那些处于关系之外,几乎没有什么价值的过程、程序或工具适应性。一个例子是采用特定的软件或设备交付支持服务。

然而,实证研究表明,除了这些一般考虑,不只是服务化制造商"单方面"管理买卖公司关系,还有关系影响下的服务对象反过来影响关系的特点。Saccani等(2012)分析了服务化情境下的 7 家买卖公司的关系,并给出初步研究结果,案例如表 15.3 中所述。他们基于理论分析的需要选择案例公司(理论抽样),考虑了更大的代表性。更具体地说,他们分析了不同经营行业的买家与不同的供应商建立关系以提供不同类型的服务。此外,所选择的制造商是公认的行业内顶级公司和知名品牌。相应地,所选定的供应商,就规模、服务数量、地域覆盖面和所服务的买家数量而言,都具有很高的代表性。此外,每家供应商与买家都建立了长期的(至少 5 年)关系。

表 15.4　服务化情境下买方—供应方关系分析

| 买方公司(业务) | 供方公司(服务提供) | 关系类型 |
|---|---|---|
| 一家成像和打印产业的大型企业,是亚洲跨国公司的分支机构 | 一家小微企业(技术辅助服务) | 近距离服务(arm's length) |
| | 一家小型企业(技术辅助服务;票据打印机集成服务) | 合作(效率导向) |
| | 一家小型企业(技术辅助服务;票据打印机集成服务;为摄影家和艺术家提供专业打印和附加服务) | 伙伴关系 |
| 一家专业清洗的中等规模企业,是欧洲大公司的分支机构 | 一家小型企业(技术支持服务,保养合同) | 合作(效率导向) |
| | 一家小型企业(设计和建筑服务,培训计划,全风险保养合同) | 伙伴关系 |
| 一家饭店行业的专业设备供应企业,是意大利的中型公司 | 一家小微企业(安装、拆修服务,保养合同) | 合作(效率导向) |
| 一家消费电子和信息技术的大型企业,是亚洲跨国公司的分支机构 | 一家大型企业(客户代理和联系中心服务) | 合作(效益导向) |

实证案例显示,从基本的售后服务到先进的服务,再到进入客户活动的服务,供应商所需的技术信息与客户的了解程度、业务流程以及最终全面了解整个产品和服务,会越来越耦合。这需要提高信息交流的水平、特定关系适应性和合作规范。另一方面,传统服务和标准服务通常与更具事务性质的买卖关系相联系。

这一概念示例如图 15.3 所示。业务关系可视为一个具有两个极端的连续体(基于表 15.2)。在一端,有所谓的公开市场谈判,特点是合作的长度关系;另一端是合作伙伴关系,从长远来看这是正在进行的涉及两个组织的关系,特点是承诺、共同分享风险和回报(Ellram,1995)。特别是,整合的一个方向关注操作方面——如过程联系和信息交流——是否满足关系的适应性(即资产专用性)要求以及是否受到各方讨价还价能力影响。而第二个方向侧重于信任和承诺的发展,作为共享战略规划的结果(Saccaniand,Perona,2007),是通过关系投资和合作规范完成的。法律契约具有密切联系买方和供应商的作用。前者的整合方向是中长期视角,后者具有长期定位。当服务属性较为复杂且定制化,需要对整个产品、服务和客户进行深入认识时,就需要制造商、服务供应商、最终客户等各方之间的伙伴关系,以实现服务化的益处。这是典型的设计和施工服务,以及使按业绩付费的商业模式成为可能的外包服务。

公开市场谈判或以效率为导向的关系可能适合基本服务,这在本质上是事务性的。知识交流可以局限于非常具体的领域(如金融服务或反应式技术服务),信息交换和运营连接意味着提高流程的效率和速度。相反,具有更多关系内容的服务,则需要使用相关产品和/或满足各方及关系的适应性要求的客户信息。从长远来看,这些将容许建立长期合作伙伴关系,将关系定向于为最终客户提供解决方案,并获取客户忠诚度。

## 15.4 管理启示

致力于服务化的制造商,将基于开发和交付服务产品,就"生产或购买"进行选择以及对管理供应商关系的方式进行重要决策。

关于生产或购买的决策,可采取不同的方法将服务产品的开发和提供与能力开发相协调。图15.2分类所示的四种方法,可为经理试图实现从产品到服务的转换,提供可行的替代方案。基本服务的外部开发能力在服务化早期阶段是相当罕见的。这样的服务需要那种通常由制造商所具备的能力,会提升盈利能力并影响公司的声誉。扩展面向生命周期服务的服务组合使得公司的关注点远离制造和核心竞争力。因此,只有当公司拥有资源去面对这样的努力以及当内部开发对构建和保持竞争优势具有关键作用时,才应当采取"生产"的方法。相反,外部能力的开发为公司提供了保持组织灵活的机会(通过减少固定成本)、节省时间和避免风险,允许在特殊能力方面进行更多的专业化。与此同时,经理应该仔细评估他们能否整合和协调外部合作伙伴方。

如果公司能够从内部构建能力,以扩大它们的服务供给(经销商和安装专家),那么,公司很容易能成为售后服务的卖家。当它们决定将客户活动进一步推进,它们可以:(1)继续依赖内部开发能力并维持销售方式(销售生命周期解决方案);(2)扩大它们的合作能力,从销售方式转向集成方式(整合售后服务)。但是,如果它们依赖外部开发能力,外部合作伙伴可能会排斥公司。最后,协调方式需要强大的整合能力和全面了解整个服务。当所提供的大多数服务元素成为商品时,协调方法是可行的,只有当外部合作伙伴的价值创造网络得以协调和安排时,才可能导致战略差异化。

在实践中,因为超出单个制造企业的能力,或者从内部控制提供服务所需的所有活动没有经济意义时,一些典型案例选择外部方式("全买"或混合)是很常见的(Gebauer et al.,2013)。因为这一原因,几家来自制造业背景的服务化公司,因不具备客户服务相关方面的能力,或不具备客户导向的典型服务组织能力,都倾向于外包开发和提供服务。在这种情况下,没有一个最好的方式来管理供应商关系,但是适当的集成水平取决于包含在服务产品中的服务特点。

在服务的作用是辅助于物理产品和"必要之恶"(necessary evil)的情形下,管理供应商关系要有一定距离感(公开市场谈判)。相反,如果通过基本服务,提供支持产品功能的服务,伴随着产生收益潜力的增长,买方—供应商关系特征将是信息交换(在技术更新、备件订单、与执行干预措施相关的数据)和运营连接,这种方式提高运营的效率,直接影响提供支持服务的成本和利润(效率导向型关系)。如果服务化公司更加重视支持客户而不是产品,那么,买方—供应商关系特征将是高强度的信息交换、合作规范和法律契约,从而使供应链参与者的目标与客户满意度和忠诚度相一致(面向效益关系)。最后,如果服务化公司倾向于提供一组广泛的先进服务,目标是向客户提供全面的解决方案,那么公司应依赖于与选定的供应商合作,从而精心构建与客户的长期业务关系和竞争优势。在这种情况下关系是长期的,买卖关系需要高强度的信息交换、合作规范和信任、运营连接、法律契约和关系的特异性适应。

**致谢:**本章研究受到 ASAP 服务管理论坛活动的启发(www.asapsmf.org),这一社团的成员有意大利的大学学者和实践者,一些领先的制造企业、咨询公司和服务提供商,在那里他们合作研发项目和分享产品—服务管理领域的研究成果。在此对 Heiko Gebauer,Marco Paiola,Mario Rapaccini 和 Filippo Visintin 表达衷心的感谢,感激他们为本章研究所做出的贡献。

## 本章参考文献

Barney, J. B. (1991). Firms resources and sustained competitive advantage. Journal of Management, 17(1), 99-120.

Bastl, M., Johnson, M., Lightfoot, H. & Evans, S. (2012). Buyer-supplier relationships in a servitized environment: An examination with Cannon and Perreault's framework. International Journal of Operations & Production Management, 32(6), 650-675.

Cannon, J. P. & Perreault, W. D. (1999). Buyer-seller relationships in business markets. Journal of Marketing Research, 36(4), 439-460.

Christopher, M., Lowson, R. & Peck, H. (2004). Creating agile supply chains in the fashion industry. International Journal of Retail & Distribution Management, 32(8), 367-376.

Cohen, M. A., Agrawal, N. & Agrawal, V. (2006). Winning in the aftermarket. Harvard Business Review, 84(5), 129-138.

Davies, A. (2004). Moving base into high-value integrated solutions: A value stream approach. Industrial and Corporate Change, 13(5), 727-756.

Davies, A., Brady, T. & Hobday, M. (2006). Charting a path toward integrated solutions. MIT Sloan Management Review, 47(3), 39-48.

Davies, A., Brady, T. & Hobday, M. (2007). Organizing for solutions: Systems seller versus systems integrator. Industrial Marketing Management, 36, 183-193.

Ellram, L. M. (1995). Partnering pitfalls and success factors. International Journal of Purchasing and Materials Management, 31(2), 36-44. (Spring).

Gebauer, H., Fleisch, E. & Friedli, T. (2005). Overcoming the service paradox in manufacturing companies. European Management Journal, 23(1), 14-26.

Gebauer, H., Paiola, M. & Saccani, N. (2013). Characterizing service networks for moving from products to solutions. Industrial Marketing Management, 42(13), 31-46.

Johnson, M. & Mena, C. (2008). Supply chain management for servitized products: A multiindustry case study. International Journal of Production Economics, 114, 27-39.

Kowalkowski, C., Kindström, D., Brashear Alejandro, T., Brege, S. & Biggerman S. (2011a). Service infusion as agile incrementalism in action. Journal of Business Research, in press.

Kowalkowski, C., Kindström, D. & Witell, L. (2011b). Internalisation or externalisation? Examining organisational arrangements for industrial services. Managing Service Quality, 21(4), 373-391.

Kroes, J. R. & Ghosh, S. (2010). Outsourcing congruence with competitive priorities: Impact on supply chain and firm performance. Journal of Operations Management, 28(2), 124-143.

Lockett, H., Johnson, M., Evans, S. & Bastl, M. (2011). Product Service Systems and supply network relationships: An exploratory case study. Journal of Manufacturing Technology Management, 22(3), 293-313.

Martinez, V., Bastl, M., Kingston, J. & Evans, S. (2010). Challenges in transforming manufacturing organisations into product-service providers. Journal of Manufacturing Technology Management, 21(4), 449-469.

Mathieu, V. (2001). Service strategies within the manufacturing sector: Benefits costs and partnership. International Journal of Service Industry Management, 5(12), 451-475.

Neely, A. (2008). Exploring the financial consequences of the servitization of manufacturing. Operations Management Research, 1(2), 103-118.

Neu, W. & Brown, S. (2005). Forming successful business-to-business services in goodsdominant firms. Journal of Service Research, 8(1), 3-17.

Nordin, F. (2008). Linkages between service sourcing decisions and competitive advantage: A review, propositions, and illustrating cases. International Journal of Production Economics, 114, 40-55.

Oliva, R. & Kallenberg, R. (2003). Managing the transition from products to services. International Journal of Service Industry Management, 14(2), 160-172.

Paiola, M., Saccani, N., Perona, M. & Gebauer, H. (2013). Moving from products to solutions: Strategic approaches for developing capabilities. European Management Journal, 31(4), 390-409.

Penrose, E. T. (1959). The theory of the growth of the firm. Oxford: Basil Backwell.

Saccani, N., Johannson, P. & Perona, M. (2007). Configuring the after-sales service supply chain—A multiple case study. International Journal of Production Economics, 110(1-2), 52-69.

Saccani, N. & Perona, M. (2007). Shaping buyer-supplier relationships in manufacturing contexts: Design and test of a contingency model. Journal of Purchasing & Supply Management, 13, 26-41.

Saccani, N., Rapaccini, M. & Visintin, F. (2012). Network relationships in product-service delivery systems. Proceeding of the Seventeenth International Working Seminar on Production Economics, Innsbruck, February 20-24.

Wernerfelt, B. (1984). A resource-based view of the firm. Strategic Management Journal, 5, 171-180.

Williamson, O. E. (1975). Markets and hierarchies. New York: Free Press.

Williamson, O. E. (1985). The economic institution of capitalism. New York: Free Press.

Windahl, C., Andersson, P., Berggren, C. & Nehler, C. (2004). Manufacturing firms and integrated solutions: Characteristics and implications. European Journal of Innovation Management, 7(3), 218-228.

Windahl, C. & Lakemond, E. (2010). Integrated solutions from a service-centered perspective: Applicability and limitations in the capital goods industry. Industrial Marketing Management, 39(8), 1278-1290.

Wise, R. & Baumgartner, P. (1999). Go downstream: The new profit imperative in manufacturing. Harvard Business Review, 77(5), 133-141.

# 16  服务化和流程界面[①]

## Martin Spring，Juliana Santos

**摘要：**我们以流程界面的视角研究服务化。这一概念来自模块化理论，研究的是如何将界面的概念应用到服务设置。在此基础上，我们研究考察当从一个基本的产品销售模式转移到结果导向的 PSS 时，流程界面是如何变化的。可以这样认为，关注流程界面是降低服务化复杂性的一个重要方式。

## 16.1  引言

服务化有许多种形式，与制造商提供有形产品以换取付款这种"基准情形"相比，服务化最为常见的形式意味着，在或高或低的程度上与客户间关系的变化。服务化也会改变供应商组织内部或组织之间的活动联系，它可能需要制造商开展新的活动，或由第三方公司提供互补要素，在制造公司内的现有活动间建立新的相互连接。它也可能增加供应商与客户之间接触点的数量，改变这些联系的性质。

本章的目的是改变公司内部和公司之间的这些连接和接触。在服务化情境下，我们的出发点是流程基本运营管理概念，以及对往往会增加这些流程复杂性的服务化进行观测。沿用 Simon（1962）的观点，我们把复杂性视为流程要素（如参与者、活动、有形资产）数量的一个函数，在一定程度上它们是相互关联的，我们

---

①  本章内容另外一个展开的版本，见本译丛中另一本中的一章：Araujo，L. & Spring，M. 复杂绩效、过程模块化与生产空间配置，见 Caldwell，N. & Howard，M. 主编的《复杂绩效采购》，浙江大学出版社 2017 年即将出版。

去研究这一现象的架构。作为这种方法的一部分,我们采用企业模块化理论作为框架,更具体地说,将界面的概念作为理论的一部分(Langlois,2002;Baldwin,2002)。特别是通过研究界面,我们旨在对服务化的战略和组织文化及新能力(Baines et al.,2009)的研究进行补充。我们的基本观点是,理解和管理流程界面有助于降低和管理因"转向服务"而产生的复杂性。

## 16.2 运营管理流程

流程已成为运营管理的核心概念。例如,使用一个"输入转换输出"流程,通过输入改变到输出,所有运作将生产出产品和服务(Slack et al.,2010)。流程可以在微观层面进行识别,如工具或机器的单个工作站;也可以在宏观层面进行识别,如生产服装的整个供应链,或者介于微观和宏观两者之间的任何东西。

运营流程解释了所发生的业务,为分析和实际行动供了一个基础。在战术层面,对流程输出进行测量,可以将其与客户需求或其他基准进行比较;对流程能力及周转时间进行定义和管理,可将流程的特定阶段确定为努力改进的目标。在更高的战略层面上,流程可以被选择或设计,以使其能够在某个性能标准而不是其他性能标准上——如低成本而不是高灵活性——更为擅长。这符合"权衡"的逻辑(Da Silveira,Slack,2001)。流程也可能会受到普遍的性能改进计划如"精益生产"的影响。

生产流程和服务流程的区别已成为运营管理长期讨论的话题,这里尤其相关,因为服务化需要制造企业采用多个服务流程。在运营管理思维中(市场营销),服务是基于诸如"无形"等因素而区别于产品的(Sasser et al.,1978)。尤其是近年来,服务流程已被定义为向客户提供输入的那些环节:在服务方面,客户是服务生产过程重要输入的供应者,这些输入包括客户的思想和自我意识、客户财产和/或客户信息(Sampson,2000)。

那么,我们关注的是,转向这些过程将给制造商带来哪些新挑战,以及如何处理这些问题。Sampson对服务流程的定义,非常类似于 Thompson 对所谓的组织"部分"之间相互依存的经典描述和例证。

相互依存关系的第三种形式可描述为互惠(reciprocal),这指的是在某一部门的输出成为其他部门的输入的情况下。例如在包含运营和维护部门的航空公司这一示例中,一架可使用的飞机——维护部门的产出,是运营部门的一个输入;一架需要维护的飞机——运营部门的产出或副产出,是维护部门的一个输入(Thompson,1967)。

Thompson 认为,互惠的相互依存是最难协调的形式[其他形式如合伙相互依存(pooled interdependence)和顺序相互依存(sequential interdependence)]。因此,当制造商转向服务时,它们需要找到一种方法来缓解困难。我们建议对界面的关注可视为这一努力的一个有用视角。

## 16.3　模块化和界面

在考虑服务化之前,有必要提一下有关界面概念的背景,为此有必要概述一些模块化的概念,现代的管理研究起源于 Herbert Simon 的工作(1962、1991[1969])。他的概念是关于人工制品——如人工合成物、建筑、组织等——为达到一个目的而进行设计,在一个已知的特定环境中实施。尽管他没有使用术语"模块化",但他认为,人工制品受制于动态环境,其从"近乎可分解性"中获益——这本质上与模块化相同,即每个子系统和孙系统在工件要素间有许多相互依存的联结,但与其他子系统中联系的元素相对较少。有趣的是,就目前的讨论而言,虽然他没有使用术语"模块化",但也算是介绍了"界面"这一术语。

一件人工制品可以被认为是一个会合点——用今天的术语来说就是"界面"——是在"内在的"环境即物质和人工制品本身的组织之间,以及与"外在的"环境即其运作环境之间的界面(Simon 1991[1969])。

"界面"在这里是指整个人工制品符合它的环境:通过扩展,我们可以将每个子系统或模块看作一个人工制品内的人工制品件,也将这些子系统之间的连接看作"界面"。

Simon 的"近乎可分解性"理念已广泛应用于模块化产品设计的研究(Sanchez,Mahoney,1996;Ulrich,1995)。Baldwin 和 Clark(1997,2000)将其正式化,并更广泛地扩展到对任务的组织进行研究。他们认为,模块化系统设计应包括"可见设计规则"和"隐藏的设计参数"。信息隐藏的概念来自计算机科学,其建议通过向其他所有模块隐藏一个模块的详细设计信息和功能(隐藏的设计参数),这样可以减少复杂性,避免由于高水平的相互依存带来的巨大信息处理成本。"可见设计规则"包括:

• 架构:换句话说,哪些模块将成为系统的一部分以及它们的角色会是什么;

• 界面:对不同的模块如何交互的详细描述,包括它们如何组合在一起以及如何连接和沟通;

• 标准:测试模块与设计规则的符合性,测量一个模块相对于另一个模块的性能(Baldwin,Clark,1997:86);

可见设计规则(少数)被广泛沟通,而隐藏的设计参数只有在相关模块内部进行沟通。这样,成为重要组成部分的模块化系统及界面降低了系统的复杂性。

## 16.4　服务界面

正如我们所见,模块化和界面在人工制品、产品、软件及某种程度的组织等情境中获得研究,虽然也有一些试图将模块化运用于服务运营,但大多数现有的对服务模块化的讨论只解决模块之间的结构关系(即架构)。例如,我们可能会关心将乘坐游轮旅行的总体体验分解为如下组成要素:餐厅用餐、游泳、娱乐等等(Voss,Hsuan,2009)。服务模块化这一观点的目的是:当得益于每个组成要素生产中的规模经济时,能够使这些要素(模块)以各种组合的方式提供不同类的高水平总体体验,而规模经济起因于对许多不同船只的相同餐厅流程模块进行组织复制,相似的,老年人对各种保健的不同需求也可用不同的方式进行组合(De Blok et al.,2010)。在后面的例子中,由于条件和需求发生变化,模块化还需考虑对个人客户的服务包进行灵活的模块重构。这两个解释实际上更多强调的是模块,而不是模块间的界面,并承认对服务界面还知之甚少。

第二,需要在特定领域更详细的实证研究,特别是模块/服务之间的界面,这一区域假定是重要的,但我们还未对其进行详细的了解。外包服务将为界面的研究提供一个强大的基础(Voss,Hsuan,2009)。

那么,什么是服务界面?让我们探究一些已经使用过的例子以及其他一些我们可能熟悉的例子,在游轮服务(Voss,Hsuan,2009)和老年保健(De Blok et al.,2010)的例子中,该模块是服务供应商为客户利益所提供活动的一个部分。在某种程度上,这些活动在一个部分与任何其他活动部分是相互独立的,它们是模块化的(可分解的)(Langlois,2002)。[①]

当讨论产品模块化时,所关心的是最终结果——产品(例如 Ulrich,1995),我们关注那些组成模块的要素。在一个理想的模块化产品中,存在"从功能元素……到产品的有形组件的一对一映射"(Ulrich,1995)。在我们暂时称之为服务的例子中,我们正在考虑一个过程,在那里客户能不能发挥积极作用。服务过程由什么组成?其实这体现在服务人员完成的工作和使用的基础设施。这是我们在 Araujo 和 Spring(2006)之前、Gadrey(2000)之后所称的"社会技术

---

①　准确地说,它们可分解为可以模块化的设计和不可完全分解的设计(Langlois
2002)。然而在最近应用中,"模块化"意味着可分解。

能力"(STC),在一定条件下,客户付费获得某些时间段的社会技术能力,例如,一位上了年纪的人将付出在日托中心 3 个小时期间的费用,暂时使用其设施和受到其员工的帮助。其他服务是 Gadrey 所称的"要求干预",在那里 STC 对客户或对由客户负责的实体施加影响。例如,一位物理治疗师可能会来家里,对一位老人地某种特定状况进行诊断和治疗。在这两种情况下,正如 Sampson 和 Froehle(2006)所强调的,客户可以提供一种或另一种形式的输入。

因此,服务模块以提供服务的人和使用的设备为主要特征,没有一个"最终产品",一个重要的(也许是唯一的)服务模块的边界划定是通过书面的规范和章程、政策和程序来实现。Callon(2002)为界定服务供给创建产品文档描述了一个"具体化"过程(再次以邮轮为情境),"手册"及"圣经"对服务供给中每个成员的角色进行了界定。这些不仅描述了服务,也构建了它,在某种意义上它们就是服务。Selviaridis 和 Spring(2010)分析了第三方物流服务的协同设计,将其作为不断变化的一组活动的周期性临时性稳定状态,这些稳定状态在很大程度上通过签订和重新签订相关合同和服务层级协议来实现。

以大学教育为例——这是很多人熟悉的模块化服务。模块由一组教学和学习经历组成。但它们首先被具体化地描述为:写作模块概述、学习成果、评估要素、阅读列表以及与课程记忆术和学习学分有关联的内容。通过这种方式,它们被客观具体化,以时间表、学位授予和教员工作负荷测量等程序使其可控(Czarniawska,Mouritsen,2009)。通过登记程序,将涉及的主要参与者清楚地划分,明确谁能参加考试并提交评估工作,谁有权访问在线学习技术,以及通过指派教员角色(如模块协调员),明确谁来负责执行评估和教学。模块应在内容上避免重叠,应该共同提供构建一个连贯学位的可能性,也就是说运营管理,同时向学生提供一些选择。

界面在这里是指什么? 将许多用于产品界面的定义要素套用于类似学位模块这样的界面是不合适的。在西蒙的定义中,没有时间和空间的"交汇点"。一个模块没有以任何有意义的方式与其他模块相互间进行沟通:信息不是以处于个人电脑和打印机之间的模块化产品的方式进行有目的的跨边界传播,也许在这个意义上的界面只存在于参与者的思想中,存在于他们(如学生)如何理解一个模块的内容与另一个模块的内容之间的关系。然而,内部模块连接,至少以一种方式——通过定义前提条件使其正式化。如,为了进行模块 B,学生必须成功完成模块 A。但是,这并不包括模块之间的信息传播。然而,它可以被视为涉及人的转移——或者更广泛地说,服务接受者——模块之间。考虑到所有这些例子,似乎界面在服务中是一个难以捉摸和具有多面性的现象。

## 16.5　界面的一些关键特征

　　Baldwin 和 Clark 对架构的定义按照是否广为人知或只为局部所知（即在模块间），明确区分了隐藏的设计参数和可见的设计规则。此后，Baldwin（2008）研究有关能促使交易的界面的特殊情况，认为在"薄"交叉点处，能很好地引发企业之间的交易，在那里交叉点两侧的活动之间的相互依存非常有限。Baldwin 强调这种事态不只是发生，也要通过努力来实现，以明确转移什么，并为计算或测量它设计依据以及赔偿供应商的方式。这项工作导致了 Baldwin 所的"普通交易成本"，这可能由一家公司、两个贸易伙伴或更大的组织所引发。

　　后者的一个佐证是国际贸易术语解释通则，其定义了国际货物运输中买方和卖方的相应权利和责任。国际贸易术语解释通则允许买方和卖方从一个小范围的三个字母的缩写选项中进行选择，例如 FOB 离岸价，代表"船上交货"，负责船运中所参与一系列活动，包括运输、保险、装卸。在这种情况下选择使用国际贸易术语解释通则，可为两个贸易伙伴做出交互式规定，从头开始就每一个活动的细节协商并达成一致。这将是一个"厚"界面。

　　Puranam 和 Jacobides（2005）认为，这种界面厚度的一部分来自规范不足，需要丰富的信息来处理模糊的或者主观的问题，转而需要大量的交互来定义什么是要做的。这反映出 Thompson 的"相互依存"的理念。

## 16.6　服务化和界面

　　为了研究服务环境中的模块化和界面，现在有必要回到服务化的中心主题。本书第 1 篇已对服务化进行了定义、讨论和例证。在这次讨论中，我们将 Tukker（2004）的产品服务系统（PSS）分类看作一个粗略的组织方案，结合完全"未服务化"的产品销售基础情形，得到 4 个模型：

- 产品销售
- 产品导向的 PSS
- 使用导向的 PSS
- 结果导向的 PSS

　　Tukker 的关注点在于关系本质和供应商及客户之间的二元互动。隐含地

(在其他地方更明确些,见 Lay 等,2009),这些类别间区别的一个重要因素来源于产权。有趣的是,为了我们当前的目的,产权也成为 Langlois 模块化处理的一个重要部分 (Langlois, 2002),含蓄地说,即界面。供应商—客户关系不是我们所关注的唯一界面位置,然而,尤其是在更复杂的服务化情境下,可能存在几个组织或组织单位参与向客户提供服务化产品。例如,商用车辆的供应商使用特许经营方法,将现场维护活动外包给维护提供商网络 (Karatzas, 2013),形成制造商、任一客户及相关服务站点之间的三元结构 (Li, Choi, 2009)。这将导致在组织边界的更多潜在界面。

界面可在所提供的服务元素之间以及组织之间或组织单位之间进行分析说明。在某种程度上,卡车制造商站点的维修服务过程将与维修的卡车相联系,甚至可以说,维修过程将与卡车使用过程相联系。从结构方面看,实际上在处理劳动分工和每一方的权利和义务(例如客户对轮胎压力进行例行检查,而供应商安排及支付长期的轮胎监控和替换)。从过程方面看,所关心的是何时何地实施那些连接于两个模块间的活动(如当卡车未使用时及处于便利位置时,站点工作人员必须安排更换卡车轮胎)。过程式界面的这种时间和空间观点是一个反复性主题。

### 16.6.1　产品销售

在服务化连续体的一端是物理产品所有权的简单转移,没有任何服务元素。在这种模式的极端形式下,客户能够完全独立并准确地事前转达需要的规范,供应商将按需提供产品以换取报酬。帕累托认为只要客户能够给我们一个它的偏好的快照,我们就完全不需要它再次出现(Langlois, Cosgel, 1998)。

在 Baldwin 和 Clark 的论述中,有一个由规范构成的很薄的(结构的)界面和一个简单过程式界面,这一界面规定产品交付的时间和地点。虽然经由结构界面传输的数据可能是相当大的,但那里不需要任何交互,数据不会被丰富化 (Puranam, Jacobides, 2005)。允许更多的交互,可能需要由制造商提供某种形式的技术咨询,以协助客户确定购买最合适的产品,这里的界面可能会由一个标准需求捕获表单或标准应用程序工程过程来配置。Baldwin 的方法,提供了一个在客户和供应商之间精心控制的共同点,将边界两侧人员(和过程)之间的特别交互降低到最低。

### 16.6.2　产品导向的 PSS

产品导向的 PSS 涉及出售额外的服务元素,比如维护合同或备件和消耗品销售。它们也可能涉及更广泛的技术支持,而不只是对选择一个产品的基本建议,直至扩展到过程改进等。在某些情况下,提供附加服务可能是离散和孤立的事件。例如,一台重要设备可能接受年度检查和二次校正,在正常使用过程中磨损的为特定用途设计的零部件,可能会基于保养的目的而定期更换。

零部件或预先规定的服务干预(如上述所讨论的书面规定)将被处理以获得付款。故障需要一次性的诊断和修复,相应的处理规定会更加细化。然后,供应商流程和客户流程之间的界面变得更厚(如 Baldwin 和 Clark 所说,处理的内容需要重复定义)和更丰富(如 Puranam 和 Jacobides 所说,这里需要"定性解决问题",Langlois,2002)。

流程界面需要考虑用户的生产计划,因此可在适当时候去执行标准服务任务,但不需要考虑机器使用的任何特定或特殊情况:在这个意义上,它主要是一个过程式界面。故障和维修可能不需要太明确的分工,因为客户和提供者可能参与诊断阶段。制造、船运以及转交到客户、维护和维修、备件和消耗品提供,这些流程将保持相对谨慎,并应客户的要求发起。如果情况要求更多的维护,它本质上是客户的问题以及客户的工作请求,或许客户必须在"顺点连线"中——处理维护或分解状态下资产的可能结果中,发挥主导作用。

### 16.6.3 使用导向的 PSS

使用导向的 PSS 情形下设备的所有权仍属于制造商。在 Baldwin 和 Clark 的论述中,薄界面是基于接近产品和相关技术能力的事务性单位的定义:在"按小时提供动力"的航空发动机服务中,这些根据客户观点做安排的逻辑有很多方面,但有一点是肯定的,那就是用户只在意它们付费所得能力的可用性,不在意如何提供这种能力(相比于注重实效的 PSS,核心产品特定且保持不变)。然而,提供这一使用的过程中,可能需要多个与客户的过程式界面,以协调维修后勤和监测设备的使用和条件,当然,这些设备是制造商的财产。

根据 Tukker 的计划,一些使用导向的 PSS 包括这样的安排,在那里资产不是只由一个客户使用,而是由多个客户相继使用(租赁,如租用车间)或同时由多个客户使用(联营,如合约仓库)。这就提出额外界面——时间方面,在出租的情况下,如需要明确划定一台设备的使用期。当设备从一个用户传递到下一个用户(如私人租车)时,需要建立评估设备状况的系统。在合伙中,使用一些方式区分资产本身是必要的:例如,共享仓库的一些用户要求不可将它们的产品与其他用户产品进行混合存储。

### 16.6.4 结果导向的 PSS

在使用导向的 PSS 中,负责实现所需的结果仍然是客户的责任,因为只要求制造商提供资产获取方式。当我们转向结果导向的 PSS,责任便更多地转移到制造商/供应商。结果导向的 PSS 也去除掉特定有形资产的任何附属物,并留给制造商/供应商对哪些资产将用于提供所需结果进行自由裁量的权利。这里的薄事务界面不是取决于获取方式,而是结果的规范和测量,制造商/供应商在面对不断变化的环境或利用新技术时,有责任和特权改变资产和流程以实现结果。因此,相比于使用导向的 PSS,提供者可能需要重新设计流程和客户角色,在那里无休止的交互程度将少得多。在结果导向的 PSS,供应商不仅需要具有已定义的流程界面,还要在需要或机会出现时,能重新定义它们的程序。[①]

## 16.7 服务化中的管理界面

Langlois(2002)提出,模块化只有在环境分化或动态的情况下才能显示出其特有价值。[②] 前面所讨论的例子中,模块化有助于为邮轮乘客提供多样化的体验,为老年人提供定制化和适应性强的照顾,为学生提供各类学位课程。我们贯穿了四个模型,从产品销售到面向结果的 PSS,应对环境变化的责任逐步地从客户转移到供应商。如果模块化的目的——界面管理——是削弱环境干扰的影响,当它们通过四个原型"转变"到服务,在公司内以及公司和供应商与合作伙伴之间,制造商应更多关注所提供的 PSS 要素间的界面。

一些使用和结果导向型的 PSS 被称为"系统整合"(Prencipe et al. , 2003)。但从采用模块化的角度显得更为清楚的是,将产品要素和服务连接在一起创建一个产品服务系统,采取这一整合架构将是不明智的,这可由术语"系统整合"暗示出来。正是因为许多先前未连接或弱连接元素被揉在一起,所以为了避免元素之间可能的相互连接成倍增加的后果,一些模块化将是必要的,这并不新鲜:Puranam 和 Jacobides(2005)指出:"Lawrence 和 Lorsch(1967)表明任务分解和模块的创建(分化)与对生成模块(整合)的边界进行渗透的协调机制齐头并进。"所以,结果导向的 PSS 可能包括制造、操作、维护、采购、重新规范甚至产

---

① 在更文档化的巴西大众卡车工厂,所谓的模块供应商各自生产卡车子系统和装配生产线。大众员工只在对车辆进行最终的质量控制时才接触到车辆。当成品卡车被接受时才付费给供应商,如果卡车有任何质量问题,直到与供应商们一起解决问题后才会付费给供应商。以结果为导向的模式推动供应商来管理它们之间的界面(Marx, 1997)。

② Langlois 指的是 Simon 的两个钟表匠的著名寓言,一个钟表匠(Hora)使用模块化方法,另一个(Tempus)没有使用:"如果两者都不被干扰的话,Tempus 也会按 Hora 说的去做"(Langlois,2002)。

品/资产的重新设计,界面的有效设计和高效使用,这种需求对制造商/供应商是最关键的。

## 16.8 最后的评论:界面和知识

在本章对服务和服务化界面的简短讨论中,我们强调典型的流程规范和执行的运营管理概念,这将导致我们称之为结构式和过程式的界面。有些符合Thompson 的方法,我们主要关心的是界定和协调需要做什么,而不是弄明白如何去做。然而,我们很清楚,知识中的差异化和专业化是导致分工的原因(Loasby,1996);我们也意识到,正如 Baldwin 所指出的,"交易(事务)域是一个行动域:生产商品,实施服务,支付和接收报酬。但研究表明,一家公司的知识通常不与行动相连"(Baldwin,2008)。因此,我们未来将对服务化和知识接口进行系统的分析。

### 本章参考文献

Araujo, L. & Spring, M. (2006). Services, products, and the institutional structure of production. Industrial Marketing Management, 35, 797-805.

Baines, T., Lightfoot, H., Peppard, J., Johnson, M., Tiwari, A., Shebab, E. et al. (2009). Towards an operations strategy for product-centric servitization. International Journal of Operations & Production Management, 29, 494-519.

Baldwin, C. & Clark, K. B. (1997). Managing in an age of modularity. Harvard Business Review, 75(5), 84-93.

Baldwin, C. Y. (2008). Where do transactions come from? Modularity, transactions, and the boundaries of firms. Industrial and Corporate Change, 17, 155-195.

Baldwin, C. Y. & Clark, K. B. (2000). Design rules: The power of modularity. Boston: MIT Press.

Callon, M. (2002). Writing and (re)writing devices as tools for managing complexity. In J. Law & A. Mol (Eds.), Complexities: Social studies of knowledge practices (pp. 191-217). Durham and London: Duke University Press.

Czarniawska, B. & Mouritsen, J. (2009). What is the object of management?: How management technologies help to create manageable objects. In C. S. Chapman, D. J. Cooper & P. B. Miller (Eds.), Accounting, organizations, and institutions: Essays in Honour of Anthony hopwood (pp. 157-174). Oxford: Oxford University Press.

Dasilveira, G. & Slack, N. (2001). Exploring the trade-off concept. International Journal of Operations & Production Management, 21, 949-964.

De Blok, C., Luijkx, K., Meijboom, B. & Schols, J. (2010). Modular care and service packages for independently living elderly. International Journal of Operations & Production Management, 30, 75-97.

Gadrey, J. (2000). The characterisation of goods and services: An alternative approach. Review of Income and Wealth, 46, 369-387.

Karatzas, A. (2013). Business triads in servitization: The influence of the provider-partner relationship on the performance of the partner towards the provider. School of Management. Cranfield University.

Langlois, R. N. (2002). Modularity in technology and organization. Journal of Economic Behavior & Organization, 49, 19-37.

Langlois, R. N. & Cosgel, M. M. (1998). The organization of consumption. In M. Bianchi (Ed.), The active consumer: Novelty and surprise in consumer choice (pp. 107-121). London and New York: Routledge.

Lay, G., Schroeter, M. & Biege, S. (2009). Service-based business concepts: A typology for business-to-business markets. European Management Journal, 27, 442-455.

Li, M. & Choi, T. Y. (2009). Triads in services outsourcing: Bridge, bridge decay and bridge transfer. Journal of Supply Chain Management, 45, 27-39.

Loasby, B. J. (1996). The division of labour. History of Economic Ideas, 4, 299-323.

Marx, R. (1997). The modular consortium in a new VW truck plant in Brazil: New forms of assembler and supplier relationship. Integrated Manufacturing Systems, 8, 292-298.

Matthyssens, P., Vandenbempt, K. & Weyns, S. (2009). Transitioning and co-evolving to upgrade value offerings: A competence-based marketing view. Industrial Marketing Management, 38, 504-512.

Prencipe, A., Davies, A. & Hobday, M. (2003). The business of systems integration. Oxford: Oxford University Press.

Puranam, P. & Jacobides, M. G. (2005). Why interface specification varies between organizations—And why that matters. London: London Business School.

Sampson, S. (2000). Customer-supplier duality and bidirectional supply chains in service organizations. International Journal of Service Industry Management, 11, 348-364.

Sampson, S. & Froehle, C. (2006). Foundations and implications of a proposed unified services theory. Production and Operations Management, 15, 329-343.

Sanchez, R. & Mahoney, J. T. (1996). Modularity, flexibility, and knowledge management in product and organization design. Strategic Management Journal, 17 Winter special issue, 63-76.

Sasser, W. E., Olsen, R. & Wyckoff, D. (1978). Management of service operations: Text, Cases and Readings. Boston: Allyn and Bacon.

Selviaridis, K. & Spring, M. (2010). The dynamics of business service exchanges: Insights from logistics outsourcing. Journal of Purchasing and Supply Management, 16,

171-184.

Simon, H. (1962). The architecture of complexity. Proceedings of the American Philosophical Society, 106, 467-482.

Simon, H. (1991 [1969]). The sciences of the artificial, Boston, MIT Press.

Slack, N. , Chambers, S. & Johnston, R. (2010). Operations management. London: FT/ Prentice-Hall.

Thompson, J. D. (1967). Organizations in action: Social science bases of administrative theory. New York: McGraw-Hill.

Tukker, A. (2004). Eight types of product-service system: Eight ways to sustainability? experiences from SusProNet. Business Strategy and the Environment, 13, 246-260.

Ulaga, W. & Reinartz, W. J. (2011). Hybrid offerings: How manufacturing firms combine goods and services successfully. Journal of Marketing, 75, 5-23.

Ulrich, K. (1995). The role of product architecture within the manufacturing firm. Research Policy, 24, 419-440.

Voss, C. A. & Hsuan, J. (2009). Service architecture and modularity. Decision Sciences, 40, 541-569.

# 17 避免经常性成本陷阱:服务化企业的高级管理会计方法

## Christian Lerch, Matthias Gotsch

**摘要**:服务化过程中工业企业极易进入经常性成本陷阱,即服务传递成本以间接而非直接的方式计入产品价格。这会导致过高的产品价格和较差的服务质量。总成本陷阱削弱了产品的竞争性并抑制了服务业务的发展。因此,本章提出几个服务提供的管理会计方法,以帮助企业避免经常性成本陷阱。在传统的方法如生命周期成本法之外,我们将更先进的会计方法引入服务业务层面(如功能点分析)和企业层面(如平衡计分卡)。总之,本章为制造企业发展服务业务提供了合适的管理会计方法,以支持其专业化的发展。

## 17.1 服务化企业的管理会计挑战

Lay 等(2010)和 Tether,Bascavusoglu-Moreau(2012)的调查表明,工业企业往往不对产品相关服务业务实施单独收费。相反,制造商为客户提供免费的产品服务,但在产品定价时会加入相关服务的成本。这样,就隐藏了服务业务的收益及其价值。为了便于工业企业就服务收益和服务成本问题与客户沟通,就需要一种适当的管理会计方法,以涵盖服务业务的财务和战略特性。

本书引言章介绍的"欧洲制造业调查"(European Manufacturing Survey, EMS)提供的数据清晰地表明,尤其是在机械工程、计算机、电子和光学制造业,有相当高比例的销售额来自于服务业务。值得注意的是,在这两个产业中,大约有一半的服务收益是以间接计价方式呈现的。在其他制造业中,间接计价服务的份额甚至会超过直接计价服务。

由于这种情况的存在,服务业的重要性及制造服务化的相关价值,实际上都被系统性地低估了。这导致过高的产品价格和较差的服务质量,进而削弱了产品的竞争力并抑制了服务业务的发展。为避免出现这种经常性成本问题,需要一种适合制造服务化情形的管理会计方法。遗憾的是,服务企业在管理会计方面面临不少挑战。

按照 Kinkel(2003a)的分析,一个定制化和有效率的管理会计方法,可以确保产品相关服务不会陷入经常性成本陷阱,反而有助于企业服务业务的发展。因此,企业如何测度服务业务的收益,就成了问题的关键。为回答这一问题,首先需要了解产品相关服务的销售机会及其确切的成本结构。然而,评估机会和成本对大部分工业企业来说非常困难,部分原因是,一般而言服务业务并非工业企业的核心业务。

因此,需要为产品相关服务建立一套系统化的管理会计方法,适当的控制方法和流程有助于准确测算服务业务的收入和支出。目前广泛应用于工厂的管理会计实践只是部分适用于产品相关服务。根据 Kinkel(2003a),这些方法需面对以下四类挑战:

- 成本会计的挑战
- 收益监控的挑战
- 账单管理的挑战
- 合作服务的挑战

首先,成本会计的挑战来自于下面的事实:在大多数产业中,产品相关服务都是由研发部、营销部或客服部门等间接部门提供的。这些成本通常是无差别的并被计入经常性成本(Niemand,1996)。此外,也没有能确保服务业务投入充足时的专门管理。比如,目前尚未对间接成本施行不同的成本系数,以便区分不同的产品相关服务业务。

其次,收益监控的挑战主要产生于产品相关服务并非独立销售或并非以高回报为目标。提供产品相关服务的主要目标也可能是提升顾客满意度或创造出一个产品组合,因为产品和服务打包的交叉销售效应,有助于提升顾客忠诚度,进而提升产品的市场占有率。在这种情况下,为了提升产品业务销售,只要总销售额能够为投资带来可持续的回报,企业就会以亏本的方式提供服务。只要追求交叉销售效应和客户忠诚度仍是企业战略的首选项,简单的财务成本和收益因素就不能为产品相关服务提供充分的控制(Schuh et al.,1999),而必须使用合适的定量测度来保证服务收益的可表达性和可沟通性。聚焦于财务变量的经典管理会计方法,实难担此重任。

再次,还有来自账单管理的挑战。与有形资产相比,产品相关的服务确实很难定价。通过与竞争者比较来测定价值基本上不可能,因为服务质量只有在服务提供后才能实际测度(Simon,Darnian,1999)。产品相关服务的提供者需要知道哪些客户群愿意为这些服务付费,以此来确定价格的范围。此外,服务提供者还需要决定是提供完全免费的服务,还是只收取部分费用亦或收取全部费用,这将决定其成本和边际收益。

最后,合作服务在不同的合作安排方面对管理会计提出了额外的要求。在企业合作中更常应用产品相关服务。依具体的合作类型,提供商可以与客户企业、外包服务商、互补供应商甚至竞争者合作,这是不可避免的或有战略前景的。在这些关系中,如何在各合作者间分配成本和收益非常重要,这需要与合作伙伴和外界进行适当、充分的沟通(Kinkel,2003a)。

总结以上四种挑战,我们可以认为由于服务的固有特点,单纯对成本的观察不能直接测算出服务的成本,还必须考虑服务质量和服务生产率这两个因素。由于后两者密不可分,Grönroos 和 Ojasalo(2004)提出了一个制造导向的生产率测定方法。在制造过程中,投入因素和生产过程可以标准化,生产和消费是两个相互分离的过程。但是在服务过程中,客户活跃地参与服务的生产并作为服务的投入因素之一。因此,投入因素难以标准化,也难以计算。此外,由于客户感知的质量是一个重要的产出因素,产出的测度也很困难(Biege et al.,2012)。由于客户与服务商的互动必须作为投入因素,Grönroos 和 Ojasalo(2004)指出,"双方的互动会影响服务的效率"。

总之,本章将给出可操作的产品相关服务的管理会计方法,以帮助工业企业克服上述的四种挑战。下面依次给出 3 种会计方法,最后则是本章的总结。

## 17.2　生命周期成本法:成本会计和定价

为实体产品追加服务,会为提供者带来额外的成本。例如,提供者必须为员工培训、保养合同和备件合同开具发票(Lay,Radermacher,2005)。为避免长期负面影响,有必要直接为产品相关服务开具发票,以增强企业的竞争力。

然而,为产品相关服务开具发票会面临新的挑战。为计算服务成本,服务的传递过程就需要透明。那么,也要求分析服务的收益。为此,制造企业就得计算产品在整个生命周期内的成本和收益。这是必要的,因为成本是客户直接可见的,是短期的;但收益往往是客户不可感知的,而且是长期的(Lerch,2010;

Lerch，et al.，2010）。

为了分开考虑短期效应和长期效应，可以采用生命周期成本法（life cycle costing，LCC）。LCC在一个时间维度上考虑成本和收益，并对每一阶段详加考察。它基于产品和技术的生命周期（Pfeiffer，Bischof，1975），有助于规划、控制、规制和积累各阶段发生的所有成本（Kralj，1999）。LCC出现于20世纪60年代中期的军事应用（Cole，Sterner 2000；Kemminer，1999），70年代扩展到民用部门（see Franzeck，1997）。由于其应用广泛，目前的文献中存在好几个LCC的定义（see Woodward，1997；White，Ostwald，1976；Barringer，2003）。依照Woodward（1997）的观点，最简洁有用的定义来自White和Ostwald（1976），即所有用于支持某一项目从其概念产生、生产制造到价值耗尽全过程的资金的总和。

基于这一定义，LCC的两大特点是：
- LCC同时考虑有形资产（如资本或固定资产）和无形资产（如项目或服务）。
- LCC考虑从设备开发设计到报废或更新的全过程的成本。

因此，LCC有助于做出更有效的决策，这里不仅考虑初始的投资，还考虑到一段时期内的所有未来成本，特别是后者可能占到产品或设备部件在用期间成本的很大一部分（Jackson，Ostrom，1980）。因此，LCC可防止企业仅据初始投资而做出的不当财务决策，初始成本只是维护项目持续的所有花费中的冰山一角（Lund，1978）。

此外，对制造商和客户来说，产品生命周期的特点是不同的。对客户来说，产品的总成本和生命周期很重要。所以，其采购决策是基于初始投资、运作和保养成本和报废处置成本权衡后做出的（Taylor，1981）。与此相反的是，制造商有其他的决策因素（Blanchard，2004）：规划和开发成本、建造和生产成本、运作和保养成本，以及报废处置成本。这一观点也适用于产品的服务生命周期（Potts，1989）。

基于上述分析，LCC也可以应用到服务业务，因为它与实体产品的生命周期紧密关联。有一个机器人制造商应用LCC的范例（Life Cycle Costing Tool），用这个工具软件可以估计整个生命周期的成本和收益（见图17.1）。

该分析工具划分了产品生命周期的阶段。各项成本均由使用者的输入数据计算得到，且以一定折现率折算为基期的现值，为达到这一目标，考虑使用LCC工具得以下要素：（1）投资指产品的购买价格；（2）初始成本中包括了安装和流程嵌入费用；（3）运作成本包括直接和间接的劳动力成本、物料成本、直接花费和开办费用；（4）生产过程中会发生质量成本，这与返工率和废品率有关；（5）保养和维修成本主要决定于直接劳动、物料或燃料动力，并可分为计划内的

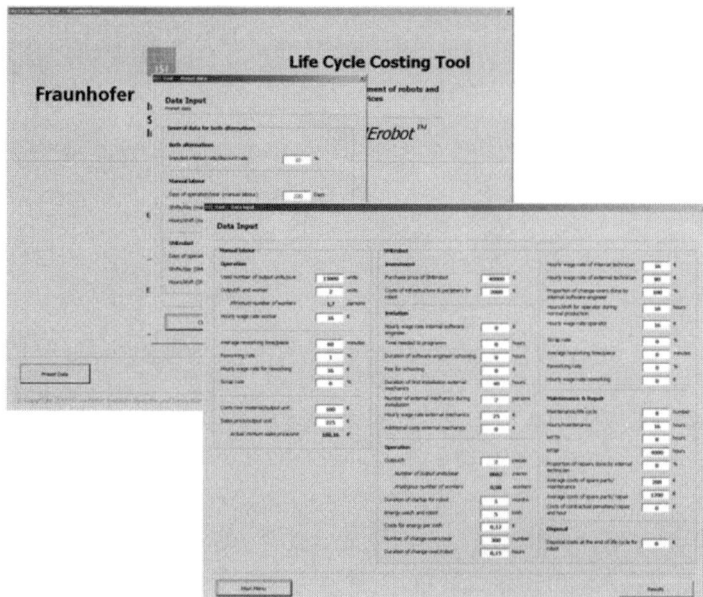

图 17.1　生命周期成本法软件的输入界面

养护成本、计划外的养护成本（出现故障时）和间歇性保养成本（大型整修）；(6)报废处置成本发生在资产生命周期结束之时，或者直接报废或者赋予其他使用目的；(7)服务成本由生命周期内伴随提供的服务而生，并与服务的种类有关。在机器人示例中，服务成本被视为额外成本。

　　为更好地解释这些成本，我们给出一个例子。假设有一家涉及多个欧洲国家的大型全球性机器人制造商，它提供产品相关服务。其客户之一是一家位于英国西北部、拥有80名员工的小型钢铁铸造厂。机器人通过接受一种新的技术指令运行，可以根据客户员工的指令进行现场编程，机器人被用于生产流程的后期，以实现生产的自动化，实现高质量的生产。

　　该企业是第一次使用机器人，因此需要进行投资的经济性分析。我们使用了生命周期成本法软件。分析的结果如下：第一，8年内的机器人生命周期成本为大约49.3万欧元（已经折算为基期的现金价值），图17.2显示出机器人购买支出仅占生命周期成本的8.2%；初始成本和报废处置成本更小，分别只占1.3%和0.4%；运作成本是大头，占到80.0%的份额；剩下的保养维修和质量成本各占7.8%和2.3%，见图17.2。

　　然后我们可以用该软件优化客户的生命周期成本结构。为降低三项最大的成本支出：工装更换、报废和维修，我们给客户设计了一个附加服务包，内含培训、保养合同和备件服务。然后，软件比较了客户自我运行与购买产品相关

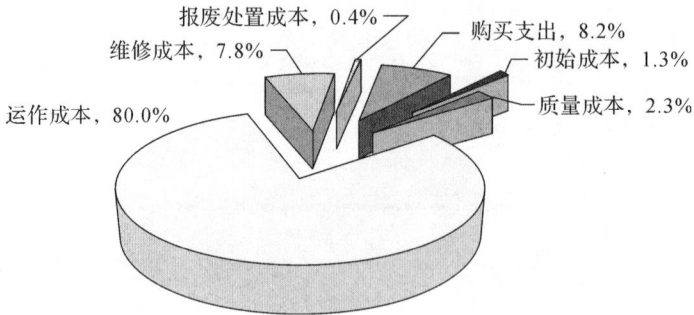

报废处置成本, 0.4%

维修成本, 7.8%

购买支出, 8.2%

初始成本, 1.3%

运作成本, 80.0%

质量成本, 2.3%

图 17.2　钢铁铸造厂观测机器人的生命周期成本

服务包的生命周期成本。结果显示,后者的费用低于前者,从事服务业务是有利可图的。显然,这一工具有助于制造商进行合理的服务定价。

我们假设钢铁部件的总体废品率将从 1.5％ 降到 1.0％,因为员工都得到了专门的培训。培训的成本是 2500 欧元。此外,培训还使工装更换的时间从平均 30 分钟下降到 25 分钟。最后,备件服务和保养合同一方面提高了平均故障间隔时间(Mean Time Between Failure,MTBF),另一方面也降低了平均维修时间(Mean Time To Repair,MTTR)(由于备件随时可用)。平均下来,我们估计 MTBF 可以从 4000 小时提高到 5000 小时,维修时间可以从 18 小时下降到 12 小时。同时,备件服务的价格是每年 2500 欧元,养护合同的价格是每年400 欧元。

基于这些新的条件,我们进行了第二轮包含服务组件的生命周期成本分析,成本状况的对比如图 17.3 所示。图中显示,工装更换成本、废品及维修成本都得到了显著降低,其中,工装更换成本从 5.7880 万欧元降到 3.8587 万欧元,废品成本从 3.4072 万欧元降到 2.2925 万欧元,备件成本得到完全避免,维修成本的降低最明显,从 3.7081 万欧元降到 1.8521 万欧元。总括下来,8 年内共节约 5.4300 万欧元,表明了产品相关服务的价值。

这些节约的成本将在服务者和客户间分享。8 年内服务包的折现价格大约为 2.0900 万欧元,其价值属于供应商。剩余的 2.3400 万欧元的服务价值则由客户获得。可见,生命周期分析法确实优点不少:第一,它有助于企业从成本和收益的角度识别出服务业务的财务效应,从而帮助企业避免经常性成本;第二,它能够估算出服务包在生命周期内不断增长的价值,为服务定价和服务价值的分配提供信息支持。

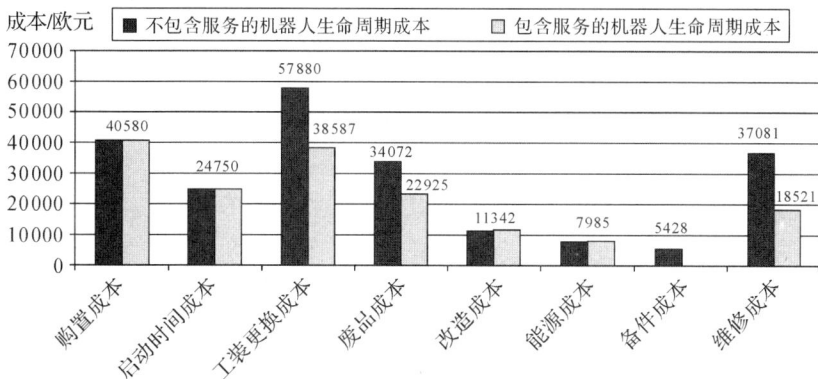

图 17.3　服务包生命周期成本的驱动因素

## 17.3　高级会计方法：超越成本和收益的指标

上一节的分析表明，生命周期成本法是企业建立服务化管理会计系统的必要步骤。但是，正如业界经验所示，仅仅考虑成本和收益是不够的，如它无法解释服务的生产率或质量。服务传递系统仍然是个黑箱。因此，服务管理会计需要打开这个黑箱，这样我们就需要新的方法，能以适当的方式在不同的层面测量不同的服务活动。这时服务化企业的高级管理会计系统应该包括成本和收益之外的变量，以测量和控制服务化过程中涉及的所有类型的活动。

我们认为该系统应该包括以下两个层面：

• 服务业务层面，包括为单个服务项目和整个服务集合做会计，以管理客户服务。

• 企业层面，会计系统是整个企业的子系统。

在这一部分，我们将在每个层次都进行可效仿的管理会计方法分析，通过案例来说明其应用，并解释出现的结果。17.3.1 小节呈现的是所谓的功能点方法，该方法源自信息产业，现应用于制造服务化。我们认为，这是进行单一服务和整个服务组会计管理的重要方法。17.3.2 小节介绍了平衡计分卡，这是在整个工业企业层面对服务业务的产生及效果进行有效会计管理的实践性工具。

### 17.3.1　服务业务层面的管理会计：功能点分析

为在服务业务层面做好服务的会计管理和控制，被称为功能点分析（function point analysis，FPA）的方法已从信息产业扩展到了制造行业的服务业务。这一新方法的开发者是 Lerch 和 Gotsch(2013),该法擅长测量众多的服务指数,从而有助于对服务传递的控制。下面我们用一些例子来说明该法的使用,展示对其结果的解读。

FPA 通常用于评估系统的技术功能范围,最初被用于测定一般在软件开发项目的相关费用(Poensgen,2012)。首先,定义基于需要的分类及其影响因素,用功能点(function point,FP)加以评估,如有必要还可实施加权分析。所有功能点的得分总和构成功能规模(function size,FS),可以视为任务或活动规模的计量。可见,该法也适用于制造服务化的服务业务。

为此,我们将 FPA 与 Grönroos 和 Ojasalo(2004)的投入—生产率—产出模型相结合。使用这一方法还因为服务提供者与客户的交互也影响到服务过程的生产率。因为客户在服务生产过程中的作用,Grönroos 和 Ojasalo(2004)将服务生产过程分解为三个子过程:

- 后台过程,服务者孤立地进行服务生产。
- 服务接触,通过客户和服务者的互动进行服务生产。
- 自助服务,客户使用服务者提供的设施孤立地提供自我服务。

制造服务化的 FPA 由 FP(功能点)和 TOC(技术—组织复杂性,technical-organizational complexity)因素构成。这些变量一起构成了 FS(功能规模),即服务的范围或支出。因此得到下式:

$$FS = FPs \times TOC\ 因素(无维度)$$

这三个指数可用在具体的服务化情形之下。一般来说,功能点测定服务绩效,构成服务投入、生产率、产出因子。一方面,服务的实际绩效与产出因素(顾客或产品)有关;另一方面,需要考虑前台感知服务质量和后台不可见的工作。功能点不仅能测定服务绩效,还包括了服务给客户企业带来的价值追加。因此,可用以下方式测量绩效:(1)生产过程中投入的下降;(2)产出的提高。例如,绩效的变化可能源自物料、能源、人力投入的下降,或者产品质量和数量的提升(Lerch,Gotsch,2013)。客户或产品绩效相关影响因素越强,服务的功能点就越多。

相反,TOC 因素定义了企业提供服务所面临的技术和组织因素的挑战。这些因素包括信息系统、人力资源、服务标准化的可能性,以及对内外部协调组织的需要等(Lerch,Gotsch,2013)。这是一个比较性的指标,常常用百分比来表示。比如,100%表示平均水平的复杂度,低于 100%的服务具有低于平均水平的复杂度,高于 100%的服务具有高于平均水平的复杂度。功能点因素 FP 通过与 TOC 因素相乘实现加权。因此,高的 TOC 会提升功能点,进而提升功能规模(Lerch，Gotsch，2013)。

这三个指标为测量服务及其特征提供了新的可能,可用于测度服务的绩效和复杂度、效率和效益,以及创新性。

**应用1:测度服务的绩效和复杂度**

FPA 可以显示出服务绩效与服务复杂度间的权衡。如前所述,FP 能够从产出角度测度服务绩效。因此 FP 越高,服务对客户的影响越大,同时服务对客户的价值也越高。与此相反,TOC 反映了服务提供对技术和组织的要求。TOC 越高,服务提供的复杂性越高。基于这些指数,我们可以发现两者之间的权衡关系,如表 17.4 所示。

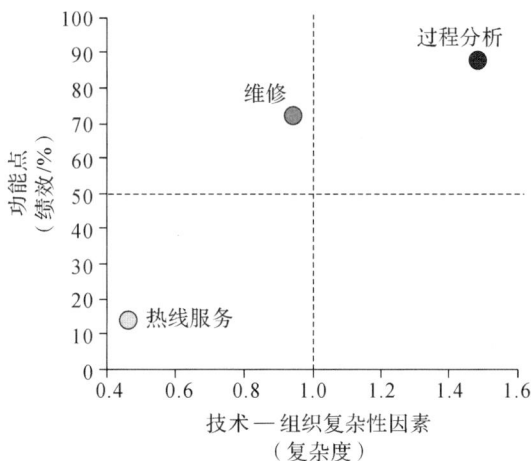

图 17.4　服务绩效与服务灵活性之间权衡的示例

**应用2:测度服务的效率和效益**

企业最好是先引入高绩效低复杂性的服务,在服务化的过程中,逐步提高服务业务的复杂程度。高复杂性低绩效的服务显然是最没吸引力的。但是,正如业界实践所显示的那样,在复杂性和绩效之间似乎存在某种权衡,需要处理好两者之间的关系。

对制造商来说,很难测度其服务业务的效率和效益。但是,基于 Tangen(2004)所给的效率和效益的定义,FPA 是可以做到这一点的。Tangen(2004)则定义效率是较好地使用资源以达成特定的产出水平。一般而言,效率是通过投入、产出的比较来衡量的。FS 代表了服务的总体范围和程度,可以作为产出指标;投入水平则可用人力工时来测度。根据以上两指标的关系,我们就可以来测算服务的效率了,即每人时功能点数(FP/mh)。

与此相反,效益是指特定目标实现的程度(Tangen,2004)。因此,我们需要比较服务业务的目标功能点与达成功能点,来得到服务效益这一变量的值。图 17.5 展示了一个服务效益的图形。图中的深灰色区域代表五项服务绩效指标的目标,这里以百分数表示;浅灰色区域代表各指标的实际达成情况。因此,与深灰色区域相比,浅灰色区域越大,服务业务的效益就越高。图中所示服务的效益为 87.1%。

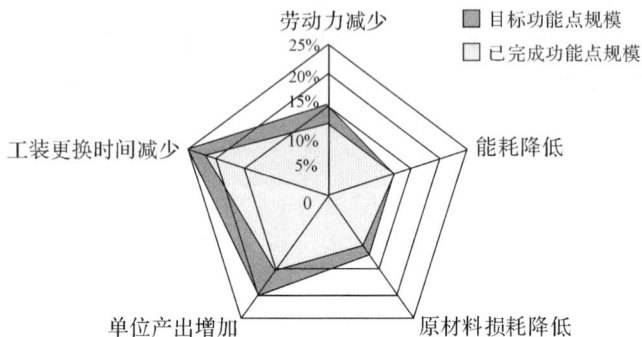

图 17.5　通过目标功能点与实际功能点比较得到的服务有效性示例

### 应用 3:测度服务的创新性

FPA 也可通过测度服务业务的连续改进或渐进创新来衡量其创新性。这种测评需要比较跨时期的指标。如果企业想分析渐进创新对服务效率的影响,需要分析过去若干年内每人时功能点数(FP/mh)的变化。如果该数值不断上升,则意味着出现了渐进创新。举个例子,假设保养服务去年具有 3.4 FP/mh的效率,而目前达到了 3.9 FP/mh,那么渐进创新的价值就是 0.5 FP/mh。

也可以用同样的方法来测度创新性对效益的影响。假设保养服务目前具有 87.1%的效益值,而从前是 85.4%,那么渐进创新对效益的价值就是 1.7%。

FPA 因此可以测度制造商服务业务的连续改进,提升效率的创新与过程有关,提升效益的创新与产品有关。此外,如果过去几年没有创新但仍存在持续改进,其来源应该是知识发展或能力提升。

### 17.3.2　企业层面的管理会计:平衡计分卡

企业层面的管理会计应该比服务业务层面的具有更广阔的视野。企业层面的会计系统将服务业务作为整个企业的子系统,并且能为公司董事会提供一些建议。此外,仅考虑供给方的视角并不全面,客户方面甚至社会效应也都需考虑。基于这一背景,在企业层面该如何应对前文提出的挑战呢?

平衡计分卡(balanced scorecard,BSC)就是合适的方法,它由 Kaplan 和Norton(1996)提出并应用于绩效测量,Kinkel(2003b)则对其做出适合服务业务的改造，本章采用的就是 Kinkel 的模型。BSC 目前已得到广泛应用，相关文献汗牛充栋，但我们要应用于产品相关服务的其实是其较为早期的概念（Schuh et al.，1999）。

BSC 的经典模型（Kaplan，Norton，1996）归纳出四类关键指标：财务方面的、客户方面的、过程方面的以及能力方面的。以此标准框架设计关键指标体系，其实也是一种有效的沟通策略。此外，指标间存在一定程度的平衡，如财务指标与非财务指标、超前指标与滞后指标等。战略目标与关键指标间存在因果链。将目标和指标分解整合成一种过程和结果，是使用 BSC 所需面临的一项挑战，也令 BSC 成为一种有价值的管理会计方法。

基于集成控制系统的需要，Kinkel（2003b）对 BSC 的一些特征进行了修改。对愿景、战略、关键指标和结果测量的集成，使 BSC 成为产品相关服务评价重要信息沟通的理想渠道（Weber，Schäffer，2000）。因此，由于 BSC 方法的流行度和可接受性，基于 BSC 的控制方法在企业内部沟通及与潜在客户、供应商或融资者的沟通中，都起到积极的作用。

为了开发一套控制产品相关服务的 BSC 方法，需要采用交互的开发过程，其重要性不亚于 BSC 本身（Horvath，Kaufmann，1998）。通常，它会改进整个企业的服务导向程度，提升多方参与的决策过程的透明度。当为服务业务评价寻找合适的变量时，企业通常缺乏结构化的重要信息，特别是与此目的直接相关的数据，而不是其他杂七杂八的数据。BSC 聚焦于少数关键指标，并会对财务指标与非财务指标、超前指标与滞后指标做出较好的平衡（Horvath，Kaufmann，1998），这有利于数据的收集。

BSC 的结构并不严格受限于 Kaplan 和 Norton（1992）提出的四大方面。Kaplan 和 Norton 提出的只是一个一般性的框架，需要根据实际问题因地制宜地加以调整和扩展。对于制造服务化情境下的管理会计实践，不仅要聚焦于迎合客户预期，还要考虑到通过企业合作参与产品相关服务决策过程的合作伙伴（Kinkel，2003b）。

特别是，需要识别战略目标与关键指标间的因果关系链，这通常被认为是 BSC 应用的最大难点（Wurl，Mayer，2000）。因此，首先应确定服务化的战略目标，然后确定一个因果关系链的模板。图 17.6 给出了一个因果关系图的示例。这也是我们引入的一个例子，下文将对其做出详细的解释。我们的重点是如何开发一个适合服务化的 BSC 的过程，而非最终的结果。

当企业基于 BSC 选择服务化战略目标时，关键是要聚焦有限的重要目标。以能力方面为例，高的"波动"会对"员工经验"产生负面影响，后者进一步影响过程方面的"小时工资""劳动就业"和"设计和特性"。大量的"可用 IT 系

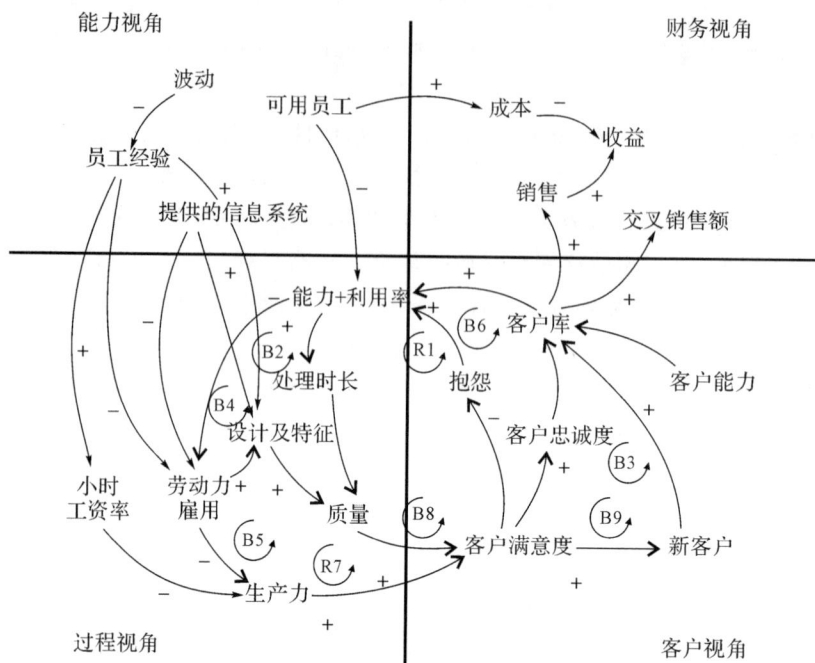

图 17.6　服务导向的平衡计分卡战略目标间的因果关系

统"会降低"劳动就业"的需要,但同时提升"设计和特性"。"工厂系统"因素是产业相关的因素,制造服务化是高度产业相关的。第四个"能力方面"的指标,"可用员工"会降低员工个体的"能力使用率",但会提升服务的"成本"。其他三个方面也可以进行类似的分析。但是,在收集指标数据时,需要确保数据成本尽可能地低。

　　图 17.6 也显示出若干控制循环,可分为"平衡循环"(B,负反馈)和"加强循环"(R,正反馈)。前者触发一个平衡效应,后者触发一个加剧效应。可以使用适当的系统动态模型进行仿真分析,但这超出了本章讨论的范围。我们采用务实的方法,先识别关键指标,再收集相关数据,这一过程对形成具体的措施很有必要。选择测度需要灵活处理,我们将战略目标与运作规划相联系,以可行的方式达成目标。

　　在选用测量指标时可以借助因果关系链。画因果关系链的主要目的是明确战略目标的效果。此外,图中正向或不被期望的负向影响机制,特别是与BSC 财务目标相关的部分,需要尽可能地透明,以帮助我们尽快明了战略目标的控制机理。而在战略目标确定之后,也要刻画有限的目标效果,这样总体图形才比较简洁也比较容易解读(Kinkel, 2003b)。

因果关系链的分析也有助于回答以下问题：扩展的 BSC 是一个较好的目标交互方法吗？其使用的瓶颈是什么？服务提供的驱动因素是什么？服务化中负面的因而不利于生产率的因素对服务影响的重要性表现在哪些地方？本节给出的范例显示出，BSC 在产品相关服务的目标和战略控制中的应用潜能及其可视化的表达特长。可见，BSC 是产品相关服务的一种有用管理会计方法。

# 17.4　结论和展望

本章表明，管理会计在制造企业服务业务竞争力塑造中起着重要的作用。通过使用合适的会计系统，可以避免经常性成本陷阱和服务业务的间接账务风险。为此，我们讨论了三种不同的会计方法。

第一种方法为生命周期成本法，是一种较为传统的测度方法。它有助于企业测定服务业务的成本和收益，及其在整个生命周期内对实体产品和客户的财务影响。此外，生命周期成本法也有利于服务定价。当然，这种方法有其局限型。第二种方法是功能点分析，可以测度超越成本和收益的很多指标。在服务业务层面（单个服务业务或制造企业服务业务集合），可以将功能点分析应用于管理会计。第三种方法是平衡计分卡，适合于对整个企业的服务业务加以会计和控制，因为它比较强调因果关系链和各要素彼此之间的关系。

因此，为了克服经常性的成本陷阱，需要为产品相关服务的定价和成本会计提供解决方法，这很重要。制造商则需要计算服务业务的成本和收益，为打开服务传递过程这一黑箱，就需要高级的方法。本文介绍了两种这样的方法，但这只是很多可能方法中的两种。因此，开发新的指标和新的会计方法，将是未来制造服务化研究的一项重要任务。

**本章参考文献**

Barringer, H. P. (2003). Life cycle cost and good practices. NPRA Maintenance Conference, San Antonio.

Biege, S., Gotsch, M. & Zanker, C. (2012). Anforderungen für Produktivitätsmessungen bei innovativen und wissensintensiven Unternehmensdienstleistungen. In O. Thomas & M. Nüttgens (Hrsg.), Dienstleistungsmodellierung (pp. 142-168). Heidelberg: Physica.

Blanchard, B. S. (2004). Logistics engineering and management (6th ed.). Upper Saddle River, NJ: Pearson Prentice Hall.

Cole, J. R. & Sterner, E. (2000). Reconciling theory and practice of life-cycle costing.

Building Research and Information, 28(5/6), 368-375.

Franzeck, J. (1997). Methodik der Lebenszykluskostenanalyse und-planung (life cycle costing) für die Entwicklung technischer Produktsysteme unter Berücksichtigung umweltlicher Einflüsse, Institut für Kunststoffprüfung und Kunststoffkunde der Universität Stuttgart.

Grönroos, C. & Ojasalo, K. (2004). Service productivity: Toward a conceptualisation of the transformation of inputs into customer value in services. Journal of Business Research, 57(4), 414-423.

Horvath, P. & Kaufmann, L. (1998). Balanced Scorecard—Ein Werkzeug zur Umsetzung von Strategien. Harvard Business Manager, 5, 39-47.

Jackson, D. W. & Ostrom, L. L. (1980). Life cycle costing in industrial purchasing. Journal of Purchasing and Materials Management, 16(4), 8-12.

Kaplan, R. & Norton, D. (1992). The balanced scorecard—Measures that drive performance. Harvard Business Review, 71-79 (January-February 1992).

Kaplan, R. & Norton, D. (1996). Balanced scorecard—Translating strategy into action. Boston: Harvard Business School Press.

Kemminer, J. (1999). Lebenszyklusorientiertes Kosten-und Erlösmanagement. Wiesbaden: Gabler.

Kinkel, S. (2003a). Produktbegleitende Dienstleistungen—Herausforderungen für das Controlling. In S. Kinkel, P. Jung Erceg & G. Lay (Hrsg.), Controlling produktbegleitender Dienstleistungen (pp. 1-12). Heidelberg: Physica.

Kinkel, S. (2003b). Die Balanced Scorecard als Instrument zum integrierten Nutzen-und Aufwandcontrolling produktbegleitender Dienstleistungen, In S. Kinkel, P. Jung Erceg & G. Lay (Hrsg.): Controlling produktbegleitender Dienstleistungen (pp. 111-130). Heidelberg: Physica.

Kralj, D. (1999). Lebenszyklus, Lebenszykluskosten und Lebenszykluskos tenrechnung. Controlling, 11(4/5), 227-228.

Lay, G. , Copani, G. , Jäger, A. & Biege, S. (2010). The relevance of service in European manufacturing industries. Journal of Service Management, 21(5), 715-726.

Lay. G. & Radermacher, E. (2005). Life-cycle-costing-tool als Instrument zur Kosten-/Nutzen-Betrachtung produktbegleitender Dienstleistungen. In G. Lay & M. Nippa (Eds.), Management produktbegleitender Dienstleistungen—Konzepte und Praxisbeispiele für Technik, Organisation und Personal in serviceorientierten Industriebetrieben (S. 85-97). Heidelberg: Physica-Verlag.

Lerch, C. & Gotsch, M. (2013). Dienstleistungsproduktivität in der Industrie—Neue Methode zur Unterstützung eines effizienten Kundendienstes. wt Werkstattstechnik, 7 (8), 560-565.

Lerch, C. , Weissfloch, U. & Kinkel, S. (2010). Surplus of service-based business models—The integration of multiple perspectives for assessing win-win potentials. International Journal of Services Operations and Informatics, 5(4), 400-417.

Lerch, C. (2010). Internationalisierung hybrider Produkte—Bewertungssystem für den Export innovativer Dienstleistungen von Industrieunternehmen. Saarbrücken: Verlag Dr. Müller.

Lund, R. T. (1978). Life-cycle costing: A business and societal instrument. Management Review, 67(4), 17-24.

Niemand, S. (1996). Target costing für industrielle. München: Dienstleistungen.

Pfeiffer, W. & Bischof, P. (1975). Überleben durch Produktplanung auf der Basis von Produktlebenszyklen. FB/IE, 24, 343-348.

Poensgen, B. (2012). Function-point-analyse. Ein Praxishandbuch. 2. Auflage. Heidelberg: dpunkt. verlag.

Potts, G. W. (1989). Im Servicezyklus steckt Profit. Harvard Manager, 2, 100-104.

Schuh, G., Speth, C. & Schwenk, U. (1999). Controlling industrieller Dienstleistungen— Mit der Service-Scorecard die eigenen Dienstleistungen bewerten und strategisch steuern. IO Management, 11, 32-39.

Simon, H. & Darnian, A. (1999). Preispolitik für industrielle Dienstleistungen. In H. Corsten & H. Schneider (Hrsg.), Wettbewerbsfaktor Dienstleistung (pp. 157-189). München: Verlag Franz Vahlen.

Tangen, S. (2004). Demystifying productivity and performance. International Journal of Productivity and Performance Management, 54(1), 34-46.

Taylor, W. B. (1981). The use of life cycle costing in acquiring physical assets. Long Range Planning, 14(6), 32-43.

Tether, B. & Bascavusoglu-Moreau, E. (2012). Servitization: The extent and motivations for service provisions amongst UK manufacturers. Proceedings DRUID, Denmark, 19-21 Juni 2012.

Weber, J. & Schäffer, U. (2000). Einführung der Balanced Scorecard—8 Erfolgsfaktoren (pp. 3-7). Januar: Controller Magazin.

White, G. E. & Ostwald, P. H. (1976). Life cycle costing. Management Accounting, 57(7), 39-42.

Woodward, D. G. (1997). Life cycle costing—Theory, information acquisition and application. International Journal of Project Management, 15(6), 335-344.

Wurl, H. J. & Mayer, J. (2000). Gestaltungskonzept für Erfolgsfaktoren-basierte balanced scorecards. Zeitschrift für Planung, 11, 1-22.

# 18　适应服务化的产品调整

## Sabine Biege

**摘要**：从以产品为中心的资本货物供应商到解决方案供应商的转型，已经得到多方面的研究。然而，制造服务化中的实体产品设计——或者更具体地说是使用导向和结果导向产品—服务系统中的产品设计——仍然少有研究。本章通过大规模定量数据，检验了 4 个有关制造商调整实体产品以适应服务概念的假设，试图弥补产品集成开发的工程指导方针与产品—服务系统中的服务组件之间存在的空白。

## 18.1　引言和研究问题

在过去的 10 年里，许多制造业已经从产品导向的商业模式转为服务导向的商业模式。不同于仅仅向客户销售像机械和设备这样的实体产品或提供与产品相关的服务，制造商越来越多地销售它们产品的功能。以这种方式，制造企业的商业模式发生了改变——至少是部分改变——从基于交易到基于关系。

这一转变意味着挑战和风险。对于设备制造商而言，应对风险的一个方式是调整它们的实体产品来适应这些新出现的需求（Weissenberger-Eibl，Biege，2010）。然而，无论是实体产品的设计原则还是服务产品，都要适用于产品—服务理念。直到现在，与产品的设计研究相比，关于服务的设计研究一直处于最低水平（Kim et al.，2010）。新产品的开发很少考虑服务的要求，现有产品通常不适合产品—服务系统（Müller，Blessing，2007）。

本章的议题是：以什么样的方式来调整产品—服务系统中的

实体资产,以适应服务化的要求?本章研究的第一个目的是,明确制造企业在已经交付客户的产品—服务系统中,对实体产品做了怎样的调整。我们以 518 家资本货物制造商的调研数据检验了 4 个假设。本研究的第二个目的则是通过分析数据来获得管理启示。

## 18.2　理论视角:为服务化调整实体产品的需要

Tukker 为产品—服务系统编制了一个获得广泛使用的分类方案(例如,Baines et al. , 2007;Weissenberger-Eibl, Biege, 2010)。按照逐渐减少的产品内容和逐渐增加的服务内容,产品—服务系统被分为三类:以产品为导向的产品—服务系统基于传统的交易,即物品的所有权被转移到客户,修理和保养等一系列服务加强了产品的价值;以使用为导向的产品—服务系统中,设备制造商保留了产品的所有权,通过如租赁、联营和共享等理念销售设备的使用权;以结果为导向的产品—服务系统中,服务组件占主导地位。供应企业很好地保留了使用设备的所有权,它们销售设备运行的成果给客户。因此,成果的提供者可以自由地决定它们如何生产(Tukker, 2004)。

正如在使用导向和结果导向的产品—服务系统中,使用设备的所有权没有转移给客户,而是由设备制造商保留。因此,一种新颖的做生意的方式就产生了。结果是,这两种商业理念被纳入基于服务的商业模式(Lay et al. , 2009)。

产品—服务系统给产品设计提出了新的挑战,因为在产品开发过程中需要考虑新的、复杂的维度(Brad, 2009)。然而,"与关于制造的设计研究相比,关于服务的设计研究一直被控制在最低水平"(Kim et al. , 2010)。尽管开发产品—服务系统首先需要技术创新,但人们仅仅从管理的角度探究过产品—服务系统开发(Morelli, 2003)。事实上,为确保产品—服务系统本身的功能,需要以集成的方式开发实体和服务组件(Kindström, Kowalkowskim 2009;Martin, Horne, 1992;Morelli, 2003)。考虑了服务需求的实体构件开发,有助于提高服务交付的效率。此外,可以减少服务活动的成本,这样就提升了整个产出的竞争力(Goffin, 2000)。

新制度经济学(new institutional economics,NIE)是现代经济研究的主要支柱之一。它否认经济活动者完美理性行为的假设。相反,一个更现实的观点是,信息不对称、有限理性和机会主义行为才是基本的假设。在 NIE 中,一个核心问题是,合作复杂性的影响以及机构和组织如何形成它们的成本。它假设有形和无形的商品总是伴随着所谓的产权。Furubotn 和 Pejovich(1972)、

Hockerts(2008)区分了5种类型的产权：

- 保留利润的权利和弥补损失的义务
- 保养和操作产品的权利和义务
- 处理产品的权利和义务
- 排他性权利
- 使用产品的权利

将这些权利转让给其他个人或机构被称作交易，决定和执行这些权利的成本被称作交易成本。事前交易成本是指"起草、谈判、维护协议"的成本（Williamson，1985），而事后成本则包括不适成本（cost of maladaption）、修正成本、建立和运行成本，还有保护协议的契约成本（Williamson，1985）。NIE研究的第三个对象是经济契约理论。该理论一个主要的原理是：在当事人和代理商之间，上述的信息不对称和机会主义行为决定了他们的行为。因此，委托代理理论的目的是解释活动者的活动，并为起草合同或协议寻求建议。

基于服务的商业模式产权分配的改变，特别是与商品销售相比，使制造商开始考虑修正其产品的设计（Hockerts，2008）。而在以产品为中心的交易中，资本货物供应商很重视销售时的优化，例如价格。这种情况完全不同于以关系为基础的业务关系，这种业务关系中制造商保留了部分产权，包括一些相关的义务。

对于保留收益的权利和弥补损失的义务，可以说，资本货物的销售特征已退居幕后，而在整个产品生命周期，其使用特征的关联性增加。特别是资本货物制造商部分或完全地保留商品的权利而获取收入时，最小化产品生命周期成本符合制造商的利益，盈利的商业模式则是其目标（Hockerts，2008）。因此，较长的产品生命周期可以推迟新机器及设备的再投资，甚至不再需要再投资。资本货物供应商试图在设计和制造阶段影响成本的类型。类似地，商品销售和处理的权利的变化，会对相应的义务产生影响。那么，在销售之后客户也可以将相应的权利和义务转移回制造商，后者可以将其作为收费服务的依据。资本货物制造商将会很感兴趣，这与支付形式无关，它能确保保养和维修所引起的成本尽可能地低，还能提高盈利能力。这同样适用于为了处置商品而支付这一义务，这应该成为必要因素。如果客户有处置的权利，那么制造商就没有动机去设计这样的产品——很容易被拆卸，材质、零件或整个组件或模块可以被重复使用或回收。无论是由于法律规定或交换费用，商品制造商可以重新承担这个职责。在这种情况下，最重要的是产品设计能够预见到产品处置的成本（Hockerts，2008）。基于上述观察我们得出以下假设：

假设1(H1)：服务导向的设计取决于资本货物供应商的所有权，因此，也取决于供应商提供的服务理念。

基于服务的商业模式下，资本货物供应商必须进行专用性投资，这导致了一定程度上对客户的依赖。此时的规则是：投资额越高，供应商和客户的互相依赖更明显，因为供应关系的终止必然伴随着金融投资的损失。

在基于服务的商业模式中，资本产品的产权部分或全部地属于制造商，服务提供的激励在于其产生的产量和利润。在使用导向的商业模式中，客户为使用资本产品而支付费用。这里也会涉及多个客户联营(pooling)的概念，无论是在同样的使用期，还是在临时的租赁模式中，大家都能使用同一资本产品。在结果导向的商业模式中，制造商在自己的设备上为客户生产产品。这是一种临时的安排。因此，例如在繁荣的情况下，峰值订单可以外包给资本货物制造商。在结果导向的商业模式中，资本货物制造商与客户的生产过程长期结合在一起，目的是最小化生命周期和交易成本。相应地，无论是使用导向的还是结果导向，为适应个别客户订单重新使用机器和设备都是必要的，它有助于这些商业模式在经济上的成功。一方面，降低变更资本货物的交易成本很重要，也就是说，使内外部的搜寻、信息、谈判、交换、担保和调整成本最小化。另一方面，产品应该设计成针对不同客户在不同使用阶段可以重复使用。为了降低与所提供的服务理念有关的风险，制造商会最小化其资本货物的专用性。

假设2(H2)：服务导向的设计取决于资本货物的专用性。

在基于服务的商业模式中，资本货物的所有权被稀释了，委托者与代理商的角色对调了。因此，在基于服务的商业模式中，资本货物制造商将一部分机器和设备的所有权转移给它的客户，且保留了剩余的所有权。这时，资本货物制造商变成了委托人，并指导客户使用该资本品进行生产。然而，由于信息不对称，制造商并不知道在资本品操作过程中客户企业的员工是如何具体使用的。这种与客户生产流程的紧密集成，导致额外和高度的相互依赖性。这些相互依赖性可以在没有专用性投资的项目中发生，通常就是基于服务的商业模式的客户公司。这助长了机会主义行为。资本货物供应商同样对设计资本品感兴趣，在这种方式中可以抵消信息不对称，因此，避免了交易参与者的机会主义行为。只有资本品制造商已经有这样的风险意识，这才会成为可能。这导致了以下假设：

假设3(H3)：基于服务的设计取决于先进服务理念提供者所具有的风险意识水平。

因为资本品供应商拥有领先于顾客的关于其特定产品的知识，制造商提供修理和保养合同是当然的，这可以避免该产品运行和保养过程中的低效现象

（Hockerts，2008）。Gebauer等发现，与那些主要提供服务的企业相比，制造企业开发服务要复杂得多。因为传统上它是传送价值的制成品，相应地，它们深深植根于企业文化。因此，那些希望像服务提供者一样成功地建立自己服务模式的资本产品生产者，应该创造并保持产品价值和服务价值的共生关系（Gebauer et al.，2005）。它们必须管理两个并行的经营理念：服务导向的理念和产品导向的生产理念（Kindström，Kowalkowski，2009）。更具体地说，这意味着产品—服务系统的供应商必须培养现有的产品发展和制造领域的能力，而且要发展服务开发和提供领域的新能力（Burr，2003）。

尽管产品和服务的创新有不同的要求，它们必须能够与产品—服务系统联系起来，并且它们之间应该创建平衡的关系（Gebauer et al.，2008a）。尽管产品和服务创新是否有区别的争论如此极端，以至于应该为这些实证分析开发不同的研究方法，关于产品和服务创新的文献综述则表明：在某些方面，这些开发过程非常不同（Kindström，Kowalkowski，2009）。尽管许多传统的产品和服务创新之间提到的差异已经消除（Bascavusoglu-Moreau，Tether，2010；Drejer，2004；Sirilli，Evangelista，1998），在一些点上重大的矛盾依然存在。然而在这个部门，产品开发、研发和员工是创新主要的驱动力，正是售后服务人员推动了服务部门创新。提供和开发创新性服务理念的制造企业是一个特例，作为他们创新活动的一部分，提供和开发创新性服务理念必须与产品和服务的特点协调地结合。因此，Baines等认为，以产品为中心的企业需要那些非常理解实体产品的员工，他们有能力去保持和进一步发展与客户的关系（Baines et al.，2009）。Gebauer等也持这个观点，他们注意到，这不足以将源于服务部门发展服务的框架条件转移到制造企业，因为，制造企业的服务创新不同于服务部门的服务创新。产品和服务集成开发的成功因素，包括创新活动中的客户服务人员、信息共享、合理配置多功能团队、信息技术、内部组织、针对细分客户的统计营销方法应用以及培训和教育等（Gebauer et al.，2008b）。

当企业扩大他们的商业模式，在工业产品之外提供服务时，他们必须确保有必要的技术设施和提供这些服务所必需的能力（Kindström，Kowalkowski，2009）。一方面，这些包括对他们有形核心产品的深入理解，另一方面，还包括培育和进一步发展客户关系的能力。

以下与供应商专业化相关的假设源于这些考虑：

**假设4（H4）：服务导向的设计取决于供应商的专业化。**

**H4a：发展创新性服务，服务导向的设计取决于供应商的专业化。**

**H4b：发展创新性产品，服务导向的设计取决于供应商的专业化。**

## 18.3 数据库和方法论

### 18.3.1 数据库和假设的测度

本章后续部分将基于德国制造业调查（German Manufacturing Survey）数据库进行定量分析。对所有德国制造企业而言，2009年的数据库是一个有代表性的数据库，它包括1484家德国企业，其中518家是资本产品制造商。2009年进行的这项调查，针对的行业代码是15—37（Nomenclature statistique des activités économiques dans la Communauté européenne，NACE），公司规模限定在20名员工及以上。

为了检验之前章节推断出的与服务导向设计原则相协调的产品设计相关假设，在上述定量数据集的帮助下，首先需要使派生的构念概念化和操作化。在假设中，基于对文献和NIE的分析，识别出不同的影响因素，它们被认为对企业倾向有影响，这种倾向是企业积极地调整其产品与其所提供的服务理念相适应。其中的几个因素直接在调查中就提出了，另外的因素必须使用一个或多个指标进行间接指代。文献提出一个确定指标和衡量构念的方法，可分为两步，首先基于现有文献发展对主题的理解，然后开发一组原始的指标。在该建议的基础上，下面就使用德国制造业2009年的数据，来描述公司是如何积极调整其产品设计，以适应其提供的服务理念的。

参与调研的公司被要求说明它们是否已经进行了产品调整，也即是否调整了它们的一个产品来适应他们的一个服务。这些企业用"是"或"不是"的回答来明确这个问题。为了更清楚地说明这个问题，我们给出了服务理念和产品调适的示例，如果作答的公司已经进行了其中一个建设性调整，就可以被选中。

通过分析公司已同意提供的服务，来进行供应商和顾客之间的产权分配。要求被调研公司从8个服务中选出他们提供的服务，这些服务从产品导向（如规划服务）到结果导向（如为客户运作设备）都有。无论是客户提供操作设备的公司，还是提供与金融和租赁服务相结合的保养和维修服务的公司，都被鉴定为采用了产权转移的商业模式。

通过三个指标来识别商业模式中资产的专用性以及商业模式对服务组件的适应。衡量专用性的第1个指标是复杂度，因为高度的复杂性意味着依据客户需求和情形做出改变的巨大潜能（von der Osten，1989）。然而，因为复杂性和专用性是没有关系的，参照Hill（2000）提出第2个和第3个指标，批量规模和产品开发流程,以描绘产品的定制化服务。我们使用类别变量来衡量复杂性、批量规模和产品开发流程。

通过一组 8 个潜在风险来调查企业的风险意识,如果受访者认为这些风险是自己公司风险管理的一部分,就做出标记。

本章使用 3 个变量表征创新性产品开发的专业化。能力是一种经验主义的不确定的现象,无法定量测量(Burr,2003),那么,我们通过确定研究与开发中员工的比例和制造与设计中员工的比例来确定其能力。此外,受访企业在过去 3 年是否开发产品的问题,指的是要么对企业来说是全新的问题,要么是其产品组合的重大进步,这被作为创新性产品开发的第 3 个专业化指标。

因此,新产品开发的专业化是通过从上面描述的列表中选出的服务的数量、客户服务员工的比例,以及服务直接营业额来概念化的(Lay et al.,2010)。此外,与新产品开发一致,要求受访公司指明它们在过去三年里是否开发了新服务,无论是全新的服务,还是在它们的产品组合中表现出显著进步的服务。

表 18.1 给出了研究指标的概述,这是与上面解释的概念相关的德国 2009 年制造业调查的一部分。

表 18.1　构念操作化和分析数据集的描述

| 变量性质 | 构念影响因子 | 变量属性 | 均值（%） | 标准差 |
|---|---|---|---|---|
| 因变量 | 根据服务理念调整产品 | 0/1 | 27.8 | n/a |
| 产权分配（商业模式） | 基于服务的商业模式（AVDL） | 0/1 | 30.4 | n/a |
|  | 非基于服务的商业模式 | 0/1 | 69.6 | n/a |
| 专用性 | 资本品的复杂性:复杂度（KOMPLEX） | 0/1 | 52.4 | n/a |
|  | 资本品的复杂性:简单和一般复杂的产品 | 0/1 | 47.6 | n/a |
|  | 产品开发:按订单定制（PEMTO） | 0/1 | 80.7 | n/a |
|  | 产品开发:预先制造、在客户定制后最终组装（PEVEMTO） | 0/1 | 15.5 | n/a |
|  | 产品开发:现有 | 0/1 | 3.9 | n/a |
|  | 单个批量生产（EINZELS） | 0/1 | 44.0 | n/a |
|  | 中小规模批量生产（MITTELS） | 0/1 | 48.6 | n/a |
|  | 大规模生产 | 0/1 | 7.5 | n/a |
|  | 风险意识:考虑到风险的数量（ANZRIS） | m | 2.79 | 2.00 |

续表

| 变量性质 | 构念影响因子 | 变量属性 | 均值（%） | 标准差 |
|---|---|---|---|---|
| 创新性服务开发的专业化 | 客户服务的员工比例（%） | m | 6.70 | 6.87 |
| | 服务直接营业额的比重（n＝345[b]）[c]（%）（UADL） | m | 7.93 | 7.55 |
| | 服务直接产生营业额比例（PERSDL） | 0/1 | 83.3 | n/a |
| | 非服务直接产生营业额比例（AUADL） | 0/1 | 16.7 | n/a |
| | 已提供服务的数量（ANZDL） | m | 4.90 | 1.92 |
| | 提供创新性服务理念的企业比重（DLINNO） | 0/1 | 23.7 | n/a |
| | 没有提供创新性服务理念的企业比重 | 0/1 | 76.3 | n/a |
| 创新性产品开发的专业化 | 研发方面的员工比例（%）（PERSFUE） | m | 7.02 | 9.96 |
| | 结构与设计方面的员工比例（%）（PERSKONST） | m | 10.20 | 9.61 |
| | 提供创新性产品的企业比重（PINNO） | 0/1 | 69.1 | n/a |
| | 未提供创新性产品的企业比重 | 0/1 | 30.9 | n/a |
| 背景 | 2008 年公司员工数 | m | 339 | 2259 |
| | 2008[c] 年公司员工数的对数（ANZBESCHLog） | m | 4.55 | 1.18 |
| | 金属产品制造业（NACE 28）（BRANCHEMETALL） | 0/1 | 12.6 | n/a |
| | 机械工程制造业（NACE 29）[a] | 0/1 | 54.6 | n/a |
| | 电器设备制造业（NACE 30，31，32）（BRANCHEELEKTRO） | 0/1 | 4.1 | n/a |
| | 医疗、精密和光学设备制造业（NACE 33）（BRANCHEMSR） | 0/1 | 18.8 | n/a |
| | 运输设备制造业（NACE 34，35）（BRANCHEFZBAU） | 0/1 | 9.9 | n/a |

来源：基于 2009 年德国制造业调查计算得到，$n＝414$。

说明：[a] 表示在逻辑回归模型中作为参照；

[b] 没有提供信息的企业由逻辑回归模型的二元变量所代表；

[c] 度量值：经过 z 变换。

### 18.3.2 逻辑回归模型

因为在调查数据库中变量"根据服务理念调整产品"是一个二分类变量,所以使用了一个二元逻辑回归来描述假设变量和因变量之间的因果关系。逻辑回归是一种很适合描述和检测关于二分类因变量和几个二分的或常量影响因子之间关系的方法。由于其广泛的应用领域和稳健性,这种统计方法优于判别分析,它也可以用来检验类别因变量。

(1)分析数据集的描述

任何数据分析中,第一步都是构建模型。在逻辑回归情形下,潜在的影响因素即外生变量,可确定依赖变量的发生概率。模型的构想是基于两部分完成的:上述章节从概念和理论参考框架上得到的假设和上述的 5 个操作化的构念。

产品调整这个因变量有两种取值——是和否。这代表逻辑回归模型中的二分类内生变量,它的发生概率使用模型来预测。逻辑回归模型估计了事件"产品调整实施"的发生概率 $p(y=1)$。

表 18.1 概述了构念的操作化、被选变量的属性、均值或份额百分比,以及在适用的情况下,分析数据集的标准差。为估计回归方程,度量变量都进行了 z 变换,以消除度量不同的影响。

来自 518 个资本品生产者的原始调查数据集中,有 104 个样本至少有一个变量有缺失值。最高的无回复项是服务直接营业额的份额 UADL。本章引入了二元辅助变量 KAUADL 来避免无回复偏差的可能性,使那些由于缺失数据而被排除的样本保持在最小数量。对于没有提供服务直接营业额份额数据的样本,我们将营业额设置为 0,在估计回归系数时并不采用。辅助变量 KAUADL 用于获得可能的组间效应。这种方法使 UADL 可以用于逻辑回归模型中,同时尽可能多地保留样本的数目。

使用逻辑斯蒂回归的一个主要条件是回归量的独立性:它们不能具有多重共线性。多重共线性是否存在的第一个估计是检查 X 变量的相关矩阵。数据显示,在自变量 ANZDL(已提供服务的数量)和 AVDL(公司中现存基于服务的商业模式)之间,存在相当高的正向双变量相关性。另外,同样要检查估算系数的相关矩阵。该项检查也显示,这两个预测因子之间高度的相关性(大于 0.5),这就是回归模型中不包含变量 ANZDL 的原因。排除上述变量后,在预测因子之间没有多重共线的迹象了。排除了已提供服务的数量之后,样本的数量没有增加。

### （2）模型评估

表 18.2 列出了逻辑回归系数、标准误、Wald 检验的结果和比值比。比值比是影响因素解释显著性中发生与未发生的比率。

通过评价个体效应的重要性或者模型的捆绑效应来检验构念。计算分步逻辑回归，第一步，构造简化的逻辑回归模型，计算它的似然性。第二步，引入全模型中的其他因素，计算全模型的似然性，并比较其差异。由于缺乏单一变量或变量束，用这种方式，拟合优度的任何变化都可以被确定。表 18.3 包括考虑构念的包$^2$差异值，他们的自由度和结果的显著性。

表 18.2　有形产品对提供服务的适应性

| | 构念影响因子 | 回归系数 | 标准误差 | Wald $\chi^2$ | 比值比差异 | 比值比 |
|---|---|---|---|---|---|---|
| 截距 | | −4.15 | 1.180 | 12.353 | 0.02* | |
| 商业模式 | AVDL | 0.96 | 0.283 | 11.500 | 是与否 | 2.61* |
| | KOMPLEX[a] | 1.09 | 0.305 | 12.856 | 是与否 | 2.98* |
| 投资专用性 | PEMTO[b] | 1.72 | 0.907 | 3.597 | 是与否 | 5.58+ |
| | PEVEMTO[b] | 0.91 | 0.946 | 0.918 | 是与否 | 2.48 |
| | EINZELS[c] | −0.25 | 0.705 | 0.128 | 是与否 | 0.78 |
| | MITTELS[c] | −0.05 | 0.676 | 0.006 | 是与否 | 0.95 |
| 风险意识 | ANZRIS | −0.04 | 0.147 | 0.078 | 2.0 风险[e] | 0.96 |
| 创新性服务开发的专业化 | PERSDL | 0.09 | 0.143 | 0.350 | 6.9 %[e] | 1.09 |
| | DLINNO | 1.03 | 0.313 | 10.752 | 是与否 | 2.79** |
| | UADL | 0.17 | 0.155 | 1.165 | 7.5 %[e] | 1.18 |
| | KAUADL | 0.26 | 0.434 | 0.339 | 是与否 | 1.29 |
| 创新性产品开发的专业化 | PERSFUE | 0.01 | 0.150 | 0.001 | 10.0 %[e] | 1.01 |
| | PERSKONSTR | 0.32 | 0.140 | 5.247 | 9.6 %[e] | 1.38*** |
| | PINNO | 0.73 | 0.350 | 4.403 | 是与否 | 2.08*** |
| 情景变量 | ANZBESCHLog | 0.43 | 0.151 | 8.082 | 1.2[e] | 1.54** |
| | BRANCHEMETALL[d] | −0.64 | 0.551 | 1.337 | 是与否 | 0.53 |
| | BRANCHEELEKTRO[d] | −1.08 | 0.746 | 2.103 | 是与否 | 是与否 |
| | BRANCHEMSR[d] | 0.07 | 0.375 | 0.030 | 是与否 | 1.07 |
| | BRANCHEFZBAU[d] | −1.63 | 0.741 | 4.816 | 是与否 | 是与否 |

资料来源：根据德国制造业调查 2009 计算，$n=414$。

说明：[a] 参考：简单/中等的复杂产品；

[b] 参考：适合标准组合的产品开发；

280

ᶜ 参考:大规模生产;

ᵈ 参考:制造业;

ᵉ 等同于一个 z-变换的标准差;

+,ˇ,ˇˇ,ˇˇˇ 识别在 10,0.1,1 和 5 水平上的显著性;

−2 * LogLikelihood=355.259;Cox and Snells $R^2$=0.276;Nagelkerkes $R^2$=0.399.

表 18.3 构念检验

| 因素(单因素或全部变量) | $\chi^2$(变量分步进入/变量全部进入) | 自由度 | 显著性 |
| --- | --- | --- | --- |
| 基于服务的商业模式(AVDL) | 11.51 | 1 | 0.001 |
| 专用性(KOMPLEX;PEMTO;PEVEMTO;EINZELS;MITTELS) | 22.973 | 5 | 0.000 |
| 所考虑风险的数目(ANZRIS) | 0.078 | 1 | 0.779 |
| 服务导向(PERSDL;DLINNO;UADL;KAUADL) | 14.195 | 4 | 0.006 |
| 产品导向(PERSFUE;PERSKONSTR;PINNO) | 10.372 | 3 | 0.016 |
| 背景(ANZBESCHLog;BRANCHEMETALL;BRANCHEELEKTRO;BRANCHEMSR;BRANCHEFZBAU) | 15.507 | 4 | 0.008 |

来源:根据德国制造业研究 2009 计算,$n$=414。

说明:综合模型的 $\chi^2$:133.958(自由度 19,$p<0.001$)。

## 18.4 实证发现和管理启示

### 18.4.1 资本品行业产品调整的传播

本章实证分析的目的之一是,描述资本货物制造商产品基于服务理念的建设性采用传播。在被调查的公司中,这一现象是优先考虑的;其结果是一样的。在受访的资本货物供应商中,27.7%表示他们已经建设性地开始产品与其服务理念的结合。

在资本品行业中,企业进行服务兼容设计的传播并不全面。实施了产品调整的公司的比重是 30%,远低于为其客户提供更少一些服务理念比例的比重(97%以上)。只有 1/3 的提供服务的企业认识到,根据提供服务的需求来设计实体产品的必要性。

剩下 2/3 的公司则认为,要么是它们产品和服务的组合不需要调整,要么是它们的产品是适应服务理念的。然而事实并非如此,因为服务化需要结构性变化,或者内外部的壁垒会阻碍这种适应。真正具有适应服务导向思维定式的企业,必须认识到它们产品和服务之间的密切联系。未来,实施产品调整的企业比例的增加,将是必然趋势。服务研究可以通过识别障碍、建议明确的策略来为这些公司提供支持,这些策略通过产品设计的变化实现实体产品到服务的耦合。

### 18.4.2　产品调整和所有权

假设 1 指出,服务导向的设计取决于资本货物生产商所保留的所有权大小,从而取决于提供的服务理念。构念分析表明,作为企业调整产品以适应服务理念的概率的解释变量,基于服务的商业模式的实现是非常重要的。在全模型和子模型之间计算出以 $\chi^2 = 11.51$ 的差异(自由度为 1),并且在 0.01 的显著性水平上 AVDL 减少了差异。正向的回归系数显示了假设关系。因此,不应拒绝该假设。当回归模型中包含其他影响因素时,服务导向设计的应用同样正向取决于基于服务的商业模式。当公司的服务组合缺乏先进的服务理念,然而实现至少一种基于服务的商业模式,它调整产品以适应服务的概率,就是那些缺乏任何基于服务商业模式的公司的 2.6 倍。

从传统的以产品为中心的商业模式到基于服务的商业模式的转型,需要重新分配实体产品的产权。在定量调查中,可以观察到激励结构的变化。以上分析中好的结果是,实施了基于服务的商业模式的公司,可以被看作调整产品以适应服务提供的先驱,这种商业模式产生了产权分配的变化。这类企业进行设计改变来支持其服务提供的概率,是那些专门提供没有任何产权变化的传统服务的企业的 3 倍。然而,正如 18.4.1 节所述,即使在实施基于服务的商业模式的企业,也只有 1/3 的公司表明它们已经调整了产品以适应服务需求。

从已调整的公司中学习,那些从传统的以产品为中心的商业模式过渡到基于服务的商业模式的公司,应该理解并从其已经变化的业务状况中总结经验。准确地说,供应商应该明确它们实施新的商业理念所追求的目标,并且带着创造对新目标的共识和给各方的共同责任,在所涉及的部门中传达这些目标。这样做可以减少内部障碍,并将员工的创造力(如设计部门的创造力)引导到服务需求的方面。

### 18.4.3　产品调整和专用性

假设 2 认为,服务导向的设计取决于资本品的专用性。产品的专用性越强,企业越有可能通过建设性调整的方式减少产品的专用性。

分析表明,假设 2 同样也是成立的。在逻辑回归模型中,考虑其他因素时并不需要拒绝该假设。涵盖了专用性的五个因素,减少了全模型和子模型的似然性之间的差异,在自由度为 5 时显著,$\chi^2 = 22.973$(显著性水平小于 0.01)。

当在全模型中看个体因素及其影响时,很明显,产品的复杂性对解释公司调整他们的产品以适应其提供的服务的概率非常重要。如果从一个简单或一般复杂的产品转换到复杂产品,产品调整的概率会增加 2.98 倍。这个估计量的错误概率小于 0.01%。正向回归系数的假设关系成立。

没有其他专用性因素被证明是影响的重要因素。如果可以接受更大的错误概率,有一个解释因素是"按订单定制产品开发"。当从库存预制品转移到按单开发及制造产品时,进行产品调整的概率增加了 5.6 倍。然而,必须谨慎地接受这一估计,因为其错误的概率是 5.6%。

资本品的专用性是影响公司产品调整决策的一个因素。在假设模型中,根据可重用性和机器和设备尽可能广泛的应用性,公司将努力减少它们的专用性。然而,必须同时解决客户需求差异化的问题。一方面,这种考虑适用于产品和服务组合的个性化方面。另一方面,必须根据每个客户给出其商业模式的若干基本要素描述。特性如几何、材料、基于服务的商业模式下组件和最终产品的质量或产量,只是一个影响方面。这取决于公司在他们商业模式目标的背景下如何考虑各种因素,以找到重复使用和定制配置的合适平衡。

### 18.4.4　产品调整和风险意识

第 3 个假设声明,服务导向的设计取决于先进服务理念供应商的风险意识。然而数据表明,考虑到的风险数量并没有对调整产品适应适应服务理念的概率产生显著的影响,因此拒绝该假设。

在该假设中,销售公司的风险意识与他们对服务理念下产品做出结构性改变的概率有联系。在基于服务的商业模式中,他们职责发生改变,产品产权也重新得到分配,供应商和客户会产生大量传统商业模式中没有的风险。因此,模型假设服务理念供应商对风险的敏感性不断增加,为使风险最小化而调整已有商品。上文讨论的资本品专用性的减少,使其在产品的第一个生命周期结束后,得到更广泛的部署和重复的使用,这是基于服务的商业模式中试图降低固有风险的一个例子。

拒绝该假设的一个可能的解释是那些用来测量风险意识的方法。在风险管理活动中,会用考虑到风险的数量来实现构念的可操作化。然而,实施基于服务的商业模式的企业,可能不使用结构化风险管理方法来考虑这些与服务理念伴随的风险;相反,它们可能会选择一个管理这些风险更"事必躬亲"的方法,调整他们的产品去适应服务需要,同时避免"降低风险"的标签。拒绝该假设的另一个可能的解释是,对基于服务的商业模式可能存在一个务实的方法。当一家公司对来自客户的临时通知做出反应,仅考虑对此调查的固有风险是不够的。然而,当采用一个新的做生意的方法时,一定不能低估考虑所有的机会和风险的重要性,特别是涉及商业理念的事件时。众所周知,这些事件中供应商和客户的产权分配发生了改变。

### 18.4.5　产品调整和创新服务和商品的发展专业化

假设 4 是指,服务理念供应商的专业化和企业调整实体产品满足服务需求的可能性之间的关系。

就企业调整产品来适应其服务理念的可能性而言,批量服务导向是一个重要的解释因素。批量服务导向减少了全模型与子模型似然性之间的差异,$\chi^2 = 14.195$,自由度为 4 时显著,错误概率小于 0.01%。一个全模型的检验表明,服务创新的个体因素是产品调整可能性的一个重要解释因素。在过去的三年,向市场引入创新服务理念并调整其产品来适应该理念的企业数,是那些没有引入服务创新理念企业数的 2.8 倍。

基于调整产品适应服务的似然性构念分析,面向产品创新同样被证明是一个重要的解释因素。产品定位障碍的 3 个因素减少了全模型与子模型的似然性之间的差异,$\chi^2 = 10.372$(自由度为 3)。观察这个全模型,两个因素显示出对公司调整产品适应服务理念概率的显著影响。制造中参与人员的比例和设计及产品创新中参与人员的比例都是重要的因素:估计错误概率都小于 5%。如果在制造和设计中参与人员的比例增加了 9.8%,产品调整的概率就会增加1.4 倍。如果一家公司被认为是具有产品创新性的,也就是它在过去的三年里将产品创新引入市场,那它与那些没有进行产品创新的企业相比,产品调整的概率会增加 2.1 倍。

事实上,受访企业的产品创新和服务创新都对产品调整有显著的解释力,这与 Gebauer 等的发现是一致的。这些研究人员得出结论,对一家工业企业而言,没有必要用服务文化替代现有核心产品文化以成功提供与产品相关的服务,这样甚至可能会适得其反。作为一个真正的内部挑战,他们识别出一家公司中并行服务导向的引入,它与典型的生产技术价值观有共生关系。特别是,源于产品导向的效率观念和源于服务导向的灵活追求,必须加以协调(Gebauer et al.，2005)。产品和服务创新都是产品调整的影响因素。至少公司的两个部门——客户服务部门和制造部门——通过调整产品以适应服务理念而联系在一起。对于开发新产品和改善现有产品来说,收集数据同时提供客户服务是一个投入因素。此外,产品设计必须以服务友好即很容易进行服务提供的方式来进行设计。因此,对于提供服务的企业,更具体地说,对基于服务的商业模式的企业,在公司的部门和它们所代表的价值间创建一个强联系,显得非常重要。

## 18.5 总结

为填补服务化研究中的空白,本章报告了基于 2009 年德国制造业调查数据的分析结果。结果表明,大多数制造商提供伴随实体产品的服务,但这其中只有不到 1/3 的厂商为适应服务而调整其产品。尽管这种调整能够为服务化制造商提供优势,但很显然,很多厂商对"让产品去适应服务"仍处于观望的状态。

本章研究了那些促使服务化制造商愿意调整其产品适应服务化商业理念的因素,结果清楚地表明,客户和供应商之间实体产品的产权分配具有较强的解释力。如果在购买和使用中,实体产品的产权保留在制造商一方而不是转移到顾客一方,制造商调整产品适应服务的概率将会增加。

设备的专用性也是一个重要影响因素。然而,在风险管理中所考虑风险的数量不会影响产品调整的概率。在只有部分产权转移给客户的情形下,风险意识似乎驱使企业调整它们的产品来适应商业模式中的服务需求。在未来的研究中,这种差异应得到更多关注。

最后,公司在发展创新性产品和创新性服务方面的专业化,影响了企业调整其产品适应其提供的服务的概率。

显然,这些发现说明,如果那些符合客户需求的创新产品制造商介入使用阶段,而不是将所有权转移给客户,他们将会是调整产品适应服务化业务理念的专家。在服务化制造商没有这种框架条件时,为避免失败,应努力加强服务化和产品设计的内在联系。

**本章参考文献**

Baines, T. S., Lightfoot, H. W., Evans, S. et al. (2007). State-of-the-art in product-service systems. Proceedings of the Institution of Mechanical Engineers, Part B. Journal of Engineering Manufacture, 221(10), 1543-1552.

Baines, T. S., Lightfoot, H. W., Peppard, J. et al. (2009). Towards an operations strategy for product-centric servitization. International Journal of Operations and Production Management, 29(5), 494-519.

Bascavusoglu-Moreau, E. & Tether, B. S. (2010). From transactions to relations: Service innovation and performance in UK manufacturing, DRUID Summer Conference 2010 on "Opening up Innovation: Strategy, Innovation and Technologie" at Imperial College London Business School, June 13-18, 2010.

Biege, S. (2011). Servicegerechtes Design, Rückwirkungen der Ausgestaltung dienstleistungsbasierter Geschäftsmodelle auf die Auslegung von Investitionsgütern. Stuttgart: Fraunhofer.

Brad, S. (2009). Perspectives on high-tech product design for better supporting product-service systems. In M. D. Rossetti, & R. R. Hill, et al. (Eds.), Proceedings of the 2009 winter simulation conference (pp. 3036-3046).

Burr, W. (2003). Markt-und Unternehmensstrukturen bei technischen Dienstleistungen. Wiesbaden: Deutscher Universitaets Verlag.

Drejer, I. (2004). Identifying innovation in surveys of services: A Schumpeterian perspective. Research Policy, 33(3), 551-562.

Furubotn, E. G. & Pejovic, S. (1972). Property rights and economic theory: A survey of recent literature. Journal of Economic Literature, 10(4), 1137-1162.

Gebauer, H., Fleisch, E. & Friedli, T. (2005). Overcoming the service paradox in manufacturing companies. European Management Journal, 23(1), 14-26.

Gebauer, H., Krempl, R. & Fleisch, E. (2008a). Service development in traditional product manufacturing companies. European Journal of Innovation Management, 11(2), 219-240.

Gebauer, H., Krempl, R., Fleisch, E. et al. (2008b). Innovation of product-related services. Managing Service Quality, 18(4), 387-404.

Goffin, K. (2000). Design for supportability: Essential component of new product development. Research Technology Management, 43(2), 40-47.

Hill, T. (2000). Manufacturing strategy. Text and cases (2nd ed.). Houndsmill: Palgrave.

Hockerts, K. (2008). Property rights as a predictor for the eco-efficiency of product-service systems, CSR & Business in Society, Copenhagen Business School, CBS Working Paper Series, Working Paper No. 02/2008.

Kim, S. K., Ishii, K., Beiter, K. A. et al. (2010). Design for service innovation: A methodology for designing service as a business for manufacturing companies. International Journal of Services, Technology and Management, 13(1/2), 40-62.

Kindström, D. & Kowalkowski, C. (2009). Development of industrial service offerings: A process framework. Journal of Service Management, 20(2), 156-172.

Lay, G., Copani, G., Biege, S. et al. (2010). The relevance of service in European manufacturing industries. Journal of Service Managemen, 21(5), 715-726.

Lay, G., Schröter, M. & Biege, S. (2009). Service-based business concepts: A typology for business-to-business markets. European Management Journal, 27(6), 442-455.

Martin, C. R, Jr. & Horne, D. A. (1992). Restructuring towards a service orientation: The strategic challenges. International Journal of Service Industry Management, 3(1), 25-38.

Morelli, N. (2003). Product-service systems, a perspective shift for designers: A case study: The design of a telecentre. Design Studies, 24(1), 73-99.

Müller, P. & Blessing, L. (2007). Development of product-service systems. Comparison of product and service development process models. Proceedings of the International Conference on Engineering Design, ICED'07, August 28-31 2007 (pp. 1-12), Cité des Sciences et de L'Industrie.

Sirilli, G. & Evangelista, R. (1998). Technological innovation in services and manufacturing: Results from Italian surveys. Research Policy, 27(9), 881-899.

Tukker, A. (2004). Eight types of product-service system: Eight ways to sustainability? Experiences from Suspronet. Business Strategy and the Environment, 13(4), 246-260.

von der Osten, H. (1989). Technologie-Transaktionen. Die Akquisition von technologischer Kompetenz durch Unternehmen. Göttingen: Vandenhoeck & Ruprecht.

Weissenberger-Eibl, M. & Biege, S. (2010). Design for industrial product-service combinations—A literature review. Journal of Applied Management and Entrepreneurship, 15(3), 34-49.

Williamson, O. E. (1985). The economic institutions of capitalism. Firms, markets, relational contracting. New York: The Free Press.

# 19 机械制造行业核心能力和人员资质的服务化影响

**Matthias Gotsch，Petra Jung Erceg，Nadezda Weidner，Christiane Hipp**

**摘要**：工业企业服务化无疑会对核心能力和人力资源管理产生影响。本章将展示服务化如何影响机械制造企业的人员资质，以及服务化业务的哪一方面诱发了相关员工团体的新模式。本章使用德国制造业调查数据，开发了服务化机械制造企业的全面关键能力清单，并展示了操作实践中人力资源的服务化影响。最后，详细地阐述了机械制造企业销售和售后员工的两种具体的人员资质。

## 19.1 引言

对工业企业而言，获得新的潜在客户、确保老客户忠诚与服务化息息相关。如果在服务过程中与客户互动获得了高的客户满意度，就能提高客户忠诚度。在服务中直接与客户接触的员工，自然而然地成为公司的代表。客户将企业员工提供的服务质量等同于整个公司的质量。在此背景下，提供服务员工的质量对企业所要的客户满意起着越来越关键的作用，并因此影响整个制造服务化战略的成功。通过有效授权使企业员工能够成功应对服务化的挑战，已经成为服务导向行业绩效获得的必要条件（Homburg et al.，2003）。

文献通过服务化效果传达了与服务人员有关的正面的和负面的启示。服务部门渐增的岗位要求对个体员工极具挑战性。例如，员工必须管理多样化任务，如客户需求的预期、24小时承诺或增加通信强度。当客户已经处于紧急情况时，会呼叫服务；因此，服务处于高压时间之下。另一方面，个体的活动范围扩展了他们的职责领域。由于服务人员与市场有直接的联系，他就成了一名合适的市场信息者，并早早地偏向自己的企业。因此，服务人员在公司中极为重要，员工可以非常积极充分地感觉到这种重要性（Rainfurth，2003）。

在工业企业，恰当的人力资源管理特别是充分的能力管理，对服务化的成功非常关键。因此，我们针对人力资源管理提出了一些启示——如何从管理制造商向服务提供者转型。这样做时，服务化的社会各方面都需要考虑，服务人员的资格也应该适合新的需求。为了满足服务化需求，销售和售后人员必须获得授权。本章的结构安排是：引言之后，19.2 节的重点在于服务化的机械制造企业特殊资质人员的来源。在 19.3 节，我们展示了最近的德国制造业调查的实证结果，阐明了制造服务化企业的人力资源状况。在 19.4 节，详尽阐述机械制造企业销售和售后人员具体的资质。最后，总结研究的贡献并提出了管理启示。

## 19. 2  服务化机械制造行业特殊资质人员的来源

从传统的工业企业到产品—服务系统供应商的成功转型，除了原有的能力，还需要员工额外补充资质和能力。通过资质要求，我们可以推断在一定情景特定任务中对人员的绩效要求。为了充分完成这个任务，员工必须满足这些要求（Becker，1994）。这意味着在工业企业，人力资源管理的观念和做法都必须适应这些任务的变化。工业企业服务能力的保障需要一个新的系统，这一系统就是能力要求的新的资格测量标准（Rainfurth，2003；Kinkel et al.，2003）。

Oliva 和 Kallenberg（2003）的其他发现是，除了特殊的企业文化、合适的组织结构和恰当的流程（特别是在不同于产品业务环境中），运转一个制造服务化企业还需要全体人员的职位要求。在产品—服务系统领域，那些成功地实现自身定位的企业战略目标，影响着个体员工的人员资质。特别地，那些涉及核心流程的战略目标面临着新的挑战和要求，这些要求源于服务化问题的具体特点。

根据 Penttinen 和 Palmer（2007）的研究，产品—服务系统的特征是产品和关系的高度复杂性。DIN（2009）记录的几个维度可以描述这两种复杂性。对于产品复杂性，个体子构件的数量和异质性可以作为一个维度。关系的复杂性，一方面表现为外部的复杂性，这是因为日益增长的客户导向及它与价值创造过程的集成;另一方面,由于产品组件的集成及其个性化,内部复杂性也随之增加。另外,不同核心流程的时间范围(如销售流程、服务交付流程、运营模式)同样增加了产品和关系的复杂性(DIN,2009)。

　　企业应该根据这些新的挑战来授权和激励员工行动。所有改善员工资格的措施都应该使员工能够应对服务化挑战。虽然在特定职务范围内,日益增加的人员专业化可以应对日益增长的产品复杂性,但应对关系的复杂性还需要方法和社会能力(Egeling,Nippa,2009)。对于人际交往来说,社会能力必不可少;对于涉及这一流程的员工而言,社会能力至关重要。对于所有领域,一些基本的方法技能——像多学科活动和独立方法——是很重要的。具体而言,这是计划流程管理方法,一个成功的销售和交付流程需要考虑这些方法(Wienhold,2009)。

　　而且,新的基于服务的商业模式需要新的员工资质。因此,我们并不局限于只观察与产品相关的服务,也包括工业企业中基于服务的商业模式,在我们的考察中,可以有额外的学习。我们仔细地观察机械制造企业三种典型的商业模式(可用性保证、灵活保证和运作服务),并就员工的资格讨论它们的结果。

　　作为服务导向的一个例子,可用性保证的概念向客户承诺预定义的机器的可用性水平。提供者监控商品的操作环境,并通过全面保养活动来延伸它(Kim et al.,2007;Kindstrom,2010;Tukker,2004)。为了已安装的机器性能的有效性,人员职责需要一些保障机制。这可通过运用技术手段和在客户身边配置监督人员来实现。前台人员必须嵌入内部单位网络中,并对监视结果做出反应,比如发送信息和运送备件来防止机器运转失败。

　　灵活性导向商业模式的价值主张是保护客户以应对动态变化的环境。在这种模式中,灵活性要求机床创建者能够保证客户在任何时间都能获得恰当的生产能力以满足市场需求,这种能力可以依据特性和产量而改变。就资源而言,最重要的是规划和预测生产系统动态演化的技术知识,并且用可获得的资源修正、升级和检查生产系统。在这种商业模式中,内部价值链必须永久保持交付灵活性。这需要持续的研究,并非针对具体客户需求的主动感知,以及能够实现诸如预测、计划、价格重新配置和保养服务的人力资源队伍,以便管理客户市场的不确定性。对灵活计划的支持和评估是这种价值主张在经济上可行的保证,评估主要涉及在当前的机械软件工具下何种程度是可行的,以及如何迅速处理所有信息(初始参数、应有参数)。

　　运作服务更加复杂,它是过程导向的服务,供应商直接从事生产实践(例如通过管理运作),并以结果决定价格。在文献中,"为生产付账"(pay on production)观念是结果导向服务的典型例子(Kim et al.,2007)。它可将前沿的生产技术引入市场,并由机床制造者和客户共同承担风险。自己生产的部件以合格的质量及时交付是至关重要的。与纯机床生产商相比,当需要在短时间内提供几个订单,或者服务业务机器正在进行研发部门的内部测试时,计划工具和生产能力计划尤为需要。另外,服务业务的员工需要熟练操作自己的机器。例如,雇用临时工人不是一个建立可持续商业模式的恰当方法。对于经常需要较长时间培训的任务来说,它需要技能型人才。此外,如果机床建造者设施能够提供这项服务,它必须有足够的产能。通常,成功的关键因数是能够明智地使用这种模式中互补性资产的能力,比如,当生产和服务人员同样经验丰富时,他们能在生产和服务业务中转换岗位。

最后,在服务化制造企业中,员工所有必要的资格和能力都展示在图 19.1 中。根据提供的产业服务的不同工作环境,可以开发出所有与服务相关的关键能力清单。它包含了为提供服务化服务所需要的学科和跨学科的要求(Hartel,2002;Noch,1995)。然而在大公司内部,大量与服务相关的任务将这些能力需求分布在几个部分;将大范围的能力集中在一个人身上是小型工业公司的要求。因此,当为服务相关工作场所创建具体能力要求时,我们将关键

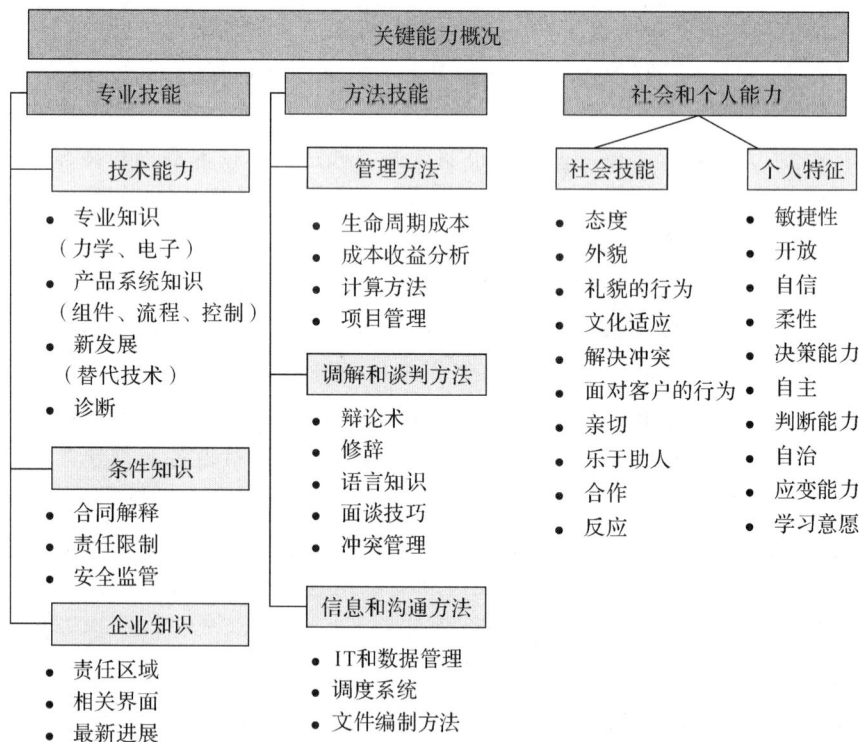

图 19.1　服务相关的关键能力概况

能力分为三种特征:专业技能、方法技能和社会及个人能力。为工业企业提供的服务确定了具体的资格和能力,使用这个全面的清单,就可以挑选与服务相关的不同工作活动所需要的各个方面。为给整个服务领域的长期发展建立一个坚实的基础,仅仅发展衍生自服务直接相关任务的能力领域是不够的,也要考虑更多与产品相关的职责(Woehe,Lang,2003)。

## 19.3 服务化企业的人力资源:最新的实证研究

为了显示当前服务化在运作实践中对人员资质的影响,我们使用了德国制造业调查数据,它每 3 年进行一次,是欧洲制造业调查的一部分。我们使用的是 2009 年的调查数据,包含德国制造部门的 1494 家企业。

本章集中分析两类企业:服务化和非服务化的企业。服务化程度用与产品相关服务的销售额占总销售额的比重来衡量。因此,接下来我们将服务化企业理解为服务销售销售额比重在 15% 及以上的企业(较高三分位组),而非服务化企业是指服务销售额比重不足 5% 的企业(较低三分位组),因此分析中实际包括了没有任何服务销售额的企业,而服务销售额比重在 5%~15% 的企业反而被排除在外。这样,我们在样本中识别出 371 家服务化企业和 370 家非服务化企业。所有的分析都是基于德国制造业调查中选取出的 741 家公司。接下来将展示和讨论这两类公司对比的结果。

服务化公司有更多的高素质员工(大学毕业生、博士、技术人员),同样的,合格员工(上述的人才+商业或技术/产业培训的员工)多于非服务化企业。服务化企业有接近 28% 的高素质员工,而非服务化企业只有平均 18% 的高素质员工(见表 19.2)。当考虑商业或技术/产业培训的员工时,发生了同样的现象。这方面,服务化企业平均接近 73%,而非服务化企业只有 63% 的员工属于合格员工。根据齐次性独立样本 t 检验,两组均在 1% 的水平上差异显著($t=-7.747$, $df=627.467$, $p<0.001$; $t=-5.091$, $df=692.367$, $p<0.001$)。

由于知识和资格要求随时间而改变,企业需要在资格上进行投资以保持高水平的员工资格标准。在老龄化社会,年龄敏感性活动对企业而言越来越重要。在这种情况下,老龄员工的活动包括:

- 老龄员工特殊的工作时间模式;
- 老龄员工特殊的培训计划;
- 企业中保留和传递知识的办法(混合年龄团队、新老搭配、辅导计划等);
- 老龄员工特殊的人力资源计划;

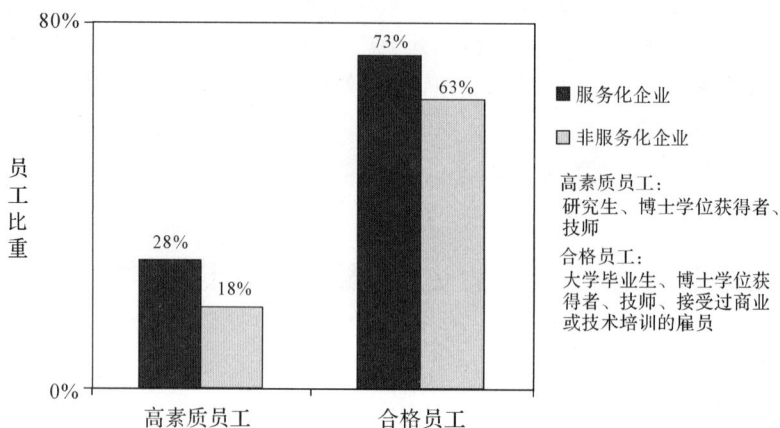

图 19.2　服务化和非服务化制造企业的人员资质

资料来源：2009 年德国制造业调查，Fraunhofer ISI。

- 老龄员工特殊的效率因素（知识转移、改进建议等）；
- 老龄员工特殊的健康管理方案（工作—生活平衡、背部训练、心血管训练等）。

此外，年轻员工的活动为：
- 增加职业培训课程和项目的数量；
- 留住年轻员工的新激励计划（奖金系统、兼顾家庭的工作时间安排等）。

关于参与活动，特别是年龄和年轻员工的参与活动，两组之间没有统计上的显著差异（$\chi^2(1)=0.658,p=0.417;\chi^2 2(1)=0.174,p=0.676$）。服务化企业和非服务化企业在同等程度上提供了这些活动，见图 19.3。

在我们的分析中，同样研究了制造企业中具体人力资源组织概念的使用：
- 任务集成的使用；
- 知识系统的使用（目前尚未获得充分利用的人员资格的记录）；
- 定期的个体考评面谈的使用；
- 人力资源管理中的独特功能——个体培训计划。

正如预期的那样，我们的实证结果显示：与非服务化企业相比，服务化企业更有可能提供创新的与产品相关的服务。事实上，服务化企业中服务创新者的份额是非服务公司的 2 倍多（31％ 对 14％）。解读特殊人力资源概念的使用数量时，我们发现使用概念多的企业更可能成为服务创新者（见图 19.4）。

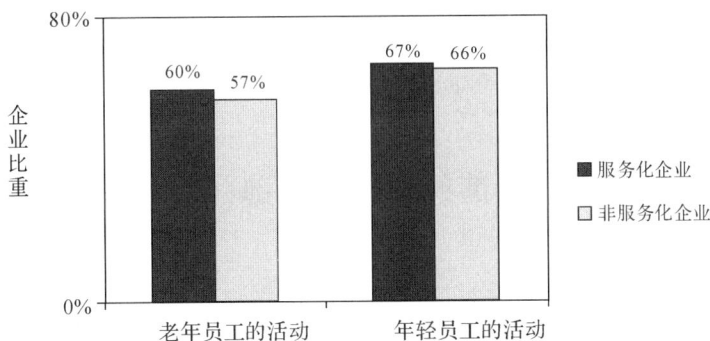

图 19.3 服务化和非服务化制造企业的员工活动
资料来源:2009 年德国制造业调查,Fraunhofer ISI。

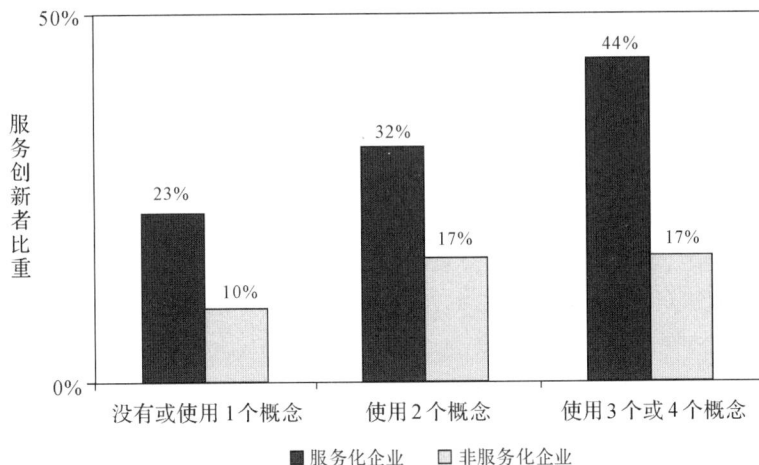

图 19.4 服务化和非服务化制造企业中具体的人力资源概念的使用
资料来源:2009 年德国制造业调查,Fraunhofer ISI。

对服务化企业而言,这种关系尤其强烈。相反,在非服务化企业,服务创新似乎只是与特定人力资源概念的使用有较弱的关系。因此,两种公司概念的差异随着人力资源概念使用数量的增长而增大。简单起见,我们对公司同时使用概念的数量进行分类,可分为三类:没有或使用 1 个概念、使用 2 个概念、使用 3 个或 4 个概念。在第一类中,非服务化企业中服务创新者的份额是 10%,服务化企业中为 23%。在使用 3 个或 4 个特殊概念的企业中,我们观察到了最显著的不同:这类服务化企业中服务创新者的份额是最高的,占 44%,非服务化企业只有 17%。

德国制造企业调查的结果也显示,服务化制造企业主要覆盖"机械和设备制造"部门,这个行业中 75% 的企业属于服务化企业。这强调了调查机械制造业在服务化方面的贡献,具有重要的意义。没有进一步的数据可供在细节上探索人力资源服务化的结果。所选部门的人员资质将在下面的部分展示。

## 19.4 服务化机械制造行业中所选部门的人员资质

可以用一个二维个人投资组合来描述工业企业服务部门员工的同质组(Elsik,1992;Wörwag,1996)[①]。该工具假设制造服务化活动的复杂性可以加以区分。低复杂性和高复杂性的服务需要不同资质的人员,通过开发与服务相关的一致性要求,形成了第一次划分标准。第二个服务活动的细分标准代表服务的导向。因此,在高任务导向型服务和高关系导向型服务之间会有差别(见图 19.5)。每一种服务类型代表了一种具体的人员资质。

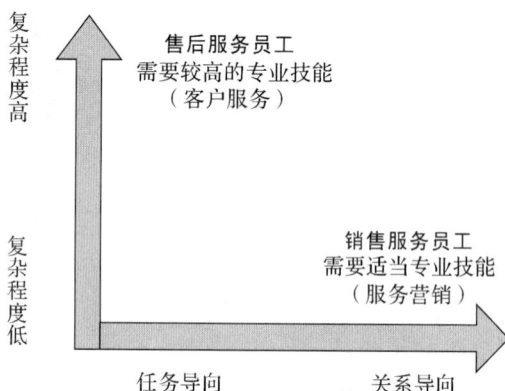

图 19.5　制造服务化中的人力资源概况

这里,我们提出两个能力和资质要求,用于截然相反的组合,这在实践中是非常普遍的,因此具有十分重要的意义。第一个要求的关系导向性较高,但是复杂度较低。这主要与制造服务化业务的销售和营销有关。那些承担任务的员工必须具有较高的沟通技能。尽管技术专长是必需的,但对程度的要求是有限的。

与第一个要求相比,第二个要求更加倾向于服务导向。在这种情况下,任务的复杂性是最高的。这种类型的服务活动主要包括服务技术人员(售后人

---

① 19.4 节主要基于一篇德语学术论文 Jung Erceg(2005)改写得到。由于这一话题仍然在制造服务化公司关注的热点之外,我们这次对文献进行了更新,并首次以英文发表。

员)的责任,他们独立为客户进行故障排除和问题解决。这关系到像安装、系统调试这类售后服务,同样关系到当前运作的事件管理。

### 19.4.1　销售人员的任职资格

基本上,制造服务化业务需要积极和热情的营销(Lay,Jung,Erceg,2002；Homburg et al.,2000；Müller,1998)。对于一位销售代表,其工作历来关注有形产品的销售,不能指望他在没有任何额外的资质和培训的情况下,去推广和销售服务化业务。也许,销售行为上最大的变化源于服务的无形性,它不是有形产品,不能在使用前验证。销售人员的任务是将企业目前提供的服务转化成真正的竞争优势,并使客户感知(Schleicher,2003)。对有形产品和服务间功能互补的认识,使销售员通过精确挑选具体的产品—服务组合,为客户的特定问题定制自己的服务沟通(方式和内容)。当然,如果销售人员不能理解服务的技术目的——提高产品的整体绩效,这些信息就不能被成功地"翻译"成销售参数。服务销售者的专业技术也包括熟悉有关付款条件以便于提供服务,这超越了简单地知道服务价格和提供额外财务指令的信息,以及与服务相关的折扣政策和公司的保修条款。

出现的另一个特性是,客户对为服务买单的接受能力有差别。机床制造业的现状是很多服务都是免费的。因此,服务提供者意识到具体地在可衡量的方面,比如节省时间和金钱,向客户解释服务的重要性。关于客户增值的沟通是一个关键,它通常是每一项新服务业务中需要克服的主要障碍。当客户认识到服务实现的增值,客户投入到合作中的努力以及他们对新的解决方案的接受度就会更高。销售人员应该获得更大的授权以更加积极地参与到服务销售中。因此,至关重要的是,销售人员要熟悉服务的扩展范围,要主张问题导向而不是产品导向,以及要清楚地向客户强调混合产品的附加价值(DIN,2009)。

积极服务、销售行为变化的相应结果是,在方法技能领域对销售人员有了新的要求。在商业模式和电子数据处理的发展潜力方面尤其如此。为了更准确地指出服务的好处,基于经济方法的数据模拟——如生命周期成本分析或成本收益分析——都被用于销售。这是产品导向型服务应用和潜在产品成本节约间财务关系更好的解读。特别是对复杂产品—服务系统中客户问题的探究,需要合适的面谈技巧。最后,至关重要的是,服务分配中的员工要有足够的个人能力。所有之前提到的对销售人员的资质和能力的要求,都总结在了图19.6中。

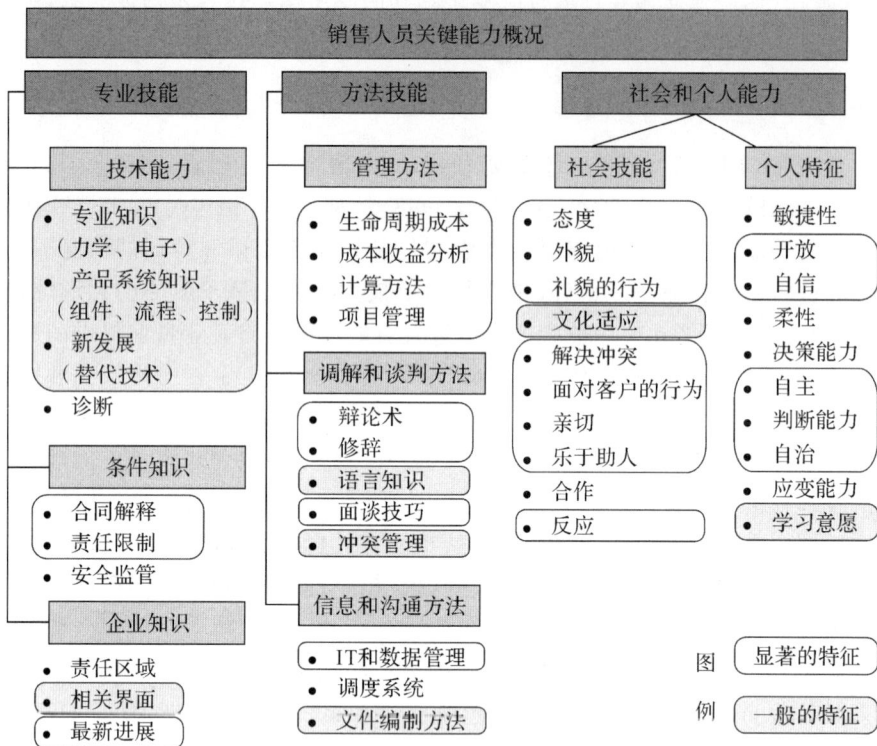

图 19.6　销售人员的关键能力概况

### 19.4.2　售后人员的任职资格

　　客户售后服务的活动范围包括所有与产品相关的服务,它贯穿在保护、恢复或增加有形产品的功能的整个使用阶段。例如一些常见的术语,如检查、保养和维修,它们都包括在通用术语保养之下并辅以现代化服务(Rainfurth,2003;Zborschil,1994)。大多数客户认为售后服务是灵活的,它们会被依照最高的性能和技术标准来实现(Hartel,2002)。此外,客户希望服务提供者能胜任客户对产品方方面面的要求,并成为制造商和客户之间所有问题的中介。

　　工业企业内部产品相关服务的扩张在许多方面影响着这群员工。新的产业商业模式下向客户提供服务水平协议,如担保机器可用性水平超过90%,它意味着服务技术人员直接向结果负责。如果定期检查或者对紧急事件的迅速反应没有满足服务合同的承诺,客户就会索赔,这将导致机床制造者惨痛的损失。在此背景下,服务技术工人的活动正在以这样的方式改变——他们不仅负责适当地清除故障,而且需要采取行动防止错误,这适用于已经签订的服务水平协议。另外,服务员工必须考虑服务排除时间。

因此,提供高质量服务的关键是服务人员拥有高水平的专业技术。因此,一些公司要他们的服务人员先在生产线上工作。为了保证高服务绩效,新员工要向经验丰富的员工学习。同样也要注意学习技术语言的知识,正如一些公司为技术术语提供专业课程。人际关系和沟通技能在服务中至关重要。这两项包含一些议题,如使为客户解决问题成为服务工作者的心态,以及根据规模或行业对其具体特点有一个深刻的理解(DIN,2009)。

售后服务代表为了实现他的作用,不仅需要知道上面提到的所有信息,还必须不断增长自己的知识。这需要营销部和产品开发部之间强烈的反馈,导致在同样的情况下公司内部比过去有更多的信息交流。为完成该项任务,各部门必须非常熟悉企业通常记录故障的方法、故障原因和与业务相关的客户信息。因此,先进的现代信息技术是必需的,因为员工几乎只用笔记本电脑进行沟通和交流数据和信息,这对他们的工作而言是必需的。需要掌握最新的数据的传输、管理和处理的电子化系统。

随着向全球客户提供产品支持服务出口业务的增加,服务代表越来越多地面对不同的文化背景。服务人员在国外工作期间,会发现国外消费者有许多不同的习性和期望,这就产生了文化差异,为了应对这种差异,服务人员需要语言能力和跨文化沟通的能力。最后,当进行服务时,售后服务代表要认识到客户的投诉和不满。这种情况下,服务人员的另一任务是安抚客户。因此,用于转化冲突的方法也是必不可少的工具。最终,这个领域的工作具有巨大的能量潜力、工作流动性、力量、行动和决策能力,以及自信、友善、助人、抽象能力、好奇心和文化兼容性等特征。

当工业商业模式更加复杂,包含由供应商在客户现场进行机器和设备的运作,运营商的服务团队仍受制于进一步的要求。运营商服务团队可能会取代客户服务团队,当发生故障要随叫随到时,必须独立做出如何应对的决策。图19.7归纳了所有能想到的对售后人员在资格和能力上的要求。

销售人员关键能力概况

| 专业技能 | 方法技能 | 社会和个人能力 |

**技术能力**
- 专业知识（力学、电子）
- 产品系统知识（组件、流程、控制）
- 新发展（替代技术）
- 诊断

**条件知识**
- 合同解释
- 责任限制
- 安全监管

**企业知识**
- 责任区域
- 相关界面
- 最新进展

**管理方法**
- 生命周期成本
- 成本收益分析
- 计算方法
- 项目管理

**调解和谈判方法**
- 辩论术
- 修辞
- 语言知识
- 面谈技巧
- 冲突管理

**信息和沟通方法**
- IT和数据管理
- 调度系统
- 文件编制方法

**社会技能**
- 态度
- 外貌
- 礼貌的行为
- 文化适应
- 解决冲突
- 面对客户的行为
- 亲切
- 乐于助人
- 合作
- 反应

**个人特征**
- 敏捷性
- 开放
- 自信
- 柔性
- 决策能力
- 自主
- 判断能力
- 自治
- 应变能力
- 学习意愿

图例
- 显著的特征
- 一般的特征

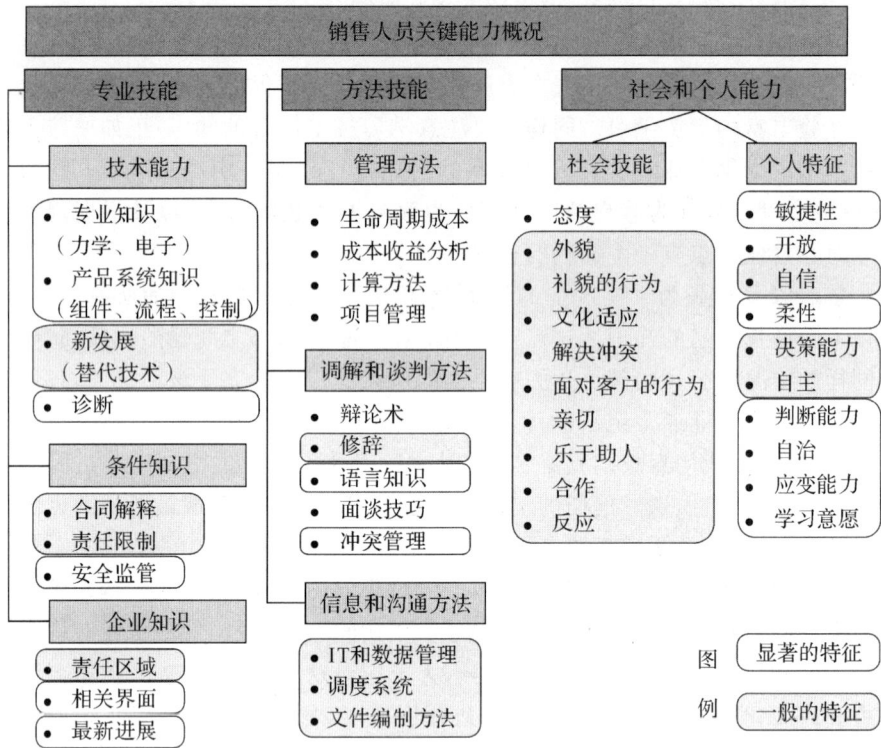

图 19.7　售后服务人员的关键能力概况

# 19.5　讨论

## 19.5.1　研究贡献和总结

为了构思一个清楚的、有条理的人员资质的概述，我们推断出服务化行业具体的资格和能力，提出目前制造服务化企业员工所有潜在的必要资格、技巧和能力。

19.3节的经验证据表明，服务化企业中高素质的员工（大学毕业生、博士、技术人员）和合格员工（上述的人才＋商业或技术/产业培训的员工）的份额，比非服务化企业的要高。服务化企业同样有更高的服务创新者，如果公司使用特殊的人力资源组织概念，这一比例甚至更高。

接下来我们为服务销售和售后部门的员工阐述了两套具体的能力要求，展示了这两个特定的工作领域中必要的资格和能力。未来的研究应该基于制造企业不同的产品和服务战略、组织设计和取得服务员工资格的来源方面,提出更多战略和资源。

### 19.5.2 管理启示

在未来,制造企业尤其面临着商业模式转化背景下将服务集成到产品中去的挑战。这种变化被称之为制造服务化(Raja et al.,2010)。在该争论中同时需要解决服务化需求的人力资源管理问题。

无疑,要为服务化企业人力资源主题制定一个共同的议题,极具挑战性。在机械制造行业,高技术产品的生产在自我理解上仍有区别,产品仍被视作价值的载体,这一载体是通过服务开发价值的地方。因此,必须通过足够的培训措施提高服务人员的资质。特别是销售和售后服务人员应该获得授权以满足服务化要求。为发展个体员工与服务相关的培训目标,目标工作必须与员工的实际技能相比较。一旦确认了技术上的差距,公司就开始制定培训项目来解决资格缺乏的问题。

销售中,员工必须为所有的服务计算价格以实现交付,这是一个具有挑战性的任务。对于生产的安全性和例程,当计算销售的价格和产品相关服务的折扣时,互动性工作可能会有帮助。使用实例也可能有效,这些实例使用计算机程序对生命周期成本和产品相关服务的成本效益进行分析。

售后服务的员工必须处理其他任务,因此需要不同的支持要求,如客户服务代表应该准备信息材料和文档,无论是纸质形式还是电子形式。因为它们被用于独立的行动,需要过滤出必要的和有用的信息为己所用。要创建一种新的方式,以便能够进入机器的历史、数据表、照片、知识或者存储在中央服务器的客户关系管理数据库。这有利于支持快速和独立的行动。

但是不仅需要解决个人的资格,采纳新的组织治理结构也是必要的(Turunen,Neely,2011)。Raja 等(2010)强调,向服务化的转化损害了现代合作项目的实施,这对分散的销售和售后个体尤为重要。密切关注需求、控制和决策的维度结构,都与服务化的成功实施高度相关。有必要给服务人员尽可能多的分散的决定权,以激励他们为整个服务的过程和结果负责。这通常意味着整个企业文化的转换,并且需要管理者额外的专业素养。

### 本章参考文献

Becker, F. G. (1994). Lexikon des Personalmanagements. Über 100 Begriffe zu Instrumenten, Methoden und rechtlichen Grundlagen betrieblicher Personalarbeit. München: Verlag C. H. Beck.

DIN (2009). PAS 1094. Hybride Wertschöpfung—Integration von Sach-und Dienstleistung. Product-Service Systems—Value Creation by Integrating Goods and Services.

Egeling, A., & Nippa, M. (2009). Kompetenzbedarfe im Kontext hybrider Wertschöpfung. In Reichwald, R., Krcmar, H., Nippa, M. (Eds.), Hybride Wertschöpfung. Konzepte, Methoden und Kompetenzen für die Preis-und Vertragsgestaltung. Lohmar: Josef Eul Verlag.

Elsik, W. (1992). Strategisches Personalmanagement. München und Mering: Hampp Verlag.

Gebauer, H., Edvardsson, B., Gustafsson, A. & Witell, L. (2010). Match or mismatch: Strategy structure configurations in the service business of manufacturing companies. Journal of Service Research, 13(2), 198-215.

Hartel, D. H. (2002). Auditierung und Erfolgsfaktoren industrieller Servicedienstleistungen. Empirische Untersuchung und Modellanalyse. München: TCW Verlag.

Homburg, C., Günther, C. & Faßnacht, M. (2000). Wenn Industieunternehmen zu Dienstleistern werden—Lernen von den Besten. Mannheim (unveröffentlichtes Manuskript).

Homburg, C., Fassnacht, M. & Guenther, C. (2003). The role of soft factors in implementing a service-oriented strategy in industrial marketing companies. Binghampton, New York: Haworth Press.

Jung Erceg, P. (2005). Personalqualifizierungsstrategien für produktbegleitende Dienstleistungen—Ein Überblick. In G. Lay & M. Nippa (Eds.), Management produktbegleitender Dienstleistungen. Heidelberg: Physica.

Kim, S.-H., Cohen, M. A. & Netessine, S. (2007). Performance contracting in after-sales service supply chains. Management Science, 53(12), 1843-1858.

Kinkel, S., Kirner, E. & Wengel, J. (2003). Betriebliche Kompetenzen und Wettbewerbsfähigkeit—Eine empiriche Annäherung auf Basis der Erhebung Innovation in der Produktion des Frauenhofer ISI. In Kompetenzentwicklung 2003 (pp. 321-362).

Kindström, D. (2010). Towards a service-based business model—Key aspects for future competitive advantage. European Management Journal, 28(6), 479-490.

Lay, G. & Jung Erceg, P. (2002). Produktbegleitende Dienstleistungen—Konzepte und Beispiele erfolgreicher Strategieentwicklung. Berlin, Heidelberg, New York: Springer Verlag.

Müller, R. (1998). Kommerzialisierung industrieller Dienstleistungen dargestellt am Beispiel der Schweizer Werkzeugmaschinenindustrie. Schesslitz: Rosch-Buch.

Noch, R. (1995). Dienstleistungen im Investitionsgüter-Marketing: Strategien und Umsetzung. München.

Oliva, R. & Kallenberg, R. (2003). Managing the transition from products to services.

International Journal of Service Industry Management, 14(2), 160-172.

Penttinen, E. & Palmer, J. (2007). Improving firm positioning through enhanced offerings and buyer-seller relationships. Industrial Marketing Management, 36(5), 552-564.

Rainfurth, C. (2003). Dienstleistungsarbeit im produzierenden Maschinenbau. Stuttgart: Fraunhofer IRB Verlag.

Raja, J., Green, S. & Leiringer, R. (2010). Concurrent and disconnected change programmes: strategies in support of servitization and the implementation of business partnering. Human Ressource Management Journal, 20(3), 258-276.

Schleicher, J. (2003). Vertrieb und Service im Team die Kundenbeziehung stärken. Absatzwirtschaft, 6, 36-38.

Tukker, A. (2004). Eight types of product-service systems: Eight ways to sustainability? Experiences from SusProNet. Business Strategy and the Environment, 13(4), 246-260.

Turunen, T. & Neely, A. (2011). Organizing servitization: an in-depth case study. Working Paper. University of Cambridge: Cambridge Service Alliance.

Wienhold, D. (2009). Organizing for effective solution selling—Empirical findings and conceptual thoughts. In R. Alt, K. Fähnrich, & B. Franczyk (Eds.), Proceedings of first international symposium on services science (pp. 89-102). Berlin: Logos Verlag.

Woehe, J. M. & Lang, M. (2003). Seviceorientierte Mitarbeiter—Mobilisierung zu exzellentem Service. Arbeitshefte Personal und Organisation, 31.

Wörwag, S. (1996). Entwicklung und Umsetzung von Servicestrategien in Klein-und Mittelunternehmen. Bamberg: Difo-Druck GmbH.

Zborschil, I. (1994). Der Technische Kundendienst als eigenständiges Marketing-Objekt. Frankfurt am Main: Peter Lang Verlag.

# 20 总 结

摘要:作为全书的结论章,本章集中讨论了两个问题:(1)行业环境能够解释制造服务化的行业差异吗?(2)制造商运作部门针对制造服务化所做的调整,受到哪些因素的影响?对多个行业的平行研究表明,实体产品重大创新的企业,客户市场具有寡占特点的企业,以及在产品应用推广方面有更多丰富知识的企业,更容易朝先进服务业务方向改造自己的商业模式。再加上安装基础用户在年度销售额中的比重这一因素,以上三种因素促成了制造企业服务化战略的采纳。本书第二部分对制造企业不同部门的研究则表明,制造服务化商业模式下调整企业的能力、流程和组织的决策间存在相互依赖关系。会计实践、流程管理、供应商关系、研发管理、人力资源管理以及最重要的制造商竞争战略,都需要同时加以重塑。本章最后还讨论了制造服务化未来的发展趋势。

## 20.1 引言

本书已经对制造服务化进行了跨行业的全景式扫描,并指出企业需要对各种流程和部门做出调整以实现制造服务化商业模式。结果的多样性和行业信息的丰富性表明,尽管学术界的研究汗牛充栋,服务化制造商的案例令人印象深刻,但服务化仍未成为企业界的主导趋势。由于近乎整个企业(组织结构、工具、能力)都要为此做出调整,故目前真正从传统商业模式转型为服务化商业模式的企业,仍然少之又少。

鉴于上述材料的综合性和复杂性以及研究主题的并列性,很难对本书写出一个真正意义上的总结性章节。所以我们在本章聚焦于以下两个问题,权且作为总结:

• 行业差异能够解释本书第一章中统计数据呈现的特点吗? 如果可以,能够影响服务化战略的行业特征又是什么?

• 在调整企业的能力、过程和组织的决策间存在什么内在的联系? 其中一项的调整会怎样影响其他项的调整?

## 20.2 制造产业服务化

对各行业制造服务化的研究表明,传统上伴随着产品的销售,制造企业都会提供一定的服务,即通过工程服务、物流运输、客户培训、保养和维修等为客户提供定制化的产品。这些活动都没有被视作新的商业活动。

制造企业的创新模式体现在先进服务业务上,即向客户提供使用制造商产品的能力,同时制造商也在设计和生产领域之外提升自己的能力、扩展自己的重要性(Baines,Lightfoot,第 3 章)。这意味着制造商进入了新的领域。如果我们视制造服务化企业为从传统模式转向一种新的价值主张,也许只有在考察到存在先进服务业务时(或称之为使用导向和结果导向的服务),才能够使用制造服务化这一术语(Tukker,2004)。

各行业对这些先进服务的叫法不同,所包含的工作活动种类也各异。表20.1 从本书前面的章节中选取了一些具体的叫法,体现了不同先进服务的业务特点。除在飞行器行业众所周知的"按小时提供动力"(power-by-the-hour,见Baines,Lightfoot,第 3 章)外,复印机行业的"管理印务服务"(managed print services,见 Visintin,第 2 章),空气压缩机行业的"压缩空气合同服务"(compressed air contracts,见 Radgen,第 6 章)以及化工行业的"化学品管理服务"(chemical management services)和/或"化学租赁"(chemical leasing)(见本书第 8 章)。

表 20.1　制造服务化的先进服务特征

| 序号 | 行业 | 先进服务名称 | 服务变化 | 企业数量 | 销售重要性 |
|---|---|---|---|---|---|
| 1 | 航空器产业 | 按小时提供动力,按每次起落付费 | 中 | 高 | 中 |
| 2 | 汽车产业 | 汽车共享计划,联营 | 低 | 低 | 低 |
| 3 | 化工产业 | 化工管理服务,租赁 | 中 | 低 | 低 |
| 4 | 机械:空压机产业 | 合同压缩空气服务 | 低 | 低 | 低 |
| 5 | 机械:纸浆和纸张 | 纸张生产量保障计划,销售 | 低 | 低 | 低 |
| 6 | 机械:机床产业 | 拥有设备的总成本,生产服务 | 中 | 低 | 低 |
| 7 | 机械:装备工程 | 工厂运作服务 | 中 | 高 | 低到中 |
| 8 | 医疗设备产业 | 按使用付费 | 中 | 中 | 低 |
| 9 | 办公设备产业 | 管理印务服务 | 高 | 高 | 高 |

　　如果我们想比较先进服务在各行业内扩散的情况,可以看各行业内提供这类服务的企业数。表 20.1 也从前面章节中总结了这一情况。可以看出,到目前为止,只有很少的行业能提供先进服务,具体包括航空器产业、办公设备产业(如复印机、扫描仪、打印机)和装备工程行业等。这一结果与前面章节的结论是一致的(如:Lay et al.，2010)。

　　如果我们以先进服务的销量来测度先进服务的重要性,表 20.1 表明先进服务的重要性不高,只有办公设备产业(如复印机、扫描仪、打印机)(见本书第 2章)报告说有 1/3 以上的销售额来自先进服务。

### 20.2.1　重大创新行业

　　制造业产品技术的主要变化——被称为重大创新(McDermott，Colarelli O'Connor，2002)——在几个行业内,被定义为制造商转向先进服务的商业模式的动因。重大创新具有技术不确定、技术经验不足、业务经验不足,以及技术成本高的特点(Green et al.，1995)。Henderson 和 Clark(1990)从架构创新的角度,将重大创新定位为既在核心技术概念、也在产品的核心概念及构件间关系上,均有重大改变的创新。模块创新是在核心技术概念方面创新,结构创新是在产品核心概念及构件间关系上创新,渐进创新则在两方面都没有变化。可见,重大创新建立了一种新的主导设计,并给出了一组新的核心概念集合。这些核心概念内嵌于产品相应的构件,进而体现为新的产品架构。重大创新的历史案例包括从喷气式发动机到涡轮式发送机,从蒸汽机到电动机,从电磁到半导体(McDermott，Colarelli O'Connor，2002)。

Visintin 生动地展示了复印纸制造商商业模式与重大创新的关联性(见本书第 2 章)。从湿法复印技术发展到干法复印技术带来了第一波先进服务浪潮。从模拟技术到数字技术以及复印、扫描和打印技术的组合，则成为第二波先进服务浪潮的动因，即所谓管理印务服务的出现。

医疗设备产业的技术突破(参阅本书第 10 章)，以及装备工程产业真空管技术的创新(参阅 Lay，第 5 章)，也提供了技术发展促进制造服务化的范例。汽车产业现在正在经历这一变化过程，而它目前几乎没有先进服务。但从燃烧动力单元到电力驱动的重大创新，却诱发了汽车制造商开始提供高级的服务。Gaiardelli 等(本书第 4 章)讨论了戴姆勒公司在好几个城市提供的 car2go 电动车服务。电动车对基础设施(充电)和定价策略提出了新的要求，这与传统汽车是截然不同的。这种重大的技术变革在汽车行业诱发了旨在为电动轿车打开市场的先进服务。

因此，制造业基础性的产品技术变革可以被看作服务化商业模式转型的契机，这样客户也可以更好地享受新技术带来的好处。如能实现以上变化，技术将不仅是制造服务化的触发器，如纸浆和造纸产业案例所示(见本书第 9 章)，并且重大技术创新甚至成为引入制造服务化的先决条件，或至少是一种重要的刺激因素。

### 20.2.2 寡头客户的行业

在主要面向寡头垄断客户市场的制造行业，先进服务的扩散较为广泛。Baines 和 Lightfoot(见第 3 章)指出，飞机行业的发动机制造商如罗尔斯-罗伊斯、GE 和 Pratt & Whitney，它们只为两家客户服务(波音和空客)，并且是以服务化的方式销售产品和提供服务。此外，其他制造业也将有限数目的大型汽车 OEM 商作为其客户，并为它们提供先进服务：

• 汽车电镀行业为汽车制造厂商提供化工管理服务，这是该行业主流的商业模式。汽车生产中的电镀工序已经完全由电镀厂商以化学品管理服务的形式接管，而在此之前，电镀厂商仅仅只是出售涂层产品(见本书第8章)。

• 所有权总成本(total cost of ownership，TCO)合同在汽车行业的机床企业和客户间，变得越来越普遍。供应商已不再参与服务的联合设计和服务水平的界定，这些工作现在已由客户以甲方需求清单的形式体现(见本书第7章)。

化工和机床行业的例子表明，当需求方呈现寡头垄断市场特征，合同双方悬殊的力量差距将促使制造商提供先进服务，进而促成供应方服务化商业模式的出现。

随着这种商业模式的持续扩散,附加价值已成为双方受益的前提条件。在化学品管理服务案例中,电镀服务商显然成功创造了价值增加值。它们对电镀材料很熟悉,也节约了汽车喷漆。这为传统商业模式带来了增加值,并对电镀商和汽车生产商双方都有利。再来看汽车 OEM 商要求的 TCO 合同先进服务,增加值的产生依赖于好几个预设条件。其中一个条件就是透明性,即需要安装远程在线监控系统,并将汽车生产的过程数据传送回机床制造商。如果无法对现场的情况有所掌握和学习,机床制造商就无法优化其产品,降低其产品生命周期成本。由于汽车产业一直在犹豫是否允许这类透明性,机床制造商提供先进服务——如 TCO 合同——就别无选择了。

### 20.2.3 具有自身产品知识优势的产业

制造商和传统的客户行业间存在应用有形产品的知识差异。这种差异是激发制造业先进服务的来源。对客户来说,产品或多或少像个"黑箱"时,制造商则既负责生产又负责运行,实际效率会高很多。本书前半部分的行业研究给出了实例。

• 复印机、扫描仪和打印机作为办公设备,往往遵循"插电就用"的使用模式。客户一般都缺少有效管理印务过程的资源和能力(见本书第 2 章)。作为印务管理外部供应商的制造商,却可以优化多种印务设备,其设备运作经验远高于客户。因此,与传统商业模式相比,这一能力差异确保了印务管理新模式的附加价值。事实上,所追加的价值也是由制造商和客户来分享的。

• 专业的化学品如润滑剂、溶剂或电镀剂,一般都是生产过程的辅助品。化工企业的客户购买这些产品后需要在无摩擦环境下小心使用。他们对这些化工过程缺乏深入的理解。因此,在易挥发的环境下使用剂量非常重要,化工企业的专业知识有助于解决这一问题。它们提供的化工管理服务能够节省用量、减少污染(见本书第 8 章)。

• 空气压缩机产业提供了另外一个制造商与客户知识差异的例子。一方面,空气压缩机生产的压缩空气可用于多种生产工序,另一方面其运行却被客户视为企业的非核心能力(见本书第 6 章)。客户有限的资源和核心能力边界,阻碍了优化空气压缩机使用的知识的获取,这为空气压缩机创造了商机。再一次,知识的不对称性激发了先进服务的诞生。

• 装备工程公司主要安装饮用水及废水处理工厂的设备,特别是在发展中国家。考虑其客户员工能力不足,装备工程公司也可以提供工厂运营的服务(见本书第 5 章)。制造商的知识优势为这种先进服务建立了基础,至少在客户员工的能力尚未满足要求之前,这一服务是有价值的。

尽管这些生动的例子表明制造商及客户间知识的部门差异为制造服务化带来了机会，行业研究同样提供了缺少知识差异而丧失商机的例子。具有生产经验的服务提供商，并不一定擅长运行客户的装备。汽车产业的装配工厂或电镀生产线就给出了这样的例子。汽车制造商生产线或电镀生产线的员工，往往具有比设备制造商员工更多的"知道怎么做"（know-how）的知识。这时，设备制造商并不能提供更有效率的生产服务。如果汽车制造商坚持要求这种服务（见本书第 5 章、第 7 章），其出发点就不是为了创造附加价值，也不会为设备制造商带来现实的收益。

### 20.2.4　具有技术文化传统的行业

制造业行业文化差异也是先进服务采纳率不同的重要原因。传统行业——如机械行业，具有几十年开发高技术产品的工程能力并据此赖以生存——明显对制造服务化商业模式持怀疑态度。Copani（第 7 章）就给出了机床行业的明证。Copani 批评了该行业以产品和技术为导向的文化，因为这些文化对服务创新持否定态度。Witell 等（第 9 章）对另一个机械行业（纸浆和造纸业）的研究也强调了行业文化这一议题：传统上将服务作为免费附加的资本设备交易和销售模式，是新商业模式发展的一大障碍。

与此相反，不那么传统的制造业如办公设备制造业、医疗设备制造业以及装备工程行业，一直以来都将自己看作制造商与服务商的混合体，也更容易采纳先进服务。装备工程行业易于将整体装备制造与工厂运营服务相结合。提供先进服务的企业数量和先进服务的丰富程度（见 Lay，第 5 章），表明装备工程公司具有偏好服务化的文化。因此，行业的文化和传统在一些制造行业支持了服务化趋势，在另一些行业却起到了阻碍的作用。

如果行业传统阻碍了制造业先进服务的采纳，本书前半部分行业研究的章节也描述了一种对应缓解的过程。当本行业企业忽视服务化商业模式时，其他行业的企业就会进入这一行业来提供先进服务。Radgen（本书第 6 章）描述了空气压缩机行业的这一情形。当空气压缩机制造商没有"向下游移动"时，其他竞争者就"乘虚而入"了，他们是国家、地区和城市的能源供应者、服务行业的企业、公共设施服务公司以及空气压缩机零售商。化工行业也有类似的情况（见本书第 8 章）。由其他行业提供的化工管理服务成为主流，纯服务提供商和化学品应用机械的制造商与化工企业展开了竞争。这些新竞争者将自身定位于化工企业和他的客户之间。这时化工企业可能会终止对这些竞争对手的供货。

即使制造商毫不迟疑地开始服务化，从传统商业模式转向服务化商业模式也会使竞争的图景发生重大的改变。Visintin（本书第 2 章）描绘了供应商方面管理印务服务的几个市场参与者:除了传统的复印机、打印机和扫描仪制造商,所谓的系统集成商、咨询公司、技术专家、批发商和零售商也扩展了他们的业务范围。

在好几个制造产业,行业外部的公司都开始为其产品提供先进服务。这些企业或者与传统行业的制造商竞争,或者填补了传统行业制造商不愿意提供的先进服务的市场空白。因此至少在这些行业,先进服务的获利性是显而易见的。

### 20.2.5　行业特性对制造服务化的影响

现有文献认为,安装基础量远高于年度销售额的企业是服务化的先锋(如:Wise,Baumgartner,1999);本书的行业研究也得出以上结果(见本书第 3 章及第 9 章)。为安装基础用户提供持续服务能使企业的收益流保持平稳,实现制造商的服务化。安装基础额比年度销售额高得多的企业,是有动力"走向下游"的。例如,航空器制造业中,这一比值达到 150(见本书第 3 章),所以其服务化程度也很高。

然而,Visintin(第 2 章)也发现安装基础量额相对于年度销售额较小的企业,也有较强的服务化冲动。办公设备如复印机,也因创新产品的更替,很快就变得有些过时了。那么一定是其他的行业特征在起作用。

综上,对制造服务化产生影响的行业特征有:(1)刚刚经历有形产品重大创新的行业;(2)服务于寡头垄断客户的行业;(3)拥有运用产品的知识优势的行业。它们或者看到新商业模式的重要需求,或者比其他行业更好地捕捉到了机会。相反地,技术文化传统及刺激因素的缺乏则阻碍了服务化的转型。这些行业层面的分析结果是企业层面研究(如 Vandermerwe,Rada,1988;Frambach et al.,1997;Wise,Baumgartner,1999;Mathieu,2001;Oliva,Kallenberg,2003;Gebauer et al.,2005;Baines et al.,2009a;Brax,Jonson,2009;Goh,McMahon,2009)的重要补充。

## 20.3　制造运作部门的服务化

前人的研究告诉我们,制造服务化不仅仅涉及制造企业的服务业务部门,它也对整个企业提出了挑战(Baines et al.,2009b;Oliva,Kallenberg,2003;Galbraith,2002)。Witell 等(本书第 9 章)强化了这一结论,并且更进一步指出企业的技术、商业模式、服务提供、组织和网络对制造服务化至关重要。Lerch

（本书第 11 章）也强调了综合的方法，并识别出客户关系、市场研究、战略、供应链管理、流程管理、会计、人力资源管理和有形产品技术，都是对成功实施服务化至关重要的因素。本书第二部分同样持此观点，并给出有助于企业重塑其价值链的实践经验和管理工具。

然而，上述研究也展现了另外一个值得关注的地方，即制造商的运作部门根据服务化模式做出的调整，不一定是一种全新的安排。重塑有多条路径可以实现，管理者必须对此加以决断。此外，重塑制造商运作部门的决策不能仅依赖于部门内部的决策流程，一个可行的企业层面的服务化模型需要部门间决策和规划的协同。这种协同需要根据服务化的需要对部门结构和能力做出调整，须考虑兼容性的问题。

Ebeling 等（第 14 章）依据 Gebauer（2008）提出的企业外部环境、服务战略和组织设计元素之间的"战略匹配理论"，描述了这种协同的必要性。Ebeling 等和 Gebauer 识别出四种服务化战略以适应不同的外部环境，并且指出人力资源管理、组织架构、组织文化也需反映出上述环境驱动的服务化战略。

基于本书第二部分的分析，我们认为要达到所谓的服务化战略匹配，需要从以下两个方面努力：

• 制造企业的服务化附加活动，应纳入企业可行的服务化模型中，且在其协同和规划范围内。在环境、战略、组织设计元素之外，完善、协调的模型还需包含对企业实体产品做出调整、实施外包、重塑供应商关系以及调整会计体系。

• 要反复考虑"环境决定企业战略"和"企业战略决定组织结构"。本书的研究表明，在这些变量间存在相互影响和反馈循环的关系。

图 20.1 展现了这种调整流程和组织以实现服务化扩展的协同模式。本节以下的内容会对图中一些涉及重塑制造商运作活动的变量，展开详细的讨论。

### 20.3.1 服务化战略、产品调整和控制测量间的互赖

Ebeling 等（本书第 14 章）提出 4 种类型的服务化战略以适应不同的外部环境：

• 售后服务提供商（After-sales Service Provider，ASP）：旨在确保客户使用期间产品功能的正常发挥。售后服务提供商通常提供标准化的服务，如备件服务、维修服务、检测服务、热线服务以及基本的培训。

• 客户支持提供商（Customer Support Provider，CSP）：旨在优化客户运作过程。客户支持提供商通过提供全面预防性保养服务、高级培训和流程优化等服务，希望达到最大且可行的连续运行时间。

• 建设合作伙伴（Development Partners，DP）：在过程开发阶段为客户提供

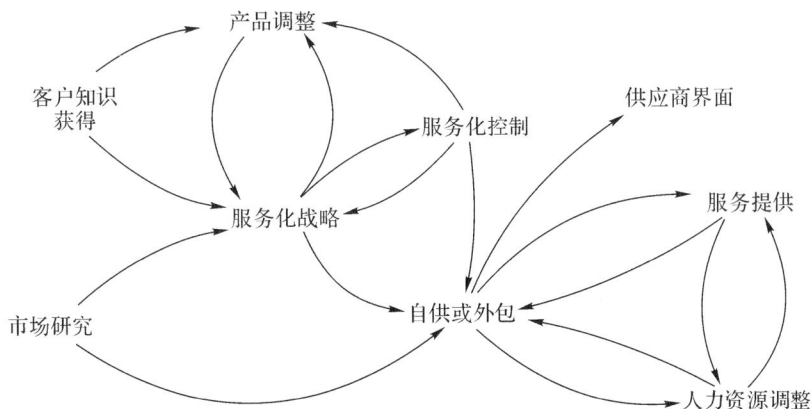

图 20.1　服务化商业模式下制造商运作活动决策的互赖关系

设计和建设服务,以支持客户达成杰出的过程绩效。

　　• 外包合作伙伴(Outsourcing Partners,OP):承担了客户的运作风险和全部的运作责任。运作服务是关注于效率和规模经济的标准化服务。

　　对于上述每一项战略,Ebeling 等都分析了如何相应地调整组织架构、人力资源和组织文化。Biege(本书第 18 章)和 Lerch、Gotsch(本书第 17 章)建议需要关注其他界面。Biege 指出,资本产品制造商在产品使用期间,仍部分或全部地保有从该产品获得收益的权利,因此他们需要降低产品生命周期内发生的成本。由于产品生命周期较长,厂商可能推迟甚至取消对新机器的投入。制造商应该在设计和制造阶段就开始考虑如何尽可能地延长产品生命周期。这一观点似乎与客户支持提供商和外包合作伙伴更为相关。如果运作过程的效率得到提高,这两项战略就有望获得成功。基于新商业模式调整实体产品,目的即在于降低生命周期内的产品成本。

　　反之,现行的产品和设计策略也会影响服务化的战略。传统上,以低成本产品参与竞争的制造商,处于生命周期成本的不利位置,也较难向客户支持提供商和外包合作伙伴转型。如果缺乏传统产品战略上的根本性改变,客户支持提供商和外包合作伙伴战略就注定难以成功。

　　Witell 等(本书第 9 章)还强调了产品技术与服务化战略间的必要联结,即基本设备提供商通过产品技术升级来提升服务。比如制造商利用信息技术的最新进展开展远程服务。然而,很多设备提供商关注的是技术的稳定性而不是对服务的益处。在 Witell 等讨论的案例中,新服务达到了预期的功能,但并不符合客户利益。因为该公司过于技术主导了,客户的价值并未得到体现。

　　当我们考虑到目前制造企业的控制和会计实践,产品战略与服务战略的相互影响就显得过于复杂。Lerch 和 Gotsch(本书第 17 章)的研究表明,服务成本会提升总成本,但只有大约一半的服务是向客户收费的。各项成本都是分摊到所有产品和服务的,这对制造商的收益是一个威胁。上述情况在售前服务(如工程服务、产品开发)和售后服务(如保修期内的保养和维修服务)中都普遍存在。

这种情况既阻碍了服务化战略的选择,也不利于实体产品基于服务化需要的调整:

• 难以依据运作经验为服务定价。服务开发缺少成本数据时,建设合作伙伴战略就难以成功。而培训、保养和流程优化作为客户支持提供商战略的核心元素,也难以基于经验和会计系统来计算。

• 为降低产品生命周期成本而重塑产品,也不能基于已有的生命周期成本经验。此外,客户再投资意愿的下降带来收益流失,因为客户设法扩展了在用产品的生命周期,而服务业务收益的提升难以弥补这方面的流失。

这些例子都证实了会计、工程和服务战略之间的互赖性。基于会计系统的类型和工具,这些现实情况可能促进、也可能阻碍服务化下产品的调整和服务化战略的实现。反之,服务化下产品的调整和服务化战略的选择,也要求适当的会计实践,特别是控制服务化战略成功的参数识别。

### 20.3.2 "自供或购买"决策、人力资源管理和服务导向的组织间的互赖

Saccani 和 Perona(本书第 15 章)提出三种服务化企业"自供或购买"决策的选项:

• "自我提供"模式依赖内部能力,即服务的提供需要内部资源的支持。

• "外包服务"模式旨在利用外部服务供应商的能力。制造商将这些能力加以集成,并管控服务的整体提供。

• "混合"模式对内外部能力都有依赖。

Saccani 和 Perona 基于实证研究结果,将"自供或购买"决策与服务类型相联系:售后服务或生命周期服务,结论是没有绝对的选择。售后服务提供者和生命周期服务提供者,可能选择自己提供服务,也可能选择外包服务提供。然而,选择外包服务提供或混合提供的制造商,显然能提供一个扩展的服务组合;选择自己提供服务的则不能。

上述研究没有绝对选择的结论,让我们对制造服务化"自供或购买"决策的影响因素产生困惑。Gotsch 等(本书第 19 章)则认为,服务化商业模式下员工已有资质和潜在能力会对"自供或购买"决策产生影响。

Gotsch 等具体讨论了服务化情形下,负责销售新服务业务的销售人员和执行新售后服务的服务人员的更高资质要求。他们认为,必须提升专业经历、方法技能、社交和沟通能力,才能获得服务化的成功。

不同企业间服务化的前置条件会有所差异。有的企业在服务化之前有一定的沟通能力,但对其的要求并不高。而在另外一些企业中,基本资质要求则需要从零开始建立。这些差异会影响企业"自供或购买"以及服务种类的决策,Saccani 和 Perona 即是如此认为。因此,内部人力资源的可获得性以及人员资质缺口的可弥补性,是需要考虑的重要因素。反之,"自供或购买"的决策也会影响服务化企业人力资治的调整努力。

此外,现存组织结构也会影响上面讨论的制造服务化关系。组织的结构一般分为研发、制造、销售和服务等部门。服务化战略下企业也可按更为客户导向的方式加以组织。这时,要求企业提供产品和服务组合的客户企业或客户企业群,只需与固定的一个部门联系,而不必再与多个部门打交道。Galbraith(2002)认为,这种面向客户的组织单元,是产品和服务集成解决方案的关键成功因素。

企业现存的以客户为中心的前端单元,显然也会影响企业服务化的"自供或购买"决策。这类组织单元显然有利于采用外包决策时"集成者"或"策划者"功能的开展(见本书第 15 章)。产品导向的组织结构就不能提供这种协调作用。因此,除了服务类型和员工资质,已有组织结构也会影响"自供或购买"决策。此外,已有人员资质结构的约束会妨碍从产品导向到客户导向的企业转型。

综上,在选择合适的服务化战略时,"自供或购买"决策、人力资源管理和服务导向的组织间存在互赖关系。理解这些关系,有助于我们在对现有结构、过程和能力实施服务化转型时,得到适当协同方法的支持和保证。

## 20.4　结语

发达国家的制造服务化似乎正处在一个十字路口。尽管近年来相关学术研究和学术出版物快速增加,但实践中企业还处于犹豫不决的状态。未来的发展可能呈现以下两个方向:

• 基于领先企业的示范和学者的鼓吹,制造企业将不断地推出先进服务,这样的企业会越来越多。长期而言,服务化的制造企业将成为行业的主流。在这一学习过程中,失败的出现(Neely,2008;Gebauer et al.,2005)也在所难免。

• 先进服务将仅限于利基市场。制造企业仍延续传统的业务模式。作为商业模式的组成要素，服务并不能主导制造企业的战略导向。放弃传统业务模式的利基市场是制造服务化的主战场。

有几个因素决定了上述两种可能中哪一个会成为现实。首先，过去的服务化研究主要针对工业化国家的制造企业。仅仅几年前经济学家和政治家仍认为，欧洲和美国的制造业在走下坡路，但金融危机改变了这一认识。现在大家再次认识到，在很多成熟工业化国家，制造业仍是经济的核心（如：Helper et al.，2012）。新的世界经济秩序依赖于发达国家的制造业这一事实，将影响服务化的现实可能。

其次，在过去，制造企业的管理并不总是基于理性，业界的管理趋势也受业界流行出版物的影响。"精益管理"（Womack et al.，1990）或"核心竞争力"（Prahld，Hamel，1990）就是两个曾经席卷企业界的管理理论。企业管理人员不会简单放弃这类理论，否则可能会引起对其利益相关者职责的质疑。如"制造服务化"也能达到上述理论那样的流行和扩散则最好，但这种流行可能难以持续，上述流行理论就曾经历从最初狂喜到后来被摒弃的过程。

再次，服务化制造企业是成为行业的主流还是苟安于利基市场，在很大程度上取决于观测其扩散程度的定义和标杆。本书是按照 Vandermerwe 和 Rada（1988）的定义，即企业为客户提供一种客户导向的，包含产品、服务、支持、自我服务和知识的组合。与此不太一致的是，Tukker（2004）提出的使用导向和结果导向的服务，突出了从以产品为中心到以服务为中心的转型。如果我们以这些定位为标准，不但观察制造企业是否提供了先进服务，还测度他们是否从中获得收益，那就很难在未来对制造服务化是否能成为主流做出论断。

除了未能对先进服务方式的制造服务化趋势进行预测，本书的研究已经明白无误地表明，制造服务化不但是进入细分商业市场的大好机会，也是制造企业调整自身能力、流程和组织结构，以把握上述机会的重大挑战。本书所提供的管理启示将有助于业界认识这一议题。

## 本章参考文献

Baines，T. S.，Lightfoot，H. W.，Benedettini，O. & Kay，J. M.（2009a）. The servitisation of manufacturing：A review of literature and reflection on future challenges. Journal of Manufacturing Technology Management，20(5)，547-567.

Baines，T. S.，Lightfoot，H. & Kay，J. M.（2009b）. Servitized manufacture：Practical challenges of delivering integrated products and services. IJMechE Part B，223(1-9)，1207-1215.

Brax，S. & Jonsson，K.（2009）. Developing integrated solution offerings for remote diagnostics. International Journal of Operations and Production Management, 29(5), 539-560.

Frambach, R. T., Wels-Lips, I. & Gündlach, A. (1997). Proactive product service strategies—An application in the European health market. Industrial Market Management, 26(4), 341-352.

Galbraith, J. R. (2002). Organizing to deliver solutions. Organizational Dynamics, 32(2), 194-2007.

Gebauer, H., Fleisch, E. & Friedli, T. (2005). Overcoming the service paradox in manufacturing companies. European Management Journal, 23(1), 14-26.

Gebauer, H. (2008). Identifying service strategies in product manufacturing companies by exploring environment—Strategy configurations. Industrial Marketing Management, 37 (3), 278-291.

Goh, Y. M. & McMahon, C. (2009). Improving reuse of in-service information capture and feedback. Journal of Manufacturing Technology Management, 20(5), 626-639.

Green, S. G., Gavin, M. B. & Aiman-Smith, L. (1995). Assessing a multidimensional measure of radical technological innovation. IEEE Transactions of Engineering Management, 42(3), 203-214.

Helper, S., Krueger, T. & Wial, H. (2012). Why does manufacturing matter? Which manufacturing matters? A policy framework. Washington, D. C. : Brookings.

Henderson, R. M. & Clark, K. B. (1990). Architectural innovation: The reconfiguration of existing product technologies and the failure of established firms. Administrative Science Quarterly, 35(1), 9-30.

Lay, G., Copani, G., Jäger, A. & Biege, S. (2010). The relevance of service in European manufacturing industries. Journal of Service Management, 21(5), 715-726.

Mathieu, V. (2001). Service strategies within the manufacturing sector: Benefits, costs and partnership. International Journal of Service Industry Management, 12(5), 451-475.

McDermott, C. M. & Colarelli O'Connor, G. (2002). Managing radical innovation: An overview of emergent strategy issues. The Journal of Product Innovation Management, 19(6), 424-438.

Neely, A. (2008). Exploring the financial consequences of the servitization of manufacturing. Operation Management Research, 1(2), 103-118.

Oliva, R. & Kallenberg, R. (2003). Managing the transition from products to services. International Journal of Service Industry Management, 14(2), 160-172.

Prahalad, C. K. & Hamel, G. (1990). The core competence of the corporation. Harvard Business Review, 68(3), 79-91.

Tukker, A. (2004). Eight types of product-service system: Eight ways to sustainability? Experiences from Suspronet. Business Strategy and the Environment, 13(4), 246-260.

Vandermerwe, S. & Rada, J. (1988). Servitisation of business: Adding value by adding services. European Management Journal, 6(4), 314-324.

Wise, R. & Baumgartner, P. (1999). Go downstream—The new profit imperative in manufacturing. Harvard Business Review, 77(5), 133-141.

Womack, J. , Jones, D. & Roos, D. (1990). The machine that changed the World: The story of lean production. New York: Harper Collins.

# 索　引

**A**

安装基础　2，5，30，50，107，152，
　232，305

按小时提供动力　51，52，54，250，306


**B**

保养　3，37，41，50，61，189，234


**C**

采购（外购）　98，111，127，133，164，
　183，230

产品导向　3，13，59，63，108，162，
　208

产品调整（产品调适）　175，271，
　273，283，284

产品—服务系统　3，18，21，49，163，
　271

产品关联服务（工业服务）　3，15，
　21，30，183

产品生命周期　6，36，107，127，152，
　166，176，212

长期租赁　59，61，73

初始投资（预付投资）　102，150，
　218，221，224


**D**

打印管理服务　29，36

德国　7，14，77，137，159，277

短期出租（短期租用）　59，65，98


**F**

飞行器（航空制造业）　13，52，306

服务成本　5，152，165，255，314

服务化困境（服务困境）　5，114

服务化能力　183，185，187，193

服务价格　5，297

服务提供商　1，5，73，92，135，202

复印机　13，29－47，306，311


**G**

工厂运营服务　75，79，86，310

供应商关系　15，40，197，229，231，
　312

管理会计　15，75，255，256，261


**H**

核心能力　51，221，223，289，291，295

化工　14，75，84，93，125，187，306

化学品管理服务　14，125，126，139

化学品租赁　125,133,138,140

**J**

机床　14,53,105－121,174,187,291,307

价值链　15,18,76,103,113,186,216,291,312

监管　30,127,131,159－169

轿车　13,18,63,72,308

结果导向　3,13,59,63,74,248,251

解决方案(集成解决方案)　2,19,29,61,102,118

解决方案商　2,229

界面(流程界面,界面管理)　15,243－253

**K**

卡车　13,17,62,82,249

客户导向　2,69,172,183,195,206,2910,315

客户关系　1,51,97,102,163,185,221,249,301

客户培训　53,306

客户知识　15,174,183,197,222,309

空气分离(空分)　76,77,84,85

空气压缩机(空气压缩,空压)　14,20,91－104,309

**L**

利基市场　14,125,141,316

流程管理　21,38,41,291,305,312

罗尔斯-罗伊斯　13,16,50,54,215,230,308

**M**

模块化　44,81,86,243,251

**O**

欧盟　7,35,59,91,101,126,188

欧洲制造业调查　6,7,108,120,255,293

**Q**

汽车　10,37,52,59－73,76,129

**R**

人力配备(员工配置)　102

人力资源　41,44,118,176,208,262,289

人员资质　289－303

**S**

设备工程　13,75,79－90

施乐　13,17,29,30－32,40,215

使用导向　3,13,63,79,174,248,271

市场驱动　15

市场研究　174,201－214

**W**

维修　8,10,12,32,50,61,100,156,189

**X**

系统集成商　29,40,235,311

先进服务　49－57,65,79,105,112,163,234,274

**Y**

压缩空气　14,91－104,307,309

研发管理　305

业务转型　5

医疗技术制造商　159－168

医疗设备　9,11,86,159,310,319

远程监控　39,70,101,150,155

运行成本（运营成本、运作成本）
　68,91,258,273

运营管理　83,243,247,252

**Z**

知识管理　15,183,195

纸浆和造纸　6,14,147,319

服务创新　17,107,113,172,275,
　284

专业化学品　125,128,130,141

咨询公司　29,40,73,153,163,224,
　240,311

资源驱动　15

组织结构（组织架构）　5,49,102,
　112,175,219,290

组织文化　5,190,194,226,244,312

# 译后记

制造服务化（服务型制造、产品-服务系统）是当今世界制造业重要的发展趋势之一，相关实践风起云涌，相关研究方兴未艾。本书是国外较新的一本主题文集，有很高的学习和借鉴价值。除第 1 章和第 20 章，本书共分两篇。第一篇是制造服务化的产业现状，涉及复印机、飞机、汽车、空分、机床、医疗设备、设备工程、化学品、纸浆和造纸等诸多产品和行业，全面覆盖了欧洲装配制造业和流程制造业。第二篇是制造服务化的企业运作，涉及客户导向、市场分析、采购和供应商关系、流程和界面、管理会计、产品调适、人力资源等各个方面，这些活动符合重塑服务化商业模式的需要，也丰富了制造服务化的方法。此外，本书原名为 *Servitization in Industry*，我们根据本书信息量大、内容全面、研究前沿等特点，将中译本命名为《制造服务化手册》。

本书的翻译工作主要是在 2015 年完成的，是研究团队集体合作的产物。李靖华完成第 1 章、第 6 章、第 17 章、第 20 章的翻译，博士生黄继生完成第 4 章、第 5 章、第 15 章、第 16 章的翻译，博士生刘勇完成第 7 章、第 8 章、第 11 章、第 12 章的翻译，硕士生李倩岚完成第 2 章、第 3 章、第 13 章、第 14 章的翻译，李靖华、硕士生张婷完成第 9 章、第 10 章、第 18 章、第 19 章的翻译，全书由李靖华统稿。此外，硕士生章梦雯、朱全明进行了部分图形的翻译绘制。在此对团队成员的辛勤付出表示感谢！

感谢浙江工商大学工商管理学院盛亚教授及其领导下我们的研究团队。盛老师学识渊博、虚怀若谷，给予了极大的支持和帮助。他对科学研究的执着深深感染着团队的每一位成员。团队成员还有范钧、胡永铨、韦影等。对我来讲，十多年来每个学期里风雨无阻的每周例会,督促我在服务创新研究的道路上不断前行。

本书的出版,获得了浙江省高校人文社会科学重点研究基地学科(浙江工商大学工商管理学)和浙江工商大学重点学科和重点研究基地(技术经济及管理)的资助,在此对基地和学科负责人郝云宏教授和盛亚教授表示感谢!同时感谢浙江大学出版社朱玲编辑和杨茜编辑,她们的敬业精神是本书顺利出版的重要保证!

最后,仍然要感谢我的妻子沈瑛,她为我们的家庭和孩子付出了很多。很难想象如果没有她的支持,我能够主持完成这部书稿的翻译!

李靖华

浙江工商大学技术与服务管理研究中心

2016 年 9 月